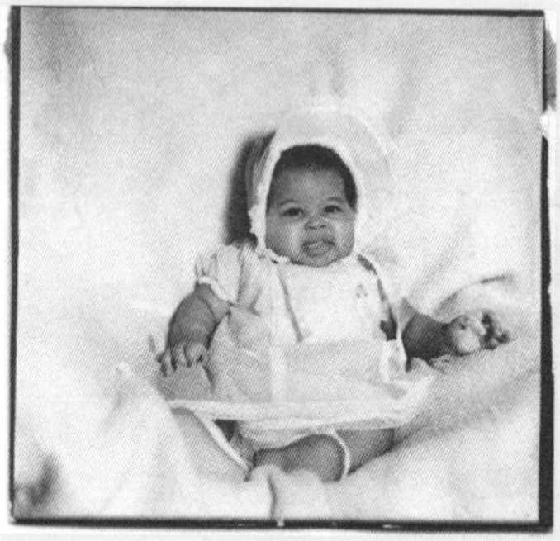

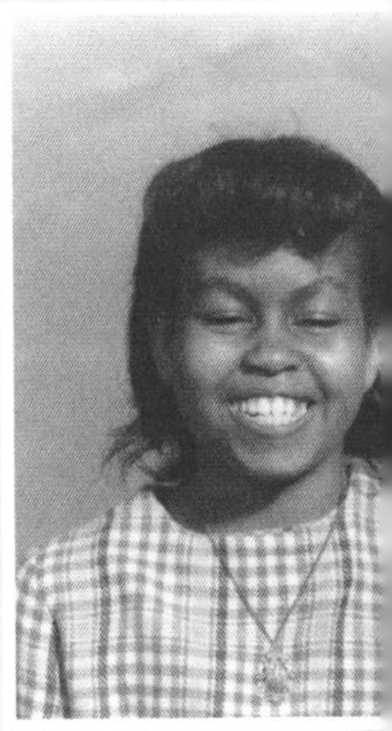

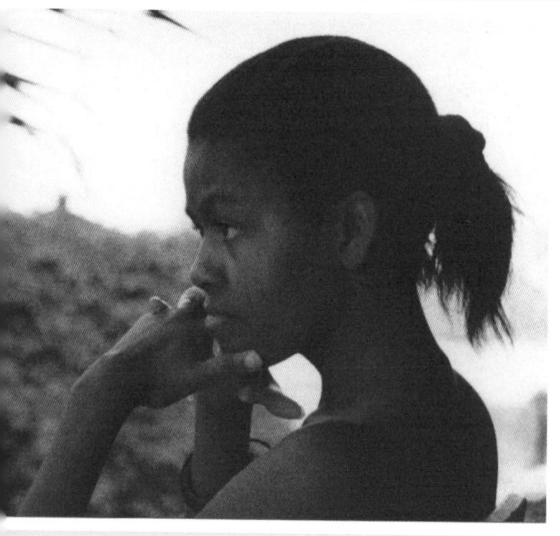

◀這張照片大約攝於一九六五年，我們全家盛裝出席一場慶祝活動。看看我哥克雷格護妹心切的表情，他還小心翼翼握著我的小手腕。

▶我們從小住在姑婆羅碧．希爾茲樓上的公寓，這張照片裡姑婆正抱著我。她教了我好幾年的鋼琴。雖然我們以前僵持不下好多次，但她總能讓我發揮出最棒的一面。

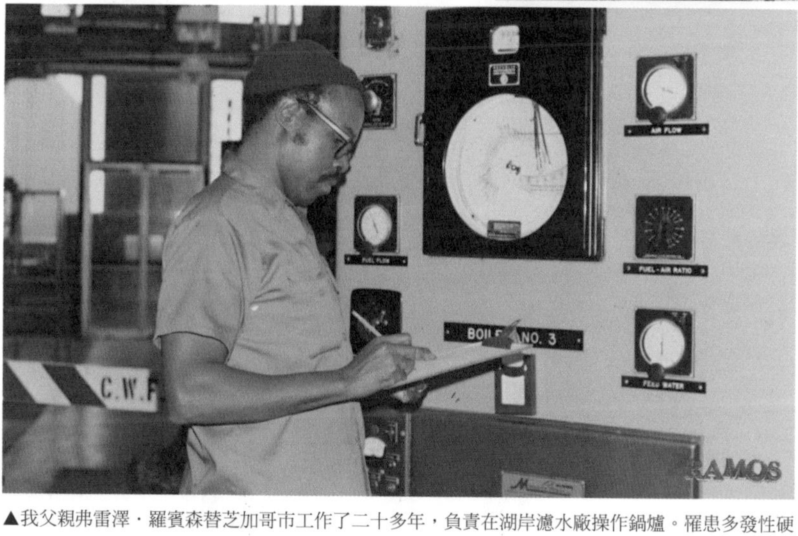

▲我父親弗雷澤．羅賓森替芝加哥市工作了二十多年，負責在湖岸濾水廠操作鍋爐。罹患多發性硬化症後，他逐漸不良於行，但即使如此，他從來沒請過一天假。

◀這輛別克厄勒克特拉225（我們都暱稱作兩塊兩毛五），老爸十分引以為傲，也充滿許多快樂的回憶。每年夏天，我們會開車到密西根州的快樂公爵度假村避暑，這張照片就是在那裡拍的。

▶一九六九年，我剛進幼稚園。我住的芝加哥南區一帶，種族組成多元，多半是中產階級家庭。但隨著許多有錢家庭搬到郊區（這個現象一般叫作「白人遷徙」〔white flight〕），人口組成也迅速改變。到了五年級，原本的多元消失了。

（上圖）幼稚園全班合照，我是第三排右邊數來第二個。

（下圖）五年級全班合照，我是第三排中間那個。

▲▶照片中的我站在普林斯頓校園（右圖）。我原本對於上大學很緊張，但在那裡結交了許多好友，包括蘇珊．娥麗兒（上圖），我從她身上學會許多開心過生活的方式。

▲有一陣子，我和巴拉克住在我長大的歐幾里得大道公寓二樓。我們當時都還是年輕律師，我剛開始對個人職涯產生懷疑，想同時從事有意義的工作，又能忠於自己的價值觀。

◀我和巴拉克於一九九二年十月三日結婚，這是我人生中數一數二幸福的日子。克雷格代替一年半前病逝的父親，陪我步入禮堂。

▶交往初期，我就知道巴拉克會是很棒的父親。他對孩子的愛與付出毫無保留。一九九八年瑪莉亞出生，我們夫妻倆便深深愛上她，人生也就此改變。

◀三年後莎夏也出生了，她有著胖嘟嘟的臉頰和不屈不撓的氣魄，全家福畫面就此出現。在聖誕假期前往巴拉克的夏威夷老家，也成為我們家每年的傳統，除了跟他的親友敘敘舊，也可以享受溫暖的天氣。

▶瑪莉亞與莎夏向來姊妹情深，她們可愛的模樣至今依然能融化我的心。

◀我在公眾聯盟芝加哥分會當了三年執行董事，該組織致力於幫助年輕人在公共服務領域建立職涯。這張照片中，我（右一）與一群年輕社區領袖出席活動，中間那位是時任芝加哥市長的理查・戴利。

◀我後來到芝加哥大學醫學中心工作，設法改善社區關係，並且建立服務機制，幫助數千位南區居民獲得平價醫療。

▶身為全職媽媽，另一半又常出差，我很瞭解許多婦女面臨的困境——努力在家庭需求與工作職責間找到平衡。

◀一九九一年，我認識了時任芝加哥市長辦公室副幕僚長薇拉瑞・賈瑞特。她不久便成為備受我與巴拉克信任的摯友與顧問。這張照片攝於二〇〇四年，我們出席巴拉克競選參議員的造勢活動。

▶三不五時，兩個女兒會到巴拉克的造勢活動探班。這張照片攝於二〇〇四年，瑪莉亞透過競選巴士車窗看著爸爸又在發表演說。

▲二〇〇七年嚴寒的二月天，巴拉克在伊利諾州春田市宣布參選總統。為此，我買了頂過大的粉紅帽給莎夏戴，過程中一直擔心帽子會從她頭上滑下來，但從頭到尾她都奇蹟似地戴得好好的。

◀照片中的我們正在參與競選活動，身旁依舊圍繞著十幾位媒體記者。

▶我很喜歡出席造勢場合，每次跟美國各地選民互動，都能讓我活力滿滿。但有時步調緊湊得令人吃不消，我得找零碎時間閉目養神。

◀大選前幾個月，我獲准搭乘競選專機，因而大幅提升整體效率，也讓旅程變得更加有趣。這張合照是我親愛的團隊，除了我之外，由左到右分別是克莉絲汀・賈維斯、凱蒂・麥柯密克・萊利維德、當日空服員喬恩・里茲和梅麗莎・溫特。

◀喬・拜登是巴拉克的絕佳競選搭檔，主因就是我們兩家人一拍即合。我和吉兒一開始就討論到想多多幫助軍人家庭。這張照片攝於二〇〇八年，我們在賓州競選活動期間休息用餐。

◀經歷春夏兩季辛苦競選後，我在二〇〇八年民主黨全國代表大會上發言，首度在黃金時段的全國觀眾面前分享自己的故事。演說後，莎夏和瑪莉亞也走上台，我們一起透過視訊跟巴拉克打招呼。

◀二〇〇八年十一月四日大選之夜，家母瑪麗安・羅賓森坐在巴拉克旁邊，兩人靜靜看著票數結果出爐。

▲二〇〇九年一月，巴拉克宣誓就職總統，當時瑪莉亞十歲、莎夏也才七歲。莎夏個頭還很小，要特地站在一個平台上，才能在典禮上露出頭來。

▲當天晚上，我和巴拉克正式以美國總統與美國第一夫人的身分，出席了十場就職舞會，每場都會在台上共舞一段。那天慶祝活動結束後，我完完全全累癱了。但吳季剛設計的這套禮服美麗動人，給了我煥然一新的能量，而我先生——既是我的摯友、也是我分享一切的伴侶——總能讓我們相處的每一刻倍感親密。

▲蘿拉・布希親切招待我和女兒提早參觀白宮。她的女兒芭芭拉和珍娜也在場，介紹莎夏和瑪莉亞好玩的地方，像是如何把這條斜走廊當成溜滑梯玩。

▲這張照片攝於莎夏上學的第一天，她小臉蛋貼著防彈玻璃的模樣，我至今都印象鮮明。當時無法不擔心這個經驗會對孩子產生何種影響。

▲我們花了點時間適應美國特勤局隨扈如影隨形的保護，但久而久之，這些隨扈也成了好友。

▶威爾森・傑爾曼（照片中這位）於一九五七年初次來白宮工作。他跟許多管家和官邸員工一樣，盡忠職守地服務數任總統。

◀白宮菜園的初衷是成為營養與健康生活的象徵，也是我推廣「動起來！」等大型計畫的跳板。不過，我也喜歡跟孩子捲起袖子，一起在園子裡種東種西。

▶我希望在白宮營造家的感覺，讓所有訪客都感到自在、孩子都能盡情做自己。我希望他們會在我們身上看到自己的故事，也許有機會跟第一夫人玩花式跳繩。

◀我和巴拉克對英國女皇伊莉莎白二世格外有好感，她讓巴拉克想起自己嚴肅的祖母。多次會面下來，她展現出的人情味比規矩或官腔更為重要。

▶歷經兩年的白宮之旅後，有一次跟南非前總統曼德拉會面，我獲得一項寶貴的啟示——真正的改變只會慢慢發生，有時得等數個月或數年，有時得花上數十年或好幾輩子。

◀對我來說，擁抱可以卸除裝腔作勢、單純跟群眾產生連結。這張照片攝於牛津大學，我跟來自倫敦伊莉莎白蓋瑞特安德森學校的女學生一一擁抱。

▶我永遠忘不了每次到沃特里德醫學中心探視時，眾多軍中弟兄與其眷屬身上展現的樂觀與韌性。

◀克莉歐佩特拉・考利—潘多頓身為母親無可挑剔，但女兒哈蒂亞・潘多頓依然成為隨機槍枝暴力的犧牲者。我們在哈蒂亞於芝加哥的喪禮開始前碰面，我深深為她感到不平。

▶每天到了女兒放學時間，我都會盡量在家迎接她們。這是住在辦公室樓上的一大好處。

◀巴拉克總是能漂亮地區分工作時間與家庭時間，幾乎每天晚上都能上樓用餐，只要在家中都盡量陪著我們。二〇〇九年，我和女兒排除一切阻礙，挑他生日那天於橢圓辦公室給他大大的驚喜。

◀我們兌現了當初對瑪莉亞和莎夏的承諾：如果巴拉克當選總統，就會養一隻狗。但我們最後養了兩隻狗。只要有波波（照片中這隻）和桑尼在，一切就會輕鬆不少。

▶每年春天，我都希望藉由畢業典禮演說鼓勵畢業生，幫助他們挖掘自己故事的力量。這張照片攝於二〇一二年，我準備在維吉尼亞理工大學（Virginia Tech）發表演說。在我身後的是勞苦功高的蒂娜・陳，她當了五年的幕僚長，正像往常一樣用手機張羅各項事務。

◀兩隻狗兒可以任意在白宮大部分區域遊走，牠們特別喜歡在菜園和廚房閒晃。這張照片中，牠們和管家喬吉・戴維拉（Jorge Davila）在茶水間，八成是想討食物吃。

▶我們深深感激八年來打理生活點滴的所有員工。後來也認識許多員工的兒女和孫子，跟他們一起慶祝人生大事。這張照片攝於二〇一二年，我們在幫門房助理雷吉・迪克森（Reggie Dixon）過生日。

▲成為第一家庭後，我們享有非比尋常的特權，卻也面臨不同以往的挑戰。我和巴拉克努力想幫女兒維持某種生活的常態。上圖左：我、瑪莉亞和巴拉克在幫莎夏的籃球隊「毒蛇隊」加油。上圖右：兩個女兒在「明亮之星」（Bright Star）上休息。「明亮之星」是第一夫人專機的呼號。

◀我們確保女兒有機會從事一般青少年的活動，像是學開車，只不過必定會有特勤人員跟隨。

◀七月四日是值得慶祝的日子，因為不只是美國國慶日，更是瑪莉亞的生日。

▲如果真要說我這輩子學到的真理，那就是善用自己的聲音，便能帶來無窮的力量。我只要有機會就努力說出真心話，同時分享常被忽略的人物故事。

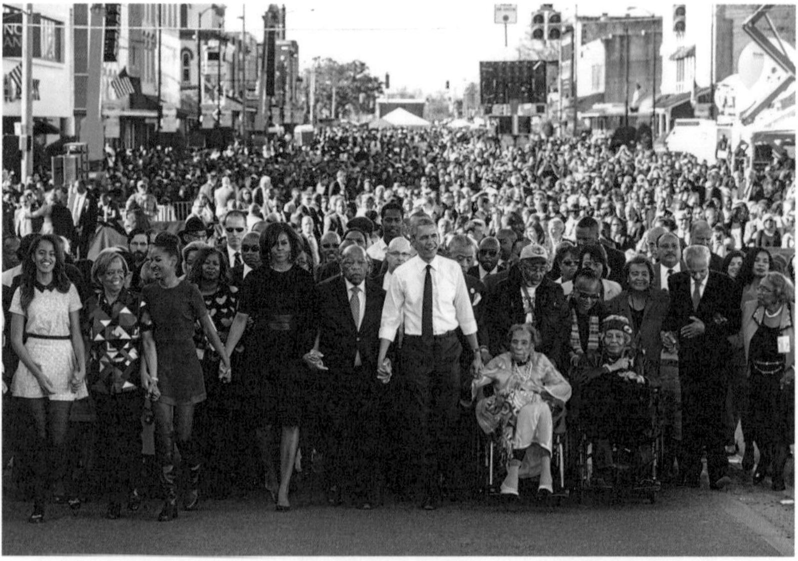

▲二〇一五年，我們全家與聯邦眾議員約翰．路易斯（John Lewis）等民權運動精神人物，一同參與阿拉巴馬州塞爾瑪（Selma）遊行五十週年紀念活動，走過五十年前警方鎮壓和平遊行者的艾德蒙佩特斯橋（Edmund Pettus Bridge）。當天，我不但意識到美國這些年來的大幅進步，也意識到前方仍有漫漫長路。

BECOMING

成為這樣的我

蜜雪兒・歐巴馬

MICHELLE OBAMA

黃佳瑜、陳琇玲、林步昇 譯

獻給幫助過我的每一個人，讓我得以成為這樣的我

撫育我長大的家人
弗雷澤、瑪麗安、克雷格，以及我的整個大家庭

永遠為我加油打氣的堅強姊妹淘

忠誠、盡心，且連連讓我引以為傲的幕僚

★

獻給我生命中的摯愛

我最寶貝的兩顆小豆子、我存在的理由，瑪莉亞和莎夏

還有最後，始終承諾帶領我踏上人生精彩旅程的巴拉克

目次 ⋆ CONTENTS

前言 Preface

二〇一七年三月

小時候，我的心願很簡單。我想要一條狗，也想要一間有樓梯的房子（一家人住兩層樓），不知為什麼，我還想要一輛四門旅行車，而不是父親自豪與珍愛的那台雙門別克。我常對人說，等我長大要當小兒科醫生。為什麼呢？因為我喜歡親近小朋友，也很快發現，這是大人喜歡聽的答案。「噢，當醫生啊！多好的選擇！」那段日子裡，我綁著辮子，對哥哥頤指氣使，而且不管怎樣，總能在學校拿到優異成績。我懷抱一顆雄心，卻不清楚自己追求的究竟是什麼。「長大以後，你想當什麼？」現在的我，認為這是大人能問小孩的最沒用問題。彷彿長大是有盡頭的；彷彿到了某個時間點便能功成名就，而那就是人生的結局。

這輩子到目前為止，我當過律師，當過醫院的副總經理，也曾在專門輔導年輕人創造職涯的非營利組織擔任董事。我曾是一名勞工階級黑人學生，就讀於一所以白人為主的頂尖大學。我曾是各種場合裡的唯一女性、唯一的非裔美國人。我曾是新娘，曾是緊張兮兮的新手媽媽，也曾是哀痛逾恆的女兒。直到不久之前，我還當了美國第一夫人——一份不算正式工作的工作。但儘管如此，這個身分讓我擁有一個絕對想像不到的平台，挑戰並壓抑著我，讓我躍躍欲試卻也畏縮不前，有時兼而有之。我才剛開始消化過去幾年的經歷——從二〇〇六年我的夫婿開始談起參選總統，直到二〇一七年冬天那個清冷的早晨，我陪同梅蘭妮亞．川普（Melania Trump）一起坐上加長型禮車，參加她丈夫川普的就職大典。這真是一趟跌宕起伏的旅程。

身為第一夫人，美國以各種極端面貌呈現在你眼前。我去過比美術館還像美術館的私人豪宅參加募款活動，欣賞用寶石鑲嵌的浴缸；也探訪過在卡崔娜颶風中失去一切的家庭，目睹他們只因擁有一台還能用的冰箱和爐子而感激涕零。我遇過膚淺又虛偽的人，以及完全相反的另一種人：包括教師、軍眷在內的許許多多人，他們的心靈深刻而堅強，令人驚嘆。我也與孩子們交流，接觸過來自全球各地的許多孩子。他們逗得我哈哈大笑，讓我充滿希望，而且等我們開始在白宮菜園的土地上耕種，他們愉快地把我的身分完全拋到腦後。

自從硬著頭皮踏進公眾生活，我曾被吹捧成全世界最有權力的女人，也被醜化為「憤怒的黑人女性」。我一直想問問那些誹謗者，最在意這名號的哪個部分：「憤怒」、「黑人」，還是「女性」？與我微笑合影的某些人會上全國電視網辱罵我的丈夫，同時卻又希望家裡的壁爐架上擺著那張鑲了框的紀念照。我曾聽說網際網路的暗黑世界質疑關於我的一切，甚至包括我究竟是男是女。有位現任美國眾議員曾拿我的臂部開玩笑。我曾傷心，也怒不可遏，但大多數時候，我試著對這種事情一笑置之。

關於美國、關於人生、關於將來的世事變化，我還有好多地方懵懂無知。但我清楚知道我自己。父親弗雷澤教我勤奮工作、笑口常開、言出必行；母親瑪麗安引導我學會獨立思考、表達自我。在芝加哥南區的侷促公寓裡，他們讓我看見我們的故事、我自己的故事，以及我們國家更宏大的故事——看見這些故事的價值。即使故事有時既不美好、也不完美；即使故事有時比你期待的更加真實。**你的故事即是你的一切，永遠代表你、為你所有。**

我在白宮住了八年，這地方有多得數不清的樓梯，還有電梯、保齡球道，以及一位常駐花匠。我睡在鋪著義大利進口布料的床上。有世界級的頂尖廚師團隊烹煮三餐，並由比五星級餐廳或飯店工作人員更為訓練有素的專業人士端上桌。特勤人員戴著耳機和配槍，特意板起面孔站在門外，竭盡所能不打擾我們的私生活。我們終於多多少少習慣了——適應這個新家奇特的富麗堂皇，以及其他人無時無刻像影子般的存在。

白宮是兩個女兒在走廊上玩球、在南草坪爬樹的地方；白宮是巴拉克深夜不睡，在條約廳（Treaty Room）思索簡報和演講草稿的地方；同時也是我們的愛犬桑尼偶爾在地毯上大便的地方。我站在杜魯門陽台（Truman Balcony）就能看到遊客拿自拍棒擺姿勢、在鐵欄杆外窺探，試著揣測裡頭有什麼名堂。白宮窗戶基於安全顧慮必須隨時緊閉，我得興師動眾才能呼吸一點新鮮空氣，有時簡直快要窒息。但有些時候，外頭盛開的白色木蘭花、每日繁忙的政府事務、壯觀的軍事歡迎大典，都讓我打從心底敬畏不已。一年總有幾天、幾星期或幾個月，我會痛恨政治，但同時也有好些時候，這個國家及人民美好得讓我無法言語。

然後，離開的日子到了。儘管已做好了心理準備，儘管最後幾週持續傷感地道別，但離別當天仍是一片模糊。一隻手放在聖經上，一段誓言被反覆宣讀。卸任總統的家具被搬出來，新任總統的家具搬了進去。衣櫥清空之後，短短幾小時內又掛滿衣物。就這樣，新的枕頭上有了新的首腦——新的性情、新的夢想。當一切結束，最後一次走出全世界最知名地址的大門，最後獲得的，是從多方面重新找回自己的機會。

在此，且讓我從不久前發生的一件小事說起。我人在全家剛搬進的紅磚屋子裡。新家坐落在安靜街區，離舊家大約兩英里遠。全家人都還在適應當中。起居室的家具陳設跟在白宮時一模一樣。屋裡到處擺滿紀念品，提醒我們那八年的一切都是真的，像是全家在大衛營度假的照片、美國原住民學生送給我的手作陶缽、南非前總統曼德拉（Nelson Mandala）親筆簽名的書。當晚有一點很不尋常——除了我以外，所有人都不在家。巴拉克在旅行，莎夏和朋友出去玩，瑪莉亞在紐約工作與生活，享受上大學前的一年壯遊（gap year）。家裡只有我、兩條狗，以及過去八年間從沒如此安靜、空蕩蕩的房子。

我餓了，從臥室走下樓，兩條狗緊跟在後。我走進廚房，打開冰箱，找到一條麵包，拿出兩片放進小烤箱。接著打開櫥櫃，取出一個盤子。我知道這麼說很奇怪，但是從廚房架子拿碗盤、沒有人搶著替你服務，而是自己站在烤箱前看著麵包慢慢焦黃，這種感覺簡直重回了我從小到大的生活。說不定，這也宣告著我的新生活已拉開序幕。

最後，我不只烤了麵包，還把麵包放進微波爐加熱，融化兩片麵包中間夾著的厚厚一層黏稠切達乳酪，做成了乳酪吐司。我端著盤子來到後院，不必跟任何人報告行蹤，就這麼逕自走了出去，打著赤腳，穿著短褲。冬天的寒氣終於散去，番紅花沿著後牆的花圃奮力冒出頭來，空氣裡有春天的味道。我坐在迴廊的階梯上，感受白天的陽光被腳底下的石板留住的餘溫。遠方響起了狗叫聲，我家兩條狗停頓半晌仔細聆聽，似乎一時之間被弄糊塗了。我頓時明白，由於住在白宮時沒有鄰居，更別提鄰犬，這聲音對牠們而言是一大刺激。在牠們眼中，一切全是新鮮事。隨著兩條狗蹦蹦跳跳探索後院四周，我也在黑暗中吃完吐司，這種孤單的感覺美妙至極。我的腦子裡沒有那群荷槍實彈的護衛，他們就在不到一百碼外、由車庫改裝成的指揮所內，也沒想到自己依然不能不帶隨扈獨自上街。我沒想著新總統，同樣也沒想著舊總統。

相反的，我腦中想的是再過幾分鐘，就要回到屋裡，清洗水槽中的碗盤，然後上床睡覺，或許會開著一扇窗感受春天的氣息——那該有多麼舒暢！我也心想，這種寂靜讓我第一次真正有機會自我反省。身為第一夫人，我總是匆匆忙完一個星期，然後需要人提醒一星期前發生了什麼事。時間感開始不同了。兩個女兒當初帶著芭莉口袋娃娃、一條取名「被被」的被子，和一隻就叫「老虎」的絨毛玩具虎進入白宮，她們如今都已長大，成為有計畫和主見的少女。我的丈夫正在自我調適，努力適應離開白宮後的生活，讓自己緩一口氣。而我在這裡，在這個新家裡頭，心裡有許多話想說。

I

成為我自己

Becoming Me

1

我有大半童年，都耗在聆聽掙扎的聲音。這聲音就像蹩腳音樂（或至少是業餘音樂），從我房間的地板穿透上來——樓下的學生坐在羅碧姑婆的鋼琴前，發出玎玲、玎玲、玎玲的聲響，緩慢而不完美地練習著音階。我們家位於芝加哥的南岸區（South Shore），住在羅碧姑婆和她丈夫泰瑞擁有的一棟整潔的磚造平房[1]。我的父母租下二樓，羅碧和泰瑞住在一樓。羅碧是家母的姑媽，多年來一直待她很好，但在我眼裡，羅碧有點可怕。她古板而嚴肅，在當地教堂擔任唱詩班指揮，也是街坊鄰居的鋼琴老師。她穿著實用的低跟鞋，脖子上隨時掛著老花眼鏡。她的微笑帶著狡黠，但並不像母親那樣懂得欣賞別人的挖苦。我有時會聽到她訓斥學生練習得不夠，或是斥責家長沒準時送他們來上課。

這時，她會在大白天忿忿地對人道「晚安！」語氣就像被惹惱時會脫口而出：「噢，我的天啊！」看來，沒幾個人能達到羅碧的標準。

然而，樓下煎熬的聲音，成了我們生活的背景音樂。下午玎玲玲，晚上也玎玲玲。教堂的女教友偶爾過來練唱聖歌，用力將她們的虔誠穿透我們的牆壁。羅碧規定，上鋼琴課的小朋友一次只能練一首曲子。我在房間可以聽到他們彈奏一個個音符，時而彈好，時而遲疑，努力想博得老師的認可。一試再試之後，才終於從〈熱十字麵包〉（*Hot Cross Buns*）進階到〈布拉姆斯搖籃曲〉（*Brahm's Lullaby*）。音樂本身並不討厭，只是一天到晚鬧個不休。樂聲悄悄爬上區隔兩家人空間的樓梯、飄進夏日敞開的窗戶，在我一邊玩芭比娃娃或用積木堆砌小小王國時，留在腦中盤桓不去。唯有父親從芝加哥市立給水廠上完早班回家，打開電視看芝加哥小熊隊（Chicago Cubs）比賽，把音量調高到剛剛好蓋過樓下琴聲時，才能得到片刻安寧。

這是一九六〇年代尾聲的芝加哥南區。小熊隊不算太差，但也不怎麼厲害。我會爬上躺椅，坐到爸爸腿上，聽他細數小熊隊的球季如何後繼乏力。或是聽他讚歎就住在前面轉角那條康斯坦斯大道（Constance Avenue）上的小熊隊強打比利・威廉斯（Billy Williams），為何可以從本壘左側如此優雅地揮棒。此刻，棒球場外的美國正面臨重大而未知的巨變。美國前總統約翰・甘迺迪（John Kennedy）與其弟羅伯特死於暗殺；馬丁・路德・金恩博士（Martin Luther King Jr.）在曼菲斯的陽台遇刺身亡，引發全國暴動，芝加哥也包含在內。當警察在我家北邊約九英里外的格蘭特公園（Grant Park）用警棍和催淚瓦斯對付抗議越戰的示威群眾，一九六八年的民主黨全國代表大會最後以血腥收場。這段期間，白人家庭受到郊區誘惑，在更好的學校、更大的空間，或許還包括「白得更純淨」的允諾吸引之下，前仆後繼搬離了市區。

我其實不太記得這些事情。我只是個孩子，一個玩芭比娃娃和積木的小女孩，父母健在，

1 編按：此指bungalow，多譯為獨棟平房式住宅，一般只有一層樓，若有兩層，二樓多半會比一樓小很多。

還有一個每天晚上睡在離我不到三英尺的哥哥。我的家是我的世界，是一切的中心。媽媽很早開始教我識字，她會帶我走到公立圖書館，坐下來陪我慢慢拼讀並唸出書頁上的文字。爸爸每天穿著市府勞工的藍色制服上班，但到了晚上，他會讓兒女見識何謂對爵士樂與藝術的熱愛。他小時候在芝加哥藝術學院（Art Institute of Chicago）學過畫，上了高中繼續畫圖和雕塑。他求學時是游泳和拳擊校隊的選手，長大以後，則成了每一場電視轉播賽事的球迷，涉獵範圍從職業高爾夫球到NHL國家冰球聯盟。爸爸喜歡看身強體壯的運動員登峰造極。當哥哥克雷格開始對籃球感興趣，爸爸就把銅板立在廚房門框上，鼓勵他跳起來抓錢幣。

我在乎的一切，都存在於方圓五個街區內：外祖父母和表兄弟姊妹、難得去上一次主日學的轉角那間教堂、媽媽偶爾派我去買包新港牌涼菸（Newports）的加油站，以及也賣奇異麵包（Wonder bread）、一分錢散糖和桶裝牛奶的酒鋪。炎炎夏夜，我和克雷格會在附近公園看成人壘球賽，在加油聲中迷迷糊糊睡去。我們兄妹白天會在那座公園的遊樂場爬高爬低，也會跟其他小朋友玩鬼抓人遊戲。

克雷格大我不到兩歲。他遺傳了爸爸的柔和眼睛和樂觀個性，也遺傳了媽媽的剛正不阿。我們兄妹向來很親密，或許可歸因於從我一出生，他就對我這個小妹抱著堅定不移且令人有點費解的忠誠。我家很久以前拍了一張全家福黑白照：一家四口坐在沙發上，媽媽笑容可掬抱著我，爸爸則一臉嚴肅又驕傲地讓克雷格依偎在身旁，全都因要上教堂或參加婚禮而盛裝打扮。我那時約八個月大，臉蛋胖呼呼的，是個包尿片、穿著平整白洋裝、一本正經的大塊頭寶寶，正伺機脫離媽媽的掌握，雙眼往下瞪著攝影機，彷彿準備吃了它。克雷格站在我旁邊，打著小領結，穿著西裝外套，一副紳士派頭，臉上帶著熱切的表情。他那時才兩歲大，便已露出大哥的警覺心和責任感——以保護者姿態，伸長了手握住我肥嘟嘟的手腕。

拍攝這張照片的時候，我們住在百匯花園社區（Parkway Gardens），與爺爺奶奶對門而居。這裡是芝加哥南區的合宜住宅區，由許多棟現代風格的公寓大樓組成。社區建於一九五〇年代，用意是作為集合式住宅（co-op），紓解二戰過後黑人勞工家庭的住房短缺問題。後來，這裡因貧窮與幫派暴力而逐漸衰敗，成為芝加哥比較危險的生活區之一。不過早在此之前，我還在學走路時，父母（他們十幾歲相識，二十多歲結婚）就接受提議，搬到南邊幾英里外一個比較好的社區，住進羅碧和泰瑞的房子。

在歐幾里得大道（Euclid Avenue），我們兩家子同住在一個不太大的屋簷下。從房子的平面配置來看，二樓空間原本可能是給一、兩個人住的孝親房，但我們四個人想辦法擠在裡面。父母睡在唯一的小臥房，將較大的空間留給我和克雷格，我猜原本的用途是客廳。後來，隨著我們兄妹慢慢長大，熱愛工作、甚至可說技術精湛的木匠外公珀內爾．希爾茲（Purnell Shields）帶來了幾片便宜的木板，湊合著把這裡隔成兩個半私密空間。他在兩邊各裝一扇塑膠拉門，隔出一個可以擺玩具和書本的小小遊戲區。

我愛我的房間，即使小到只夠放一張單人床和一張狹窄的書桌。我把所有絨毛玩具放在床上，每天晚上不辭辛苦地塞在枕頭四周，猶如進行一種能帶給我慰藉的宗教儀式。在牆的另一面，克雷格的房間彷彿是我房間的鏡中倒影。他的床貼著隔板擺放，跟我的床平行。隔間很薄，夜裡躺在床上的時候，我們可以隔著牆壁說話，還經常把襪子揉成團，從隔板到天花板中間的十英寸縫隙丟來丟去。

在此同時，羅碧姑婆把住家整理得跟活死人墓一樣。家具用保護膜包住，要是我膽敢坐上去，裸露的雙腿便能感受到保護膜又冰又黏的觸感。她的架子上擺滿了不准碰觸的瓷俑，我會伸手停在一組可愛的玻璃貴賓狗上方（一隻精緻的母犬和三隻小巧的幼犬）然後怕被羅碧責罵又把手縮回來。不上鋼琴課時，一樓一片死寂。電視總是關著，收音機始終靜悄悄的。我甚至不確定樓下那兩人偶爾會不會說說話。羅碧丈夫的全名是威廉．維克多．泰瑞（William Victor Terry），但無來由地，我們都直呼其姓。泰瑞相貌堂堂，一星期七天都穿著三件式西裝，宛如影子般存在，幾乎從不開口說話。

我逐漸把樓上樓下想像成兩個不同的宇宙，由兩套相抗衡的情感主宰。樓上的我們家鬧烘烘的，而且吵得理直氣壯。我和克雷格在家裡丟球，追來追去。我們在走道的木頭地板噴灑碧麗珠家具噴蠟，好穿著襪子在地上滑得更遠更快，還常一頭撞上牆壁。爸爸有一年耶誕節分別送我們兄妹兩人一副拳擊手套，同時親自傳授為我們量身訂做的正確揮拳方法，我們會拿起手套在廚房舉辦兄妹拳擊大賽。晚上，我們全家一起玩桌遊、講故事、說笑話，也會放傑克森五人組（Jackson 5）的唱片來聽。樓下的羅碧終於受不了時，會在兩家人共用的樓梯間，把連帶控制樓上走道電燈的開關彈得劈啪作響，開開關關，一遍又一遍——這是她還算客氣、叫我們安靜一點的方法。

羅碧和泰瑞的年紀很大，有著他們那一代特有的顧慮，見識過我父母從沒見過的事——成天嬉笑打鬧的我和克雷格壓根猜想不到的事。要是樓下傳來的抱怨惹毛了我媽，她就會對我們說道理：就算不知道事情的前因後果，也得記住凡事都有前因後果。羅碧和泰瑞的故事讓我們知道，世上每一個人都背負著看不見的歷史，光基於這個原因，就該得到些許諒解與寬容。許多年後我才知道，羅碧曾控告西北大學歧視。一九四三年，她在那裡的合唱音樂班註冊，卻被拒絕入住女生宿舍，而要她去住城裡的一間出租房——同時告訴她那是給「有色人種」住的地方。另一方面，泰瑞曾在進出芝加哥的夜間列車擔任豪華臥鋪的服務員。這是一份薪水很好的體面工作，整個團隊都是黑人，穿著潔淨無瑕的制服，負責搬運行李、送餐、滿足火車乘客的一切需求，包括替他們擦鞋。

退休多年以後，泰瑞仍活在木然而拘謹的狀態：衣著無懈可擊，微微帶點卑躬屈膝的味道，從不爭取自己的權利，至少我從沒看過。他彷彿放棄了一部分自我，好應付這個世道。我看過他頂著夏天高溫修剪草坪時，身上仍穿著尖頭鞋、吊褲帶，頭上戴著窄邊軟呢帽，襯衫衣袖仔仔細細捲好。他縱容自己每天抽一根菸、每月喝一杯雞尾酒，不多也不少。但抽菸喝酒的當下也無法讓他放鬆下來，不像我爸媽只要喝了一杯威士忌加汽水（highball）或史立茲啤酒（Schlitz）就能放鬆，而且他們一個月總會喝個幾次。我心裡有個聲音希望泰瑞能打開心房，傾訴他所背負的祕密。足以想見，他有各式各樣的新奇故事可以訴說，像是去過哪些城市，或是火車上的有錢人做過的種種檢點或不檢點的行為。但我們什麼故事都沒聽過。不知道為什麼，他從來不說。

✳

我大概四歲決定學琴。當時念小學一年級的克雷格每星期一次、下樓坐在羅碧的直立式鋼琴前上課，然後安然無恙地回來，看起來毫髮無損。我覺得自己準備好了。事實上，透過潛移默化、無數日夜聆聽其他小朋友左支右絀地彈完曲子，我很確定自己早就會彈琴了。音樂就存在我的腦子裡。我只需要走下樓，向嚴苛的姑婆證明我多有天分，讓她看看我不費吹灰之力就能成為她的明星學生。

羅碧的鋼琴放在裡屋的一個小房間，靠近一扇可以眺望後院的窗戶。她在房間一角擺了盆栽，另一個角落放了一張摺疊桌，好讓學生有地方寫樂理作業。上課的時候，她直挺挺坐在高椅背的軟墊扶手椅上，一根手指打著節拍，頭抬得高高的，彷彿豎起耳朵準備挑出每個毛病。若問我怕羅碧嗎？不盡然，但她的確有點嚇人。她代表某種毫無彈性的權威，當時的我還沒機會見識過的典型。她要求每一個坐在鋼琴椅上的孩子拿出卓越表現。我把她當成需要爭取、甚或征服的對象。在她面前，我總想證明點什麼。

上第一堂課時，我坐在鋼琴椅上雙腿懸空，搆不到地。羅碧給了我一本專屬我自己的基礎練習本，我興奮極了。然後開始教手指放在琴鍵上的正確姿勢。

「好了，專心，」她說，甚至還沒開始就先教訓我了，「找到中央C。」

當你還小，一架鋼琴看起來就像有一千個琴鍵。眼前是一片浩瀚的黑白，比你伸長了兩條小手臂還要廣闊。我很快學會中央C是定位點，指的是右手與左手涵蓋範圍的交界線，也是高音譜記號和低音譜記號之間的楚河漢界。只要能把拇指放在中央C，其餘手指就會自動歸位。羅碧那架鋼琴的琴鍵，色澤和形狀透出細微的不均勻，有些地方老舊缺了角，看起來就像一排壞掉的牙齒。多虧中央C缺了一整塊楔形、大概跟我的指甲一樣大，我每次都能找對位置。

結果我很喜歡鋼琴。坐在鋼琴前覺得再自然不過，彷彿天生就該如此。在我的家族，音樂家和音樂愛好者人才濟濟，尤其是母親這一邊的親戚。有個舅舅隸屬專業樂團，好幾個阿姨在教堂的唱詩班唱歌。還有羅碧，她除了唱詩班和鋼琴課之外，還小本經營一個名為輕歌劇工作坊（Operetta Workshop）的兒童音樂劇場。我和克雷格每星期六早晨都會去她的教堂地下室參加。不過我們家的音樂中心是希爾茲外公，他是羅碧的弟弟，職業木匠。外公是個無拘無束、肚皮圓滾滾的男人，笑聲極具感染力，蓄著一把稀稀疏疏、黑白相間的鬍子。我更小的時候，他住在城市西區，我和克雷格都叫他西區阿公。不過在我開始學鋼琴那一年，他搬到了我家社區，所以我們也適時替他改名為南區阿公。

數十年前，媽媽還是少女時，南區阿公就和外婆分居了。他跟媽媽的大姊卡洛琳阿姨，以及小弟史蒂夫舅舅，一起住在一棟舒適的一層樓平房，離我們只有兩條街。為了播音樂，他在屋子上下都接了電線，每個房間都安裝喇叭，廁所也不例外。南區阿公也在飯廳打造一組精巧的系統櫃，用來放置音響設備；這套設備有一大半是從後院拍賣會蒐羅而來。他有兩個不成套的唱機轉盤，外加一個搖搖晃晃的古老盤式磁帶錄音機，以及蒐集多年滿架子的唱片。

這世上有很多事情無法博得南區阿公的信任。他是那種典型的陰謀論老頭。他不信任牙醫，導致幾乎連一顆牙都不剩；不信任警察，也不怎麼信任白人，畢竟他是喬治亞州一名奴隸之孫，吉姆．克勞（Jim Crow）[2]時期，在阿拉巴馬州度過早期童年，直到一九二〇年代才北上芝加哥。有了自己的孩子之後，南區阿公費盡心思保護他們周全——用各種真實和想像的故事嚇唬他們，告訴他們黑人小孩走錯地方會有什麼下場，講解為何要離警察遠一點。

音樂好似他的解憂劑，幫助他放鬆心情，掃除煩惱。南區阿公領到木工活的薪水，偶爾會大手筆買張新唱片犒賞自己。他常辦家庭派對，強迫每個人扯開嗓門大聲說話，因為音響總是播放著沸天震地的音樂。我們在南區阿公家慶祝生活中絕大多數的重大事件，意味著多年來，我們都聽著爵士樂第一夫人艾拉．費茲傑羅（Ella Fitzgerald）的歌聲拆耶誕禮物，就著爵士薩克斯巨擘約翰．柯川（John Coltrane）的音樂吹生日蠟燭。聽媽媽說，南區阿公年輕時堅持薰陶七個孩子的爵士素養，經常一大清早用最大音量播唱片來叫醒每一個人。

他對音樂的熱愛很有感染力。南區阿公一搬到我家附近，我就開始去他家消磨整個下午，隨意從架上抽出唱片放進音響，每一張都是一次令人沉醉的歷險。雖然我年紀很小，但他從不限制我亂摸東西。後來，他買給我的第一張唱片是史提夫．汪達（Stevie Wonder）的《有聲書》

（*Talking Book*），阿公家裡有個特別的書架專門放我最愛的唱片，也包括這張。我要是餓了，南區阿公會替我做奶昔，也會烤全雞填飽大家的肚子，在此同時，我們一起聆聽艾瑞莎、邁爾士或比莉的音樂。[3]對我來說，芝加哥南區就像天堂一樣遼闊。而在我的想像中，天堂應該是個充滿爵士樂的地方。

✳

在家裡，我繼續努力一步步成為音樂家。坐在羅碧的直立式鋼琴前，我很快學會了音階（證明潛移默化真有其事），起勁地做著識譜練習作業。我家沒有鋼琴，我得等到沒人上課時下樓借羅碧的琴練習，通常也會拉著媽媽一同坐在鋼琴椅上聽我彈奏。我學會琴譜上一首又一首曲子。或許我不比她其他學生強，笨拙也不輸別人，但我很執著。對我來說，學習過程有一股魔力，讓我從中得到一種樂陶陶的滿足感。舉例來說，我發現練習時間長短和學習成就之間，有種簡單而令人振奮的相互關係。我也感受到羅碧的一些變化——她藏得太深，以至於從

2 譯註：吉姆．克勞最早為舞台劇的黑人奴隸角色，後來演變成對非裔美國人的貶稱，也是種族隔離政策的代名詞；吉姆．克勞時期是指一八七六年至一九六五年間美國南方各州及邊境各州對有色人種（主要針對非裔美國人，但同時也包含其他族群）實施種族隔離政策，所有公共場所皆區分白人及有色人種專區，如果有色人種誤入白人專區，即可逮捕。

3 譯註：這三位歌手或樂手分指美國靈魂天后艾瑞莎．富蘭克林（Aretha Franklin）、傳奇爵士小號手邁爾士．戴維斯（Miles Davis）和爵士女伶比莉．哈樂黛（Billie Holiday）。

不喜形於色，不過，當我熟練彈完一首曲子、可以做到右手彈出旋律而左手按住和弦，她身上就會傳出一種較為輕盈、快樂的脈衝。眼角餘光便能瞥見羅碧的雙唇略微放鬆，打節拍的手指變得更為靈動。

結果證明，這只是蜜月期。要是我對她的鋼琴教學法少一點好奇、多一點恭敬，羅碧和我說不定能繼續維持這樣的和諧關係。但是琴譜很厚，而且一開始幾首曲子的進度又拖拖拉拉，我很快失去耐性，開始偷學後面的曲子——不只跳過幾頁而已，而是跳過大半本書，在練琴的時候翻看有哪些更高段的曲子，摸索著嘗試開頭的段落。當我驕傲地向羅碧演示一首「琴譜後段曲子」，她大發雷霆，一聲惡毒的「晚安」斷然抹殺我的成就。我受到訓斥了，就像之前聽過她訓斥許多學生一樣。我無非就是想學得更多、學得更快，但羅碧卻將我的行為，看作差可比擬謀反的罪行。她並不欣賞，一點兒也不。

我也沒有學乖。我是那種有問題就要找到具體答案，遇事喜歡講邏輯、甚至刨根究柢的小孩。我有律師性格，偏向專斷那種，就像常被我趕出家中公共遊戲區的哥哥會做出的控訴。我自認有個好點子時，不喜歡被拒絕。這就是姑婆和我最後當面槓上，兩人都面紅耳赤、不肯讓步的原因。

「妳怎麼會因為我想學新的曲子而生氣？」

「妳還沒準備好。鋼琴不是那樣子學的。」

「但我**準備好**了呀，我剛剛彈出來了。」

「那樣彈不對。」

「到底是**為什麼**?」

鋼琴課變得漫長而難熬，主要是因為我拒絕遵守規定的方法，而羅碧拒絕從我對待琴譜的率性作風看見任何優點。就我記憶所及，我們每週來回爭論不休。我很倔強，她也是。我有我的觀點，她也有。當爭執暫時休兵，我繼續彈琴，她繼續聽著，指出一大堆錯誤。我不承認我琴藝進步有她的功勞，她幾乎不承認我有什麼進步。不過即使如此，課還是照上不誤。

回到樓上，爸媽和克雷格覺得這一切格外有趣。每當我在晚餐桌上細述和羅碧的戰爭、氣呼呼地吃著義大利麵和肉丸，他們總會捧腹大笑。至於克雷格，由於他個性開朗又循規蹈矩，對學琴這件事並不怎麼上心，所以和羅碧相安無事。父母並不同情苦惱的我，也不同情羅碧。一般說來，他們不會插手學校以外的事情，只除了早年曾教導我和哥哥要為自己負責。他們似乎認為父母親的職責，就是在我家的四堵牆內恰如所需地聆聽我們說話、做我們的精神支柱。別的家長可能會責罵像我這樣頂撞長輩的小孩，但他們任由我恣意妄為。媽媽從十六歲開始就斷斷續續跟羅碧同住，遵守她所立下的種種神祕難解的規矩，看到羅碧的權威受到挑戰，她很可能暗自高興。如今回顧過去，我認為父母懂得欣賞我的好鬥，為此我欣然感激。他們希望我心中的火焰一直燃燒下去。

✳

每年一次，羅碧會舉辦盛大的成果發表會，讓學生得以在現場觀眾面前演出。我直到今天都不曉得她是怎麼辦到的，但她總能借到芝加哥市中心的羅斯福大學（Roosevelt University）練習廳，在密西根大道上這棟雄偉的石造建築舉辦她的成果發表會，旁邊緊鄰芝加哥交響樂團的表演廳。光想到要去那裡就讓我神經緊張。我們在歐幾里得大道的寓所位於芝加哥洛普區（Chicago Loop）南邊，距離大約九英里。洛普區金碧輝煌的摩天大樓和擁擠的人行道，在我眼中不啻為另一個世界。我們家每年進城次數屈指可數，不是去參觀藝術學院，就是去看戲劇表演。進城時一家四口坐在爸爸的別克上，就像太空艙裡的太空人一樣。

爸爸喜歡找盡藉口開車。他熱愛他的車。那是一輛古銅色別克厄勒克特拉225（Electra 225），爸爸驕傲地暱稱為「兩塊兩毛五」。他時時替車子打磨上蠟，虔誠地遵照維修時間表，定期到西爾斯（Sears）對調前後輪胎並更換機油，認真的程度，無異於媽媽帶我們到小兒科診所做健康檢查。我們也愛兩塊兩毛五，滑順的線條和窄小的尾燈，看起來酷炫又有未來感。車裡寬敞得就像一棟房子，我幾乎可以站在車裡，用手輕撫車頂內裝的布料。當時政府還沒硬性規定繫安全帶，所以我和克雷格多半會在後座撲過來倒過去。想跟爸媽說話時，會全身趴到前面的座椅。我經常往前靠著爸爸駕駛座的頭墊，下巴往前伸，我的臉緊貼著爸爸的臉，以便和他擁有一模一樣的視野。

這輛車為我們家提供另一種形式的親密感，讓我們可以一邊旅行一邊聊天。吃過晚餐後，我和克雷格偶爾會拜託爸爸開車帶我們漫無目標地兜風。夏夜的一項樂事，就是開車到社區西南邊的露天汽車電影院看《人猿星球》（*Planet of the Apes*）系列電影。我們在暮色中停好別克準備看電影，媽媽拿出從家裡帶來的炸雞和洋芋片當晚餐，我和克雷格和坐在後座，吃光擱在大腿上的食物，然後小心翼翼拿紙巾擦手，而不是抹在座椅上。

要到好多年後，我才徹底明白開車對家父的意義。小時候的我只是隱約感覺到，操縱方向盤賦予父親的自由感，以及在他駕馭之下，運轉滑順的引擎和完美平衡的輪胎嗡嗡作響，讓他覺得愉悅。家父三十多歲時，醫生診出他的一條腿會開始莫名虛弱，而那不過是一段漫長過程的開端，期間可能痛苦不堪，最終將陷入癱瘓。或許在某一天，基於大腦和脊柱神經的神祕脫鞘（unsheathing），他會發現自己完全沒辦法走路。我不記得確切日期，但那輛別克似乎和多發性硬化症差不多同時進入我父親的生命。儘管他從來沒說，但那輛車想必從旁提供了些許安慰。

醫生診斷不會讓我父母整天牽腸掛肚。當時不比現代，距離上谷歌就能搜出一連串帶來或剝奪希望的圖表、統計數字和醫學說明，看得你頭暈目眩，還有好幾十年時間。反正我猜他也不會想看那些東西。雖然父親從小上教堂，但他不會祈求上帝饒恕。他不會求助替代療法或心靈大師，也不會怪罪某條有缺陷的基因。我家有個封鎖壞消息的悠久傳統，一聽到壞消息就設法拋到腦後。沒有人知道爸爸撐了多久才就醫，但我猜他肯定不舒服數個月、甚至數年之久。他不喜歡看醫生，也沒興趣怨天尤人。父親是那種坦然接受宿命安排後，繼續前進的人。

但有一點我確實知道。在我舉行鋼琴演奏會那天，他走路已經有點一瘸一拐，左腳跟不上右腳的速度。我對父親的所有記憶，都顯現出他有某種肢體障礙，儘管我們還不願意稱之為殘疾。我明白自家爸爸的動作比別人的爸爸慢一點，偶爾會看見他在爬樓梯之前停頓片刻，彷彿需要先把爬樓梯的動作想過一遍。全家去商場逛街時，他會坐在長凳休息，在我們隨意閒逛之際，心滿意足地幫忙保管袋子或偷偷打起瞌睡。

進城參加演奏會途中，我坐在別克後座，穿著漂亮洋裝和漆皮鞋子，梳了髮辮，生平第一次冒冷汗。儘管在羅碧家已把曲子練得滾瓜爛熟，但我依然焦慮不安。克雷格一身西裝打扮，準備在演奏會上表演自己的曲目。但是他完全不擔心，睡得很熟，事實上，他在後座睡得跟豬一樣，嘴巴大開，表情祥和、無憂無慮。這就是克雷格。我這輩子都會羨慕他的從容自得。他那時候加入了少年籃球聯盟，每週末都有比賽，顯然已學會克服當眾表演的緊張。

父親總會盡量挑選靠近目的地的車位，寧可多付一點停車費，減少顫抖雙腿需要行走的距離。那一天，我們順利找到羅斯福大學，走上那座巍峨且回音蕩漾的表演廳。置身其中，感覺非常渺小。這座大廳有精緻的落地窗，可以看見格蘭特公園的廣闊草坪，以及更遠方的密西根湖（Lake Michigan）泛起一波波白色浪花。屋內，灰色鐵椅整齊排列，逐漸坐滿了緊張兮兮的小孩和滿心期待的家長。在前方架高的舞台上，放著我生平第一次見到的兩架小型平台式鋼琴，巨大的硬木蓋子高高撐起，就像準備展翅高飛的黑色羽翼。羅碧也穿著一襲花洋裝，像舞會皇后般忙裡忙外（但依然威嚴端莊），確保每個學生都帶了自己的琴譜。演奏會即將開始前，她示意一屋子的人安靜下來。

我不記得那天有哪些人，也記不住演出順序，只知道輪到我的時候，我從椅子上站起來，用最優雅的儀態走到前方，爬上台階，在一架閃閃發亮的小型平台式鋼琴前找到我的座位。事實上，我的確準備好了。儘管我覺得羅碧尖嘴薄舌又冥頑不靈，但我仍然不知不覺沾染了她那專心致志、一絲不苟的態度。我把演奏曲練得爐火純青，想都不必想，只要開始移動手指就行。

然而，就在手指放到琴鍵上那電光石火的一刻，我這才發現一個問題——在我眼前的是一架完美無瑕的鋼琴，外表纖塵不染，內部琴弦調校精準，八十八個琴鍵一字排開，像一條毫無瑕疵的黑白緞帶。問題是我並不習慣完美無瑕。事實上，我活到當時的年紀都還沒接觸過完美無瑕。我對鋼琴的經驗，完全來自羅碧那一方小小的琴室，裡頭有一盆亂蓬蓬的植物，窗外是我們家小小的後院。我唯一彈奏過的樂器，是她那架不盡完美的直立式鋼琴，上頭有胡亂補綴的泛黃琴鍵，以及一個缺角缺得恰到好處的中央C。對我來說，那就是鋼琴該有的模樣——正如我的街坊就是我的街坊，我的爸爸就是我的爸爸，而我的生活就是我的生活。那就是我認識的一切。

此刻，就在我目不轉睛瞪著光亮的琴鍵、除了整齊劃一什麼也找不到之時，觀眾也坐在椅子上目不轉睛地注視著我。我完全不知道手要放在哪裡，喉嚨緊縮，心臟怦怦亂跳。我望向觀眾，設法不流露驚慌，想在媽媽的臉龐尋找安全的避風港。但我瞥見前排有個人影站起來，緩緩朝我的方向飄過來。那是羅碧。那時候我們經常吵架，勢同水火，我簡直把她當成了敵人。

但在我得到報應的這一刻，她幾乎像天使般翩然走到我身後。也許她瞭解我的震驚。也許她知道這個世界的差距，剛剛首次悄悄地呈現在我面前。也有可能她只想加快演奏進度。無論如何，羅碧一聲不響地用一根手指指出中央C，好讓我知道從哪兒開始，然後帶著一抹若有似無的鼓勵微笑，轉身留下我獨自彈奏我的樂章。

2

我在一九六九年秋天進入布林莫爾（Bryn Mawr）中小學附設幼稚園就讀。我帶著兩項優勢入學，一是預先認得了幾個基本單字，二是有個備受歡迎的二年級哥哥。這所學校是一棟有前院的四層樓紅磚建築，和我在歐幾里得大道的家只隔了一兩條街。上學只需走路兩分鐘，或者像克雷格那樣，跑步一分鐘就到。

我立刻愛上學校，也喜歡我的老師。柏洛茲老師是位嬌小的白人女士，在我眼中，她簡直無異於古代人，但她其實只有五十多歲。教室有一整面向陽的大窗戶、一套可以玩的洋娃娃，後方還有一個巨大的紙板遊戲屋。我在班上交了幾個朋友，自然而然與像我一樣迫不及待想上學的小朋友走得很近。我對自己的閱讀能力很有信心。上學前就讀完了《迪克與珍》（*Dick and Jane*）系列童書（多虧了媽媽的借書證），因此聽說幼稚園的第一課就是認讀一套新的單字，我高興極了。我們得學一系列顏色，不是顏色的色彩，而是文字本身——「紅色」、「藍色」、「綠色」、「黑色」、「橘色」、「紫色」和「白色」。在班上，柏洛茲老師會接連舉起一張張大型硬紙板，要我們讀出上頭用黑色字母拼寫的字，一次考一個學生。有一天，我望著剛認識的同學輪番站起來，艱難地辨認字卡上的顏色單字，成功或失敗程度不一，在答不上來的時候被老師吩咐坐下。我心想，這要當成某種遊戲來玩，就像拼字比賽那樣，但小朋友顯然被微妙地分門別類，在「紅色」就卡關的孩子，會遭到心照不宣的羞辱。當然，這是一九六九年芝加哥南區的公立學校，沒有人會談論自尊心或成長心態。學齡前就搶先起跑的話，入學後就能得到獎勵、被認定是「聰明」或「有天分」的學生，而這只會進一步加強該生的自信，迅速累積優勢。在幼稚園班上，最聰明的兩個小朋友是韓裔美國男孩泰迪，以及非裔美國女孩嘉卡。他們在接下來幾年仍繼續獨占鼇頭。

我決心迎頭趕上他們。輪到我看老師手上的硬紙板朗讀單字時，我站起來卯足全勁，輕而易舉讀出了「紅色」、「綠色」和「藍色」。「紫色」多花了一秒鐘，「橘色」有點難唸，而當「白色」（W-H-I-T-E）出現時，我的腦筋突然一片空白，喉嚨霎時變乾，嘴巴在大腦瘋狂故障時努力而笨拙地發出聲音，想辦法搜出發音類似「哇咳」[4]的顏色。我整個人呆若木雞，毫不誇張。膝蓋有一股輕飄飄的奇怪感覺，好像隨時會軟掉。不過在膝蓋軟掉之前，柏洛茲老師叫我坐下。就在那一刻，答案突然完整而清晰地跳進我的腦海——白色！白、色！那個字是「白色」。

那天夜裡躺在床上，我一頭窩進枕頭四周的絨毛玩具裡，全副心思都放在「白色」這個單字上打轉。在腦中來回拼寫，不斷責怪自己愚蠢。那份狼狽猶如一塊鉛，是我永遠甩不掉的屈辱。儘管我知道爸媽不會在乎我有沒有讀對每一張字卡，但我就是想有出息。或者這麼說好了，我不想自己在他人眼中是個沒出息的人。我很確定老師已把我分進了「不識字」那一類，或者更糟，**直接打入「不用功壞學生」**。我念念不忘柏洛茲老師那天貼在泰迪和嘉卡胸前那張一毛錢大小的金箔星星。那代表著成功標誌，或是意味著他們被貼上資賦優異的標籤，有別於我們其餘眾人。畢竟，他們兩人唸對了每張顏色字卡，沒半點磕磕絆絆。

隔天早上到了學校，我要求重考。

柏洛茲老師拒絕我的請求，興高采烈地補充說我們這群幼稚園小朋友還有其他事情要做。但我一再堅持。

真同情當時必須看著我第二度面對顏色字卡的小朋友。這一次我放慢速度，每讀一個字就刻意停下來深呼吸，拒絕讓緊張害大腦短路。方法奏效，我順利讀完了「黑色」、「橘色」、「紫色」，尤其是「白色」。速度之快，簡直就像眼睛還沒看到卡片上的字母，嘴巴便高聲喊了出來。此刻，我樂於如此幻想：柏洛茲老師對這名勇於為自己據理力爭的黑人小女生印象深刻。我不知道泰迪和嘉卡有無留意，但我很快領到了戰利品。當天下午，我胸前也貼了一張金箔星星，昂首闊步地走路回家。

✳

4 編按：原文發音以wu-haaa表示，近似white發音，但並不完整也不正確。

在家裡，我活在一個盪氣迴腸、扣人心弦的國度，整天埋首於高潮迭起的洋娃娃肥皂劇。劇中有新生命誕生，有著爭執與背叛、希望與仇恨，偶爾還有性。放學到晚餐前的這段時間，我寧可坐在我和克雷格房間外的公共遊戲場，在地板上排滿芭比娃娃，編織出與生活一樣寫實的情節，有時也會讓克雷格的美國大兵玩偶在劇中穿插一角。我把娃娃的衣服放在一個兒童用塑膠印花行李箱，替每尊芭比和大兵設定人物個性。媽媽多年前教我們認字的破爛字母積木也派上用場，每一塊都被賦予了名字與內心世界。

放學後，我很少到外面和鄰居小孩一起玩耍，也很少邀同學來家裡玩。部分原因是我生性吹毛求疵，不希望有人亂摸我的洋娃娃。我去過其他女生的家，看過有如怪胎秀的景象——頭髮被硬生生扯斷或臉上被奇異筆塗得亂七八糟的芭比娃娃。我在學校也學到一個教訓，那就是小孩子的人際互動也充滿糾葛。不論你在遊樂場上目睹何種溫馨畫面，背後都存在著暗潮洶湧的階級與同盟關係。一群孩童裡有女王蜂、惡霸，還有隨從黨羽。我並不怕生，但同樣也不確定自己在學校外的生活是否需要如此複雜的恩怨情仇。相反的，我使盡全部精力，在家中這個小小的公共空間當宇宙唯一主宰。克雷格如果出現並膽敢移動任何一塊積木，我會立刻放聲尖叫。有必要的話，我也樂得動手揍他——通常是在他的背部中央施以一記直拳。重點是，娃娃和積木需要我賦予生命，我亦不負眾望，讓它們遭遇一次又一次的個人危機。就像任何盡責的造物主，陪在玩具身旁看著它們受苦與成長。

在此同時，我可以透過臥室窗戶觀察發生在歐幾里得街區的真實人生。每到傍晚，我會看見湯普森先生（擁有對街那棟三戶公寓的高個子非裔美國人）把碩大的低音吉他放進凱迪拉克後座，準備到爵士俱樂部幹活。也能看到隔壁姓門多薩（Mendoza）的墨西哥家庭花一整天替人油漆房屋之後，開著裝滿梯子的卡車回家，幾條狂吠的狗靠在柵欄上迎接他們。

我家這一帶是中產階級區，住著各式各樣的人種。小孩不是靠膚色認同彼此，而是看誰在外頭準備好一起玩。朋友裡有個名叫瑞秋的女孩，她媽媽是白人，操英國口音，還有一頭紅色鬈髮的蘇西，以及偶爾來探訪爺爺奶奶的門多薩家孫女。我們這裡有象徵多元種族的姓氏，像是康索潘特（Kansopant）、阿布塞夫（Abuasef）、葉格（Yacker）、羅賓森（Robinson）等。然而，當時年紀太小，沒意識到周圍的世界正急速改變。一九五〇年，即父母搬到南岸區的十五年前，這一帶九十六%是白人。等到一九八一年我離家上大學時，卻變成九十六%是黑人。

我和克雷格在變動的逆流中四平八穩成長。附近鄰居包括猶太家庭、移民家庭、白人家庭和黑人家庭；有的家庭生活蒸蒸日上，有的則逐漸破落。一般而言，這裡的居民會照料家中草坪和管教小孩。他們開支票給羅碧，好讓孩子學鋼琴。事實上，我們家在這一帶街坊，算是經濟比較拮据的一家。據說，像我家這樣沒有自己的房子、必須擠在羅碧和泰瑞家二樓生活的人實屬少數。南岸區雖說還未像其他地區大幅遷往郊區發展（在那些地區，手頭寬裕的人早就搬到郊區、商家一間間倒閉、陰影慢慢擴散），但遷移顯然已經開始。

我們漸漸感受到轉變帶來的影響，尤以學校為最。上了二年級，我們班成了瘋人院，滿是不受管教的小孩，橡皮擦也滿天飛。不論在我或哥哥的經驗中，這絕非常態。一切似乎得歸咎於一位不會掌握課堂情況、甚至好像不喜歡小孩的老師。除此之外，顯然沒有人特別在意該師不適任的事實。學生把這當作搗亂的藉口，而她似乎只想著我們最壞的一面。在她眼中，我們是一班「壞孩子」，儘管我們從未受到任何指導管束，還被扔到陰森森且燈光不足的地下室上課。在那裡，每個小時都漫長得苦不堪言。我悽慘地坐在一張嘔吐綠的椅子（嘔吐綠是一九七○年代的官方色彩）上，無所事事等著午休吃飯時間。到時候就可跑回家，一邊吃三明治一邊對媽媽大吐苦水。

小時候，只要我一生氣，幾乎都會對媽媽訴苦。每次數落老師時，媽媽會心平氣和地傾聽，給我不痛不癢的回應，如「欸，我的天啊」或「噢，真的嗎？」她從不遷就我的怒氣，卻會認真看待我的挫敗感。換作別人家媽媽，可能會很有教養地說：「乖乖上學，盡力就好。」但媽媽分得出輕重，知道無病呻吟和真正痛苦之間的區別。她背著我跑到學校，展開長達一星期的幕後遊說，最後我和其他幾個成績優異的孩子有機會接受一連串測驗，安靜地轉出那間教室，一星期之後正式跳級到樓上那個快樂又有秩序的三年級班，由一位面帶微笑、態度認真務實的稱職老師教導。

母親的舉動雖然微小，卻足以改變人生。當年，我並沒有停下來問自己：留在地下室、被丟給不會教書的老師教的學生，會出現怎樣的際遇？如今長大成人，我清楚知道，年紀很小的孩子就能感受到自己被人看輕，也能察覺大人並無投入足夠心血來教育他們。小孩會用頑劣的行為來表現憤怒，但那不是他們的錯。他們不是「壞孩子」，只是試著在惡劣的環境中求生。

不過，當時我只是很高興自己逃了出來。很多年後才得知，我那位生性愛挖苦人、不多話，但通常也最直率的母親，特地找上二年級老師，盡可能溫和地陳述她沒資格教書，應該去雜貨店當收銀員才對。

⁂

時間一天天過去，家母開始催促我出去外面玩，多跟鄰居小孩交往。她希望我像哥哥那樣跟所有人打成一片。前面提過，克雷格有本事把任何難事變得輕鬆愉快。那時候，他已在籃球場上嶄露頭角，渾身充滿鬥志、動作敏捷，而且個子抽高得很快。父親鞭策他盡量挑戰最激烈的比賽，這表示父親後來會囑咐克雷格去城市另一邊、跟全市最厲害的球員打球。不過一開始，家父只叫克雷格跟街坊高手較量。克雷格帶著他的球穿越馬路，走到對街的羅森布拉姆公園（Rosenblum Park），途經我愛玩的爬竿和鞦韆架，然後跨越一條無形界線，消失在林木的薄紗之中，進入籃球場所在的公園另一邊。我想像那裡是一座深淵，亦是酒鬼、暴徒和罪犯專門幹非法勾當的神祕幽暗森林。但克雷格開始到公園那一邊玩之後就試著矯正我的胡思亂想，告訴我那裡的人其實沒那麼壞。

籃球似乎為我哥哥打開了每一道新的疆界。籃球教會他如何接近陌生人，以便在自由分隊的籃球賽中搶占一個名額。籃球教會他如何友善地奚落別人，在球場上跟更高大、更靈活的對手嗆聲。籃球也有助於破解這一帶某些人事物的迷思，正如爸爸長久以來的信條，印證了一點：只要你善待別人，絕大多數人都是好人。就連在附近酒鋪前閒晃的可疑傢伙，看到克雷格也滿臉眉飛色舞，在我們經過時喊他的名字，跟他擊掌。

「你是怎麼認識他們的？」我難以置信地問。

「天曉得。他們就是認識我。」他聳聳肩回答。

十歲那年，我終於大到足以獨自出門冒險。在此決定的背後，有很大部分原因是無聊。那年暑假，我和克雷格每天搭公車到密西根湖的湖濱公園，參加市政府主辦的夏令營。我們四點以前就會回到家，到天黑之前還有很長時間需要打發。洋娃娃似乎愈來愈沒意思，而且家裡沒有冷氣，一到傍晚就熱得讓人受不了。我開始跟在克雷格屁股後面到處亂轉，結交沒機會在學校認識的小孩。我們家後面巷子對面有個叫做「歐幾里得林蔭大道」的迷你社區，大約十五棟房子環繞著一塊公共綠地。那裡宛如天堂，沒有車輛喧囂，只有一大堆孩子打著壘球、跳花式跳繩，或是和朋友一起坐在門前台階上鬼混。不過，順利找到方法打進林蔭大道的同齡女孩子圈以前，我面臨了一項考驗。考驗來自一個名叫蒂蒂、在附近天主教學校上學的女孩。蒂蒂擅長運動，長得很漂亮，但她總是繃著臉，隨時準備翻白眼。她經常跟另一位更受歡迎的女孩德寧，一起坐在她們家前院的台階。

德寧很親切，但蒂蒂似乎不喜歡我。我每次走到歐幾里得林蔭大道，她就會喃喃地說些刻薄的話，好像我光是出現在那裡，就會掃了所有人的興。隨著夏天慢慢過去，蒂蒂的惡毒評論愈講愈大聲。我的心情開始往下沉。我明白自己有幾個選擇：繼續扮演受到排擠的新來女生，放棄林蔭大道，回家玩我的玩具；或者，我可以想辦法贏得蒂蒂的尊敬。最後這個選項當中還有幾種選擇：我可以試著跟蒂蒂講道理，靠口才或其他形式的外交手腕說服她，或者索性叫她閉嘴。

等到蒂蒂再次惡言惡語，我撲向了她，用上父親教過我的所有揮拳技巧。我們兩個滾到地上，拳打腳踢，歐幾里得林蔭大道的每個小孩立刻在我們身邊圍成一個緊密圓圈，因興奮和小學生嗜血的天性而大呼小叫。我不記得最後是誰拉開了我們，也許是德寧或我哥哥，還是某個被叫來現場的家長，總之打過架後，我默默完成了某種形式的洗禮，正式被這一帶的朋友圈接納。我和蒂蒂沒有受傷，只是沾了泥巴、氣喘吁吁，而且注定當不成朋友，但起碼我贏得了她的尊敬。

✳

爸爸的別克持續扮演著避風港，是我們通往世界的窗口。我們會在星期天和夏天晚上開車兜風，無需任何理由，反正有閒有車。父親偶爾會開到南邊的藥丸丘（Pill Hill），因那裡住了許多非裔美國醫生而得名。藥丸丘是芝加哥南區較為漂亮、富裕的地區，家家戶戶的車道上停放著兩部車，人行道旁花團錦簇，欣欣向榮。

父親會帶著些許懷疑眼光看待有錢人，他不喜歡自以為了不起的人。對於置產，他大體上抱著複雜的心情。有一小段時間，他和母親商量買下離羅碧家不遠的一棟房子，還找仲介一起去看房，最後還是決定放棄。當時，我舉雙手雙腳贊成買房，在我心裡，那表示我們一家人不用擠在一層樓了。但父親生性謹慎，懂得權衡利弊，明白手邊必須有些積蓄以防不時之需。「絕對不要淪為房奴。」他向我們說明有些人如何花光所有積蓄、背負太多貸款，到頭來徒有一間好房子卻完全失去自由。

爸爸媽媽把我們當成大人講話。他們不說教，而是放任我們隨意發問，不論問題有多幼稚。他們絕不會圖一時方便就隨便搪塞。我們的對話有可能持續好幾個鐘頭，往往是因為我和克雷格一有機會就抓著不明白的事情拷問爸媽。還小的時候，我們會問：「人為什麼要上廁所？」「你為什麼需要工作？」然後窮追不捨地打破砂鍋問到底。我早年的一次蘇格拉底式勝利，源於一個因自身利益而問的問題：「早餐為什麼必須吃蛋？」這引發我們探討蛋白質的必要性，連帶促使我質疑花生醬為什麼不能算作蛋白質。經過一番辯論之後，好不容易說服媽媽修正她在雞蛋議題上的立場，而我從一開始就不喜歡吃雞蛋。接下來九年，我每天早晨為自己做一份厚厚的花生醬夾果醬三明治當早餐，從沒吃半顆雞蛋；那是我為自己贏來的權利。

長大一點後，我家開始談論有關毒品、性和生命中的重大抉擇，也討論人種、貧富不均和政治。爸媽並不指望我們成為聖人。我還記得，爸爸特意告訴我們性愛是快樂的，也應該是快樂的。他們也從不用糖衣包裝生活中比較殘忍的真相。舉例來說，有年夏天，克雷格得到一輛全新的腳踏車，他往東騎到密西根湖，沿著彩虹沙灘上的柏油步道感受湖水帶來的陣陣微風。沒多久卻被一名警察攔下來，還被指控偷車，只因為該警察不相信黑人男孩可能正大光明得到一輛全新腳踏車。（那名警察本身是非裔美國人，後來被我母親痛斥一番，不得不向克雷格道歉。）父母告訴我們，克雷格的遭遇很不公平，但遺憾的是，這種事屢見不鮮。膚色讓我們容易遭受攻擊，是我們始終得克服的障礙。

我猜，父親載我們逛藥丸丘的習慣就像一種激勵儀式，想讓孩子有機會看看良好教育能帶來何種收穫。爸媽幾乎一輩子都生活在芝加哥一小塊方寸之地，但他們認為我和克雷格不會沿襲同樣的軌跡。結婚前，他們兩人都曾短暫進入社區大學，但遠在取得學位前就雙雙輟學。媽媽原本想當老師，但後來發現她更喜歡祕書工作。爸爸純粹是因為沒錢付學費，只好轉而從軍。父親家族沒有人會說服他重返學校，也沒有榜樣讓他知道何謂接受高等教育。於是，他入伍兩年，輾轉於不同軍事基地之間。若說讀完大學、成為藝術家曾是父親的夢想，他也很快就修正夢想，改用薪水資助他的弟弟完成建築系學位。

即將年屆四十的爸爸，一心一意為兩個孩子存錢。我們家絕不會淪為房奴一族，因為不打算買房。爸爸站在實際的角度考量，他明白自己資源有限，而且，時間或許也即將告罄。他不開車時已經得拄著手杖走路。我小學畢業前，手杖變成他脅下的一根拐杖，很快又變成兩根。不論是什麼東西在侵蝕父親的身體，導致肌肉萎縮、神經衰退，他都把病魔視為必須獨自面對的挑戰，是他得默默承受的考驗。

我們一家人用微小的幸福支撐生活。當我和哥哥拿到成績單，爸媽會從我們最喜歡的義大利嘉年華餐廳訂披薩回家，以表示慶祝。天氣很熱的時候，我們會買手工包裝的冰淇淋（巧克力、奶油胡桃和黑櫻桃口味各一品脫）分好多天細細品嘗。每年的水面航空展（Air and Water Show），我們會帶著野餐沿密西根湖一路往北行駛，一直開到用柵門隔開的半島，也就是爸爸服務單位所在地。這是每年少數幾次開放給員工家庭進入柵門、到草地上俯瞰湖面的機會之一。在那裡觀賞戰鬥機編隊整齊劃一地朝水面俯衝，足以媲美湖濱大道上任何一間高樓層豪華公寓的視野。

每年七月，爸爸會休假一星期，暫時放下他在水廠的鍋爐維修工作；我們跟姨媽和兩個表親、共七個人塞進爸爸那輛雙門別克，開上好幾個小時的車，沿著高架道路離開芝加哥，繞過密西根湖南端，一直開到密西根州白雲市（White Cloud）的快樂公爵度假村（Dukes Happy Holiday Resort）。那裡有娛樂室、一台賣玻璃瓶汽水的自動販賣機，最重要的是，還有一座巨大的室外游泳池。我們租下一間附設廚房的小木屋，在水池裡跳進跳出度過這段美好假期。

爸媽負責烤肉，也會抽菸、跟姨媽玩牌，不過爸爸會花很長時間在游泳池裡陪孩子們戲水。我爸長得很帥，長長的上排鬍鬚斜向嘴角，像一把鐮刀。他的胸部和手臂很厚實，露出一塊塊肌肉，宣示他曾有過的運動生涯。在那些漫長的游泳池午後，他划水擺動、高聲歡笑、把我們小小的身軀拋到空中，那雙衰弱的腿霎時顯得沒那麼不良於行。

沒落可以是一件很難衡量的事，尤其當我們置身其中。每年九月，我和克雷格返回布林莫爾，總會發現遊樂場上又少了幾個白人小孩。有些人轉學到附近的天主教學校，但許多人乾脆搬離這一帶。最初似乎只有白人家庭離開，但過沒多久，情況又變了，感覺有辦法搬走的人都準備要走。他們多半靜悄悄離開，沒有事先通知，也沒有多加解釋。只要看到葉格家的大門掛上「待售」的牌子，或泰迪家門前出現搬家公司的卡車，我們就了然於心。

對媽媽來說，最大的打擊或許是好友葳瑪．史都華（Velma Stewart）宣布他們夫妻在名為「公園森林」的郊區社區買房付了訂金。史都華家有兩個孩子，也住在歐幾里得大道，跟我們只隔一條街。他家也跟我家一樣，都是租屋而居。史都華太太有種調皮的幽默感，大笑時總讓人忍不住發噱。媽媽很喜歡她。她們兩人會交換食譜、保持往來，但從不像其他媽媽那樣掉進街坊的八卦圈。史都華太太的兒子東尼和克雷格同年，都擅長運動，兩個男孩因此一拍即合。她的女兒潘蜜拉已經進入青春期，對我興趣缺缺，但我覺得所有青少年都極富魅力。我對史都華先生的印象很模糊，只記得他替市內一家大型烘焙公司開貨車，而他和他的太太小孩是我見過膚色最白的黑人。

我猜不出來他們怎麼有能力在郊區買房。事後得知，「公園森林」是全美第一個有全盤造鎮計畫的社區——不只是住宅區，而是具有購物商場、教堂、學校和公園的完整聚落，目標是容納大約三萬人口。就許多方面而言，這座建於一九四八年的社區，以其大量生產的房屋和大同小異的院子，為郊區生活樹立了典範。每個街區能住幾個黑人家庭也有限額，不過等到史都華一家搬到那兒，顯然已經廢除限額。

史都華家搬走後不久，邀請我們趁爸爸輪休去他們家玩。我們一家都很興奮。對我們而言，那是一種全新的郊遊，終於有機會一窺傳說中的郊區。我們一家四口坐上別克沿快速道路南下，一路開出芝加哥，大約四十分鐘後，在一座死氣沉沉的購物廣場附近下交流道。不久後，我們開始在靜謐的街道網中繞來繞去，遵照史都華太太的指示，從一個街區轉進另一個幾乎一模一樣的街區。「公園森林」就像一座由千篇一律的房子組成的迷你城市——有著淺灰色屋瓦的樸素平房，前院有剛種的小樹苗和灌木叢。

「噯，怎麼有人願意大老遠跑來這裡住啊？」父親瞪著汽車儀表板問。我跟他英雄所見略同。目光所及，這裡沒有任何一棵像我房間窗外那種參天橡樹的大樹。放眼望去，「公園森林」的一切都嶄新、寬敞，也很遼闊。這裡沒有可疑傢伙在門口逗留的街角酒鋪，沒有汽車的喇叭聲或警笛聲，也沒有不知道從誰家廚房飄出來的音樂聲。每一棟房子的每一扇門都緊閉著。

在克雷格的記憶中，那次玩得非常痛快，因為他一整天都跟著東尼·史都華以及他新交的郊區死黨在藍天底下的空曠場地打球。我的父母跟史都華夫婦交換彼此近況，聊得很開心。我則黏在潘蜜拉身邊，張口結舌地看著她的頭髮、細緻的皮膚，以及少女的首飾。到了某個時間，我們全體吃了午餐。

我們直到晚上才互相道別。離開史都華家之後，我們在暮色中走到爸爸停車的路邊。克雷格滿身大汗，一整天跑跑跳跳，此刻已疲憊不堪。我也累癱了，迫不及待想回家。那地方不知道有什麼東西讓我神經緊張。郊區實在不是我的菜，究竟為什麼，我也說不上來

根據史都華家附近鄰居似乎全是白人的事實，媽媽後來針對史都華一家和他們的新環境做出一段評論。

「我很好奇，」她說：「在我們造訪之前，到底有沒有人知道他們是黑人。」家母認為，我們從南區帶著喬遷禮物和顯眼的黑皮膚出現，或許無意間洩漏了他們的底細。史都華一家就算沒有刻意隱瞞他們的族裔，大概也不會特地找機會跟新鄰居告白。不論那一區的街坊原本存在怎樣的氛圍，史都華家都沒有公然破壞和諧，至少一直到我們拜訪之前皆是如此。

那天晚上，是否有人從窗戶偷看父親慢慢走到車子旁邊？是否有個人影躲在窗簾後面，等著看好戲？我永遠不會得到答案。我只記得爸爸走到車子駕駛座準備開門時，身體突然一僵。有人在他心愛的別克車身刮了一道長長的線，從車頭延伸到車尾的一條醜陋溝渠。那是用鑰匙或石頭劃的，絕非意外。

我從前說過，父親是那種打落牙齒和血吞的硬漢，從不抱怨任何大小事，什麼苦都能吃，即便醫生對他宣判無異於死刑的診斷，他也照常繼續過日子。車子被刮這件事也一樣。就算有

方法可以抗爭，就算有門道可以申訴，爸爸也不會發難。

「哎呀，真想不到。」他把車子解鎖之前這麼說。

那天晚上，我們在開車回市區的路上，沒有針對這件事情多做討論。也許是思索起來太費神了。無論如何，我們受夠了郊區。隔天，父親勢必得開著那輛破相的車去上班，我相信他心裡難免有些疙瘩。但是板金上的傷口並沒有停留太久。他一有時間，就把車送到西爾斯的汽車維修廠，抹去了傷痕。

3

不知從何時開始，憂慮突然在我那個平常大剌剌的哥哥心裡發了芽。說不上來究竟是什麼時候或基於什麼原因開始的，但克雷格在街坊鄰里可以到處跟人擊掌哈啦，只要有十分鐘空檔、不論什麼環境都能無憂無慮打個盹，在家裡卻變得愈來愈煩躁，隨時保持警覺，深信災難正悄悄朝我們撲面而來。每天晚上回到家，他會列舉各種可能的結局，沉浸在我們這群旁人只覺光怪陸離的假設情境。他擔心眼睛會瞎掉，因此戴上眼罩在家裡走來走去，學習用觸覺摸索客廳和廚房的方位。他擔心喪失聽力，因此開始自學手語。顯然，截肢也威脅著克雷格，他把右手綁到背後，笨手笨腳地想辦法吃飯和寫功課。因為世事確實難料。

然而，克雷格最擔心、或許也最實際的憂慮，是發生火災。芝加哥常有房子失火，一方面是因為惡劣房東任憑房子年久失修，樂得趁祝融之災領取保險理賠。另一方面則是因為家庭煙霧警報器算是比較新的技術，價格昂貴，當時一般勞工階層無力負擔。無論如何，在我們這個人口稠密的城市街區，火災堪稱生活的一部分，接二連三地隨機奪走我們的居所與希望。南區阿公就是在大火摧毀了他在西區的老房子之後，才搬來我們這一帶，不過幸好沒有人受傷（媽媽事後描述，南區阿公當時站在陷入烈焰的房子外頭，嚷嚷著叫打火隊員把消防水管拿開一點，別噴到他珍愛的爵士唱片）。後來，有一樁悲劇巨大得幾乎讓我的幼小心靈無法承受。五年級班上的一個同學（一位名叫萊斯特・麥考洛姆〔Lester McCullom〕的男孩，他住在七十四街轉角上的連棟透天厝，長得很可愛，留著一頭高聳的黑人髮型）與他的弟弟妹妹被大火困在樓上的臥房，三人最後命喪火窟。

他們的喪禮是我這輩子參加的第一場告別式：殯儀館裡，街坊每個小孩在傑克森五人組的輕柔背景音樂中低聲啜泣，大人則因震驚陷入沉默，沒有任何祈禱詞或陳腔濫調可以填補這份空虛。房間前面有三副緊閉的棺材，三張面帶微笑的鑲框相片分別放在三副棺材蓋上。與先生成功跳窗逃過一劫的麥考洛姆太太坐在棺材前，看起來如此消沉、萬念俱灰，看她一眼都叫人傷心。

接下來幾天，麥考洛姆家燒得只剩骨架的房子持續發出嘶嘶聲，一點一滴倒塌，死亡過程遠比住在裡頭的三位年輕罹難者慢上許多。濃煙的味道在我們這一帶持續不散。

隨著時間過去，克雷格的焦慮不降反升。在學校，我們跟著老師做防災疏散演習，盡責地學習如何停下、臥倒和打滾。有鑑於此，克雷格決定提高我們家的消防戒備，自命為全家的消防局長，由我擔任副手，準備視需要清空演習逃生路線，或者吩咐爸媽聽他的命令行事。我們倒沒那麼擔心失火，只是更執著於做好準備。準備是很重要的。不論什麼場合，我們一家人不僅準時，更會提早抵達，因為我們知道這可以讓爸爸看起來沒那麼脆弱，免得他煩惱找不到可以省掉一大段步行距離的停車位，或者，擔心走不到克雷格籃球賽的看台座椅。我們一致的心得是，控制生活中可以掌控的部分。

為此，我們兩個小孩列舉各種可能的逃生路線，試圖計算萬一失火，我們是否有辦法從窗戶跳到屋前那棵橡樹或鄰居的屋頂上。舉凡廚房油鍋起火、地下室電線走火或者屋頂被雷擊中，我們都事先推演會發生何種情況。我和克雷格並不怎麼擔心媽媽遭遇危急。她身材嬌小、動作靈活，還是那種一旦腎上腺素飆升、說不定能推開車子救出寶寶的人。比較難開口討論的是爸爸的肢體障礙。即使這是大家心照不宣的事實：爸爸不可能跟我們其他人一樣跳窗，而且我們有好幾年沒看過他拔腿跑步了。

我們明白，一旦發生可怕的天災人禍，逃生過程不可能像電視上演的那樣乾淨俐落；爸爸不會像英勇的大力士把我們扛到肩上，帶領我們逃往安全的地方。真要說的話，那會是克雷格的責任。雖然我哥後來長得比爸爸還高，但當時只是個細腿窄肩、骨架還沒長開的男孩。克雷格似乎也明白，想拿出任何英勇表現都必須仰賴多加練習。正因如此，他才會在自家的消防演習做最壞的打算，命令爸爸假裝渾身無力、像個痲袋似地躺在地上，彷彿吸了太多煙昏了過去。

「噢，老天爺啊，」爸爸會搖搖頭說：「你不是認真的吧？」

家父不習慣無助。他窮其一生努力將癱瘓的威脅置之度外，一絲不苟地照料愛車、準時付帳單、從不討論逐漸惡化的多發性硬化症，也從無一日隨意曠職。相反的，家父喜歡當別人的堅實靠山。身體無法做到的，他用情感、智慧的指引與協助作為補償。這也是父親如此熱愛擔任民主黨芝加哥選區主委的原因。他在這個崗位上服務多年，一部分是因為市府員工或多或少被期許要忠於黨機器。不過，即便他當初是被人拱上去的，卻依然熱愛這項任務。媽媽對此大惑不解，因為當選區主委要花好多時間。每到週末，爸爸會到鄰近鄉里拜訪選民，我通常得心不甘情不願地跟著他到處跑。停好車後，我們父女會在兩旁林立簡易平房的街頭上漫步，最後停在某家門外，看著彎腰駝背的老寡婦或拿著一罐米獅龍啤酒（Michelob）的大肚皮勞工躲在紗門內偷窺。通常，這些人很高興看到爸爸拄著拐杖，站在自家門廊上咧嘴微笑。

「哎呀，弗雷澤！」他們會這麼說：「真是稀客，快請進。」

這句話在我耳中從來不是好消息，意味著這會兒我們即將走進屋內，也表示我整個星期六下午都泡湯了。我得坐在發霉的沙發上或廚房餐桌旁喝七喜汽水，等待爸爸處理選民的反映（其實是抱怨），然後轉達給負責這個選區的市議員。如果有人對垃圾車或鏟雪機的服務有任何意見，或者不滿意路面的坑洞，爸爸都會仔細聆聽。他的目的是讓人們覺得受到民主黨照顧，然後在選舉期間以選票回饋。令我吃驚的是，他從不催促人們。在爸爸心裡，時間是你可以賦予別人的禮物。他會嘖嘖讚歎照片上的孫子很可愛，耐心聆聽八卦和喋喋不休的健康問題，同時會心點頭認同生計窘迫的情節。等我們終於要離開的時候，他會擁抱老太太們，保證自己一定竭盡所能解決可以解決的問題。

爸爸對自己的用處深具信心，這是他引以為傲的地方。正因如此，他沒興趣在我們家的消防演習扮演消極的道具，儘管只是假裝也一樣。不論發生什麼情況，他無意成為負擔，就像那個最後昏迷不醒倒在地上的傢伙。不過儘管如此，一部分的他似乎明白這對我們（尤其是克雷格）非常重要。當我們請他躺下，他會迎合我們，首先跪倒，然後跌坐下來，最後捧場地攤開四肢，仰臥在客廳地毯上。他會跟被我們逗樂的媽媽交換眼神，彷彿在說：「看，這兩個死小孩真會胡攪蠻纏！」

爸爸會嘆一口氣閉上眼睛，等著感受克雷格的雙手使勁插到他的腋下，展開救援行動。我和媽媽看著哥哥費盡力氣、手忙腳亂地拽著父親七、八十公斤的沉重身軀，設法逃離在他年輕腦袋瓜子裡正在燃燒的煉獄小劇場。他會拖著爸爸橫過地面、繞過沙發，最後來到階梯前。

克雷格會設想爸爸的身體也許可以從這裡滑下樓梯，然後穿過側門逃出生天。父親總拒絕讓他演練這一部分，只會溫和地說：「今天這樣就夠了。」然後堅持在克雷格有機會把他拖下樓梯之前站起來。我們兩個小孩和大人之間已達成默契。如果哪天真的飛來橫禍，逃生過程絕不會輕鬆舒適，而且，當然也不保證每個人都能存活下來。但要是發生最糟的情況，起碼我們已經做好逃生準備。

✳

慢慢地，我愈來愈活潑外向，愈來愈樂於對亂糟糟的廣闊世界敞開心扉。隨著長時間陪爸爸走訪選區，以及隔週就到無數個親戚家串門子，不是坐在某個瀰漫烤肉濃煙的後院，就是跟著親戚家附近的小孩在不熟悉的地盤上跑來跑去，我天性中對混亂和即興行動的抗拒，已逐漸銷磨殆盡。

母親有七個兄弟姊妹，父親則是五個孩子中的老大。母親那邊的親戚常常在南區阿公家聚會——大夥深受外公的廚藝、打個沒完的橋牌和熱情洋溢的爵士樂聲所吸引。南區阿公是塊可以將所有人凝聚在一起的磁鐵。他對院子以外的世界永遠抱持疑問（主要是擔心大家的安危與福祉），將所有力氣都用在創造一個讓家人吃得飽、玩得盡興的環境，但求我們永遠不想離開。他甚至送我一條很親人的肉桂色混種德國牧羊犬當寵物，我們叫牠瑞克斯。媽媽不准瑞克斯住在我們家，但我隨時可以去南區阿公家看牠，躺在阿公家地上把我的臉埋在牠柔軟的毛裡，聽著南區阿公每回經過，牠開心得尾巴「拍來拍去」的聲音。南區阿公像寵我一樣，用食物、愛和寬容來寵這條狗。這一切，都是希望我們永遠不離開他的無言懇求。

父親的家族則散布在更廣大的芝加哥南區，包括一堆姨婆、姑婆和六等表親，還有我始終搞不清楚血緣關係的幾個遠房親戚。我們輪流在這許多親戚之間打轉。我可以從車窗外的行道樹數量，默默推斷我們要去的地方，譬如說，比較窮困的地段，往往連一棵樹都沒有。但對爸爸來說，每個人都是骨肉至親。爸爸看到他的卡利奧叔叔時，臉上會為之一亮；卡利奧一頭鬈髮，個子又瘦又小，長得像知名歌手與踢踏舞王小山姆．戴維斯（Sammy Davis Jr.），而且幾乎都醉醺醺的。爸爸也敬愛他的凡黛爾姨媽，她與八個子女住在丹瑞恩快速道路（Dan Ryan Expressway）旁一棟疏於維修的公寓，我和克雷格明白，這一帶有著非常不同的生存法則。

星期天下午，我們一家四口常會往北開十分鐘的車，到百匯花園跟祖父母（我們稱呼他們老爹和奶奶）、安德魯和卡爾頓叔叔，以及弗朗西絲卡姑姑一起吃飯。叔叔和姑姑小爸爸十多歲，更像我們的兄姊，而不是大長輩。我想，爸爸更像他們的父親而不是哥哥，總會給他們提出忠告，在需要的時候偷偷塞錢給他們。弗朗西絲卡聰明漂亮，偶爾會讓我梳理她那頭長髮。安德魯和卡爾頓那時才二十歲出頭，時髦耀眼，兩人常穿喇叭褲配高領衫，都有皮夾克和女朋友，嘴裡談的都是麥爾坎X（Malcolm X）和「靈魂樂力量」（soul power）。我和克雷格在他們的臥房一待就是好幾個小時，無非希望像海綿一樣盡量吸收他們的酷。

我的爺爺（暱稱老爹）也叫弗雷澤．羅賓森，是那種嘴上抽著雪茄的威權式大家長，成天攤開報紙坐在活動躺椅上，旁邊還襯著電視機的晚間新聞播報聲。跟老爹相處，無疑沒那麼有趣。他的性情跟爸爸截然不同。在老爹眼中，每件事情都叫人生氣。激怒他的原因可能是當天的頭條新聞、電視上的世界局勢報導，以及他認為一天到晚遊手好閒、讓所有黑人蒙羞的年輕黑人（他用「呸啐」〔boo-boos〕稱呼他們）。他對電視咆哮，也對我奶奶咆哮。奶奶是個說話輕聲細語的甜美老太太，篤信基督教，名叫拉凡恩（爸媽為我取名蜜雪兒．拉凡恩．羅賓森，以示對她的尊敬）。白天，奶奶幹練地管理遠南區（Far South Side）一家生意興隆的聖經書店，但下班後回到老爹身邊，就把自己縮小成一個低聲下氣的小女人。即便當時年紀很小，我也為此大惑不解。奶奶為老爹煮飯，接受他連珠炮似的怨言轟炸，卻從不為自己辯白。奶奶與老爹在一起時的沉默與逆來順受，我在很小的時候就莫名地渾身不痛快。

照媽媽的說法，我是全家唯一敢在老爹發飆時頂嘴的人。從小到大，我經常跟他對嗆，一來是因為奶奶不肯為自己說話、簡直快把我逼瘋，也因為所有人在他身邊都噤若寒蟬。再者也因為老爹雖然讓我生氣，但我依然愛他。我可以理解他的頑固，因為我也遺傳了這樣的個性，只不過但願我沒老爹那麼討厭。老爹也有柔軟的一面，我偶爾可以捕捉到那樣的瞬間。有時候，當我坐在躺椅前，他會溫柔地輕撫我的後頸。聽到爸爸說了詼諧逗趣的話，或者我們幾個小孩聊天時不小心說出艱深的字眼，老爹也會泛出一抹微笑。不過接下來肯定又會有事激怒了他，結果他又開始大發雷霆。

「老爹，別大吼大叫了，」我會這樣對他說：「別對奶奶這麼壞。」通常還會加上一句：「到底什麼事情讓你這麼生氣？」答案既複雜又簡單。老爹不會回答，只會怪里怪氣地聳肩回應我，然後轉身看他的報紙。不過一回到家，父母會嘗試解釋。

老爹來自南卡羅萊納州的低地地區（South Carolina Low Country），從小生長於潮濕的喬治城（Georgetown）海港；那裡曾有成千上萬奴隸在廣袤的農場上辛勤種植稻米和靛藍染料等作物，好讓他們的主人發財致富。他生於一九一二年，是奴隸之孫、磨坊工人之子，在十個兄弟姊妹中排行老大。他從小聰明機智，被人冠上「教授」的封號，很早就立定志向要進大學讀書。然而天不從人願，他不僅是出身清寒家庭的黑人，長大後還碰上了大蕭條（Great Depression）時期。高中畢業後，老爹到鋸木廠工作，心裡明白只要留在喬治城，永遠不會有出息。鋸木廠倒閉時，他和那一代許多非裔美國人一樣，一抓到機會就北上芝加哥，也就是後來所謂的「大遷徙」世代。五十年內，六百萬名南方黑人為了逃離種族壓迫並尋求工作機會，千里迢迢搬到北方的大城市定居。

如果這是美國夢的故事，那麼一九三〇年代初的事實證明，工作很難找。至少芝加哥大工廠的經理通常寧可聘用歐洲的移民勞工，也不願意給非裔美國工人一個機會。老爹什麼都肯做。他在保齡球館排球瓶、幹打雜的零工，同時也慢慢降低希望，放棄上大學的念頭，打算受訓成為電工。不過，這個想法很快也打消了。想在芝加哥大工廠當電工（或煉鋼工人、木工、水管工等），得有工會卡才行，但是黑人十之八九進不了工會、拿不到這張卡。

這種獨特的歧視手法，改變了幾世代非裔美國人的命運，包括我家族中的許多男人。這種歧視，限制他們的收入、扼殺了他們的機會，最終銷磨他們的雄心壯志。身為木工的南區阿公無法加入工會，所以沒辦法到工期比較長、收入比較穩定的大型建築公司上班。姑丈公泰瑞基於同樣原因放棄了當水管工，轉而擔任夜間列車的臥鋪服務員。還有彼得舅舅，他無法加入計程車司機工會，因此轉開無照小巴士，到比較危險、一般計程車不去的西區載客。他們都是高智商且身強體壯的男人，卻被屏除在穩定而高薪的工作大門之外，沒有能力買房、送子女上大學，或存錢養老。受人排擠、困在委屈自己的工作、看著職場上的白人超越他們早一步晉升、偶爾必須訓練有朝一日成為自己上司的新員工，我很清楚，這一切都令他們痛苦，也讓他們每一個人心中萌生出最基本的怨恨與懷疑：你永遠無法確定別的傢伙心裡如何看你。

至於老爹，生活並非一無是處。他在南區一所教堂跟我的奶奶相遇，並且終究透過聯邦政府的工程興辦署（Works Progress Administration）找到工作——這是大蕭條時期的振興方案，專門聘用非技術勞工從事公共建設。他後來進入郵局就職，服務三十年後，帶著一筆讓他得以整天舒服坐在躺椅上、對著電視上的呸啐破口大罵的養老金退休。

到最後，他生養了五個跟他一樣聰明、一樣自律的子女。他的二兒子納門尼後來畢業於哈佛商學院，安德魯和卡爾頓則分別當上火車列車長和工程師。弗朗西絲卡有一陣子在廣告業做創意總監，後來轉任小學教師。但儘管如此，老爹仍然無法將孩子們的成就視為自身成就的延伸。正如我們每星期天到百匯花園吃晚餐時看見的，我的爺爺仍活在夢想破滅的苦澀餘波裡。

✳

如果說我對老爹提出的問題，是一種沒有答案的難題，那麼我很快會發現，許多問題都一樣無解。在我自己的生活中，也開始遭遇自己無法回答的問題。其中一題來自我不記得名字的一個女孩。她是跟我們在西區某個姨婆家後院玩的遠房表親，父母每次走訪時總會出現的一表三千里親戚之一。當大人在廚房喝咖啡、說說笑笑，我和克雷格會到院子裡，加入跟大人一起來的一群小孩，構成一個與屋內平行的世界。有時候，大夥兒得想辦法裝熟，氣氛很尷尬，不過最後通常都能順利打成一片。克雷格幾乎都是跑去打籃球，不見蹤影。我則跳花式跳繩，努力跟大家談笑風生。

在我大約十歲那年的夏天，有一次坐在台階上跟一群同年齡的女孩子聊天。我們全都綁著辮子、穿短褲，基本上只是在殺時間。若問我們在聊什麼，很可能只是隨便開個話題，像是學校、我們的哥哥，或者地上的蟻丘。

突然間，有個女孩（某個六等、七等或八等親）斜睨著我，帶著一點火氣說：「妳講話為什麼像個白人女孩？」

這個問題很尖銳，不外乎是想羞辱或至少挑釁我，但也是一個認真的問題，直指一個讓我們兩人都感到困惑的現象核心——我們似乎彼此相連，卻又分屬於兩個不同世界。

「才沒有！」我說，因她的指控而露出憤慨神情，其他女孩此刻瞪著我的模樣，更讓我覺得受辱。

不過我知道她想表達什麼。儘管我剛剛出口否認，但事實就是事實，不容抵賴。我講話的方式**確實**有別於某些親戚，克雷格也是。父母從小對我們灌輸正確措辭的重要性，例如應用「going」而不是「goin'」、「isn't」而不是「ain't」。我們被教導使用完整的字彙。父母買了一本字典和一整套《大英百科全書》給我們，一大套書放在我們家樓梯間的架子上，書名燙金印刷。只要我們對某個字、某個觀念或某段歷史有任何不懂的地方，他們就叫我們去查書。老爹也對我們產生影響，去吃晚餐時，他都會嚴格糾正我們的文法，要求我們發音字正腔圓，目的是希望我們提升自己、走出更長遠的路。那是他們計畫好且多加鼓勵的。他們期許我們不只聰明，還得昭告自己聰明、驕傲地活出聰明人的模樣——這觀念滲入了我們的說話方式。

然而這種態度也可能出現問題。以某種方式說話、即有人所謂的「白人」方式，會被視為背叛、高傲，彷彿我們否定了自己的文化。多年以後，我和丈夫（有人覺得他是白皮膚、有人覺得他是黑皮膚，講話像是由堪薩斯州中產階級白人撫養長大、受過常春藤教育的夏威夷黑人）認識並結婚之後，這樣的困惑也出現在全國舞台上，白人和黑人都一樣；大家都需要把某個人歸類於某種族裔，要是無法輕易分類，就會讓人感到挫折。美國對巴拉克・歐巴馬（Barack Obama）提出同樣的疑問，就像當年在台階上，我的表姊妹下意識質疑我的那樣：你是你看上去的那個人嗎？我到底該不該信任你？

那天後來，我盡量不跟那位表親說話。她的敵意讓我敬而遠之，但我仍希望她把我看成一個真誠的人，明白我並沒有試圖炫耀某種優勢。但是，好像怎麼做都不對。在此同時，我可以聽見大人在隔壁廚房嘰嘰喳喳地聊天，父母在院子那一頭的笑聲輕鬆又響亮。我望著哥哥在附近街角跟一群男孩打球，揮汗如雨。每個人似乎都適得其所，只有我例外。此刻，我回顧當時的苦惱，察覺到一個更普世的挑戰：如何把你的過去經歷和未來去向，跟你這個人本身融為一體。我也明白，要找到自己的聲音，我還有一段漫長的道路要走。

4

學校每天有一小時午休時間。由於媽媽沒上班，我們家又住得近，我通常會回家吃飯，順便帶四、五個女同學一起，在媽媽端出三明治前，一群人絮絮聒聒說個不停，迫不及待趴在廚房地板玩丟沙包遊戲，看《我的孩子們》（*All My Children*）電視劇。像這樣固定與一群親密而活潑的姊妹淘聚會、構築一個充滿女性智慧的安全港灣，成為我終生不變的習慣。在午餐會上，我們會仔細解析學校當天上午發生的事、發洩對老師的不滿，並且嗤之以鼻地批評我們認為毫無意義的作業。大致上會以大夥的意見為意見。我們崇拜傑克森五人組，對奧斯蒙兄妹（the Osmonds）[5]的看法還有待保留。水門事件[6]爆發了，但我們全都搞不清楚怎麼一回事。那似乎是一大堆老頭子在華盛頓特區（簡稱華府）對著麥克風講話，而華府對我們來說，只是一座充斥白色建築和白人的遙遠城市。

5 編按：指美國歌壇著名兄妹檔唐尼與瑪莉奧斯蒙（Donny and Marie Osmond），在一九七〇年代年紅極一時，有人稱之為當年美國最紅的白人青少年偶像。

6 編按：一九七二年美國總統大選時，時任美國總統的尼克森為了競選連任，動用「國家機器」介入選舉，對競選對手進行竊聽，事件爆發後，尼克森濫用行政權力來維護自己，招來全民撻伐，最後下台。

媽媽其實很高興為我們服務。這讓她輕易打開一扇窗，進入我們的世界。我跟朋友一邊吃飯一邊聊八卦時，她通常靜靜站在一旁操持家務，毫不掩飾、大大方方聽著我們所說的每一句話。反正我們一家四口擠在一個不到二十五坪大的生活空間，本來就沒有隱私可言，只是偶有不便。突然對女孩子感興趣的克雷格，開始跑到廁所關起門來講電話，把捲曲的話機線從廚房牆上的基座一直拉到走道另一端，扯成一條緊繃的直線。

在芝加哥的學校中，布林莫爾不算好也不算壞。南岸區一帶的種族與經濟揀選過程一直持續到一九七〇年代，這表示學生人口只會年復一年愈來愈黑、愈來愈窮。有一段時間，全市掀起一股併校風潮，派校車把學生送到新的學校上課，但布林莫爾的家長成功抗爭，聲稱那筆錢還不如用來改善校舍本身。作為小孩，我對學校設施是否老舊不堪，或者學校幾乎沒剩任何白人小孩這件事情究竟重不重要，沒有任何看法。這所學校從幼稚園涵蓋到八年級，這表示等我進入高年級，對每一個電燈開關、每一面黑板以及走廊上的每一塊補釘都會瞭若指掌。我差不多認得每一位老師和每一個學生。對我來說，布林莫爾無異於家的延伸。

升上七年級那年，深受非裔讀者歡迎的週報《芝加哥保衛者報》（*Chicago Defender*）刊登了一篇辛辣的社論，宣稱短短幾年內，布林莫爾已從全市最頂尖的公立學校，淪為由「貧民窟心態」統治的「破爛貧民窟」。校長拉維佐先生立刻寫信給編輯予以反擊，為學生和家長抗辯，認為那篇社論「是個彌天大謊，用意似乎只是要激起挫敗感，煽動人們逃之夭夭」。

拉維佐校長為人率真直爽，頭頂光禿、兩側仍留著蓬鬆鬈曲的黑人頭，大部分時間都待在靠近學校大門的辦公室。從他寫的信可以看出，他很清楚自己要對抗的究竟是什麼。失敗是一種感覺，早在真正失敗以前就埋在心裡。脆弱會滋生自我懷疑，然後因恐懼而加劇，而且往往是刻意種下的恐懼。他提到的「失敗感」在我們這一帶早就無所不在，顯現在經濟捉襟見肘的父母、開始懷疑生命沒有其他出口的孩子，以及眼睜睜看著手頭較寬裕的鄰居搬到郊區或轉去天主教學校念書的家庭。禿鷹般的房地產仲介無時無刻在南岸區巡弋，嘀嘀咕咕地慫恿屋主及早賣房，趁還來得及**趕緊脫手**。言下之意是失敗即將來臨，躲都躲不掉，大勢已去。你可以選擇被窮困套牢，或者選擇逃離。他們用著大家最害怕的字眼，也就是「貧民窟」，像拋掉點燃的火柴棒似地隨口而出。

我的母親壓根不信這一套。她已經在南岸區住了十年，接下來還會繼續住四十年。她不為散播恐懼的謠言所惑，同時似乎也對各種畫大餅的理想主義免疫。她是個徹頭徹尾實事求是的人，認真控制她能控制的部分。

在布林莫爾，她成了家長會最活躍的委員之一，幫忙籌錢買新教具、主辦謝師宴，並且多方奔走，協助為資優生創立一個特殊的跨年級班級。最後這項行動是拉維佐博士、也就是拉維佐校長的創見，校長後來到夜間部攻讀並取得了教育博士學位，一直研究以能力而非年齡分班的新趨勢——簡而言之，就是把比較聰明的孩子放在同一班，讓他們以更快的步調學習。

這項觀念引發熱烈爭議，有人批評為不民主，就像所有「資優教育」計畫無可避免的那樣。然而，這也開始在全國掀起熱潮，我在布林莫爾的最後三年，就是這項計畫的受益人。我加入大約二十名不同年級的學生，在獨立於學校其他人之外的課堂上課，有自己的下課、午休、音樂課和體育課時間表。我們得到特殊待遇，包括每週一次到社區大學參加進階寫作班，或是在生物實驗室解剖老鼠。回到課堂上，我們有很多獨立作業，每個人設定自己的目標，用最適合自己的速度前進。

學校指派熱忱奉獻的老師給我們，先是馬丁尼茲先生，後來是班奈特先生。他們都是斯文好脾氣的非裔美國人，而且都願意認真聆聽學生的聲音。清楚感受到學校在我們身上投注很多心血，我認為這點讓我們全體更用功讀書、對自己更有信心。獨立學習的模式只會鞭策我更爭強好勝。我加緊學習，從長除法學到初級代數，從書寫短文到交出完整研究報告，我靜靜比較自己和同儕的進度。對我來說，這是一場競賽。如同所有小孩面對競賽那般，領先的時候最讓我開心。

⁂

我對媽媽分享學校裡發生的每一件事。每當我下午放學回家、把書包往地上一扔、翻箱倒櫃找點心吃的時候，就會急急忙忙進一步為媽媽更新她在午餐時間聽到的消息。我並不清楚我們上學的時候，媽媽究竟在做些什麼，主要是因為我跟每個小孩一樣自我中心，所以從來沒多問。我不知道當個傳統家庭主婦而不是外出工作，她有什麼想法和什麼感覺。我只知道回到家，冰箱裡一定有東西吃，而且不光為我準備，我的朋友們統統有份。我也知道當班上要去校外教學，媽媽總會自願隨行，穿上漂亮洋裝、塗上深色口紅，陪我們搭巴士到社區大學或動物園。

我們家的吃穿用度都需要精打細算，但我們不常討論用錢的分寸。媽媽找到貼補的方法。她自己做指甲，自己染頭髮（有一次不小心染成綠色），只有生日時才讓爸爸買新衣服給她當禮物。她始終不富裕，但向來心靈手巧。我們很小的時候，她神奇地把舊襪子變成布偶，看起來跟《布偶歷險記》（*Muppets*）裡的公仔一模一樣。她自己鉤桌巾鋪在餐桌上。她也替我縫製許多衣服，至少一直到我上初中為止；那時候，牛仔褲口袋印著葛蘿莉亞・凡德貝特（Gloria Vanderbilt）[7]的天鵝標誌、突然成了全世界最重要的事，所以我堅決要求她別再為我做衣服。

家母不時改變客廳擺設，為沙發套上新沙發布、更換牆上的照片或鑲框海報。天氣回暖時，她會進行春季大掃除，宛如進行固定儀式般，不放過家中任何一個角落，吸淨家具灰塵、洗窗簾，拆下每一扇防風雪的護窗，以便換上紗窗、讓春風吹進這個狹窄擁擠的公寓之前，先在窗玻璃上噴穩潔，把窗台擦拭乾淨。清完自家後，家母會下樓到羅碧和泰瑞家打掃一番，尤其當他們年紀愈來愈大、行動逐漸不便。拜母親之賜，直到今天，我聞到松香清潔液的味道都會油然對生活多了一份好感。

7 編按：為美國藝術家、演員、模特兒、時尚設計師與作家。美國船運及鐵路大亨繼承人雷根納德之女，也是CNN知名主播安德森・古柏（Anderson Cooper）之母。一九七〇年代，自創品牌設計牛仔褲在美國紅極一時。

一到耶誕節，她會變得特別有創意。有一年，她想辦法用印了紅磚圖案的瓦楞紙板，包住我們家那個四四方方的金屬葉片式暖氣，並用釘書機釘起固定。如此一來，我們就擁有一個頂到天花板的假煙囪，還有一個假火爐，壁爐架和爐床一應俱全。接著，她派出爸爸，即我們家的駐點藝術家，在很薄的通草紙上畫一排橘色火焰，只要打了背光，便成了幾可亂真的爐火。按照除夕夜傳統，她會買一籃特殊的開胃菜小吃，就是那種裝滿一塊塊起司、煙燻牡蠣罐頭和各種義大利臘腸的禮盒。母親會邀請弗朗西絲卡姑姑來家裡玩桌遊。我們會訂披薩當晚餐，然後一整個晚上優雅地吃吃喝喝。媽媽會把托盤傳來傳去，上頭放了起酥熱狗捲、炸蝦和塗了特別起司的麗滋餅乾（Ritz）。隨著午夜慢慢降臨，我們每個人都會喝一小杯香檳。

母親維持一種我現在看來非常明智、而且幾乎不可能超越的家長心態——從容淡定、帶有禪味的中立態度。我有朋友的媽媽陪著他們一起哭、一起笑，彷彿親身經歷那些起起落落；我還有些同學的父母被自己的煩心事壓得喘不過氣，幾乎完全缺席孩子的生命。家母則絕對沉著穩定，不會驟下判斷，也不會橫加干涉。相反的，她會觀察我們的情緒，善意地見證我們一天下來的努力與成就。遇到不如意之事時，她只給予一點點同情。當我們完成了不起的事，也只會適度讚美來表達她的高興，但絕不會大肆稱讚，免得我們把讚美當成努力的目標。

她如果提出建議，往往是不帶感情、實事求是的忠告。「妳不必喜歡妳的老師，」有一天我回家大吐苦水後，母親這麼對我說：「但那女人腦子裡有料，妳得把她教的數學知識放進妳的腦子。專心做好這一點，其餘的事情都可以忽略。」

她始終如一地愛著我和克雷格，但從不過度管教。她的目標是推著我們走進世界。「我不養媽寶，」她告訴我們兄妹，「我要培養出成熟的人。」她和爸爸為我們提供指引，而不是教條。所以青春期的時候，我和哥哥從來沒有宵禁。爸媽反而會問：「你們覺得合理的回家時間是幾點？」然後相信我們會說到做到。

克雷格有個故事，關於他八年級喜歡的一個女孩。有一天，那女孩對他發出一種別有用心的邀請，請他到她家玩，挑明了表示她的父母不在家，沒有人會管他們。

我哥哥心裡非常掙扎，不知道到底該不該赴約——為了這次機會心癢難耐，但也知道這個約會鬼鬼祟祟、見不得人，是我父母絕不會寬恕的行為。不過，這並未阻止他只約略對媽媽說出半真半假的事實。他讓媽媽知道有這個女孩存在，只說他們要在公園約會。

然而，克雷格什麼壞事都還沒做，就被良心折磨得坐立難安，光想起這件事就內疚不已。最後，他終於跟爸媽坦承這個家裡沒大人的約會計畫，等著（或可說希望）媽媽大發雷霆，不准他去。

但我媽沒有。她不會那麼做。那不是她的作風。

她聆聽著，但沒有讓克雷格逃脫自己做出抉擇的責任。相反的，她只是隨意聳聳肩，讓他面對自己的苦惱。「用你的最佳判斷處理這件事情。」她說，然後轉身繼續洗碗或摺衣服。

這又是一個把我們推出去面對世界的小動作。我很確定媽媽早在心裡知道他會做出正確選擇。我現在明白，她默默相信自己已把我們培養為成熟的人，她的每一個行動，背後都有這個信念作為支撐。自己的事情自己作主。那是我們的生活，不是她的，永遠都是如此。

✳

到了十四歲那年，我基本上認為自己是半個大人、甚至可說是三分之二個大人了。初經來潮時，立刻興匆匆跟全家人宣布這項消息，這就是我們家的一貫作風。我淘汰了少女胸罩，改穿稍微女性化的內衣，心裡喜孜孜的。我也不回家吃午餐了，而是留在學校，跟班奈特老師班上的同學一起吃。每逢星期六，我也不到南區阿公家聽他的爵士唱片、跟狗狗瑞克斯玩了，而是我騎著腳踏車經過阿公家，然後繼續往東騎到位於奧格爾斯比大道（Oglesby Avenue）上的高爾姊妹家。

高爾姊妹是我最好的朋友，我有點崇拜她們。黛安跟我同年級，潘比我們低一年，兩人都很漂亮。黛安的膚色較淺，潘黑一些，似乎都有與生俱來的優雅，舉手投足泰然自若。就連她們的小妹、比她們小幾歲的吉娜，都散發一股強烈的女人味，我不得不認為這是高爾家特有的氣質。她們家陰盛陽衰，爸爸不住在那兒，很少被提起，有一個年紀比她們大很多的哥哥，但在家裡無足輕重。高爾太太是個渾身是勁、充滿魅力的職業婦女，她的化妝台擺滿了香水瓶、粉餅和各式各樣的小罐裝軟膏，跟媽媽那些簡樸而實用的用品相比，簡直像珠寶一樣讓我目不暇給。我喜歡待在她們家，和潘、黛安一起沒完沒了地聊著我們喜歡的男生。我們會塗上口紅，輪流試穿彼此的衣服，突然發現某幾條褲子更能凸顯我們的臀部曲線。那段時期，我多半把精力放在自己的內心世界：我獨自坐在房間裡聽音樂，幻想跟某個可愛的男生跳慢舞，或者凝望窗外，希望心上人會騎著腳踏車經過這條街。這麼看來，能有幾個姊妹淘陪伴著度過那段歲月，真的非常幸運。

男生不准進高爾家的大門，只能像蒼蠅似地在他們家附近嗡嗡亂飛。他們在人行道上來回騎著腳踏車，或是坐在門外的台階，盼望黛安或潘會走出來打情罵俏。置身在這種期待的氛圍中很好玩，儘管我還不十分清楚箇中含義。觸目所及，每一副身體都在改變。學校裡的男孩突然長成男人的身材，而且彆彆扭扭的，不知道往哪兒發洩精力，聲音也變得低沉。在此同時，有些女生朋友成熟得像十八歲，穿著迷你短褲和露背上衣走來走去，表情又酷又自信，彷彿她們知道什麼祕密，彷彿她們活在一個不同的水平，而我們其他人還搞不清楚情況，目瞪口呆地等著被召喚到成人世界；我們還在成長的腿像小馬一樣，而我們的青澀，抹再多口紅都補救不了。

和許多女孩一樣，我很早就明白我的身體會帶來什麼麻煩，甚至遠在我還沒長成女人的模樣前就開始了。現在，我可以獨立在附近走動，比較少黏著父母。傍晚，我會搭公車到七十九街的梅菲爾學院上舞蹈課，在那裡學爵士舞和雜技。我偶爾也替媽媽跑腿。新的自由帶來了新的不安全因素。我學會在經過盤據街角的一群男人時，雙眼要維持直視，小心翼翼不去在乎在我胸前和腿上游移的目光。我也懂得忽略他人嘲弄的鬼吼鬼叫。這一帶有哪幾條街很危險，我全都了然於心。而且，我知道千萬不可獨自夜行。

在家裡，由於家裡有兩個成長中的青少年，爸媽做出了重大讓步。他們重新裝修廚房後面的陽台，改裝成克雷格的臥房。他都上高二了。南區阿公多年前幫我們做的簡易隔間拆掉了。我搬到爸媽原本的房間，換他們住進之前的小孩房。有生以來第一次，我和哥哥有了真正屬於自己的空間。我的新房間很夢幻，床上鋪著藍白碎花的床裙和枕巾、地上擺著俐落的深藍色小地毯，還有公主風的白床以及搭配的五斗櫃和燈盞——幾乎完全復刻我在西爾斯型錄上看到的一個全頁臥室廣告，我很喜歡，也獲准擁有。我和哥哥有自己的電話分機，我的電話是藍色的，搭配我的新擺設，克雷格的則是雄赳赳的黑色，這表示我們可以略有隱私地處理自己的事。

事實上，我就是透過電話安排我的初吻，對象是名叫朗諾的男孩。朗諾不是我們學校的學生，也沒住在我們家附近，但他跟我的同學嘉卡同屬芝加哥兒童合唱團，透過嘉卡牽線，我們發現彼此互有好感。雖然講電話時有一點扭捏，但我不在乎。我喜歡被喜歡的感覺。我喜歡每次電話鈴響，那種突然從腦門竄起的期待。「會是朗諾打來的嗎？」我不記得是誰提議找一天下午到我們家外頭碰面，試試接吻的滋味。不過這次對話直截了當，沒有害羞的委婉託辭。我們沒打算「廝混」或「散散步」，而是準備親熱。兩人都迫不及待。

最後，我坐在家側門邊的石凳，在姑婆的花圃包圍下，毫無遮掩地面對向南的窗戶，迷失在朗諾溫暖而潮濕的親吻中。這個吻並不驚天動地，也不怎麼引人遐思，但很好玩。我逐漸明白，跟男孩子在一起很好玩。在許多不同體育館的場邊看克雷格打球的時光，漸漸不像在勉強自己盡妹妹應盡的義務。因為籃球比賽，不就是專門給男孩子展示自己的地方嗎？我會穿上最緊身的牛仔褲、多戴幾條手鍊，偶爾拉上高爾姊妹其中一人，以增加我在看台上的曝光度。然後我享受眼前每一分鐘汗水淋漓的精彩畫面——跳躍與衝刺、籃球彈跳聲和球員吼叫聲，雄性脈動和種種奧祕在我眼前一覽無遺。有天晚上，當校隊某個男孩離開球場前對我微微一笑，我也微笑回應，感覺就像我的未來即將在面前展開。

我慢慢拉開和父母的距離，比較不會一股腦地掏心掏肺說話了。當我們開車去看籃球比賽，我會安靜坐在別克後座，無法分享心中太強烈或太複雜的感受。我沉浸在身為青少年的孤單快感，深信身旁的大人從未有過同樣體驗。

有幾個晚上，我刷完牙從浴室出來，整間屋子黑漆漆的，客廳和廚房的燈都關了，每個人都退回自己的國度。我看見克雷格房門底下的光線，知道他還在寫功課。我也瞥見爸媽房間透出來的電視閃光，聽到他們輕聲呢喃、自顧自地發笑。就像我從沒想過媽媽當個全職家庭主婦是什麼感受，我也從沒想過婚姻是怎麼一回事。在我眼中，爸媽的結合天經地義，是簡單而堅定的事實，亦是我們一家四口的生活基石。

很久以後，母親曾告訴我，每年一到芝加哥春暖花開的時候，她就會萌生離開爸爸的念頭。我不知道這些念頭有多認真，也不知道她會琢磨一個鐘頭、一整天，或是大半個季節。但對她來說，這是個生動的幻想，是一種健康的、甚至光想就讓人精神大振的念頭，幾乎算是一種宗教儀式。

我現在明白了，即便幸福的婚姻有時也挺煩人的；婚姻是一種最好一而再、再而三續約的合同，就算只是靜靜在心裡續約——甚至單方面續約也好。我認為媽媽未曾直接對爸爸說出她的猶豫或不滿，也認為她未曾跟他分享她在那段期間夢想的另一種生活。她是否想像自己置身在某個熱帶島嶼？跟另一種類型的男人住在另一種房子、擁有一間角落辦公室而不是一群孩子？我不知道，當然，我大可以問問如今已年過八旬的母親，但我想那已不再重要。

如果你未曾經歷芝加哥的冬天，容我為你描述：這裡的人有可能接連一百天活在鐵灰色的天空下，就像城市讓沉甸甸的蓋子封了頂。湖面吹來冰冷刺骨的寒風。大雪可以用十幾種不同方式襲來：在夜裡傾盆而下，或在白天從側面撲打過來。雪中可以夾雜雨水，讓人邋邋遢遢地士氣全消，也可以如同童話故事，飄起鵝毛般的片片雪花。通常還會結冰，很多很多的冰。當冰雪劈哩啪啦打在人行道和汽車擋風玻璃上，你就需要鏟冰。一大清早就會傳出「嘎——」的鏟冰聲音，因為人們得清理車子出門上班。街坊鄰居會穿上一層又一層厚重衣物禦寒，壓低了頭避風，讓你認不出人來。城市的鏟雪車在街上轟隆隆地堆雪，把白雪弄得髒兮兮的，直到失去本來面貌。

然而，事情終會有所鬆動，大地開始慢慢逆轉。有可能只是空氣中含著一絲隱約的濕氣，或是壓頂的烏雲暫時消散。你的心首先有了感覺，冬天說不定已經走了。或許你一開始還不相信，但後來就不再起疑。因為此刻，太陽露臉了，樹梢冒出一小球、一小球的嫩芽，你的鄰居也脫掉厚重的外套。說不定哪天早上，你的腦子突然一陣快活，決定拆下家裡的每一扇窗，好仔仔細細擦拭玻璃和窗台。這刺激你去思考、去揣測，在這間屋子裡成為這個男人的妻子、生育這些小孩，是否害你錯失了其他良機。

你或許花一整天幻想其他生活方式，然後才終於重新裝上每一扇窗、倒掉桶子裡的松香清潔液。或許到了這個時候，你又恢復了篤定，因為，春天的確來了，而你再度決定留下來。

5

母親最後確實重回職場，大約是在我進高中那年。她縱身一躍，從我家所在的這間屋子和這塊街區，一舉跳進了高樓大廈櫛比鱗次的芝加哥市中心，在一家銀行找到行政助理的工作。她買了一整套上班行頭，開始每天早上搭巴士通勤、沿著傑佛瑞大道（Jeffery Boulevard）北上的日子；要是她和爸爸的上班時間恰好銜接得上，爸爸會開別克載她一程。這份工作對她而言，是跳脫平淡生活的可喜改變；對我們家而言，則或多或少是必要的經濟補貼。我爸媽當時必須支付克雷格唸天主教學校的學費，哥哥也開始思考上大學的事，還有我緊接在後。

那時我哥哥已完全發育，成了優雅的巨人，雙腿有不可思議的彈跳能力，被視為全市最傑出的籃球員之一。他在家裡吃得很多，狂飲一加侖又一加侖的牛奶，一餐可以嗑掉一整個大披薩，晚餐後到上床睡覺前，還會不停吃著點心。克雷格一如既往，既悠閒自在又能凝神專注，既擁有很多朋友又能維持優異成績，在此同時，還能成為受人矚目的運動選手。他加入夏季訓練聯賽的隊伍，在中西部巡迴出賽，這支球隊曾培養出NBA超級巨星、最後進了NBA名人堂的以賽亞．湯瑪斯（Isiah Thomas）。克雷格臨上高中之前，被幾位希望填補球隊名單空缺的芝加哥頂尖公立學校教練相中。這些球隊可招攬大批熱情觀眾，也能吸引大學球探注意，但我父母堅決認為，克雷格不該為了高中風雲人物短暫的榮耀，而犧牲了智力成長。

迦密山（Mount Carmel）素以堅強天主教聯盟籃球隊和扎實嚴謹的課程聞名，似乎是克雷格的最佳選擇（也值得爸媽付出好幾千美元學費）。克雷格的老師是一群穿褐袍的修士，以「神父」相稱。他的同學約有八〇%是白人，其中許多人來自愛爾蘭裔天主教家庭，住在非主流的勞工階級白人社區。高三結束前，已經有第一級別（Division I）的大學校隊向他招手，有的學校甚至願意提供全額獎學金。然而，我的父母依舊堅守立場，認為他應該多方探索，以進入最好的大學為目標。錢的事情交給他們擔心就好。

幸好，我的高中生涯除了公車車資以外，沒花爸媽任何一毛錢。我很幸運考上芝加哥第一所重點中學——惠特尼楊高中（Whitney M. Young High School）。學校坐落在洛普區西側的一塊荒地，創校短短幾年就逐步成為全市最頂尖的公立學校。惠特尼楊得名於一位民權運動人士，創立於一九七五年，該校希望成為吸引人們搭公車上學的另類選擇，不偏不倚落在芝加哥北區和南區的分界線上，最大的特色是擁有觀念前衛的師資和全新硬體設備，旨在成為某種平等的幸福天堂，意圖招徠各種膚色的資優學生。依據芝加哥教育局規定的招生配額，這所學校的學生結構必須有四成黑人、四成白人，其餘兩成則是西班牙及其他族裔。但實際的招生情況有點不同。總觀我整個高中生涯，大約八成學生屬於非白人人口。

九年級開學第一天，光是上學的路途就是一趟全新歷險。我忐忑不安地搭兩班公車，還必須在市中心轉車，全程總共費時九十分鐘。那天早上，我在清晨五點勉力起了床，穿上嶄新的衣服、戴上漂亮的耳環，內心並不確定巴士歷險的盡頭，同學們會怎麼看待我這身裝扮。我吃了早餐，但毫無概念午餐在哪裡。我跟爸媽道別，不曉得這天結束之際，我是否還是原來的自己。進入高中意味著脫胎換骨，而惠特尼楊是個完全未知的疆域。

學校本身光彩奪目，充滿現代感，跟我從前見過的學校截然不同。由三棟立方體建築構成，其中兩棟之間有一道耀眼的玻璃天橋相連，跨越車水馬龍的傑克遜大道（Jackson Boulevard）上空。教室經過精心設計，走開放式空間的概念。有一整棟大樓專供藝術活動使用，其中數間教室給合唱團和樂隊練習，有的教室則配備了攝影與陶藝設施。整個地方猶如學習的殿堂。學生魚貫進入學校大門，從第一天起就不打算虛度時光。

惠特尼楊約有一千九百名學生，在我看來，每個人都比我這輩子所能冀望的更成熟自信。他們充分掌握自己每一顆腦細胞，而這些腦細胞，則因為他們在全市統一學測中答對的每一道選擇題而更有活力。環顧四周，我覺得自己很渺小。我曾是布林莫爾的龍頭老大，如今進了高中卻成了年齡最小的一群。下公車時，我注意到許多女孩子除了書包以外，還帶了真正的皮包。

我對高中生活的憂慮若要分類的話，絕大多數可以歸在同一個大標題底下：**我是不是夠好？**開學第一個月，即便我開始慢慢適應，即便我逐漸習慣天亮前起床、在大樓之間跑教室上課，這個問題仍緊緊纏繞著我，揮之不去。惠特尼楊分成五個「學舍」，各自作為成員的基地，目的是為大型學校的生活注入幾許親密感。我被分到由副校長史密斯先生主掌的金學舍；

史密斯先生恰好是我們家在歐幾里得大道的鄰居，兩家之間只隔了幾棟房子。當時，我幫史密斯一家打雜好多年了，他們會雇我做各式各樣的事情，從幫忙帶小孩、教鋼琴，到設法訓練他們家那一隻不受教的小狗。在學校見到史密斯先生讓我得到些許安慰；他是惠特尼楊與我家鄰里間的橋梁，但對於消減我的焦慮，並沒有太大助益。

我們家那一帶只有幾個小孩進了惠特尼楊，包括我的鄰居兼好友泰里．強森（Terri Johnson），另外還有我從幼稚園就認識且一直友善競爭的同學嘉卡，以及其他一兩個男孩。我們其中幾人早上一起搭公車上學，放學後一起搭公車回家，但到了學校，我們分散在不同的學舍，基本上只能靠自己。有生以來，我第一次在沒有哥哥庇蔭的情況下獨立行動。從前，克雷格憑藉著安閒自得與笑容可掬的風度，輕鬆在前頭替我打開了每一條路。在布林莫爾，他的溫柔可愛融化了老師的心，而在遊樂場上，他則贏得人們對某種酷小孩的尊敬。他是我的太陽，我只需要踏進陽光裡就行。不論走到哪裡，人們向來以克雷格．羅賓森的妹妹看待我。

不過現在，我只是蜜雪兒．羅賓森，沒有克雷格罩著。在惠特尼楊，我必須自己想辦法站穩腳跟。我一開始的策略包括保持低調，設法觀察新同學。這些人究竟是誰？我只知道他們很聰明，確然無疑的聰明、萬中挑一的聰明，顯然是全芝加哥最聰明的一群。但我不也是這樣？包含我、泰里和嘉卡在內的所有人，難道不是因為跟他們一樣聰明才進了這裡？

但真相是，我不知道。對於我們是不是和他們一樣聰明，我心裡完全沒譜。

我只知道，我們出身於不好不壞、以黑人為主的地區，在不好不壞、以黑人為主的學校是頂尖翹楚。但是，這樣是否不夠好？如此自吹自擂之後，我們會不會其實只是小池塘裡的大魚？

不論是新生訓練期間、最初幾堂高中生物課和英文課，或者是在學生餐廳笨拙地跟新朋友聊天認識彼此之際，這個懷疑老在我的腦海縈繞不去。「就是不夠好。」那是我對自己的出身以及迄今的信念所抱持的懷疑，有如恐嚇要一再分化的惡性細胞那般，除非我能設法阻止。

✳

我慢慢發現，芝加哥這座城市，遠超乎我所想像的巨大。一方面是因為我每天得搭公車來回通勤三小時：從七十五街上車、在無數個小車站中繞來繞去，通常擠得沒位子坐，只能被迫一路站著。

透過車窗，我得以緩慢而悠長地看盡南區的全貌；清晨，當天色還濛濛亮，街角的店舖和燒烤店緊閉門窗，籃球場和遊樂場一片空蕩蕩。我們會沿著傑佛瑞大道北上，在六十七街轉向西行，然後再度往北，每隔兩條街就轉彎，停下來讓更多人上車。我們穿過傑克遜公園高地（Jackson Park Highlands）和海德公園（Hyde Park），芝加哥大學的校園就藏在那裡一座碩大鐵門的後方。經過彷彿無止境的路途之後，我們終於轉進湖濱大道（Lake Shore Drive）加速疾行，順著密西根湖的弧線往北進入市中心。

我告訴你，搭公車是急不來的。一旦上了車就只能忍耐。每天早晨的尖峰時間，我得在市中心的密西根大道（Mchigan Avenue）換車，趕搭沿范布倫街（Van Buren Street）西行的巴士；最起碼，這個路段的景觀有趣多了，沿途行經有雄偉金色大門的銀行大樓，以及服務生站在門外待命的豪華飯店。我凝望窗外，看見衣冠楚楚的男女穿著西服、套裝和嗒嗒作響的高跟鞋，行色匆匆之間仍露出自負的表情，各自端著咖啡上班。我還不知道這樣的人就是所謂專業人士。我還沒查明他們進入范布倫街沿線的企業高塔以前，必定取得何等學歷。但我喜歡他們臉上的果斷神情。

與此同時，我在學校不露痕跡地一點一滴蒐集情報，試圖找出自己在這個青少年知識分子圈的立身之地。到目前為止，我很少跟其他地方的小孩相處，經驗僅限於拜訪一大堆遠房表親，以及偶爾參加市政府在彩虹灘（Rainbow Beach）舉辦的夏令營；不過，營隊的隊友仍然全部來自南區，沒有人家境富裕。但是在惠特尼楊，我遇到住在北區的白人小孩——那一帶的芝加哥感覺就像月球的黑暗面，是我從沒想過、也沒理由前往的地方。更有趣的是，我第一次發現有所謂「黑人菁英」這種事。我在高中的新朋友絕大多數是黑人，但事實證明，那並不表示我們必然擁有共通的生活經驗。有些黑人菁英的父母是律師或醫生，而且似乎透過一個叫「傑克與吉兒」（Jack and Jill）的非裔美國人社交俱樂部認識彼此。他們去過得用護照才去得了的地方滑雪或旅行，談論著我很陌生的話題，例如暑假實習及傳統黑人大學。我有個黑人同學是個待人和善的書呆子男生，他父母是一家大型美容用品公司的創辦人，住在市中心最豪華的高樓大廈之一。

這是我的新世界。我並不是想說學校裡每個人都很有錢或極端世故，那並非事實。出身背景跟我類似、遠遠更為刻苦的同學所在多有。然而，在惠特尼楊的頭幾個月，我看見了過去無從看見的世界，即是一個由特權與人脈構成的機制，就像掛在半空中忽隱忽現的一具繩梯，準備把我們某些人（但不是所有人）接引上天。

✳

結果，我拿到的第一張成績單相當亮眼，第二張也是。高一和高二這兩年間，我逐漸恢復了布林莫爾時期的自信。隨著獲致每一個小小成就、成功避開任何一件高中麻煩事，我的懷疑慢慢煙消雲散。我喜歡大部分的老師，從不害怕在課堂上舉手發言。在惠特尼楊，當個聰明人很安全。每個人想當然爾都是以升學為目標，這表示你永遠不必隱藏智力，只因為擔心有人說你講話像個白人。

我熱愛每個涉及寫作的科目，也努力修完了預科微積分，法文也學得還不錯。但有幾個同學總能領先我一兩步，他們的成就似乎得來全不費工夫，但我試著不讓這個事實打擊信心。我逐漸明白，只要我多花幾個鐘頭讀書，就能縮小與他們的差距。我不是每科都得A的學生，但我總是竭盡全力，有幾個學期差一點就能拿到完美成績。

在此同時，克雷格進了普林斯頓大學，清空老家後陽台的房間，為我家的日常生活留下一個高一九八公分、重約九十公斤的空洞。冰箱裡無須再存放一大堆肉和牛奶；電話不再因為有女孩打來找他聊天而占線。好幾所頂尖大學提供全額獎學金，保證讓他成為籃球明星，但在父母的鼓勵下，他選擇了普林斯頓：學費貴得多，但在他們看來，前途也遠大得多。克雷格大二那年躋身普林斯頓籃球校隊的先發球員。父親按捺不住他的驕傲，儘管雙腿搖搖晃晃、必須靠兩根拐杖走路，他仍然興致勃勃地開車長途跋涉去看兒子比賽。他把老別克換成一輛新別克、另一輛225，但換成了閃閃發亮的酒紅色。只要水廠休假，他就會開車十二個小時，一路穿越印第安那州、俄亥俄州和賓州，到紐澤西州看克雷格出賽。

由於到惠特尼楊上學需要花很長時間通勤，我比較少見到爸爸媽媽了；回頭想想，我猜他們那段時間一定很寂寞，至少也需要略微調適自己。我現在出門的時間多過在家。泰里．強森和我厭倦了上學途中要在公車上站九十分鐘，於是想出一個詭計。我們每天早晨提早十五分鐘離開家門，搭上跟學校反方向的公車，往南坐幾站，在人比較少的地段下車，然後橫越馬路，向我們正常搭的北上巴士招手，這時車上八成比我們平常在七十五街上車時更空。我們為自己的聰明才智沾沾自喜，得意地找個位子坐下來，然後一路聊天或讀書。

到了傍晚，我大概在六、七點左右才拖著腳步進家門，剛好趕上吃一頓簡便晚餐、跟爸媽聊聊當天發生的事。但只要一洗完碗，我就會躲起來寫功課，通常會拿著書下樓，跑到羅碧和泰瑞家存放百科全書的樓梯間角落，只為有點隱私與清靜。

我的父母從未談起支付大學學費的壓力，但我足以察覺壓力的存在。當法文老師宣布她打算放假期間帶同學到巴黎去玩，有能力負擔的人可以自由參加，我甚至沒跟家裡提起這件事。這就是我和「傑克與吉兒」小孩之間的不同，不過他們許多人如今成了我的密友。我的家整潔又充滿愛，我有車錢越過大半個城市上學，每天晚上回到家還有一頓熱騰騰的飯菜可以吃，便已足矣，我不打算跟爸媽多做要求。

然而一天晚上，爸媽吩咐我坐下來，臉上露出不解的神情。媽媽從泰里・強森的媽媽口中聽說了有關法國旅行的事。

「妳怎麼沒跟我們說？」她問。

「因為太花錢了。」

「小雪，那其實不是妳說了算，」爸爸溫和地說，幾乎覺得受到冒犯，「再說了，要是我們壓根不知道這件事，又怎能做出判斷？」

我凝視他們兩個，不知道該說些什麼。媽媽看我一眼，眼神溫柔。爸爸換下了工作制服，穿著一件乾淨的白襯衫。他們當時四十出頭，結婚近二十年，兩個人從來沒去過歐洲。他們從不到海濱度假、從不上館子吃飯，也沒有屬於自己的房子。我和克雷格就是他們的投資，他們將每一分錢都用在我們身上。

幾個月後，我跟惠特尼楊的老師和十幾位同學搭上飛往巴黎的班機。我們入住青年旅舍，遊覽羅浮宮和艾菲爾鐵塔，跟街頭小販買奶酪可麗餅，漫步塞納河河畔。我們說的法語，就像芝加哥高中學生該有的水準，但起碼我們說了法語。那天，隨著飛機慢慢離開登機門，我透過窗戶回望機場，心知母親會站在某塊深色玻璃後面，穿著她的大衣對我揮手道別。我還記得噴射機引擎的發動聲音吵得嚇人。然後我們在跑道上轟隆隆地滑行，開始往上傾斜，加速度作用壓迫著我往後貼向椅背，經過那奇特而短暫的交界剎那，你終於感覺自己飛上了天空。

✳

就跟所有地方的高中生一樣，我跟朋友們也喜歡閒晃，吵吵鬧鬧地閒晃，在公共場所閒晃。如果遇到學校提早放學，或者功課很少時，我們會從惠特尼楊成群湧入芝加哥市中心，聚集在水塔廣場（Water Tower Place）的八層樓購物中心，在那裡搭電扶梯上上下下，花錢買蓋瑞特爆米花店的高檔爆米花，然後到麥當勞一坐就是好幾個小時，有鑑於我們點餐點得少，占據桌位的時間實在長得過分。我們在馬歇菲爾德百貨（Marshall Field's）瀏覽名牌牛仔褲和皮包時，通常會有個瞧我們不順眼的警衛在後面偷偷盯梢。有時候，我們會去看電影。

當時的我們很快樂——為了自由而快樂，為了有彼此作伴而快樂，為了這座城市似乎在我們不必掛念學業時、更顯光明燦爛而快樂。我們是一群城市小孩，正在學習四處遊蕩。

我跟一位名叫桑蒂塔·傑克森（Santita Jackson）的同學很要好，常玩在一起。她每天早上比我晚幾站在傑佛瑞大道搭公車，後來成為我的高中死黨之一。桑蒂塔有一對漂亮的黑眼睛、豐潤的面頰，才十六歲就散發出聰明女人的風采。在學校，她總會拿下每一門大學先修課，而且每一門課都成績優異。其他人還在穿牛仔褲，她就開始穿裙子了。她的歌聲清澈嘹亮，幾年以後，她成了知名靈魂女歌手蘿貝塔・弗萊克（Roberta Flack）的合音，到處巡迴演唱。她也很有深度，這是我最喜歡桑蒂塔的地方。她和我一樣，我們跟一大群人相處時可以輕浮搞笑，但私底下卻認真持重，像兩個年輕女哲學家一起琢磨生活的所有議題，不論大小事。桑蒂塔住在傑克遜公園高地的一棟白色都鐸式房屋，那裡是南岸區比較富裕的地段。我們會跑到她家二樓，趴在桑蒂塔的房間地板上，連著好幾個鐘頭聊聊惹我們忿忿不平的事、聊聊前程，也聊聊這個世界讓我們明白或不明白的地方。作為朋友，她很懂得聆聽且見識不凡，我也試著跟她一樣。

桑蒂塔的父親是個名人。這是她生命中無法迴避的基本現實。她是傑西・傑克森（Jesse Jackson，一名狂熱浸信會牧師兼實力愈來愈堅強的政治領袖）的長女。傑克森牧師早年曾密切追隨馬丁・路德・金恩，一九七〇年代初期，為了替弱勢非裔族群爭取權利而創立一個名為「聯合拯救人性行動」（Operation PUSH）的政治組織之後，傑克森牧師便在全國聲譽鵲起。等到我們進入高中，他已是家喻戶曉的名人——富有領袖魅力、人脈很廣，永遠保持活躍。他在全國巡迴演說，群眾聽得如痴如醉。他以雷霆萬鈞之勢號召黑人甩掉有害的貧民窟形象，爭取長期被剝奪的政治力量。他孜孜不倦地傳揚有關毫不懈怠、即知即行、自我覺醒的訊息。「放下毒品！揚起夢想！」他對群眾發出呼籲。他要求學童宣誓關掉電視，每天晚上花兩小時專心做功課。他懇請父母承諾關注子女的生活。他對抗在眾多非裔美國社區氾濫成災的失敗感，敦促人們停止自怨自艾，把命運掌握在自己手裡。「沒有人，」他吶喊著：「絕對沒有人窮到負擔不起每天晚上把電視關掉兩小時！」

在桑蒂塔家鬼混有時很刺激。她們家有五個孩子，塞滿了厚重的維多利亞風格家具，以及桑蒂塔媽媽賈桂琳喜歡收集的骨董玻璃器皿，空間雖大，卻有一點凌亂。傑克森太太（我這麼稱呼她媽媽）個性豁達、笑聲豪邁，喜歡穿色彩豐富、有滾邊的衣服，在飯廳的大餐桌招待每位上門來的客人。這些客人大多是她口中所謂「運動人士」，其中包括企業領袖、政治人物、詩人，再加上從歌手到運動員的一幫名流。

傑克森牧師在家時，家裡會充滿一股不同於平常的活力。大夥拋開日常生活規律，晚餐對話可以持續到深夜。顧問來來去去，總在籌備某種行動。我在歐幾里得大道的家，生活以井然有序的規律步調進行，父母親在意的事不外乎全家人快快樂樂、邁向成功的道路。但傑克森家不同，他們似乎捲入了更龐大複雜，而且似乎更有影響力的事。他們念茲在茲的是外頭的世界，廣布人脈，銜著重要的使命。桑蒂塔和弟弟妹妹從小被教育要積極參與政治。他們知道要杯葛什麼、怎麼杯葛。他們為父親的信念而遊行，也隨同他巡迴參訪過以色列、古巴、紐約和亞特蘭大等地。他們會站上舞台面對廣大群眾，並學著忍受父親（尤其是一位黑人父親）投入公眾生活，為家庭帶來的焦慮與爭議。傑克森牧師身邊有魁梧而安靜的男性保鑣貼身保護。當時，我只約略知道他的生命遭受威脅。

桑蒂塔崇拜她的父親、為他的豐功偉業深感驕傲，但她也試著揮灑出自己的生命。她和我全心支持為全美年輕黑人強化品格的行動，但我們也迫切需要在蓋世威（K-Swiss）運動鞋促銷結束之前趕到水塔廣場。我們經常得找人接送或跟人借車。由於我家只有一輛車，而且雙親都在上班，所以在傑克森家弄到車的機會大一點。傑克森太太有一輛鑲木旅行車和一輛小型跑車。有時，我們可以麻煩在他們家忙裡忙外的各色幕僚或訪客讓我們搭便車，但也犧牲了我們對情況的全盤掌控。這成為我早年無意間學到的、關於政治生活的一課：行程和計畫似乎永遠趕不上變化。即便站在漩渦的最邊緣，你仍能感受它在旋轉。桑蒂塔和我經常因為她父親延誤而無奈地等候，例如某個會議開太久或某架飛機還在機場上空盤旋，也會因為一連串臨時加進來的行程而不斷繞路。原本以為我們可以搭便車從學校回家或去購物商場，但最後反倒去了西區某個政治集會，或者被困在海德公園的「聯合拯救人性行動」總部，長達好幾個鐘頭。

有一天，我們發現自己置身傑西・傑克森的一群支持者當中，一起參加了巴德比立肯節遊行（Bud Billiken Day Parade）。這項以早期報紙專欄虛構人物命名的遊行，每年八月舉行，是芝加哥南區最盛大的傳統之一——琳琅滿目的軍樂隊和花車沿著馬丁路德金恩大道綿延將近兩英里，穿過曾被稱為「黑帶」（Black Belt）、後來更名為「古銅村」（Bronzeville）的非裔美國人社區核心。巴德比立肯節遊行始於一九二九年，宗旨是頌揚身為非裔美國人的驕傲。如果你是社區領袖或政治人物，或多或少就有現身參與這項遊行的義務——至今仍是如此。

我當時並不知道，但圍繞著桑蒂塔父親的漩渦開始愈轉愈快。再過幾年，傑西・傑克森就會正式參選美國總統，這表示在我們上高中那幾年，他很可能積極考慮參選：必須籌措經費也務必廣結人脈。我現在明白了，競選總統需要所有相關人等全身心投入，好的競選活動往往需要布局多年，為候選人架好舞台、打好根基。傑西・傑克森決心參加一九八四年大選，成為繼女參議員雪麗・奇澤姆（Shirley Chisholm）一九七二年競選失利之後，第二位積極展開全國造勢行動的非裔總統候選人。我猜，在那次遊行當中，這些事情起碼已有一些在他腦子裡盤旋。

我當時知道的是，自己並不喜歡在外面奔走的感覺，不喜歡在炙熱的陽光下推擠，不喜歡被氣球、擴音器、伸縮喇叭和歡聲雷動的人群包圍。歡騰的氣氛很有趣，甚至令人著迷，但其中的某樣東西以及政治整體，讓我覺得反胃難受。一來是因為我凡事喜歡有條不紊、預先規畫，而在我看來，政治生活似乎沒有一個地方特別有條不紊。那次遊行不在我的計畫之內。就我記憶所及，桑蒂塔和我根本沒打算參加。我們是最後一分鐘被強行徵召，也許是她的母親或父親，也許是某個運動人士在我們有機會貫徹當天計畫之前逮到了我們。不過我深愛桑蒂塔，而且我是個有禮貌的小孩，通常會乖乖聽從大人的吩咐。所以我去了，讓自己深深陷入巴德比立肯節遊行那炙熱而令人頭暈目眩的熱鬧當中。

那天晚上，我回到歐幾里得大道的家，看見媽媽在笑。

「我剛剛看到妳上電視了。」她說。

她看了新聞，發現我站在桑蒂塔身邊參加遊行，一邊揮手微笑，一邊隨人潮前進。我猜她也察覺到我反胃難受才發噱。但事實是，我或許捲入了寧可置身事外的活動。

✳

到了準備申請大學的時候，桑蒂塔和我都屬意東岸的學校。她去參觀哈佛時，一名招生人員基於她父親的政治立場而尖銳地找她麻煩，她的心都涼了。她所希望的，無非是靠自己的條件申請入學。我花一個週末到普林斯頓找克雷格。他似乎順理成章地建立了活躍的生活節奏，每天打籃球、上課，並且在專為少數族裔學生設計的活動中心鬼混。普林斯頓校園又大又漂亮，名副其實是一所爬滿常春藤的常春藤盟校，而克雷格的朋友看起來人都很好。於是我不再費神。我的至親當中，沒幾個人有上大學的經驗，所以也沒什麼人會找我辯論，或者要我再多看看。而且依照慣例，只要是克雷格喜歡的，我肯定也會喜歡；只要是他能辦到的，我肯定也能辦到。就這樣，普林斯頓成了我首選的學校。

於是，在惠特尼楊的最後一年，開學後不久，我去見了學校指派的升學顧問，進行學校規定的第一次會談。

關於這位顧問，我無法多說什麼，幾乎是立即且刻意地從記憶中抹掉這次經驗。我不記得她的年紀和人種，也不記得那天我出現在她的辦公室門口，她碰巧是用什麼眼光看我，尤其當時的我即將以全年級前一〇％的優異成績畢業、當選畢聯會財務長、擠進全美高中生榮譽協會（National Honor Society），已然成功消除剛入學時緊張兮兮抱持的所有懷疑，整個人意興風發且充滿自豪。我也不記得自己表明今年秋季有意到普林斯頓跟哥哥會合時，在這之前或之後，她是否審核了我的成績單。

事實上，在短暫的會談中，這位升學顧問很可能說過正面而有幫助的話，但我什麼都不記得了。因為姑且不論對錯，我的腦子被那女人脫口而出的一句話卡住了。

「我不確定，」她給我一個敷衍而紆尊的微笑說：「妳是不是上普林斯頓的料。」

她的評斷來得既快速又輕蔑，或許是根據我的在校成績和學測分數，三兩下計算出來的結果。我想像著，那女人或許一整天就是這樣以熟練的效率告訴準畢業生他們屬於和不屬於哪裡。我相信她認為自己只不過是實事求是。我懷疑她後來是否曾經仔細想過我們的這段對話。

不過正如我前面所說，失敗是一種感覺，早在真正失敗前就埋在心底了。在我看來，她便是在我心裡種下了那份感覺——遠在我企圖追求成功之前先暗示失敗。她是在叫我降低眼光，而這跟我父母從小告訴我的每一句話恰好背道而馳。

我要是相信她，她的判決會再度傾覆我的自信，讓那「就是不夠好」的老調死灰復燃。然而三年下來，我跟惠特尼楊最有抱負的同學們一路並駕齊驅，我知道自己絕非池中之物。我不打算讓一個人的意見摧毀我對自己的一切認識。相反的，我轉換方法而不改變目標。我第一志願會申請普林斯頓，再隨意挑幾所大學，但不再接受升學顧問的建議，而是請一位真正認識我的人幫忙。副校長兼鄰居史密斯先生瞭解我身為學生的長處，甚至願意把自己的孩子託付給我。他同意替我寫推薦函。

我很幸運，這一生結識了各式各樣不平凡的有識之士——世界領袖、發明家、音樂家、太空人、運動員、教授、創業家、藝術家和作家、創新領域的醫生和研究員。其中有幾位女性（不過還不夠多），也有幾位黑人或有色人種（也還不夠多）。有幾位出身貧寒，度過了許多人看來似乎多災多難到不合常理的生活，然而，他們的行事作風，卻彷彿自己占盡全天下的優勢。我學到一點：他們每個人都曾遭遇持懷疑態度的人。有些人持續面對一大群鼓譟、足以塞滿整個體育館的批評家和反對者，這些反對聲浪在你每一次失策或犯錯時都會幸災樂禍地高喊：「看吧，一切早在我意料之中！」雜音不會消失，但最成功的人找到方法與雜音共存；他們倚靠相信他們的支持者，讓支持者鞭策他們達成目標。

那天，我離開惠特尼楊的升學顧問辦公室，氣得七竅生煙。受傷最重的，莫過於我的自尊。當時我唯一的念頭是，「我會證明給你看。」

不過後來我冷靜下來，繼續埋首努力。我從不以為進大學是件簡單的事，但我學著全神貫注，並且對自己的故事深具信心。我試著在申請大學的論文裡原原本本陳述我的生命。與其佯裝我極端聰明、可以在爬滿常春藤的普林斯頓圍牆內如魚得水，我書寫關於父親的多發性硬化症，以及我的家族如何欠缺高等教育的經驗。我承認自己是在爭取未來。基於我的背景，爭取確實是我唯一能做的事。

最後，我應該向那位升學顧問證明了自己，因為六、七個月以後，一封信翩然降臨我們家的信箱，送來了普林斯頓的入學許可。當天晚上，我和父母吃著義大利嘉年華餐廳的外送披薩，以示慶祝。我還打電話給克雷格，大聲宣布這個好消息。隔天跑去敲了史密斯先生的門，告訴他我錄取了，感謝他的幫忙。但我並沒有對那位升學顧問說她錯了——強調本人就是上普林斯頓的料。那麼做對我們兩個都沒什麼好處。說到底，我並不需要向她證明任何事。我只需要展現自己。

6

一九八一年夏天，爸爸開車橫越銜接伊利諾州和紐澤西州的平坦公路，送我到普林斯頓大學。可是這並非一趟單純的父女公路之旅；我的男朋友大衛也跟著來湊熱鬧。我受邀參加為期三週的新生暑期特別訓練，用意是縮小「預備上的差距」，賦予特定新生更多時間與協助來適應大學生活。沒有人知道我們究竟是怎麼被挑選出來的——我們的申請書露出了什麼端倪，讓學校察覺我們也許能受益於學習如何閱讀教學大綱，或者及早摸清校園中的道路。不過克雷格兩年前走過這一遭，這項活動看起來是個機會。於是我打包行李，跟媽媽道別，母女兩人都沒有淚眼婆娑或多愁善感，然後上了爸爸的車。

之所以迫不及待出城去，一方面是因為過去兩個月來，我都在芝加哥市中心一家小型書籍裝訂廠工作，一天八個小時，一星期五天，在裝配線上拿著工業用的大尺寸熱熔槍，執行著會扼殺靈魂的例行作業。這個工作或許是最強力的提示，提醒我們進大學念書是個不錯的點子。大衛的媽媽是這家裝訂廠的員工，幫我們兩個找到在這裡打工的機會。我們一整個暑假肩並肩工作，讓整件苦差事變得稍微愜意一點。大衛聰明斯文，是個高個子帥哥，比我大兩歲。幾年以前，他來拜訪住在歐幾里得林蔭大道的親戚時，先在羅森布拉姆公園社區籃球場的自由分隊比賽，跟克雷格交上了朋友。後來，他開始跟我交往。開學期間，他到外州上大學，正好讓我專心讀書，不受打擾。不過逢年過節或暑假期間，他總會回到芝加哥西南端的媽媽家住，幾乎每天開車過來載我兜風。

大衛個性隨和，比我歷任男朋友都更像大人。他會坐在沙發上陪我父親看球賽、跟克雷格說說笑笑，客氣地和家母交談。我們約會都是玩真的，會去紅龍蝦（Red Lobster）這種我們視為高檔餐廳的地方吃飯，然後去看電影。我們在他的車裡胡搞、抽抽大麻。白天在裝訂廠，我們渾然忘我地彼此相伴，打情罵俏直到再也找不出話題。除了想存錢上學，我們對這份工作都不怎麼認真。反正我很快就要遠走他鄉了，完全無意重回這座裝訂廠。就某種意義來說，我的心已飛了一半——飛往普林斯頓的方向。

也就是說，在八月初的晚上，當我們這個「父親、女兒、男友」三人小組終於下了一號公路，轉進通往校園那條綠意盎然的開闊道路，我完全準備好投入新生活了。我已經準備好把兩只皮箱搬進暑期宿舍，準備好熱情握住其他同學的手（主要是少數族裔和清寒學生，還有幾個混在其中的體保生），也準備好品嘗學校餐廳的食物、記住校園地圖、征服他們扔給我的所有教學大綱。我來普林斯頓了。我擠進這道窄門了。我十七歲，人生故事正在上演。

眼下只有一個問題，那就是大衛。車子一越過賓州的州際線，他就開始有些愁眉苦臉。當我們從爸爸的後車廂拽出我的皮箱，我看得出他已經開始覺得寂寞。我們交往一年多了，曾互訴衷情，但那份愛是以歐幾里得大道、紅龍蝦和羅森布拉姆公園籃球場為背景。那份愛是以我剛離開的家鄉為背景。在我父親照例多花幾分鐘走出駕駛座、撐起拐杖站穩之際，我和大衛相對無言地站在薄暮之中，眺望那座宛如石造堡壘的宿舍外頭，有著一片毫無瑕疵的菱形綠色草坪。我猜，到了那時我們才忽然想起，說不定有些重要的事情還沒討論。這次分開只是短暫別離，還是會因相隔兩地而斷然分手，說不定我們兩人意見分歧。我們會探望彼此嗎？會寫情書嗎？會對這段感情付出多大努力？

大衛以無以復加的認真態度握住我的手，讓我一時迷惘了。我知道我要什麼，但找不到貼切的言語。我希望有朝一日，某個男人能讓我神魂顛倒，讓我被所有愛情故事中那種驚天動地的感受沖昏了頭。我的父母在青春期就愛上彼此，爸爸甚至是媽媽高中舞會的舞伴。我知道青春期的愛情偶爾可以是真實而持久的。我想要相信，有個傢伙會突然出現、成為我的一切，他會性感而忠實，對我產生立即而深刻的影響，使我願意為他改變生命中的輕重緩急。

只不過，他並非此刻站在我面前的這個傢伙。

父親終於打破我跟大衛之間的沉默，告訴我們該把行李抬進宿舍了。他為他們兩人在市中心訂了一間汽車旅館，打算隔天啟程返回芝加哥。

在停車場，我緊緊擁抱父親。由於他年輕時積極投入拳擊和游泳，如今因需要撐拐仗行動，手臂肌肉維持得十分健壯。

「要好好的，小雪。」他說。他放開我，臉上除了驕傲沒有洩漏出其他情緒。

然後他爬上車，善意地給我和大衛一點隱私。

我們佇立在人行道上，兩人都有點靦腆，支吾其詞。在他俯身吻我時，我的心因深情猛地揪了一下。這個部分向來十分美好。

然而我心裡明白。儘管我把一個善良且真心喜歡我的芝加哥男孩擁在懷裡，但在我們之外，還有一條光明的路通往停車場外，然後稍微上坡走向一個四方院子，幾分鐘之後，那兒將成為我的新背景、我的新世界。對於初次離家、離開至今唯一認識的生活，我很緊張。但有一部分的我心知肚明，我最好迅速分手，斷得乾乾淨淨，不要想抓住不放。隔天，大衛打電話到宿舍找我，問我願不願意在他離開前簡單吃個飯，或者最後一次在城裡逛逛，我喃喃地回答學校已經開始忙了，找盡藉口避免見面。我們那天晚上的告別是真實而永遠的。我或許應該當下說明白，但我退縮了，心知那些話很傷人，對說者和聽者都不好受。於是，我就這樣放開了他的手。

✳

事實證明，關於生活，至少是一九八〇年代初期在普林斯頓的校園生活，我還有好多東西要學。在暑期班跟數十位既好相處又背景相似的同學度過充滿活力的幾星期後，秋季班正式開始了，學校敞開大門歡迎全體學生。我把行李搬進新宿舍派恩館（Pyne Hall）的一間三人房，然後從三樓窗戶望出去，看見數千名以白人為主的學生用推車推著立體聲音響、床套組和好幾卡皮箱的衣服湧入校園。有些同學乘坐禮車到校，一個女孩動用了兩輛加長型禮車，來載她所有的東西。

普林斯頓極端地白，而且非常男性。這是不容迴避的事實。校園裡，男女學生的比例幾乎達到二比一。在我大一那年，黑人占新生的比例不到百分之九。如果說我們在新生訓練期間還自覺對校園空間有著些許擁有權，但此刻的我們卻異樣得刺眼——就像一碗白飯裡的幾粒罌粟籽。儘管惠特尼楊算是一所多元融合的學校，但我之前從未置身於完全以白人為主的環境，從未因膚色在人群中或課堂上引人側目。這讓人很不愉快、極不舒服，至少剛開學的時候是如此，我就像被丟進了一個奇怪的全新飼養箱，掉入了一個並非為我打造的生態環境。

不過，凡事都要學會適應。有些地方很容易就能融入——幾乎稱得上解脫。好比說，似乎沒有人把治安問題放在心上。學生離開寢室之後不鎖門、腳踏車隨意停放路邊、金耳環丟在浴室的洗手台上沒人聞問。他們對世界的信任似乎無止無盡，對前程發展完全可以放心。對我而言，這是一件得設法習慣的事。在惠特尼楊搭公車上下學那幾年，我總會默默守護自己的隨身物品。晚上走在歐幾里得大道的回家路上，我總會把手中的鑰匙從兩個指節的縫隙穿出來，以便隨時自我防衛。

在普林斯頓，我唯一需要保持警覺的，似乎只有我的功課。其餘一切都是為了滿足學生的福利而存在。學生餐廳提供五種不同的早餐；我們可以坐在枝繁葉茂的大橡樹底下，也可以在開闊的草坪丟飛盤紓解壓力。總圖書館有如舊世界的大教堂，有高聳的天花板，還有光潤的實木桌子供我們敞開課本、靜靜讀書。我們受到保護，被層層包裹、細細照拂。我後來逐漸明白，許多同學一輩子都不知道還有別種活法。

連帶而來的，是我需要精通的一套新詞彙。什麼是導修課（precept）？什麼是自習時期？沒有人向我解釋學校裝備清單上的「加長型」床單是什麼意思，這表示我帶了太短的床單，以致於大一一整年睡覺的時候，雙腳所及盡是裸露的宿舍塑膠床墊。對於體育活動的認識，也有了自成一套的學習曲線。我是玩美式足球、籃球和棒球長大的，但事實證明，東岸的預科生玩過的花樣更多，不只袋棍球、曲棍球流行，就連壁球都很流行。對出身南區的小孩來說，這一切可能會讓人眼花撩亂。「你划艇嗎？」天曉得這句話究竟是什麼意思？

我只有一項優勢，跟我進幼稚園時一模一樣的優勢：有個名叫克雷格・羅賓森的哥哥。克雷格甫升上大三，是籃球校隊的主將。他和以前一樣擁有大批球迷，校警會直接喊他的名字打招呼寒暄。克雷格很吃得開，而我至少成功地打進了他部分的生活。我認識了他的隊友和朋友。某天晚上，我跟他一起到某位籃球隊贊助者在校園外的豪宅吃飯。當我坐在餐桌旁，桌上有一樣東西把我搞糊塗了。如同普林斯頓的許多事情一樣，那是需要上過名流養成班才會認識的一道菜——一顆擺在白色瓷盤上、渾身是刺的綠色洋薊。

這一年，克雷格為自己安排了划算的住宿：以管理員的身分，免費住在「第三世界中心」（Third World Center）樓上的房間。該中心是學校的分支機構，以照顧有色人種學生為使命，名字雖然取得很爛，但立意良善（第三世界中心經過整整二十年才改名為卡爾費爾茲平等與文化交流中心〔Carl A. Fields Center for Equality + Cultural Understanding〕，以普林斯頓的第一位非裔院長為名）。中心坐落在展望大道轉角的一棟磚造樓房，這條路的精華地段被富麗堂皇的石造或都鐸式建築盤據，供取代了兄弟會或姊妹會的飲食俱樂部（eating clubs）使用。

第三世界中心（我們大多叫它TWC）很快成了我的某種基地。中心會主辦派對和共享式餐會，有志工家教協助指導功課，還有供我們鬼混的空間。我在暑期輔導期間交了幾個一見如故的朋友，我們許多人一有空就自然而然往中心跑。蘇珊・娥麗兒（Suzanne Alele）就是其中之一。蘇珊又瘦又高，兩彎細細的眉毛，濃密的黑髮垂在背上，有如一道閃亮的波浪。她生於奈及利亞、長於牙買加首都京斯敦（Kingston），不過後來全家在她十多歲的時候搬到了美國馬里蘭州。也許正因如此，她似乎對任何文化都沒有認同感。人們都會受到蘇珊吸引，很難抵擋她的魅力。她笑容燦爛，聲音略帶島嶼的歡快律動，在她累了或微醺時更清晰可聞。她的舉止流露出我心目中加勒比海的氣息，散發出來的輕鬆寫意，讓她在好學的普林斯頓學生群中脫穎而出。她從不害怕隻身參加全都是陌生人的派對。儘管作為醫學院預科生，她仍特意選了陶藝課和舞蹈課，只因為那些課程帶給她快樂。

後來在我們大二那年，蘇珊再度展開冒險，決定在一個名為方帽長袍（Cap and Gown）的飲食俱樂部鬥嘴——「鬥嘴」（bicker）這個動詞在普林斯頓有特別的字義，意味著俱樂部遴選新成員的社會審核過程。我喜歡聽蘇珊從飲食俱樂部餐會和派對帶回來的故事，但我自己沒興趣去鬥嘴。我滿足於自己在TWC找到的黑人與拉丁裔學生社群，安於留在普林斯頓這個大社會的邊緣地帶。我們的團體小而親密，時常聚會、跳舞，直到半夜。吃飯的時候，我們往往有十來個人圍著一張桌子，輕鬆說笑。晚餐一吃可以吃好幾個鐘頭，跟我們家以前圍在南區阿公餐桌、邊吃一大桌子菜邊聊差不多。

想也知道，普林斯頓管理當局肯定不喜歡有色學生成群結黨的現象。他們希望所有人都能異中求同地融洽相處，全面提升學生生活品質的深度。這是個崇高的目標。我明白所謂的校園多元化，理想狀況類似經常出現在大學宣傳手冊上的畫面——均勻融合各種族的一群群學生，面帶微笑地讀書、社交。不過即便今天，當大學校園內的白人學生人數持續超越有色人種，同化的責任大致落在少數族裔學生的肩上。依我的經驗來看，那是很沉重的負擔。

在普林斯頓，我需要黑人朋友，為彼此提供撫慰與支持。我們許多人進大學以前甚至從沒察覺自己的劣勢，後來才慢慢得知新同儕在高中期間有家教幫忙準備學測、接受過大學師資的教導，或者上過寄宿學校、無須應付初次離家的艱難。就像你在人生第一場鋼琴演奏會站上舞台之後，發現自己除了一架琴鍵缺角的鋼琴以外，從沒碰過其他樂器。你的世界天翻地覆，但仍被要求調適與克服，設法和其他人一樣地彈奏你的樂章。

當然，事在人為，歷來不乏少數族裔和弱勢學生戰勝了挑戰，但很吃力。身為大講堂裡唯一的黑人學生，或是甄選並加入舞台劇或校隊的少數非白人學生之一，是一件很吃力的事。在那些場合發言時可以絲毫不露出懼色，需要很大的力氣與加倍的自信。正因如此，我那群朋友每天晚餐一看到彼此，心裡就得到某種程度的寬慰；也正因如此，我們總是能待多久就待多久，盡情歡笑。

我在派恩館的兩位白人室友都很好，但我很少待在寢室，不足以建立起深厚友誼。事實上，我根本沒幾個白人朋友。回頭想想，這都得怪我自己。我很謹慎，墨守自己熟悉的事情。我偶爾會捕捉到一股氣息，那是一種祕而不宣、殘酷的非我族類的微妙氛圍——叫你不要冒任何風險、找到自己同類、按兵不動就好的細微暗示。

我的一位室友凱西，很多年後上了電視新聞，尷尬地描述我們同寢而居的情況，其中包括一起我一無所知的事件：她來自紐奧良的教師母親，看到女兒被分到一位黑人室友，不由得大感驚愕，糾纏不休地要學校把我們分開。她母親也接受採訪證實此事不虛，並提供更多背景說明。凱西的母親從小生長在常聽到「n開頭」[8]字眼的家庭，祖父曾任警長，經常吹噓自己如何把黑人趕出他的小鎮，因此，我和她的女兒靠得太近，讓她「大驚失色」（忠實引自她的話、一字不改）。

當時我只知道大一那年，凱西中途搬出了我們的三人房，住進一間單人房。如今，我很慶幸自己當時不曉得箇中緣由。

✳

普林斯頓的助學金方案規定必須半工半讀。我最後找到一份好工作，獲聘為TWC的主任助理。每星期大約十小時的課餘時間到這裡幫忙，跟全職祕書羅瑞塔一起坐在櫃台後面打字、接電話，回答學生提出的的各種問題，像是如何退選課程或報名共享式餐會。辦公室位於建築物前方角落，有灑滿陽光的窗戶和混搭的家具，看起來有家的味道，而不像公共機構。我喜歡待在TWC的感覺，喜歡辦公室裡的工作。我喜歡每次完成某項小小的分內工作，心裡湧上的小小滿足。不過最重要的，我喜歡我的老闆潔妮．布洛索（Czerny Brasuell）。

潔妮是個聰明漂亮的黑人女性，剛滿三十歲，是個動如脫兔、個性鮮明的紐約客，喜歡穿牛仔喇叭褲配楔形涼鞋，腦子裡似乎永遠有四、五個點子在打轉。對普林斯頓的有色人種學生來說，她就像超級導師，也是無比時髦、永遠毫無保留為我們挺身而出的領袖，贏得眾人的一致感激。辦公時，她在好幾項專案之間奔波——遊說學校行政當局制訂更顧及少數族裔的政策、聲援個別學生及他們的需求，並且不斷拋出新想法，建議我們所有人如何改善自己的命運。她經常遲到，像一陣風似地衝進中心的大門，手上抓著一綑文件、嘴上叼著一根香菸、肩上掛著皮包，邊走邊喳喳呼呼地對我和羅瑞塔下達指令。在她身旁（我此生最貼近的一位獨立女性，做著讓她雀躍的工作）著實是一種飄飄然的經驗。並非偶然的是，她也是單親媽媽，兒子名叫強納森，可愛而早熟，我常幫忙當保母。

雖然我顯然欠缺生活經驗，但潔妮似乎在我身上看見某種潛力。她把我當成大人對待，徵

8 編按：在美國，「n開頭的字」（the n-word）泛指「黑鬼」（nigger），是種族歧視用語，非黑人族群將此字視為嚴重禁忌，尤其白人絕對不能使用，否則容易導致紛爭。

詢我的想法，在我描述學生帶來的各種煩惱和行政糾紛時熱切聆聽。她似乎決心喚醒我的勇氣，拋出的許多問題都是以「你曾……？」開頭。舉例來說，你曾讀過詹姆斯・孔恩（James Cone）的作品嗎？你曾質疑普林斯頓在南非的投資，或者是否可以更努力招募少數族裔學生？我的答案多半是否定的，可是只要她一提起，我立刻大感興趣。

「妳曾去過紐約嗎？」她有一次這麼問。

答案同樣是否定的，但潔妮很快扭轉乾坤。星期六早上，我、小強納森和另一個也在TWC工作的朋友一同擠進她的車，陪著潔妮風馳電掣地開往紐約曼哈頓，一路談天說笑、抽著香菸。你幾乎可以感覺她身上彷彿有東西飛了起來；當景色從普林斯頓周邊的白色籬笆馬場，轉變成壅塞的公路，以及最後呈現在眼前的城市天際線，她的壓力也漸漸鬆綁。紐約是潔妮的家，正如芝加哥是我的家。只有遠走他鄉、連根拔起、嘗過如浮萍般漂流在另一片海洋的滋味以後，才會真正察覺自己是多麼眷戀家鄉。

我還沒意識過來就已經置身在豐富多彩的紐約市核心，夾雜在川流不息的黃色計程車之間，以及潔妮每遇紅燈必到最後一秒才緊急煞車而引發了震耳欲聾的喇叭聲之中。我不記得那天確切做了哪些事：我知道我們吃了披薩、看了洛克斐勒中心、開車穿過中央公園，並瞥見自由女神高舉她那把希望火炬。但我們此行主要是來辦事的。潔妮似乎靠操持一連串凡塵俗事來為靈魂重新充電。她有東西要領取，有東西得交付。在大樓衝進衝出之際，她會把車子並排停在繁忙的交通要道上，引來其他駕駛人怒火沖天猛按喇叭，而我們其他人只能無助地坐在車上等候。紐約讓我不知所措，這座城市快速而嘈雜，比芝加哥少了一點耐性。但潔妮在那兒充滿活力，不會為了胡亂穿越馬路的行人、路旁的尿騷味和滿天飛舞的垃圾而大驚小怪。

她準備再度並排停車時，用照後鏡估量了交通狀況，突然改變主意。她對坐在副駕駛座上的我打個手勢，示意我鑽過去接手方向盤。

「妳有駕照對吧？」她問。當我點頭答覆，她說：「好極了，方向盤交給妳了。在這個街區慢慢兜一圈就好，或許兩圈，然後開回這裡。我不用五分鐘就回來，我保證。」

我圓瞪著雙眼注視她，彷彿她是個瘋子。在我看來，她**真是**瘋了，竟然以為我有能力在曼哈頓開車——我才十幾歲、對這個無法無天的城市毫不熟悉，而且我認為自己毫無經驗與能力，我沒辦法開車載著她的稚子，在傍晚交通尖峰時段毫無計畫地殺時間亂轉。但對於我的遲疑，潔妮只有一個反應，那就是毫不猶豫地駁斥任何妄自菲薄的想法，也導致我永遠把她當時的反應與紐約客聯想在一起。潔妮隨即下了車，讓我別無選擇，只能硬著頭皮接手開車。她想說的是，**少囉嗦，活在當下吧！**

✳

我無時無刻不在學習，走鑽研學術的好學生路線，設法在課堂上不落人後，大多數功課都在第三世界中心的安靜房間或圖書館閱覽室完成。我學著如何有效書寫、怎樣批判思考。大一那年，我不小心選了三年級的神學課，一路跌跌撞撞，最後靠連續十一個小時拚死命寫完期末報告才挽救了成績。那次經驗並不愉快，可是到頭來卻鼓舞了我的信心，證明我不管跌進什麼坑，都可以想辦法爬出來。不論初抵校門時，來自內地貧民區（inner city）高中的背景讓我有什麼不足之處，我似乎都能靠多投入一點時間、必要時求助於人，並且學著調整自己的步調、不要拖拖拉拉來彌補缺陷。

然而儘管如此，一個黑人小孩在一所以白人為主的學校裡，很難不察覺平權法案的陰影。某些學生、甚至某些教授幾乎毫不掩飾打量你的眼光，似乎想說：「我知道**你是怎麼進來的**。」遇到這種時刻難免令人氣餒，即便有時只是我自己胡思亂想，心中仍種下了懷疑的種子。我能來讀這裡，難不成只是拜一項社會實驗之賜？

不過慢慢地，我開始瞭解學校有各種形式的配額需要填補。身為少數族裔，我們是最顯眼的一群，但我逐漸明白，學校保送了各式各樣的學生入學，他們的成績或成就也許沒達到認定的標準。學校壓根稱不上選人唯才。好比說，學生當中有運動員，有人的父親或祖父是普林斯頓校友，也有家族捐贈了宿舍大樓或圖書館的世家子弟。我明白有錢並不能庇護你不失敗。我見到周圍許多學生被淘汰出局，白人、黑人皆有，不論出身世家與否。有些人是因為平日就被啤酒派對誘惑，有些人因成績壓力而崩潰，還有人純粹是因懶惰或不適應環境而逃離。在我看來，我的責任是穩扎穩打、盡全力爭取最佳成績，然後順利畢業。

大二那年，蘇珊和我一起搬進一間雙人房。如今在人山人海的大講堂裡，我比較習慣身為少數的有色人種學生之一。當男同學強勢主導課堂上的討論時（這種情況司空見慣），我努力不怯場。聽他們說話就能發現他們根本不比我們其他人聰明。他們只是受到鼓勵、搭上了優越地位的古老潮流，因為歷史總站在他們那一邊而趾高氣揚。

比起我，有幾位非裔同伴格格不入的感覺更為強烈。朋友戴瑞克走在人行道上時有白人學生拒絕讓路。我們認識的一個女孩有天請了六個朋友到寢室慶生，立刻被傳喚到教務處，被告知有「高大的黑人男子」在寢室內，顯然讓她的白人室友覺得不舒服。我想，由於普林斯頓的少數族裔學生屈指可數，我們的存在總會引人側目。我把這當成力爭上游的主要動力，盡一切努力跟上、甚至超越身旁那些占了較多優勢的學生。正如在惠特尼楊，我那麼用功，至少有部分是出自「我會證明給你看」的心態。如果我在高中覺得自己代表著我的鄰里，如今在普林斯頓，我代表的便是我的族裔。每一次在課堂上慷慨陳詞或考試高分過關，我就暗自希望自己傳達了更大的訊息。

後來發現，蘇珊不是一個會三思而行的人。基於她不切實際、繞路而行的荒唐歲月，我給她取了「神經蘇珊」的綽號。她的絕大多數決策（跟誰約會、上什麼課等），主要取決於好不好玩。一旦事情變得不好玩了，她會立刻改變方向。在我加入黑人團結組織（Organization for Black Unity）、成天待在第三世界中心之際，她參加田徑隊、管理輕量級足球隊，因為能親近帥氣運動員而享受這些活動。她透過飲食俱樂部結識了有錢的白人朋友，包括一位貨真價實的青少年電影明星，以及一位據說有公主身分的歐洲學生。蘇珊感受到父母希望她學醫的壓力，但終究放棄了，因為那會妨礙她享樂。她一度被留校察看，但似乎連這樣的事都不會令她煩心。如果我是雪莉，她就是拉維恩；如果我是伯特，她就是厄尼。[9]我們的寢室猶如意識形態的戰場，蘇珊住在衣服和零星紙頁扔得亂七八糟那一邊，而我在我的床上歇息，四周圍井然有序。

「妳非得這樣不可嗎？」我問，望著蘇珊從田徑隊練習回來，準備去洗澡。她脫下汗濕的運動服，隨意扔在地上。接下來一整個星期，那些衣服將跟乾淨衣服和未完成的學校作業放在一起，混成一堆。

「怎樣？」她會綻放有益健康的笑容回嘴。

我偶爾得把蘇珊的混亂阻擋在外，好維持思緒清晰。我偶爾想對她大吼大叫，但從沒發作。蘇珊就是蘇珊，她不會改變自己。情況太過火時，我會一把撈起她的垃圾，不置一詞堆在她床上。

我現在明白了，她給我的是一種有益的刺激，讓我得知不是每個人都需要給檔案夾貼上標籤、按照字母順序排好，甚至不是每個人都需要檔案夾。多年以後，我愛上一個跟蘇珊一樣把自己的東西堆得像山一樣，而且從來不會因為沒摺衣服而感到慚愧的傢伙。但多虧了蘇珊，我有能力與之共存。直到今天，我依然跟那傢伙共同生活。這就是一個控制狂在大學內的小社會所學到的、或許也是最重要的一課：世界上確實存在著別種生活方式。

✳

潔妮有一天對我說：「妳曾想過開一間小小的安親班嗎？」我猜，她是出於同情才這麼問的。長期下來，我對如今已上小學的強納森關懷備至，好幾個下午陪他在普林斯頓溜達，或在第三世界中心失了音準的鋼琴上四手聯彈、坐在鬆垮的沙發上閱讀。潔妮付鐘點費給我，但似乎認為那樣還不夠。

「我是認真的，」她說：「我知道許多教職員一直在找安親班。妳可以在中心裡經營。不妨試試，看看會有怎樣的發展。」

透過潔妮的口頭宣傳，沒多久，我就有三、四個孩子要照顧。他們是普林斯頓黑人職員與教授的孩子；這些教職員自己就是極少數族裔，因此往往和我們這些學生一樣被吸引到TWC。每星期好幾個下午，公立小學放學以後，我為孩子準備健康的點心，帶他們在草坪上奔跑，陪他們做功課。

對我而言，這些時間過得飛快。和小孩子相處有一種美妙的隔絕效果，抹去了學校的壓力，強迫我放空心思，專注於當下。小時候，我整天扮演洋娃娃的「媽咪」，假裝知道怎麼替她們穿衣服、餵她們吃東西，我會梳她們的頭髮，在她們的塑膠膝蓋上溫柔地貼OK繃。現在來真的了，我發現整件事情難搞許多，但毫不遜於我想像中的快樂。跟孩子相處幾個小時，我會筋疲力盡但滿心喜悅地回到宿舍。

---

9 譯註：《拉維恩與雪莉》（*Laverne & Shirley*）是風行於一九七〇年代到八〇年代初期的美國電視劇，故事圍繞同住在一起的兩位好朋友發展。厄尼（Ernie）和伯特（Bert）則是《芝麻街》的兩個布偶，兩人是最好的朋友。

大約每星期一次，我會找個安靜時刻打電話回家。如果爸爸上早班，我可以在傍晚打給他，想像他坐在客廳的安樂椅上，腿抬得高高地看電視，等待媽媽下班回家。到了晚上，通常是我母親接起電話。我會鉅細靡遺地對爸媽描述我的大學生活，就像拓荒者從新墾地拍了詳實的電報，一五一十地傾訴每個想法——從我有多討厭法語教授、安親班小孩的行為有多滑稽，到我和蘇珊如何同時無可救藥地愛上一個有雙懾人綠色眼睛的非裔工科學生，儘管我們頑強地追蹤他的一舉一動，他似乎壓根不知道我們的存在。

爸爸對我的故事咯咯一笑。「是那樣的嗎？」他會這麼說。或是這麼說：「真是豈有此理！」「那個理工科男孩根本配不上妳們任何一個。」

等我講完，爸爸會報告家裡的消息。老爹和奶奶已搬回老爹在南卡羅萊納州喬治城的家鄉。爸爸告訴我，奶奶發現自己有一點寂寞。他也描述媽媽為了照顧羅碧而加班工作；羅碧如今七十多歲，喪偶又有一連串的健康問題。他從未提起自身的病痛，但我知道病痛確實存在。某個星期六，克雷格有場主場籃球賽，爸媽大老遠開車到普林斯頓來看球，我第一次有機會見到他們的改變——他們從未在電話中提起的現實。當車開進賈德溫體育館（Jadwin Gym）外的廣闊停車場後，爸爸遲疑地滑進一張輪椅，讓媽媽扶他坐好。

我簡直不願意看見爸爸身上發生的事。完全無法忍受。我在普林斯頓圖書館查過多發性硬化症的資料，影印醫學期刊的文章寄回家給爸媽。我努力說服他們打電話給醫學專家，或是幫爸爸報名物理治療，但是他們兩人（主要是爸爸）並不願意聽。在我上大學期間，那麼多個小時的電話交談，健康是爸爸唯一不肯觸碰的話題。

如果我問他好不好，答案永遠是「我很好」。討論到此為止。爸爸的聲音撫慰了我。那聲音裡聽不到一絲痛苦或自憐，只透露出好心情、溫柔，以及一點點的爵士味道。我像依靠氧氣一般地依靠它活著。爸爸的聲音為我補充力量，永遠不虞匱乏。掛電話以前，他總會問我有沒有缺什麼，好比說錢，但我從沒開口承認需要。

7

家慢慢變得遙遠，幾乎像是我想像出來的地方。大學期間，我跟幾位高中朋友保持聯絡，尤其是桑蒂塔，她最後進了位於華盛頓特區的霍華德大學（Howard University）。我有一次趁周末連續假期去找她，我們高聲歡笑、深刻交談，就跟從前一樣。霍華德的校園位於市區，當時一隻大老鼠在她宿舍外頭從我們腳邊一溜煙跑過去之後，我取笑她說：「小姐，妳簡直還待在老家嘛！」而且，霍華德的學生人口雖是普林斯頓的兩倍，卻幾乎全是黑人。我羨慕桑蒂塔不必因為她的族裔遭到孤立，無須感受身為少數而每天耗盡心力的痛苦。不過就算如此，我仍然滿足於回到有碧綠草地和石造拱頂迴廊的普林斯頓校園，儘管那裡只有寥寥幾個人和我背景相同。

我主修社會學，成績優異，也開始跟一個聰明、率性又熱愛享樂的美式足球員約會。蘇珊和我現在多了一位室友安琪拉·甘迺迪（Angela Kennedy）。安琪拉來自華盛頓特區，身材精瘦，說起話來口若懸河滔滔不絕，反應機智、瘋瘋癲癲，喜歡嬉笑怒罵，經常逗得我們哈哈大笑。雖然是來自都市的黑人女孩，穿著打扮卻活像從臨時演員派遣公司走出來的預科生，以鞍背牛津鞋搭配粉紅色毛衣，不過卻莫名地順眼。

我脫離了家鄉那個世界，徹底活在人們成天擔心法學院入學考試（LSAT）成績和壁球比賽的另一個世界。兩者間的張力從未真正消失。在學校，每當有人問起我的家鄉，我會回答「芝加哥」。但為了澄清我不是來自埃文斯頓（Evanston）或溫內特卡（Winnetka）這類富裕的北部郊區、讓人誤以為我是芝加哥有錢人，我會帶著一絲驕傲、甚或挑釁地補充「南區」二字。我很清楚，由於電視新聞經常報導幫派分子在合宜住宅區械鬥滋事，若要說這兩個字可在人們心裡勾起任何畫面，很可能就是黑人貧民窟的刻板印象。不過同樣的，儘管我處於一知半解階段，但仍設法呈現南區的另一種形象。我和其他學生一樣、都是普林斯頓的一分子，而且我來自芝加哥南區。大聲說出這件事，對我來說很重要。

在我心中，南區跟電視上的報導判若天淵。那裡是我的家。家就是位於歐幾里得大道上的寓所，有褪色的地毯和低矮的天花板，爸爸窩在他的安樂椅上放鬆舒展；家是我們的小小院子，有羅碧栽植盛開的花，以及彷彿萬古以前，我坐在上頭親吻朗諾的那張石板凳子。家是我的過去，依稀和我的現在存著千絲萬縷的聯繫。

我們在普林斯頓確實有一位血親；她是老爹的妹妹，我們叫她席絲姑婆，是個嬌小聰慧的女人，住在城鎮邊緣一間窄小而明亮的房子。不知道當初是怎樣的因緣際會，帶領席絲姑婆來了普林斯頓，但她在那裡住很久了，一直為當地家庭幫傭。席絲姑婆從未丟掉喬治城口音，那是一種介於低地地區懶洋洋說話方式和東南沿海輕快語氣之間的腔調。和老爹一樣，席絲姑婆也在喬治城長大；我小時候曾在暑假陪爸媽回喬治城，對這個城市略有印象。我記得那裡有濃濃熱氣，以及從活橡樹上垂掛下來、有如厚重布幔的綠色松蘿。柏樹從沼澤拔地而起，老翁在溪流的泥水裡釣魚。喬治城有多得嚇人的蟲子，彷彿千千萬萬隻小型直升機在夜空中嗡嗡地呼嘯迴旋。

造訪喬治城時，我們都住在老爹的弟弟湯瑪斯叔公家。他是一位親切的高中校長，會帶我到學校、讓我坐校長辦公桌。知道我對其夫人朵特嬸婆每天早上準備的培根、比斯吉（biscuit）和黃玉米粥等豐盛早餐不屑一顧時，他和藹地買了一小瓶花生醬給我。我對南方又愛又恨，只因為那裡跟我認識的世界如此不同。在城外的道路上，我們會開車經過一道道柵門，柵門後方是曾經有奴隸勞作的農場。儘管這足以證明一個殘酷的事實，卻從來沒有人費事多置一詞。我們沿著一條寂寥的黃土路進入樹林深處，在一座即將頹圮的鄉間小屋吃野味。這個地方屬於另外幾個遠房表親所有。他們其中一人帶克雷格到屋後，教他如何用槍。那天夜裡回到湯瑪斯叔公家，我們兩兄妹在靜謐中輾轉難眠，只有樹林裡傳來的陣陣蟬鳴能劃破這片深沉的寂靜。

返回北方很久以後，蟲鳴聲和活橡樹的扭曲枝幹仍在我們心裡低迴不已，就像在身體裡跳動的第二顆心臟。即便小時候，我就打心底明白南方和我緊密相連，那在我的文化傳統中占了很重要的一部分，足以讓爸爸帶我們回去那裡看看他的親人，而且力量非常強大，足以讓老爹動了回喬治城落葉歸根的念頭，即便他年輕的時候亟欲逃離那個地方。等他終於回鄉，老爹並不是回到某個有白色籬笆和精緻後院、充滿田園風情的河畔小屋，而是（正如我和克雷格後來去看他們時見到的）在一條吵鬧的商店街附近，住進一間平凡而俗氣的房子。

南方並非天堂，卻在我們心裡占了一席之地。我們的歷史有推力也有拉力，那是存在於更深沉、更醜惡的遺風之上的一股深刻熟悉感。我在芝加哥認識的許多人，像是布林莫爾的同學和惠特尼楊的許多朋友，也有類似的感受，只是從來沒有人敞開來公開討論。孩子們只是每年暑假「南下」——有時一整個季節待在喬治亞、路易斯安那或密西西比，跟著遠房表親到處跑來跑去。他們的祖父母或其他親戚當年很可能加入了北上的大遷徙潮，一如老爹來自南卡羅萊納，而南區阿公的母親來自阿拉巴馬。他們的身世當中還有另一個不小的可能性——他們或許也是奴隸的後裔，和我一樣。

這些話也適用於我在普林斯頓的許多朋友，不過我漸漸明白，美國的黑人還有各式各樣的豐富面貌。我認識來自東岸的城市小孩，他們的根深植在波多黎各、古巴和多明尼加。潔妮的家人來自海地。我的好朋友大衛・梅納德（David Maynard）出身富裕的巴哈馬家族。然後還有蘇珊，她有奈及利亞的出生證明，以及一大群討人喜愛的牙買加姨媽。每個人都不一樣，我們的家世淵源已有一半埋進土裡，又或者只是被人遺忘。我們從不談論祖先。何必呢？我們很年輕，只著眼於未來——不過當然，我們對前方會有怎樣的命運一無所悉。

每年一到兩次，席絲姑婆會請我和克雷格到她在普林斯頓另一邊的家吃晚餐。她在餐盤上堆滿肥美多汁的肋排和熱騰騰的羽衣甘藍，還有一籃切得方方正正的玉米麵包，我們在麵包上頭塗滿奶油就著吃。她往我們的玻璃杯倒滿甜死人的茶，催我們多喝幾杯。就我記憶所及，我們從未跟席絲姑婆聊過任何意味深長的事；只是客客氣氣講一小時左右言不及義的家常閒話，搭配暖呼呼而豐盛的南卡羅萊納美食，我們感激得狼吞虎嚥，因為已經吃膩了學校食堂的飯菜。在我心目中，席絲姑婆不過是個隨和而寬容的老太太，我們當時太年輕，不能體會她賦予我們的禮物：她填補了過去的歷史，我們的歷史、她自己的，以及我們父親和祖父的歷史，從未多加評判。我們只是吃吃喝喝、幫忙洗碗盤，然後捧著鼓脹的肚子走回校園，為了飯後能稍微走動而感激不已。

⁂

有一樁記憶，就像大多數記憶一樣不完美而主觀——猶如一顆收藏已久的鵝卵石滾進了腦海深處。發生在我大二那年，與我那位美式足球員男朋友凱文有關。

凱文來自俄亥俄州，高大、粗獷而可愛，簡直是世間少有的完美男人。他是普林斯頓老虎隊的安全衛（safety），腳程很快，從不畏懼攔阻對方球員，在此同時，他也是醫科預科生。他比我高兩屆，跟哥哥同年，即將畢業。他微笑時會露出門牙之間可愛的小縫，我覺得很特別。我們都很忙，有各自的朋友圈，但我們也喜歡膩在一起，買披薩吃，週末一起上館子享用早午餐。凱文喜歡出去吃飯，一方面是因為美式足球員必須維持體重，除此之外，也因為他很難安靜坐著，老是動來動去，一天到晚停不下來，衝動得令我著迷。

「我們去開車兜風吧。」凱文有一天說。他或許是在電話上說的，或許是我們兩人碰面的時候才突發奇想。反正不管怎樣，我們很快上了他那輛紅色小車，穿越校園，開往普林斯頓校區一個遙遠的未開發角落，轉進一條幾乎湮沒的黃土路。那時正值紐澤西的春天，一個溫暖晴朗的日子，開闊的天空籠罩四周。

我們說話了嗎？牽手了嗎？我記不得了，只記得一股悠然自得的輕鬆感受。一分鐘後，凱文踩了煞車，車子緩緩停下來。他在一片遼闊的田野旁暫停，長長的野草歷經寒冬已停止生長，變得乾黃，但星星點點的小花已開了遍野。他走下車。

「來吧。」他一邊說，一邊示意我跟他走。

「幹嘛？」

他看著我，彷彿我明知故問。「我們要在這片原野上奔跑。」

就這樣，我們跑著越過原野，從一頭奔向另一頭，孩子似地揮舞雙手，用歡呼聲劃破寧靜。我們在乾草中開路，跳著飛越小花。或許我一開始沒看明白，但此刻茅塞頓開。**我們本來就該在這片原野上奔跑！理所當然！**

跳回車上後，凱文和我氣喘吁吁、頭暈目眩，滿腦子都是剛剛的傻勁。

就是這樣。那是個微小的時刻，說到底根本不值得一提。至今卻仍留在我的腦海裡，原因無他，只為了那股傻勁，讓我暫時擺脫一個嚴肅議程對日常生活的桎梏。儘管作為一名社會系學生、持續在公共用餐時間吊兒郎當地消磨光陰，並且輕而易舉地在第三世界中心的舞會上成為眾人目光焦點，然而私心裡，我無時無刻不全神貫注於那份議程。在一派輕鬆的大學生外表下，我活得像個躲在幕後的企業執行長，不動聲色但堅定不移地專注於成就，一心一意做好每一件事。我的腦子裡有一份待辦事項清單，跟我寸步不離。我評估每個目標、分析成果、計算戰績。如果需要跨越挑戰，我就跨越。一個試煉場只會開啟另一個試煉場。這就是一個無法停止懷疑**自己是不是夠好**，仍舊試著自我證明的女孩所過的生活。

相較之下，凱文是個偏離常軌的傢伙——甚至樂得享受脫軌的滋味。他跟克雷格在我大二結束那年從普林斯頓畢業。克雷格後來搬到英國曼徹斯特去打職業籃球。我原以為凱文會進入醫學院深造，但是他脫軌了，決定暫時放下學業去當球隊吉祥物，滿足他不務正業的另類興趣。

是的，沒錯。他把目標放在克里夫蘭布朗隊（Cleveland Browns）的甄選，不是以球員身分，而是要角逐一個雙眼圓睜、張著大嘴、名叫嗆普斯（Chomps）的吉祥物選拔。那就是他想做的事。那是一個夢想——另一片必須奔跑而過的草原。因為管他的，有何不可呢？那年暑假，凱文甚至從克里夫蘭郊區的老家北上芝加哥，據說是來看我，但正如他抵達後不久宣布的，也因為在芝加哥這種大城市，有志成為吉祥物的人可以找到合適的絨毛動物服裝，為即將來臨的甄選做準備。我們一整個下午開車在各家商店之間奔波，挑選足夠寬鬆、禁得起他翻筋斗的道具服。我不記得凱文是否確實找到了完美的動物服裝，也不確定他最後是否謀得吉祥物的工作，不過他後來終歸成了醫生，還是名非常優秀的良醫，並且娶了我們的普林斯頓的同學。

當時，我因為他的脫軌而評判他——現在則認為這樣的評判並不公平。我無法理解，為什麼有人接受昂貴的普林斯頓教育，卻不立刻轉換為名校文憑照理能產生的優勢，在這個世界搶占先機？當你可以進入醫學院，為什麼寧可當一條翻筋斗的狗？

但那就是我。我說過，我是個凡事按部就班的人——踩著「努力就有成果」這個堅定不移的節奏往前行進，全心全意遵循既定路線，即便僅僅因為我們家（除了克雷格之外）從沒有人走過這條路。對於未來，我沒有太大的想像力，也就是說，我已經開始考慮進法學院攻讀了。

對於時間和金錢，歐幾里得大道的生活教導（或強迫）我要一絲不苟並講求實際。我這一生最偏離正軌的一次，發生在大二升大三那年暑假。我決定暑假前半段到紐約哈德遜河谷（Hudson Valley）擔任夏令營輔導員，照顧第一次嘗試樹林生活的都市小孩，賺取聊勝於無的薪水。我熱愛這份工作，但到頭來差不多身無分文，超出預期的、在經濟上更仰賴爸媽資助。雖然他們從沒抱怨，我多年以後仍為此內疚不已。

同時，正是在那年夏天，我深愛的人開始一一凋零。羅碧姑婆兼嚴厲的鋼琴老師於六月過世，把歐幾里得大道的房子遺贈我父母，使他們首度成為有房階級。南區阿公也在一個月後死於肺癌末期，他長期堅信所有醫生都不可信，以致自始至終沒接受任何及時的治療。南區阿公的葬禮過後，媽媽的龐大家族連同幾位朋友和鄰居，全都湊攏到南區阿公那間舒適的小房子，我感受到往昔的溫暖牽引，也因為缺席而哀傷——在我習慣年輕而奧妙的大學世界之際，這一切讓人有點難受。時代的齒輪在悠悠移轉，那是比我平常的學校生活更深刻的感受。我小時候的表兄弟姊妹都已長大成人，姨媽們也全都老去，出現了新的寶寶和新的伴侶。飯廳裡那個自製音響櫃傳出轟隆隆的爵士樂聲，我們吃著親人帶來的便菜——烤火腿、果凍和砂鍋菜。但南區阿公本人已飄然遠去。雖然痛苦，但時間推著我們所有人繼續前進。

✳

每年春天，企業的招募人員總會突襲普林斯頓校園，目標鎖定即將畢業的大四學生。你會看見平時一身破爛牛仔褲、不紮襯衫的同學，穿著畢挺西裝在校園內走動，心知自己注定奔向曼哈頓的某棟摩天大樓。職業淘選過程進展飛快——銀行家、律師、醫生和未來的企業高層迅速遷徙到他們的下一個發射台，不論是研究所或某個時髦的《財星》五百大企業培訓計畫。我相信我們當中某些人會遵從內心的聲音而投入教育、藝術和非營利事業，甚至加入和平工作團（Peace Corps）或投身軍旅，但我認識的人當中，沒幾個人真正身體力行。我正忙著爬我自己那道堅固、實際，直直往上的晉升之梯。

如果我曾停下來想想，或許會發現自己被課業、論文和考試，磨得身心俱疲，做點不一樣的事情說不定對我大有好處。不論如何，我還是考了法學院入學考試、寫了大四論文、順理成章地伸手抓住下一級階梯——申請全國最頂尖的法學院。我認為自己聰明、分析能力強、懷有遠大的抱負。從小到大，我都精力旺盛地在晚餐桌上跟爸媽鬥嘴。我可以深入陳述一個論點直至理論核心，因為自己從未在爭執中讓步而感到驕傲。這難道不是一名律師應該具備的特質？我認為是的。

我現在可以承認，我的動力不僅來自邏輯的必然結果，也來自一種反射反應、期盼得到別人認同。孩提時候，每一次對老師、鄰居或羅碧某位合唱團教友宣布我長大後要當一名小兒科醫生，我就默默沉浸在往身上漂過來的暖流。「哎呀，真叫人刮目相看哪！」他們的表情會這麼說，而我為此沾沾自喜。多年以後，情況其實沒什麼不同。當教授、親戚和隨便哪一個人問起我接下來有什麼打算，而我回答要去念法學院——最後進了哈佛法學院——得到的讚許讓我受寵若驚。人們光因為我被哈佛錄取就誇獎我，儘管事實真相是，我是從候補名單僥倖擠進去的。但總之，我錄取了。人們注視我的眼光，彷彿我已在這個世界留下了印記。

或許這就是太在乎別人眼光的根本問題：它把你推向一條既定路線、那條「哎呀，真叫人刮目相看」的路線，並鞭策你一路走下去。他人的眼光或許可以防止你脫軌，甚至壓下腦中脫軌的念頭，因為冒險失去別人對你的賞識，代價似乎太高了一些。或許在哈佛所在的麻州待了三年研究憲法，並探討反壟斷案例中的排他性縱向協議，有些人說不定真心對這些事情感興趣，但你沒有。或許在那三年期間，結交了一輩子熱愛並敬重的朋友，這些人似乎由衷受法律冷酷的錯綜複雜所吸引，但你沒有。你始終提不起熱情，不過無論如何，你都不會讓自己落居人後。一如往常，活在「努力就有成果」的準則之下，而你不斷達成目標，直到你認為自己掌握了所有問題的答案，包括那個最重要的問題：**我是不是夠好？是的，我確實夠好**。

在此之後，你開始獲得實質獎賞。爬上了下一級階梯，這一次是在一家叫盛德（Sidley & Austin）的芝加哥頂尖律師事務所，得到一份有薪水的工作。你回到了起點，回到出生的城市，只不過現在，你在一棟前面有開闊廣場和一尊雕像的市中心大樓，到四十七樓上班。當你還是來自南區的小孩，你經常在高中上學途中搭巴士經過這裡，無聲凝望窗外如巨人般邁步上班的人們。現在你也加入其中了。你靠著自己的努力走出那輛巴士、橫越廣場、搭乘安靜得有如滑行的電梯向上。你加入了這個部族。僅僅二十五歲就有專屬助理，賺的錢比爸媽這輩子賺的還多。同事彬彬有禮、受過良好教育，絕大多數都是白人。身穿亞曼尼套裝，訂購定期宅配的紅酒服務。每個月償還法學院的助學貸款，下班後去跳階梯有氧舞蹈。因為負擔得起，所以你給自己買了一輛紳寶汽車（Saab）。

這有什麼問題嗎？看起來似乎好得很。你現在是律師了，善用人們賦予你的一切——父母的愛、師長的信心、南區阿公和羅碧的音樂、席絲姑婆的晚餐、老爹灌輸給你的詞彙——轉換成這個結果。你爬上了山巔。你的職責除了替大企業解析抽象的智慧財產議題，還得幫忙培養公司有意招募的下一梯年輕律師。一位資深合夥人問你是否願意輔導即將進公司的一名暑期實習律師，答案很簡單：當然願意。你還不明白一個簡單的正面答案，會有怎樣石破天驚的改變力量。你還不知道當一份確認任務的備忘錄抵達，你生命中一道深層而看不見的斷層線已開始震動，某些支撐點逐漸滑落。你的名字後面將出現另一個名字，某個正忙著爬自己的階梯、搶手的法學院學生的名字。跟你一樣，他也是來自哈佛的黑人。除此之外，你一無所知——只除了一個名字，一個奇怪的名字。

巴拉克·歐巴馬第一天上班就遲到。我坐在四十七樓的辦公室，既等著他，卻也沒等著他的到來。和絕大多數入行第一年的律師一樣，我很忙。我在盛德的工作時數很長，午餐和晚餐通常都在辦公桌上解決，一邊吃一邊應付源源不絕、以精準得體的律師語言寫成的文件。我讀備忘錄、寫備忘錄、修改別人的備忘錄。說到這一點，我認為自己基本上通曉三種語言。我會說芝加哥南區的輕鬆土話、會用常春藤盟校的高雅措辭，如今更重要的是，我也懂得律師的行話。我被分發到公司的行銷與智慧財產權業務小組。在公司內部，這個單位被視為比其他小組更狂放不羈、更有創意，我猜是因為我們至少有一部分時間在跟廣告打交道。我的職責包括審核客戶的電視與廣播廣告腳本，確保沒有違反聯邦通信委員會的標準。後來還有幸擔負起為恐龍邦尼（Barney the Dinosaur）[10]處理法律問題的重責大任（沒錯，這就是律師事務所定義的「狂放不羈」）。

我的問題是，身為一名初級律師，我的工作不常涉及與客戶實際互動，而我是羅賓森家的

10 編按：美國知名兒童節目《小博士邦尼》（*Barney & Friends*）的主人翁，是一隻巨大的紫色恐龍玩偶。

人，從小在大家族的熙來攘往中長大，深受父親愛熱鬧的天性影響。我渴望任何一種人際互動。靠著和助理洛琳東拉西扯來排遣孤獨，她比我年長好幾歲，是個超級有條理又極好相處的非裔美國女性，座位就在我辦公室門外，負責替我接電話。我跟幾位資深合夥人建立了友好的職場關係；只要有機會跟同事聊天，我就會精神大振。不過一般說來，每個人的工作負荷都超重，謹慎地不浪費一分一秒的計費時間。於是我只能回到座位上，獨坐在成堆文件面前。

若說我每星期必須在一個地方待上七十小時，我的辦公室可說相當舒適。裡頭有一把皮椅、一張磨亮的核桃木辦公桌，還有幾個朝向東南方的大窗戶，可以鳥瞰商業區的千奇百態，也可以將密西根湖的白色波浪和夏天五顏六色的點點帆影盡收眼底。如果往某個方向看，還可以勾勒出湖岸的輪廓，瞥見南區的一道細縫，那兒有低矮的屋頂和偶爾穿插其間的幾株大樹。從我所在的位置，南區的鄰里看起來祥和寧靜，簡直與玩具無異。但現實情況遠遠不同。由於生意倒閉、居民持續遷離，南區某些地帶已荒無人煙。一度為人們提供穩定生活的煉鋼廠裁掉了數千人。在底特律、紐約等地摧殘非裔美國社區的快克古柯鹼風潮雖然剛吹進芝加哥，其殺傷力卻毫不遜色。幫派為了爭奪市場火併械鬥，招募青少年在街頭做生意，這些買賣雖然危險，卻比上學好賺多了。芝加哥的謀殺率開始往上攀升——象徵著即將出現更多麻煩事。

我在盛德的薪水很好，卻因生性務實，懂得善用手上資源解決住宿問題。一從法學院畢業，我就回到相對來說、還未遭幫派和毒品染指的南岸區居住。爸媽已搬到從前羅碧和泰瑞住的樓下，邀請我回家接手小時候生活的樓上寓所。我用俐落的白色沙發和牆上的鑲框蠟染複製畫來妝點這間屋子。偶爾開支票給爸媽，多少分攤一點水電費。那根本算不上付房租，但爸媽堅稱我給太多了。儘管我的寓所有獨立出入口，但我上下班幾乎總是乒乒乓乓地從樓下廚房進出——一方面是因為爸媽的後門直通車庫，另一方面則因為我仍然是、而且永遠都是羅賓森家的人。儘管如今，我自認已實現夢想，成為年輕專業人士：穿著套裝、開紳寶汽車、獨立自主。但我還是不喜歡獨處，靠著每天跟爸媽報到來支撐自己。事實上，我每天早上會先擁抱他們才衝出門外、在暴風雨中開車上班——在此也必須補充，我都準時抵達辦公室。

我看看手表。

「看到那傢伙了嗎？」我嚷嚷著問洛琳。

她的嘆息清晰可聞。「還沒呢，妹子。」她嚷嚷回來。我看得出來她被逗樂了。她知道遲到會讓我抓狂——在我眼中，遲到無非意味著狂妄自大。

巴拉克．歐巴馬已在事務所裡引發騷動。一來是因為他剛剛完成法學院第一年的學業，而我們通常只聘用讀完二年級的學生進行暑期實習。據說他出類拔萃、不同凡響的消息已經傳開：他在哈佛的一位教授是盛德管理合夥人的女兒，聲稱巴拉克是她見過最有天分的法學生。看過那傢伙來面試的幾位祕書說，除了極其聰明，他還很討人喜歡。

我對所有小道消息一律存疑。根據我的經驗，你給任何一個中等資質的黑人穿上西裝，白人往往就會被唬得一愣一愣。我懷疑他配得上這些傳聞。我拿出暑期版的員工名冊打量他的照片——一張不甚討喜、光線不佳的大頭照，顯示這傢伙有副燦爛的笑容和一絲書呆子氣。看完之後，我依舊不為所動。履歷顯示此人來自夏威夷，最起碼，這讓他成了一個稍有異國風味的書呆子。除此之外毫無特點，乏善可陳。唯一的意外出現在幾星期前，當時我有義務打電話向他簡單介紹自己。電話另一頭的聲音讓我略感驚喜——一個圓潤、甚至性感的男中音，跟他的照片似乎完全搭不起來。

又過了十分鐘，他才姍姍來遲地向四十七層樓的接待前台報到。我走出來迎接他，看見他坐在沙發上——好個巴拉克．歐巴馬，穿著一身因為沾了雨還有點濕氣的深色西裝。他靦腆地露齒微笑，一邊跟我握手，一邊為自己遲到而致歉。他笑容滿面，比我想像的更高更瘦——一個顯然不怎麼能吃，而且看起來完全不習慣穿正式服裝的男人。就算他知道自己享有神童的名聲，也完全沒有形諸於色。我帶領他穿越走廊進入我的辦公室，向他介紹企業法則的簡單俗事，包括告訴他文字處理中心和咖啡機在什麼地方，以及解釋我們追蹤計費時數的系統。他安靜而謙遜，聽得很仔細。大約二十分鐘後，我送他去見一位資深合夥人，也就是他今年夏天的真正上司後，回到了我的座位。

當天稍晚，我帶巴拉克到大樓一樓的時髦餐廳吃午餐，那裡擠滿了衣著光鮮的銀行家和律師，他們一邊工作，一邊吃著索價跟晚餐一樣高的食物。這是輔導暑期實習生的福利：有藉口上館子好好吃一頓，而且可以跟公司報銷。身為巴拉克的導師，我最重要的角色無非扮演社交管道。我的任務是確保他工作愉快、需要忠告時找得到人傾訴，而且覺得自己能夠跟整個大團隊融洽相處。這是大肆求愛的過程之始，就如公司對所有暑期實習生的期望，希望他取得法律學位後直接轉為正式員工。

很快地，我察覺巴拉克不怎麼需要忠告。他比我大三歲，即將年滿二十八。和我不一樣，他從哥倫比亞大學畢業後到進入哈佛法學院進修之前，先工作了好幾年。我訝異的是，他似乎對自己的人生方向極有把握。他是一個奇怪又能免於疑惑的人，雖然很難從第一眼看出箇中緣由。我從普林斯頓到哈佛再到四十七樓的辦公桌，一路如箭矢般直線前進，踩著緊密的步伐邁向成功。相形之下，巴拉克在截然不同的世界之間，隨興之所至迂迴而行。我從午餐對話中得知，他是道道地地的混色兒——父親是肯亞黑人，母親是來自堪薩斯的白人，兩人的婚姻既年輕又短暫。他在檀香山出生成長，但小時候有四年時間在印尼放風箏、抓蟋蟀。高中畢業後，他在洛杉磯的西方學院（Occidental College）過了相對悠閒的兩年，才轉學到哥大；按照他自己的說法，他在那裡完全不像被丟進一九八〇年代曼哈頓的大學男孩，反倒活得一如十六世紀的山中隱士，在一〇九街的一間骯髒公寓，埋首閱讀高深的文學和哲學作品、寫拙劣的詩，在星期天斷食。

我們笑談著這一切，交換彼此的成長故事，以及讓我們各自走上法律這條路的始末。巴拉克是個認真的人，但沒把自己看得太認真。他舉止輕鬆，但心靈強大。這是一種奇怪的驚人組合。另外令我吃驚的是，他對芝加哥熟門熟路，簡直如數家珍。

我在盛德認識的人當中，巴拉克是第一個曾經親臨遠南區的理髮鋪、燒烤店和狂熱黑人教區的人。進法學院之前，他曾在芝加哥當了三年的社區組織者（community organizer）[11]，為一個旨在凝聚教會力量的非營利組織服務，年薪一萬兩千美元，任務是協助重建社區，吸引工作回流。從他的描述來看，這份工作是兩分挫折對上一分獎賞：花上好幾個星期籌備的社區會議，到頭來只有十多個人出席。他的努力遭工會領袖嘲笑，也受到黑人與白人同聲抨擊。然而日積月累下來，他漸漸贏得一點一滴的勝利，這似乎激起了他的雄心壯志。他解釋說自己之所以進入法學院，是因為草根組織活動讓他領悟到，有意義的社會改革不僅有賴社會基層人士的努力，也需要更堅強的政策與政府行動。

儘管很抗拒他進公司之前的誇大傳言，但我發現自己折服於他的自信與懇切的態度。他讓人耳目一新、不落俗套，優雅中透著古怪。不過我心裡從沒把他當成可能約會的對象。一方面因為我是他在公司裡的導師，二來則是我才剛發誓再也不約會了；工作太耗費心力，沒力氣花工夫約會。最後讓我震驚的是，吃完午餐後，巴拉克點了一根香菸。假如我原先對他存有任何興趣，這也足以令我退避三舍。

我暗忖著，他會是一個很好的暑期徒弟。

✳

接下來幾星期，我們掉進了某種例行常規。每到傍晚，巴拉克會信步穿過走廊，撲通一聲坐進我辦公室的某張椅子，彷彿我們已相識多年。有時候感覺確實如此。我們輕鬆地打趣，彼此心靈相通。每當周圍的人快被壓力逼瘋、每當合夥律師說出似乎惺惺作態或與現實脫節的話，我們會匆匆交換一個眼神。未曾明言但顯而易見的是，他就像我的哥兒們，在這個聘用了四百多位律師的事務所，大約只有五位全職黑人律師。我們之間的引力有目共睹，而且很容易理解。

一般暑期實習律師工作起來會特別賣力（我自己兩年前在盛德就是這樣），瘋狂地拓展人脈，焦急有如黃金入場券的聘書能否到手。巴拉克跟這些人毫無相似之處。他平靜而超然地從容度日，卻似乎更添魅力。他在公司裡聲望日隆，早已受邀參加高階合夥人會議不說，也早就銜命在會議中發表意見。暑期剛開始，他針對公司治理議題洋洋灑灑寫了一份長達三十頁的備忘錄，內容極其透徹、無可辯駁，立刻成為傳奇。這傢伙是誰？每個人似乎都被勾起了好奇心。

「我印了一份給妳。」巴拉克有一天微笑說道，把他的備忘錄滑過我辦公桌的桌面。

「謝啦，」我拿起檔案說：「期待拜讀大作。」

他走了以後，我把那疊紙塞進抽屜。

他是否知道我從未打開來讀過？我想他大概曉得，畢竟他也是半開玩笑拿給我。我們分屬

11 編按：泛指參與社區營造工作的人，通常會結合一群有共同理想及目標的熱心朋友一起工作、一起尋找社區的環境及文化特色、規畫社區生活環境，共同創造居民參與社區事務的機會。

不同業務小組，工作上沒有任何實質交集。我自己有很多文件必須對付，況且，我不需要為任何人喝采。巴拉克和我現在是朋友了，也是並肩作戰的戰友。我們每星期至少共度一次午餐，有時候更多次，而且當然會由盛德買單。我們對彼此的瞭解愈來愈深。他知道我跟爸媽住在一起，也知道我在哈佛法學院最愉快的記憶，來自我在法律援助局（Legal Aid Bureau）服務的經驗。我知道他彷彿消遣似地飽讀政治哲學書籍，每一分錢都拿來買書。我知道他的父親在肯亞車禍過世，他千里迢迢跑到肯亞，試圖多認識那個男人。我知道他喜歡打籃球、週末會去長跑，而且一提到歐胡島上的親戚朋友就充滿渴慕之情。我知道他過去談過好幾場戀愛，但現在沒有女朋友。

最後這一點，是我自認可以改變的問題。我在芝加哥的生活，身邊不乏突出的黑人單身女性。儘管工作時數有如馬拉松長跑，我仍然喜歡社交，朋友來自四面八方：盛德的同事、高中好友、在職場上結交的朋友，還有透過克雷格認識的人。克雷格剛結婚，如今回到家鄉的投資銀行上班。我們是一群歡樂的狐群狗黨，成員有男有女，一有機會就在市中心兩間酒吧聚會，趁週末享用悠長的豐盛大餐、分享彼此生活。我唸法學院時曾跟一兩個傢伙交往，回到芝加哥後還沒遇到讓我動心的人，反正我也沒興趣談戀愛。我跟所有人宣布，包括幾名可能的追求者，事業是我的第一順位。不過，我確實有許多女性朋友有意尋找約會對象。

那年夏天的一個傍晚，我拉著巴拉克去市中心一家酒吧的狂歡時間，參加黑人專業人士每月一次的非正式聯誼，我經常跟朋友約在那裡。巴拉克換下了正式上班服，穿著白色麻質外套，彷彿剛從《邁阿密風雲》（*Miami Vice*）的服裝道具間走出來。那身打扮令人嘆氣。

儘管巴拉克的品味有待商榷，但他確實非常搶手，這是不容爭辯的事實。他相貌堂堂、得體大方、屬於人生勝利組，而且擅長運動，人又風趣善良。誰能要求更多？我翩翩走進酒吧，深信自己幫了所有人一個大忙——既幫了他，也幫了在場的所有女士。有個熟人幾乎馬上巴住了他，而且是位居金融界高層的美麗女子。我看得出來，一跟巴拉克說話，她立刻勁頭十足。我為這樣的發展感到開心，於是給自己點了一杯酒，逕自去人群中找其他朋友。

二十分鐘後，我瞥見酒吧另一邊的巴拉克被那個自顧自滔滔不絕的女人纏得無法脫身。他投給我一個眼神，示意我去解救他。但他是成年人了，我任由他自力救濟。

「你知道她問我什麼嗎？」他隔天跑到我的辦公室說，仍然有點驚魂未定。「她問我想不想去兜兜風，但她指的是騎馬。」他說他們聊了彼此最喜歡的電影，但聊得不怎麼投機。

巴拉克是個理性的人，或許理性得讓大多數人無法忍受。（事實上，這是我那位朋友後來對他的評語。）他不是狂歡聯誼的類型，也許我早該明白這一點。我的世界充斥著樂觀、勤奮、執迷向上爬升的人們：有新車、剛剛買了人生第一棟公寓、喜歡下班後一邊喝馬丁尼一邊喋喋不休聊著自己的成就。巴拉克寧可晚上一個人待著，靜靜研讀有關都市住房計畫的公共政策。身為社區組織者，他曾花好幾個星期、好幾個月傾聽窮人描述他們的難題。我逐漸明白，他堅定不移的信心和潛在的行動力，來自一個全然不同且不容易到達的境界。

他告訴我，他曾有一段比較放蕩、比較狂野的歲月。他人生的頭二十年用小名「巴里」

（Barry）行走江湖。青少年時期，他在歐胡島蔥綠的火山山麓抽大麻。在西方學院，他跟隨一九七〇年代的餘波擁戴吉他之神罕醉克斯（Jimi Hendrix）和滾石合唱團。不過不知道從何時開始，他承擔起他的全名巴拉克．海珊．歐巴馬（Barack Hussein Obama）[12]以及錯綜複雜的身世。他是白人也是黑人，是非洲人也是美國人。他謙遜地過著樸實生活，但也知道靠著豐富的心靈，這世界將會為他開啟怎樣的特權。我感受得到，他認真地看待這一切。他可以輕鬆開玩笑，但從未迷失心中那份更恢弘的責任感。他走在一條追尋的路上，只是還不清楚這條路會通往何方。我只知道這一切無法化為飲酒作樂。下一次的狂歡時間，我讓他留在辦公室。

✳

小時候，我爸媽都會抽菸。他們每天晚上坐在廚房聊著一天工作，會點根香菸，稍晚清理餐桌時也抽，偶爾打開窗戶讓新鮮空氣進來。他們菸癮不大，卻是老菸槍，而且是冥頑不靈那種。儘管早有研究證明吸菸有害健康，他們還是照抽不誤。

這整件事把我逼瘋了，克雷格也一樣。每當父母點燃香菸，我們就裝模作樣地用力咳嗽。我和克雷格很小時，會暗中破壞父母的存貨，從架上抽出一包全新的新港牌香菸，在洗碗槽上像摘豆子似地折斷。還有一次，我們在菸尾沾上辣椒醬，然後放回菸盒。我們訓斥爸媽有關肺癌的事，告訴他們學校健康教育課放映的幻燈片有多恐怖——癮君子的肺部影像乾巴巴的，黑得像木炭一樣；那是已逐漸成形的死亡，是蟄伏在胸膛裡的死神。相較之下，我們看到未受香菸污染的肺部是如何健康紅潤。這樣的示範再簡單不過，顯示出我父母的行為著實令人費解：好或壞，健康或病態。你自己的未來，由你自己選擇——這是父母灌輸給我們的最重要訊息。然而，又過了好多年後，他們才終於戒菸。

巴拉克抽菸的習慣跟我父母一模一樣——飯後一根、在街上行走時一根、焦慮或覺得手上需要拿點什麼的時候也來一根。一九八九年的抽菸風氣比現在盛行、更像是日常生活中的一部分，有關二手菸危害的研究還很新。餐廳、辦公室和機場，到處可見有人抽菸。不過儘管如此，我看過幻燈片；對我和我認識的理性派來說，抽菸純粹是自我毀滅。

巴拉克很清楚我的想法。我們的友誼是建立在坦率的基礎之上。我認為我們兩個都很享受這種直言不諱的情誼。

「像你這麼聰明的人，怎麼會做這種蠢事？」認識的第一天，當我望著他以一根香菸為午餐收尾，忍不住脫口問出了這個直言不諱的問題。

印象中，他只是聳聳肩，承認我說得沒錯。沒必要強辯，也沒有什麼細節需要說明。抽菸這個話題，似乎在巴拉克的邏輯裡完全派不上用場。

不過，不論我願不願意承認，我們兩個之間不知道什麼地方開始出現變化。有時候我們忙

---

12 編按：巴拉克的全名承襲自父親，老巴拉克從羅馬天主教改信伊斯蘭教，因而中間名改名海珊以紀念其伊斯蘭教信仰。

得沒時間碰面聊聊，我發現自己會猜想他在忙些什麼。當他沒有出現在我辦公室門口，我會想辦法說服自己不要失望。而當他現身，我又得努力說服自己不要太興奮。我對這傢伙有感覺，但這些感覺是沉潛的，深埋在我決心讓生活和事業有條不紊、專心向前的意志之下——免於任何戲劇性情節。我的年度考核很扎實，穩穩地走在成為盛德出資合夥人的道路，說不定滿三十二歲之前就能達成目標。那是我想要的一切——或者說，我是那樣試著說服自己的。

我或許忽略了我們之間滋長的情愫，但他沒有。

「我覺得我們應該開始交往。」一天下午吃完飯後，巴拉克突然宣布。

「什麼，你跟我？」我假裝因為他居然如此異想天開而震驚，「我告訴過你，我不交男友。況且，我是你的導師。」

他苦笑了一聲。「虧妳以為那能作數。妳又不是我的老闆，」他說：「再說了，妳很可愛。」

巴拉克有一副幾乎跟整張臉一樣寬的笑容。他是圓滑和講理的致命組合。接下來幾天，他不只一次羅列我們應該交往的證詞。我們個性相投，逗得對方哈哈大笑，都單身，而且都承認，對於其他對象，我們幾乎立刻興趣缺缺。他強調，公司裡沒有人會在意我們談戀愛。事實上，公司說不定樂見其成。他推測合夥人希望他日後回來替他們效命。假如他跟我成了一對，那會提高他接受這份工作的機率。

「你是說我就像某種誘餌？」我笑著說：「你也太抬舉自己了。」

一整個夏天，公司為律師們籌備一系列活動與郊遊，有意參加的人可以自由報名。其中一項活動是平日晚上到離辦公室不遠的戲院看《悲慘世界》（*Les Misérables*）。我要了兩張票，這是初級律師導師跟暑期實習律師的標準作業流程。我們理應聯袂出席公司的社交活動。我猜這是要確保他在盛德過得充實而愉快，也是重點所在。

我們在戲院並排坐著，兩個人都因為一整天的漫長工作而筋疲力盡。布幕升起，歌聲傳了出來，呈現出灰暗陰鬱的巴黎。我不知道是因為我的情緒，或者只是《悲慘世界》本身，但接下來一小時，我的心情被法國人的悲慘命運攪得沉重而無助。哼唧聲和鐵鍊、貧窮與強姦、不公與壓迫。全世界有數百萬人愛上這齣音樂劇，但我在椅子上坐立難安，試著甩開每當旋律重複響起，不由自主感受到的莫名折磨。

當中場燈光亮起，我偷偷朝巴拉克瞄了一眼。他頹然坐著，右手手肘擱在座位扶手上，食指貼著額頭，表情莫測高深。

「你覺得怎樣？」我問。

他斜睨著我說：「太可怕了，對吧？」

我笑了，因為他跟我同感而如釋重負。

巴拉克挺直了身體。「我們如果偷溜出去會怎樣？」他說：「我們可以索性離開。」

正常情況下，我絕對不會半途而廢。我不是那種人。我太在意其他律師對我的看法——要是他們看見我們的座位上沒人，會怎麼想？一般而言，我太在意完成已經開了頭的事，太在意把每一件小事做到無可挑剔，即便是在原本美好的星期三晚上看一齣沉重的百老匯音樂劇。遺憾的是，這是我個性中一絲不苟的一面。我會為了面子忍受痛苦。不過現在看來，我跟不把這一切放在心上的人成了搭檔。

我們躲開每一位同事（在大廳殷勤交談的其他導師和他們的暑期實習律師），偷偷溜出戲院，走進一個和煦的夜晚。最後一絲天光正從紫色的天際慢慢褪去。我吐了一口氣，解脫得如此露骨，引來巴拉克哈哈一笑。

「我們現在去哪裡？」我問。

「去喝一杯怎樣？」

我們漫步到附近酒吧，就像平常那樣，我在前，他在後面一步。巴拉克是個安步當車的人，舉措帶著夏威夷人的悠閒，永遠不慌不忙，即便（且尤其）是被交代快一點的時候。相較之下，我是個連閒逛都會邁開大步、慢不下來的人。但我記得那天晚上，我特意囑咐自己放慢速度，一點點就好——只要慢到能聽到他說的話，因為我逐漸明白，我喜歡聽到他說的每一句話。

人生迄今，我始終仔仔細細建構我的存在，摺好並塞進每一個鬆脫、混亂的地方，就像動手做一件嚴謹而密不透風的摺紙作品。我為了這個創作費盡心血，並且因最後成果深感自豪。但這種存在很脆弱，如果某個角落鬆了，我便心亂如麻。假如另一個角落脫落了，或許就洩漏出我對自己刻意規畫的生涯道路、對我說服自己追求的一切感到遲疑。我現在認為，那就是我如此謹慎防衛自己、還不願意讓他走進心裡的原因。他就像一陣風，威脅要吹亂我的所有。

一兩天後，巴拉克問我週末可否開車送他參加暑期實習律師的烤肉餐會，地點是一位資深合夥人位於北部富裕湖濱郊區的豪宅。記憶中，那天天氣晴朗，湖水在精心修剪的草坪邊緣閃耀著粼粼波光。宴席廚師負責供應食物，音響大聲放送音樂，人們連聲讚美這間房子的雅致與堂皇。整個氛圍生動勾勒出富足與悠閒的面貌，赤裸裸地提醒著你，當你全心全意投入工作會帶來怎樣的報酬。我知道巴拉克還在細細思量這一生要做什麼、要選擇怎樣的生涯方向。他跟財富之間存在一種緊張關係。和我一樣，他從未擁有財富，而且不渴望發財。他想當個有用的人，遠勝過成為有錢人，但他還在摸索該怎麼做。

我們在派對上走動，不怎麼像情侶，但大多數時候形影不離；我們穿梭在成群同事之間，喝著啤酒和檸檬汁，吃著塑膠餐盤上的漢堡和馬鈴薯沙拉。偶爾分開，但總會再度找到彼此。一切是如此自然。他悄悄地跟我調情，我也調情回去。幾個男人打起籃球，我凝望巴拉克穿著夾腳拖鞋信步走進球場加入他們。他跟公司裡每個人都建立了輕鬆的默契，毫無隔閡；他直呼每一位祕書的名字，跟所有人融洽相處——從比較年長、古板的律師，到此刻在打籃球的這群野心勃勃的年輕人。望著他把球傳給另一個律師，我自忖著，**他是個好人**。

我看過許多場高中和大學籃球賽，一眼就能認出好球員，巴拉克很快通過檢驗。他以協調而靈巧的姿態打籃球，瘦長的身體快速移動，顯現我以前從沒注意到的力量。即便穿著夏威夷夾腳拖，他的動作仍然敏捷而優雅。我站在那裡假裝聆聽某人的完美妻子對我說話，但目光緊緊追隨著巴拉克。我第一次被這個混合了一切的奇怪男人所製造的奇觀震懾住了。

那天傍晚開車返回市區途中，我感受一種新的悸動、一顆剛剛被埋進心底的渴望種子。那是七月。巴拉克八月就會離開消失，回到法學院以及在那裡等著他的生活。表面上一切都沒有改變，我們照例開開玩笑、討論烤肉餐會上誰說了什麼，但有一股熱力從我的背脊慢慢往上爬。我敏銳察覺他的身體就存在這狹小的車內空間——他手肘擱在置物箱上，膝蓋就在我觸手可及的地方。當我們沿著湖濱大道的弧線南行，經過人行道上的單車騎士和跑者，我無聲地跟自己爭論。有沒有辦法玩玩就好？這會對我的工作造成多大傷害？這一切對我而言全都晦暗不明，什麼樣的行為合乎規定、誰會發現、有沒有關係等，但我突然醒悟，我已經受夠了等待事情明朗。

他住在海德公園，跟一個朋友合租一間公寓。當我們開進社區，空氣中有濃得化不開的張力，就像某件無可避免或命中注定的事情終於要發生了。或者只是我的想像？也許我對他潑了太多次冷水。也許他已經放棄，現在只把我當成一個堅定的好朋友——一個在他需要時，開著有空調的紳寶汽車接送他的女生。

我把車停在他家門前，腦子還處於模糊的超載狀態。我們聽任兩人之間跳著一個笨拙的節奏，等待對方先開口說再見。巴拉克歪著頭看我。

「去吃冰淇淋好嗎？」他說。

我就是在這時候下定決心，那是我決定停止思考、活在當下的少數幾個時刻之一。在這個溫暖的夏夜，置身我摯愛的城市，微風輕拂肌膚。巴拉克的公寓隔一條街以外有家三一冰淇淋（Baskin-Robbins），我們買了兩根甜筒，在路邊找個地方坐下來吃，並肩坐著，膝蓋靠在一起，一整天的戶外活動讓我們累得很開心。我們快速而無言地吃著冰淇淋，不讓它有機會融化。或許巴拉克從我的表情或姿勢看出了端倪——看出我的一切已開始鬆脫、解開。

他好奇盯著我，露出隱約的微笑。

「我可以吻妳嗎？」他問。

於是，我傾身向前，所有事情從此豁然開朗。

II

從我成為我們

Becoming Us

9

當我允許自己對巴拉克有感覺時，所有感受頓時湧上心頭，那是夾雜著欲望、感激、滿足和驚奇的狂喜。原本我對生活和職涯的憂思，甚至對巴拉克這個人的擔心，似乎都因為我們的初吻一掃而空，取而代之的是我迫不及待想更瞭解他，也想盡快探索和感受關於他的一切。

或許因為他一個月內就得回哈佛大學，我們沒時間拖延浪費。但我還沒準備好跟爸媽和男友睡在同一個屋簷下，所以我開始在巴拉克的小公寓過夜。那間小公寓位於五十三街的嘈雜街區，要從一樓店面旁邊的狹窄通道走上去。住在那裡的房客通常是芝加哥大學法律系的學生，所以跟任何好學生一樣，公寓裡的擺設都是不搭調的二手貨：一張小桌子、幾把搖搖晃晃的椅子，地板上放了一張加大雙人床墊。放眼望去，地板上都是巴拉克的書和報紙，一落落四散各處。巴拉克把西裝外套掛在餐椅椅背上，冰箱裡沒有什麼東西。這裡不像一個家，但現在，我跟巴拉克迅速墜入愛河，在情人的眼裡，我覺得這裡就是家。

我深深為巴拉克著迷，他跟我以前交往的對象都不一樣，主要是因為他看起來很安全。他會公開跟我示愛，稱讚我很漂亮，讓我心情愉悅。對我而言，他跟獨角獸有點像，感覺很不真實。他從不談論物質事物，譬如買房子或汽車、就連買雙新鞋這種話也沒說過。他的錢大都用於買書，對他來說，書就像聖物，啟發他去思考。他看書看到深夜，通常在我睡著後，還一直閱讀史書和傳記，以及黑人女作家童妮·摩里森（Toni Morrison）的小說。他每天從頭到尾看完數份報紙，密切關注最新的書評、美國棒球聯盟排名，以及芝加哥南區市議員的動態。他慷慨激昂地談論波蘭選舉，也興致勃勃地講起影評界巨擘羅傑·伊伯特（Roger Ebert）為哪些電影寫影評，以及伊伯特為何那樣寫。

這間小公寓沒有空調，所以夜裡只能開窗睡覺，讓室內不會太過悶熱。但是為求舒適涼快，我們就得犧牲安寧。當時，五十三街是芝加哥夜生活的重心，街道上許多低底盤汽車呼嘯而過，排氣管發出的噪音十分擾人。幾乎每小時窗外就會傳來警笛聲，或是有人開始大吼大叫宣洩憤怒，不停罵髒話，這些聲響驚醒了睡夢中的我。但我發現，這些聲響令我不安，卻對巴拉克毫無影響。他比我更能接受世上無法控制的事，也比我更願意以平常心看待一切。有一天晚上，我醒來發現他正盯著天花板看，窗外的路燈照亮他的身影。他看起來有點困惑，彷彿在思考非常個人的事情。難不成在思考我們的關係嗎？還是父親過世的事？

「嘿，你在那裡想什麼呢？」我低聲問。

他轉身看著我，笑得有點靦腆。「噢，我只是在想所得不均這個問題。」他說。

巴拉克的腦子就是這樣運作的，我慢慢瞭解這個人。他專注於重大而抽象的問題，對自己能做點什麼來解決問題的瘋狂想法激動不已。我不得不說，這對我來說很新奇。到目前為止，我一直都與關心重要事務的好人往來，但他們關注的主要是建立自己的事業和提供家人溫飽。

但巴拉克就是與眾不同。他專心處理生活中的日常要求，但他的思緒同樣也天馬行空，尤其是在夜裡。

當然，我們大部分時間還是在盛德律師事務所華麗靜謐的辦公室中度過。每天早晨，我都會將夢想拋諸腦後，將自己拉回菜鳥小律師的現實生活中，盡責地研讀成堆的文件，滿足從未謀面的企業客戶需求。與此同時，巴拉克會在大廳共用辦公室製作他自己的文件，有愈來愈多合夥人因賞識而巴著他不放。

因為我還是很在意行為規範，堅持不在公司公開的戀情，不讓同事知道我和巴拉克的關係，儘管效果不彰。巴拉克每次在我的辦公室出現，我的助理洛琳都對他會心一笑。第一次接吻後不久，我們頭一次以情侶身分出現在公開場合，就被熟人瞧見。那天晚上，我們先去了芝加哥藝術學院，然後到水塔廣場看史派克．李（Spike Lee）的電影《為所應為》（*Do the Right Thing*）。排隊買爆米花時，我們就遇到公司最高層合夥人紐特．明諾（Newt Minow）和他老婆約瑟芬。他們熱情地跟我們打招呼，甚至表示贊同，沒有對我們在一起這件事多做評論。但我們還是沒有公開戀情。

在這段時間裡，工作感覺像是一種干擾，是我們能夠投入彼此懷抱前必須做好的事。離開辦公室後，我和巴拉克會聊個不停，穿著短褲、運動衫悠閒地在海德公園附近散步。對我們來說，晚餐時間似乎很短暫，但實際上我們每次都吃上好幾個小時。我們討論史提夫．汪達每張專輯的優點，也對馬文．蓋伊（Marvin Gaye）如法炮製。巴拉克讓我神魂顛倒，當我講起有趣的故事時，他的語調緩慢起伏，眼神變得柔和，讓我為之傾心。我開始欣賞他竟然能從天南聊到地北，從不擔心時間夠不夠用。

我每天都有小小的發現：我是芝加哥小熊隊的粉絲，而他喜歡白襪隊（White Sox）。我喜歡乳酪通心麵，他卻不愛這一味。他喜歡陰沉有戲劇性的電影，而我只喜歡浪漫喜劇。他是寫一手好字的左撇子，我卻是字跡潦草的右撇子。在他回到波士頓劍橋前的那個月，我們幾乎分享了所有的回憶和奇思異想，從小時候做的蠢事、青春期的叛逆，乃至過去挫敗的戀情，讓我們最後能相遇相戀。巴拉克對我的成長特別感興趣，我、哥哥克雷格和雙親日復一日、年復一年地在歐幾里得大道上，過著同樣的生活，胼手胝足打造出溫暖的家。巴拉克身為社區組織者，在教堂裡度過許多時日，懂得感謝組織型的宗教信仰，但與此同時，他並不那麼傳統。他很早就告訴我，他認為婚姻是一種不必要且被吹捧過頭的慣例。

我不記得那年夏天就將巴拉克介紹給家人認識，不過克雷格證實了這點。他說，那年夏天某個夜裡，我和巴拉克走回了歐幾里得大道的家。那天晚上，克雷格剛好回家探望父母，跟父母一起坐在前廊上。他回憶說，巴拉克人很親切又有自信，他和巴拉克閒聊了幾分鐘，後來我們跑進公寓拿了一些東西就離開。

當時，家父第一眼就很欣賞巴拉克，但他並不看好巴拉克。畢竟，他見證過我在普林斯頓大門口拋棄了高中男友大衛，也親眼目睹，我只因大學橄欖球運動員男友凱文穿了毛茸茸的吉祥物裝，就毅然決然分手。我父母都知道，最好別高興得太早。他們教導我自力更生，基本上我就是這麼做。我太專注於工作，多次告訴父母，我根本忙到沒時間交男朋友。

根據克雷格的說法，父親當時搖頭笑著目送我和巴拉克的背影漸行漸遠。

「那傢伙不錯，」他說：「可惜，這段戀情不會維持太久。」

✳

如果說我的家庭是一個四平八穩的正方形，巴拉克的家庭就是一個跨洋過海且更加精緻的幾何形。他花好幾年時間設法弄清楚這個幾何形的線條。一九六〇年，他的母親安．鄧納姆（Ann Dunham）還是夏威夷芳齡十七的大學生，當時她愛上老巴拉克．歐巴馬（Barack Obama）這名肯亞學生。他們的婚姻相當短暫也充滿困惑，尤其老巴拉克在肯亞首都奈洛比早就有老婆。離婚後，安再婚嫁給爪哇地質學家盧路．索特洛（Lolo Soetoro），帶著當時才六歲的小巴拉克、**我的**巴拉克．歐巴馬，搬到雅加達住。

正如巴拉克向我描述的，他在印尼過得很開心，與繼父相處融洽，但他的母親對當地教育品質感到憂心。一九七一年，安將兒子送回夏威夷歐胡島念私立學校，讓他與外祖父母同住。安崇尚自由精神，後來在夏威夷和印尼兩地奔波多年。巴拉克的生父只在他十歲時來夏威夷探望過一次，這個頭腦聰明卻有嚴重酗酒問題的男人，從此在巴拉克的童年缺席，毫無聯絡。

不過，巴拉克是在愛裡長大成人的。他在歐胡島跟外祖父，以及同母異父的繼妹瑪亞

（Maya）同住。雖然巴拉克的母親住在雅加達，仍從遙遠的異國給予他關心與支持。巴拉克也語帶深情地提到自己在奈洛比有個姊姊名叫奧瑪（Auma）。他的成長過程不像我這麼安穩，但他沒有為此感嘆，他覺得那就是他的故事。家庭生活讓他學會自立並樂觀面對。事實上，可以順利度過非比尋常的成長歷程，似乎只是加強巴拉克做好準備、承擔更多的責任。

在某個濕氣很重的夜裡，我和巴拉克一起去幫忙一位老朋友。先前一起從事社區組織活動的同事問他，是否可以在芝加哥遠南區羅斯蘭德（Roseland）一個黑人教區主持培訓課程。自一九八〇年代中期鋼廠關閉後，該地區就變得殘破不堪。對巴拉克來說，這是歡迎他重操舊業的夜晚，讓他有機會回去曾經工作過的地方瞧瞧。走進教堂時，我突然想到，我們身上還穿著上班服裝。我從沒想過社區組織者究竟在做些什麼。我們沿著樓梯間走進天花板很低、以日光燈照明的地下室。裡面約有十五名教區居民，我記得大多數是女性。她們坐在摺疊椅上，整個畫面看起來像是日間照護中心的一個房間，只是空間大上一倍。房裡開著電風扇驅趕熱氣，巴拉克走到前面跟大家打招呼，我則坐在後排座位。

這些居民一定覺得巴拉克是個年輕律師。我看到他們打量的眼神，試圖弄清楚他是那種自以為是的局外人，還是真能有所建樹。我對這種氛圍無比熟悉。我從小就參加羅碧姑婆每週在非洲衛理公會教堂舉辦的輕歌劇工作坊，和這種活動沒什麼兩樣。房間裡的女人，與羅碧唱詩班裡演唱的女士們沒有什麼不同，也和芝加哥南區沒落後、拿大鍋菜出來救助貧民的婦人無異。她們都是心地善良、具有社區意識的女性，通常是單親媽媽、奶奶或外婆，就是在沒有人願意做的時候，肯出面幫忙的那種人。

巴拉克把西裝外套掛在椅背上，取下手表放在前面桌子上，以便隨時注意時間。在介紹完自己後，他主持一場持續約一個小時的對話，請大家分享自己的故事，說明自己對鄰里生活有何擔憂。然後，巴拉克分享自己的故事，將這些故事跟社區組織的原則聯繫起來。他說服人們，讓大家知道透過故事，我們彼此就能聯繫在一起，而透過這些聯繫，就可能利用不滿，將其轉化為有用之事。他說，即使住在被遺忘的社區，只是小教堂的一個小團體，也可以建立真正的政治勢力。他提醒大家，這需要付出努力。這樣做需要有相應的策略，也需要傾聽鄰居意見，並在往往缺乏信任的社區建立互信。這也意味社區組織者必須要求素未謀面的人特地抽出一點時間或貢獻一小部分薪水。也就是說，在你聽到人們點頭說「好」、真正能發揮影響力之前，要接受十幾次甚至百次、形式不一的拒絕（看來，這似乎是社會組織者大部分的工作）。但巴拉克向他們保證，他們可以發揮影響力，確實做出改變。他親眼見證整個阿特格爾德花園（Altgeld Gardens）公共住宅計畫，雖然過程艱辛且波折不斷，但有個和遠南區教會一樣的團體設法以選票發揮力量，召集居民跟市府官員會面，瞭解石棉污染問題，並說服市長為鄰里就業培訓中心提供資金。

坐在我旁邊、體格魁梧的婦人，膝蓋上坐了一個小孩，並未掩飾自己對巴拉克的懷疑。她抬起下巴打量巴拉克，下唇伸了出來，好像在說，「你算哪根蔥，哪輪得到你來告訴我們該做什麼？」

但是，面對他人的懷疑，並不足以讓巴拉克傷腦筋，經常碰一鼻子灰看來也沒有讓他垂頭喪氣。巴拉克是一個獨角獸，因為他非比尋常的名字、奇怪的傳承、難以確定的種族認同、成長過程中缺席的父親，以及他那獨特的思想。他很習慣必須向別人證明自己，不管他到哪裡，情況幾乎都一樣。

他提出的想法不容易被接受，就算在以前也一樣。羅斯蘭德地區遭受一次又一次的重創，從白人家庭外流和鋼鐵產業觸底，到當地學校惡化以及毒品交易猖獗。身為在都市黑人社區裡工作的社會組織者，巴拉克告訴我，他最常要解決的問題是，人們深陷於消沉的情緒中，尤其是黑人。隨著時間推移，從無數小小的失望，產生憤世嫉俗的心態。我知道這種心態，我在街坊鄰居和自己家裡都見過這種心態。那是一種苦澀感，亦是信念上的錯誤認知。我的祖父和外公因為被迫放棄每個目標，又必須做出種種妥協，而滋生出這種心態。我在布林莫爾念小學二年級時，有個老師本身就有這種心態而放棄教書。抱持這種心態的鄰居不再修剪自家草坪，也不關心小孩放學後的去向。附近公園草地上隨意丟棄的大小垃圾、在天黑前被喝光的每盎司麥芽酒，全都是這種心態的產物。這種心態存在於我們認為無法解決的每一件事情當中，包括我們自己。

巴拉克並沒有用氣勢壓倒羅斯蘭德的居民，也沒有試圖隱藏自己的特權，或是表現得更像「黑人」來贏得他們的信任。教區居民充滿恐懼和挫折，覺得自己的權利被剝奪而消沉無助，巴拉克反而大膽逆勢操作，要大家朝著希望前進。

我從沒見過有哪個非裔美國人，可以這麼專注於身為黑人較令人沮喪的這個部分。父母從小教導我要正向思考。我理解家人對我的愛，以及父母對我們獲致成功的期許。我跟美國黑人民權領袖傑西·傑克森的女兒桑蒂塔一起站在「聯合拯救人性行動」的大會上，聽她父親呼籲黑人記住他們的驕傲。我的目的一直是拋開過去，展望未來。而且，我做到了。我拿到兩所常春藤盟校的學位，我在盛德律師事務所擁有一席之地。我讓父母與祖父母都感到驕傲。但是聽了巴拉克這番話，我開始明白，他的希望願景遠超出我所想：我意識到，讓自己脫離困境是一回事；設法讓這個地方脫離困境，完全是另一回事。

巴拉克與眾不同的特殊氣質再次吸引了我。慢慢地，我周圍的人們也跟我一樣，教區女士們開始點頭表示贊同，在巴拉克說話時，不時以「嗯嗯」和「說得對！」來回應。

最後，他以最強有力的語氣和音調，為演講畫下句點。他不是傳教士，但他肯定在宣揚某件事，也就是一種願景。他正在請求我們投資。正如他所看到的，人們可以做的選擇是：選擇放棄，或是選擇為改變而努力。「對我們來說，怎樣做會更好呢？」巴拉克這麼詢問房間裡的人們，「我們要選擇安於世界現狀，或者我們該為這世界應有的樣貌而努力？」

這是巴拉克引用某本書中的一句話，他第一次擔任社區組織者時，就看過那本書。而這句話，從此深深烙印在我心裡。就在那個時刻，我才明白促使巴拉克這樣做的動機就是：**這世界應有的樣貌**。

巴拉克講完時，坐在我旁邊抱著小孩的女士情緒高昂，激動地大喊：「說得對！阿們！」

她終於被說服了。

「阿們」，我心裡這麼想著，因為我也被說服了。

✳

八月中旬，巴拉克回哈佛法學院前，告白他愛上了我。這種感覺在我們之間如此迅速自然地展開，以至於沒有什麼特別令人難忘的時刻。我不記得這股愛意究竟發生在何時或是如何發生。雖然我們都始料未及，但這股愛意不啻為溫柔又有意義的表述。雖然我們只認識短短幾個月，儘管有點不切實際，但我們彼此相愛。

但現在我們不得不相隔兩地，中間隔著超過九百英里的距離。巴拉克還要讀兩年書，他說完成學業後希望在芝加哥定居。但在這兩年當中，我根本不可能離開原本的生活。身為盛德律師事務所的新人，我明白自己職業生涯的下一階段至關重要，我的成就將決定我是否成為合夥人。我自己就是法學院畢業，知道巴拉克念法學院會有多忙。他被選為《哈佛法律評論》（*Harvard Law Review*）的編輯，這是一本由學生編輯出版的法律月刊，公認為美國最重要的法律出版物之一。可雀屏中選參與編輯團隊是一種榮譽，但這個職務幾乎就像全職工作，對於課業已經很重的法學院學生來說，當然會忙上加忙。

結果呢，我們該怎麼辦？只能靠電話聯繫。請記住，那時是一九八九年，我們的口袋裡沒有手機，不可能發簡訊，也沒有表情符號可以傳飛吻。要講電話，就需要時間和雙方都有空。通常，私人電話是在家裡講。可是到了晚上，我們都已經工作一整天，累得像條狗，只想好好睡一覺。

巴拉克在離開前告訴我，他比較喜歡寫信。

「我不是那麼愛講電話。」好像這麼說就能解決問題似的。

但這樣根本什麼問題都沒解決，我們整個夏天都在討論此事。我可不會把我們的愛情，交給郵政服務這種慢郎中。這是我們之間另一個小差異：巴拉克可以藉由文字傾吐心意。他從小到大就跟遠住印尼的母親通信，小小心靈藉此獲得慰藉。但我是一個喜歡面對面溝通、在南區週日晚餐聚會長大的人，有時還得大喊大叫，彼此才聽得到對方在講什麼。

我家人都喜歡聊天。父親最近才用原先開的車換購一輛特製貨車，方便身有殘疾的自己。但是，他還是盡可能親自拜訪堂親聯絡感情。親朋好友和鄰居也經常到我家，家父在客廳躺椅上躺著，他們就站在旁邊講故事並徵求他的意見。就連高中男友大衛，有時也會來找我父親請益。家父並非不愛講電話。多年來，我幾乎天天看到他打電話跟住南卡羅萊納州的奶奶問安，詢問她的狀況。

我告訴巴拉克，如果要讓我們的關係維持下去，他最好喜歡講電話。「如果我沒辦法跟你講話，可能要另找一個願意聽我講話的人。」我半開玩笑地聲稱，態度卻無比認真。

所以，後來巴拉克就開始講電話了。那年秋天，我們只要一有空就講電話，我們各自都有處理不完的事情和相當緊湊的行程，但仍然抽空分享彼此生活上的大小事。我同情他必須閱讀成堆的公司稅務案件，他笑我在下班後靠有氧舞蹈發洩上班時的沮喪。幾個月過去了，我們的感情依舊穩定。對我而言，感情成為生活中最不需要操心的事。

在盛德，我是芝加哥辦事處招募團隊的一員，負責面試哈佛法學院學生，篩選暑假到事務所實習的人。基本上，這是一種百般討好的過程。我自己在該校念書時，就親身經歷企業法律產業的力量和誘惑，那時我們每個人都拿到一本和字典一樣厚的資料夾，裡面列出全國各地的律師事務所，也被告知每家律師事務所都有興趣雇用哈佛法學院畢業的律師。看來，無論是到達拉斯的大型訴訟公司，還是到紐約的精品房地產公司，只要一紙哈佛法學院文憑，就能在各大城市找到法律相關工作。如果你對資料夾中任何一家公司感到好奇，儘管參加校園面試。面試順利的話，對方就會提供機票和五星級飯店住宿，邀請你去該公司進行第二輪的「實地面試」，再來就是跟我這種招募人員一起啜飲葡萄酒並享用美食。在哈佛大學期間，我有機會飛往舊金山和洛杉磯參加這類面試，有部分原因是為了考察那裡的娛樂法律實務，但坦白說，其實是因為我從沒去過加州，想去開開眼界。

如今，我在盛德負責招募實習生，目標不僅是延攬聰明上進的法律學子，也要努力拔擢優秀的黑人女性。招募團隊中還有一位非裔美國女性、名為梅西蒂絲．賴恩（Mercedes Laing）的資深同事。梅西蒂絲大我十歲，是我的良師益友。我們兩人很像，都取得兩所常春藤盟校的學位，常是所處環境中的異類。但我們都知道，要努力的不是習慣或接受這種被當成異類的情況。在招募會議上，我堅決主張公司在尋找年輕人才時，要從更多方面著手，不過也有人認為此舉簡直厚顏無恥。盛德律師事務所長久以來都是從哈佛大學、史丹佛大學、耶魯大學、西北大學、芝加哥大學和伊利諾大學的法學院，挑選學生來實習，因為事務所大多數律師都畢業於這幾所學校。這是一種代代相傳的過程：上一代律師雇用的新律師，也會反映出上一代律師自己的生活經歷，所以根本很難為事務所注入多樣性。持平來說，這種事並非只發生在盛德，幾乎是美國所有大型律師事務所都面臨的問題（無論承認與否）。當時由《國家法律期刊》（*National Law Journal*）進行的一項調查發現，在大型律師事務所中，非裔美國人占全體員工人數的比例不到三%，占合夥人人數的比例不到一%。

為了協助改正這種失衡狀況，我強烈建議考慮來自其他公立學校，以及像霍華德大學這種歷史悠久黑人大學法學院的學生。招募團隊聚集在芝加哥一間會議室裡，審查一堆學生簡歷時，我反對因為成績單上出現B或念的大學非名校，就自動淘汰簡歷的規定。如果我們認真考慮引進少數族裔律師，就必須更全面看待應徵者，必須想想他們如何善用生活為自己帶來的任何機會，而不是僅僅依據他們念什麼名校、成績多麼優異來衡量。這樣做不會降低公司的高標準，而是認清一個事實：堅持以最嚴格和老派的方式評估新律師的潛力，反而會讓我們忽略能為事務所做出貢獻的各種人才。換句話說，在淘汰人選前，我們必須面試更多學生。

基於這個原因，我喜歡到劍橋招募人才，因為這件事讓我在挑選哈佛學生接受面試時，能發揮一些影響力。當然，這也讓我有藉口去探望巴拉克。我第一次到劍橋時，巴拉克開車來接我。他開的是大慶汽車香蕉黃色的扁車頭車款，因為窮學生預算有限，所以是用貸款買車。他轉動鑰匙時，引擎轉了一圈，車身猛力搖晃，接著發出響亮嘈雜的震動，連座位都跟著震動。我難以置信地看著巴拉克。

「你開這種東西？」我提高音調，因為汽車發動聲音太吵了。

他又露出「我有辦法搞定」那種每每讓我傾心的調皮笑容。「請給它一兩分鐘，」他一邊說，一邊換檔，「噪音不見了。」過了幾分鐘，車子開到一條交通繁忙的街道，他又說：「對了，妳最好不要往下看。」

但我已經看到他要我別看的東西，在車子地板上有一個四英寸大小、生鏽的洞，從那個洞看出去，就是汽車駛過的路面。

我當時早就知道，和巴拉克一起生活永遠不會無聊，總會發生與這部香蕉黃破舊汽車類似、讓人有點心驚膽跳的事情。我也知道，這個男人很可能永遠都賺不了什麼錢。

他住在薩默維爾（Somerville）一間簡陋的一房一廳公寓，但在我出差到劍橋招募新人時，盛德會安排我入住比鄰哈佛校園豪華的酒店查爾斯飯店（Charles Hotel）。在那裡，我們睡在觸感柔順的高級床單上，很少下廚的巴拉克，終於可以在一早上課前，吃到熱騰騰的美食。晚上，他穿著飯店提供的厚毛巾布長袍，在我房裡做功課。

那年聖誕節，我們搭機去檀香山。我從沒去過夏威夷，但我知道自己一定會喜歡那裡。畢竟，我是芝加哥人，芝加哥的冬天一直持續到四月，大家的汽車後車廂裡隨時都有一支雪鏟備用。我衣櫥裡有一堆羊毛衣以備禦寒。對我來說，可以遠離冬天真是人生一大樂事。在大學期間，我和從巴哈馬來的同學大衛一起去了巴哈馬，另一次則是跟好友蘇珊去了牙買加。在這兩次旅行中，我的肌膚接觸到溫暖的空氣，親近海洋時感覺到純然的放鬆，這些感受都讓我著迷不已。難怪我會被那些在海島長大的人們吸引。

在牙買加首都京斯敦，蘇珊帶我去粉白色的沙灘，我們在一波波如玉般翠綠的海浪中東躲西閃。她熟門熟路地拉著我在人潮擁擠的市場穿梭，和街頭攤販閒聊。

「吃吃看！」她扯破嗓門跟我說，興高采烈地遞給我各種烤魚、炸山藥、甘蔗莖和切碎的芒果片，要我嘗嘗。她要我什麼都試試，打算讓我看看牙買加有多少令人喜愛的東西。

巴拉克也一樣。到現在為止，他已經在美國內陸待了十多年，但夏威夷對他來說仍然重要。他希望我接受夏威夷的一切，包括檀香山街上熱帶感十足的棕櫚樹、彎如新月的威基基海灘，以及城市周圍的碧綠山丘。大概有一整個星期的時間，我們住在巴拉克世交出借的公寓，每天都去海邊玩耍，在陽光下游泳和四處閒逛。我也認識了巴拉克同母異父的妹妹瑪亞，十九歲的她長相甜美、人又聰明，快拿到紐約巴納德學院（Barnard College）的學位。瑪亞臉頰圓潤，有雙棕色的眼睛和一頭濃密及肩的深色鬈髮。我也見到巴拉克的外婆馬德琳（Madelyn）和外公史坦利．鄧納姆（Stanley Dunham），巴拉克喜歡稱呼他們為Toot（夏威夷語的外婆）和Gramps（夏威夷語的外公）。他們住在一棟大樓的公寓，在那裡帶大巴拉克，裡面的擺設都是巴拉克的母親安多年來從印尼寄回家的紡織品。

這趟旅行，我也見到安本人。她豐滿活潑，有著一頭黑色捲髮，和巴拉克一樣，下巴都有稜有角。安以厚實的銀飾搭配明亮的蠟染連身裙，腳上踩著我認為人類學家可能穿的耐用涼鞋。她對我很親切，也對我的背景和職業生涯充滿好奇。看得出來，她很崇拜兒子，幾乎到了尊敬的地步，她似乎迫不及待要坐下來跟兒子聊聊她的論文研究，互相推薦好書，就像跟老朋友閒聊近況那樣。

家人還是叫他的小名巴里，我覺得這樣叫很親近。儘管他們在一九四〇年代離開家鄉堪薩斯州，但在我看來，巴拉克的外公和外婆就跟他的描述一樣，還是傳統的中西部人，只是搬到了夏威夷定居。外公塊頭很大跟熊一樣，喜歡講冷笑話。一頭白髮的外婆白手起家，憑藉努力晉升為當地銀行副總裁，貼心幫我們準備鮪魚沙拉當午餐。晚上，她會用麗滋餅乾搭配沙丁魚做成開胃菜，將晚餐放在托盤上，讓大家可以一邊看新聞或玩拼字遊戲，一邊享用。巴拉克來自謙遜的中產階級家庭。從很多方面看來，與我的家庭差不多。

對我和巴拉克來說，令人欣慰的是，雖然我們如此不同，卻以一種有趣的方式結合。我們之間能如此輕鬆相處、互相吸引的原因，現在似乎都說得通了。

在夏威夷，巴拉克不再展現出緊張和聰明，而是流露出悠閒自在的一面，因為這裡是他的家。在家裡，他不需要向任何人證明任何事。所以，不管做什麼事，我們兩人都拖拖拉拉，一副無所謂的樣子，連嚴謹的我都不例外。巴拉克的高中死黨波比是漁民。有一天，波比帶我們搭船浮潛和漫無目的的航行。就在那時，我看到巴拉克最放鬆的一面，在藍天下閒晃，跟老友一起痛快暢飲冰啤酒，不必關注當天的新聞或法學院的課業，也不用設法解決收入不均的問題。島上陽光燦爛讓我們有機會四處溜達，也給了我們前所未有的兩人時光。

我有很多朋友都以外在條件評斷可能的交往對象，他們會先關注對方的長相和會不會賺錢。如果事實證明他們選的對象不容易溝通，或是相處起來總讓自己受傷不舒服，他們就會認為只要靠時間或婚約就能解決問題。但巴拉克在我的生命中出現時，即是性格成熟的人。從第一次交談開始，他就表明不會羞於表達恐懼或軟弱，因為他重視展現真實自我。在工作上，我親眼目睹他的謙遜，願意為了更重要的目標，犧牲自己的需求和欲望。他不怕接受嚴峻挑戰，他會勇往直前，堅持到底。

現在來到夏威夷，我可以從一些小地方看出他的性格。他與高中同學的長久友誼，表明他在人際關係一貫的堅持。他摯愛意志堅強的母親，我看見他對女性及女性獨立的深切敬意。無須開門見山的討論，我便知道他會善待擁有個人愛好與意見的人生伴侶。這些是無法在關係中教導的事，因為不喜歡就是不喜歡，要改變對方的想法很困難。巴拉克讓我進入他的世界，向我展現我對人生伴侶所需瞭解的一切。

某天下午，我們借了一輛車開往歐胡島北岸，坐在柔軟的沙灘上，看著衝浪者乘風破浪。我們待了好幾個鐘頭，什麼都沒做只是閒聊，看著浪花一波落下，一波又起，看著太陽西沉到地平線上，海灘上的遊客紛紛收拾行囊步上歸途。我們就這樣一直聊著，天空從粉紅色變成紫色，最後漆黑一片。蚊蟲開始肆虐，我們也饑腸轆轆。原本我是來夏威夷體驗巴拉克以前的生活，現在我們卻坐在緊鄰大海的岸邊，天南地北聊起未來，討論我們有朝一日想住哪種房子，想成為怎樣的父母。這種感覺有點冒險又有點大膽，但也讓人放心，因為我們似乎永遠聊不完，這種對話也許會持續一輩子。

✳

回到芝加哥後，我跟巴拉克又分隔兩地。我偶爾會跟朋友聚聚，只是很少晚歸。巴拉克對閱讀的熱愛，讓我有不少好書可看。現在，我週末夜喜歡躺在沙發上看精彩小說。

無聊時，我會打電話給老朋友。即使我有認真交往的對象，姊妹淘還是讓我保持穩定的心靈支柱。桑蒂塔現在擔任蘿貝塔．弗萊克的替補歌手，在全國各地巡迴演出，但我們盡可能抽空聊聊。大約一年前，我和父母一起坐在客廳看電視，看到桑蒂塔和她的兄弟姊妹，在一九八八年民主黨全國代表大會上介紹他們的父親，我們全都感到十分自豪。傑克森牧師角逐民主黨總統候選人提名，表現相當出色，贏了十幾州的初選，後來輸給另一名候選人麥克．杜卡齊斯（Michael Dukakis）。一路走來，傑克森牧師為我們這樣的家庭帶來意義深遠的新希望與興奮感，即使我們都心知肚明，他參選總統希望渺茫。

我跟法學院密友薇娜．威廉斯（Verna Williams）固定保持聯絡，她最近移居劍橋，跟巴拉克有數面之緣，也很喜歡巴拉克，但她嘲笑我那瘋狂的高標準降低了，竟然跟抽菸的人交往。安琪拉．甘迺迪和我還是很愛找樂子、盡情歡笑，即使她現在搬到紐澤西州當老師，兒子也還小；即使她的婚姻狀況百出，仍千方百計保持冷靜與穩定。我們認識時，彼此都是半大不小、天真無邪的大學生，現在我們都是成年人了，有成年人的生活和要關心的事情。光是這個想法，有時就會讓我們覺得可笑。

與此同時，我在普林斯頓大學的室友蘇珊就很崇尚自由精神，每次跟她聯絡總能帶給我驚喜，她純粹以日子過得開心與否，來衡量生活的價值。就算我們很久沒聯絡，再聯絡時還是能聊得熱絡。我們彼此直呼小名，在大學時期，我們的世界就逐漸變得不同。她走路去參加飲食俱樂部的派對，把髒衣服塞進床底下時，我正在用色筆區分社會學201的課堂筆記。在那個時候，蘇珊就像個只能遠遠關注的好姊妹，跨越了我們天生差異的鴻溝，維持友誼。她很瘋狂，很有魅力，而且對我來說，她一直是重要的人。她會詢問我的意見，然後故意把我的意見當耳邊風。她會問我，跟一個頗有名氣但花名在外的搖滾明星約會不好嗎？我會投反對票，但她無論如何還是會試試，因為她認為，**有何不可呢？**最讓我困惑不解的是，她拒絕了大學畢業後去常春藤名校商學院就讀的機會，她認為這樣做太辛苦，沒有樂趣可言。所以，她去了課業不那麼緊湊的一所州立大學取得企管碩士學位，我認為這樣做根本太懶惰。

蘇珊的選擇有時似乎故意挑釁我的行事作風，她支持輕鬆一點、別太努力的生活哲學。如今回頭想想，我認為自己當時那樣評價她是不公平的。不過當時，我就是認為自己是對的。

與巴拉克交往後不久，我打電話給蘇珊，對她大談我對巴拉克的感覺。她很高興聽到我這麼開心，因為她最重視的就是幸福。她自己也有消息要跟我說：她打算辭去在美國聯邦儲備銀行電腦專員的工作，好好去旅行，不是幾週，而是幾個月。蘇珊和她母親很快就展開環遊世界的冒險之旅。因為，**有何不可呢？**

我無從得知蘇珊是否隱約知道身體的細胞發生異變，一場無聲的劫持正在醞釀。我所知道的是，在一九八九年秋天，我穿著漆皮鞋坐在盛德律師事務所會議室開著冗長沉悶的會議時，蘇珊和她的母親正在柬埔寨，小心翼翼地不讓咖哩灑在背心裙上，在黎明時於泰姬瑪哈陵的大走道上手舞足蹈。當我忙著打平每個月的收支，去洗衣店拿乾洗衣物，看著歐幾里得大道上的葉子枯萎掉落之際，不出我所料，蘇珊正在炎熱潮濕的曼谷，坐在嘟嘟車上快樂吶喊。事實上，我並不知道她的旅行開不開心，也不清楚是她究竟去了哪裡，因為她不是會寄明信片或保持聯繫的人。她太忙著過日子，忙著讓世界滿足她的一切。

當她回到馬里蘭州，終於有空跟我聯絡時，帶給我的消息，跟她的形象大相逕庭，讓我很難接受。

「我得了癌症，」蘇珊告訴我，她嘶啞的嗓音充滿情緒，「全身都是癌細胞。」

蘇珊的醫生剛診斷出她患有一種侵略性的淋巴癌，癌細胞已經侵入她的器官。她對我說明一個治療計畫，結果可能還有一點希望，但我太過不知所措，根本無法仔細聽她說話。不過在掛斷電話前，我聽到她說，因命運無情的打擊，她的母親也病倒了。

我不確定自己是否相信生活是公平的，但我一直認為，只要努力幾乎就能解決任何問題。

蘇珊罹癌，首度讓我對這個觀念產生質疑，也對我的理想世界造成一大破壞。即使我沒有確切的具體細節，但我確實對未來有些想法。自大一以來，我一直努力維持這個想法，這就像我會隨時留意近況動態的那種要事。

我認為對我和蘇珊來說，事情應該這樣發展：我們將在彼此的婚禮上擔任伴娘。我們的先生當然很不一樣，但無論如何他們都會很喜歡彼此。我們同時懷孕，到牙買加進行家庭海灘旅行，互相取笑彼此生兒育女的技巧，也隨著兒女的成長，成為彼此子女最喜歡也最有趣的阿姨。在我們的兒女生日時，我會送書，她會送彈跳棒。我們一起嬉笑，分享祕密，對於彼此荒謬可笑的習性做出不以為然的表情，直到有一天我們突然發現，我們這對一輩子的姊妹淘，竟然已經變成白髮老嫗，時光在轉瞬之間，就這樣從指縫間流逝。

對我來說，那才是世界應有的樣貌。

✳

事後發現，在那年冬天和隔年春天，我只是努力做好自己的工作。我是一名律師，律師都很努力工作，而且無時無刻都在工作，因為依據工作時數支薪。我告訴自己別無選擇。我也告訴自己，這項工作非常重要。因此，我每天早上都會出現在芝加哥市中心第一國家廣場（One First National Plaza）的辦公室，埋頭苦幹地賺錢。

在馬里蘭州，蘇珊忙著跟疾病共存，忙著回診和動手術，同時要照顧她的母親。她的母親也在跟一種侵略性的癌症搏鬥。醫生認為此事與蘇珊完全無關，純粹是運氣不好，命運作祟，但回想起來實在怪異到令人毛骨悚然。蘇珊除了有兩個比較要好的表妹，和其餘家人都不太親。兩個表妹盡可能地幫忙蘇珊與她的母親。安琪拉有時會從紐澤西州開車去探望她們，但她自己有小孩要顧，也有工作要忙。我請法學院友人薇娜代替我，盡可能幫忙蘇珊。在哈佛法學院念書時，薇娜和蘇珊見過幾次面。現在薇娜住在銀泉（Silver Spring），她住的大樓跟蘇珊家只隔一個停車場。

薇娜最近才剛承受喪父之痛，必須好好收拾悲傷之情。我這樣要求她幫忙，其實很過分。但她是真正的朋友，又富有同情心。在五月的某一天，她打電話到我的辦公室，詳述上次她去探望蘇珊的情景。

「我幫她梳頭髮。」她說。

蘇珊已經虛弱到需要別人幫她梳頭髮，照理說這件事理應讓我看清一切，但我還是不願面對殘酷的事實。有部分的我仍然堅信，這件事沒有發生。我堅信蘇珊的健康狀況會有起色，即使事實並非如此的證據堆積如山。

最後，安琪拉六月打電話直接對我說：「蜜雪兒，想看她的話，最好快來。」

那時，蘇珊已經住進醫院。她虛弱到無法說話，意識時而清醒，時而恍惚，已沒有任何事情能讓我繼續否認事實。我掛了電話，買了機票搭機飛往美東，落地後搭計程車飛奔醫院。坐電梯到安琪拉跟我說的樓層，走過長廊進入蘇珊的房間。我看到她躺在床上，安琪拉和她的表弟在旁照料，大家都不發一語。原來，蘇珊的母親幾天前過世了，現在蘇珊陷入昏迷。安琪拉騰出一些空間，讓我可以在蘇珊床邊跟她說說話。

我盯著蘇珊，看著她完美的心形臉龐和紅褐色的皮膚、年輕光滑的臉頰和少女曲線的嘴唇，讓我感到些許安慰。奇怪的是，她的外表沒有受到疾病影響。一頭黑髮仍有光澤，而且很長，有人幫她綁成兩條幾乎及腰的辮子。她如跑者般結實的長腿藏在毯子下方。她看起來很年輕，就像一個二十六歲、可愛甜美的小姑娘正在午睡。

我後悔自己沒有早點來看她。在我們起起伏伏的友誼當中，有件事讓我後悔多次：我堅信她做出錯誤的舉動，但其實當時她可能做對了。我突然很高興，不管我怎麼建議，蘇珊都一直照著自己的想法去做。我很高興她沒有拚死拚活取得名校商學院學位。我也很開心她可以純粹為了找樂子，就跟一位小有名氣的流行歌手荒唐一整個週末。我很高興她和母親一起去了泰姬瑪哈陵看日出。蘇珊活過了我從未嘗試過的生活。

那天，我握著她柔軟的手，看著她的呼吸愈來愈急促，最後出現長時間停頓。後來，護士對我們點頭示意：時候到了，蘇珊正在離開我們。我的思緒一片空白，無法深思。生命或痛失摯友沒有帶給我任何啟發。如果有的話，那就是，我很生氣。

說蘇珊芳齡二十六歲就生病去世是不公平的，這樣講似乎太過簡化我的感受。但這是一個事實，事實就是這樣殘酷醜陋。當我終於放下她的遺體走出病房時，心裡是這麼想的：「她走了，我卻還在這裡。」在走廊外面，有人穿著病人服閒晃，他們看起來比蘇珊年紀更大，也比蘇珊病得更重，但他們還在這裡。我呢，我會搭上座無虛席的班機返回芝加哥，開車上了車水馬龍的高速公路，搭電梯回到我的辦公室。沿路上，人們無論是在車子裡，或是穿著夏日服裝走在人行道上；懶散地坐在咖啡館裡，或是在辦公桌前工作，大家看起來都很開心。他們都不知道蘇珊發生什麼事，顯然他們也不知道自己可能隨時死去。這種感覺有點反常，這世界究竟是怎麼運作的？每個人都還在這裡，只有我的蘇珊不在了。

10

那年夏天，我開始寫日記。替自己買了一本黑色封皮的日記，封面上有紫色小花，就放在床邊。盛德派我出差時，我都會帶著。我不是那種每天寫日記，甚至不是每週寫日記的人，只在有餘力與餘暇、想釐清混亂的思緒時，才會提筆寫寫日記。我可能在一週內寫幾次日記，然後隔了一個月或更久的時間，才再次提筆。我天生就不是特別愛自省。對我來說，記錄個人想法的練習是一種全新的體驗。我想，這是我從巴拉克那裡學到的一種習慣，他認為寫作是一種自我治療與認識自己的過程，多年來一直維持寫日記的習慣。

暑假時，他從哈佛大學回到芝加哥，這次不租房子，直接住進歐幾里得大道的公寓。這不僅意味著，我們身體力行學習如何同居，也表示巴拉克以一種更親近的方式瞭解我的家庭。家父要出門去水廠換班時，他會和父親聊聊體育賽事。有時還會幫忙家母把雜貨從車庫拿進屋裡。這種感覺很好。我哥克雷格則以最徹底也最具啟發性的方式評估巴拉克的個性，包括在週末找他跟一群好友一起打高難度的籃球比賽，其中大多數人大學都是籃球校隊。其實，巴拉克是應我要求才去的。我很重視哥哥對巴拉克的看法。而且，我哥很會看人，尤其是透過比賽。巴拉克通過了測試。我哥說，他在籃球場上表現得很好，知道什麼時候可以正確傳球，但有機會時，他也不害怕投籃。「他不是不愛傳球，只愛自己獨秀的人，」克雷格表示：「他可是很有膽量的。」

巴拉克接受市中心一家律師事務所的暑期工作，這家事務所離盛德很近，但他留在芝加哥的時間很短。他當選《哈佛法律評論》下一學年的總編輯，負責製作每期約三百頁、共計八期的期刊，所以必須盡早回到劍橋才能順利製作與發刊。《哈佛法律評論》的總編輯選拔，每年都競爭激烈，涉及嚴格的審查和八十名學生編輯的投票。對任何人來說，能選上總編輯，都是了不起的成就。事實證明，巴拉克也是該期刊創立一百零三年以來，第一位擔任總編輯的非裔美國人。這是相當重要的里程碑，《紐約時報》特地專文報導，巴拉克穿著冬衣戴著圍巾、笑容可掬的照片上報了。

換句話說，我的男朋友可是個大人物。那時，他畢業後原本可以在任何知名律師事務所找到高薪工作，但他卻考慮當民權律師，即使這表示他得花兩倍時間才能還清學生貸款。他認識的每個人都敦促他申請最高法院書記官一職，因為只要當過《哈佛法律評論》總編輯，通常很容易申請上。但巴拉克不感興趣。他想住在芝加哥，寫一本關於美國種族的書，也打算找符合自己價值觀的工作，這表示他很可能到頭來不會從事與公司法有關的差事。他很確定自己要什麼，這種篤定，令我嘖嘖稱奇。

當然，這種與生俱來的信心著實令人欽佩，但老實說，跟這種人一起生活，卻是另一回事了。對我而言，與巴拉克強烈的目的感共存，跟它睡在同一張床上、一起坐在早餐桌旁，都需要自我調適。他並沒有刻意賣弄這種目的感，而是天生如此活躍。巴拉克這般篤定，認為自己可以為這個世界做出某種改變，相較之下，我不禁有些失落。他的目的感似乎在不經意間，讓我備受挑戰。

因此，我在日記扉頁上小心翼翼地用筆寫下，我開始寫日記的原因：

首先，我對自己希望人生走向何方感到十分迷惘。我想成為什麼樣的人？想為這個世界做出怎樣的貢獻？

其次，我現在非常認真看待這段感情，我覺得必須好好認識自己。

這本紫花日記至今已有數十年歷史，跟著我搬過幾次家。住在白宮的八年間，它就放在我化妝間的一個架子上。最近，我從家中一個盒子裡拿出日記翻閱，想重新認識當年還是年輕律師的自己。透過當時寫下的文字，再次體悟那時想告訴自己的事。要是當時身邊有位嚴格的女性良師，她可能會直截了當地跟我說該怎麼做。真的，情況其實再簡單不過：第一個事實是，我討厭成為律師，我不適合這種工作。即使我很擅長律師一職，卻深感空虛。考慮到我所付出的努力，以及有待償還的債務，要承認這個事實真是令人痛苦。在我盲目追求卓越、凡事要求做到完美之際，我錯過沿路的風景，也沒有勇氣走錯路。

第二個事實是，我深愛的男人睿智過人且志向遠大，最終可能讓我相形見絀。其實眼下事實就是如此，我就像處於一股強大的逆流中，被大浪捲了進去。但我無法從中脫身，當時我太在意也太愛巴拉克了，不過，至少我得盡快穩住自己的陣腳。

這意味著我必須轉業。但最讓我震驚的是，我對自己想做什麼，並沒有具體的想法。不知何故，在多年求學過程中，我並未好好思考自己喜歡什麼，也沒想過喜歡的事如何與有意義的工作相互呼應。換句話說，我年輕時根本沒有好好自我探索過。我發現，巴拉克如此成熟，有部分原因來自他從事社區組織工作那些年的經歷，還有他大學畢業後，馬上在曼哈頓一家企管顧問公司擔任研究員，度過相當不得志的一年。他做過不同嘗試、瞭解各式各樣的人，並在過程中找出自己最想做的事。在此同時，我則一直害怕失敗，渴望受到尊重，想盡辦法還清學貸和賺錢養活自己，所以不假思索選擇律師這個行業。

在一年內，我得到巴拉克的愛，卻目睹蘇珊的死，這兩件事的影響令我驚慌失措。蘇珊突然去世喚醒我好好深思這個想法：我希望生活中有更多喜悅，也希望人生更有意義。我無法繼續這樣自我感覺良好下去。我既稱讚巴拉克，卻也怪罪他讓我如此困惑。「如果我的生命中沒有這樣一個男人，經常質疑我是什麼驅使我如此努力，是什麼原因讓我如此痛苦，」我在日記中寫道，「我會這樣質疑自己嗎？」

我仔細思考我會做什麼，可能會擁有什麼技能。我可以當老師嗎？或者在大學擔任行政人員？我可以開辦某種課後課程，像我在普林斯頓大學為第三世界中心主任潔妮·布洛索所做的那種專業計畫嗎？我有興趣為新創公司或非營利組織工作，也有興趣幫助弱勢兒童。我想知道自己能否找到一份滿意的工作，但仍然有足夠的時間做志工、欣賞藝術或生兒育女。基本上，我想擁有自己的生活，也想感覺完整的自己。我列出一些感興趣的問題，譬如：教育、未成年懷孕和黑人自尊。我很清楚，一份追求道德良善的工作，薪水必定比當律師要少得多。我又列出一張清單，感覺頭腦清醒了一些，如果我辭去盛德律師事務所的高薪工作，不但得放棄購置奢侈品，譬如葡萄酒宅配到府和健身房會員資格，每個月的基本開銷還包括：學生貸款六百美元、汽車、飲食和保險等方面的花費約四百零七美元，如果搬出父母家，還需要支付約五百美元的租金。

沒有什麼事情是不可能的，但也沒有什麼事情是很容易的。我開始四處詢問娛樂法相關工作機會，認為這類工作可能還算有趣，也不會因為換工作而生活拮据。但我心裡很清楚，我對好惡愈來愈篤定：律師非我終身職志。有一天，我在日記裡註記《紐約時報》的一篇文章，內容報導美國律師大都身心俱疲、飽受壓力又不快樂，而且女性律師的狀況特別嚴重。「真令人沮喪。」我在日記中寫道。

＊

那年八月，我大多數時間都待在華府和飯店租用的會議室，協助準備一個訴訟案，為此付出相當多心力。盛德律師事務所在反壟斷審判中，代表化學製品公司美國聯合碳化物（Union

Carbide），該公司涉及出售旗下一家公司。我在華府大約待了三個星期，卻沒時間認識這個城市，因為那段期間，我與盛德幾個同事一起坐在那間會議室，打開從公司總部送來的文件箱，埋首審查裡面成千上萬頁的文件。

沒有人相信我是那種在氨基甲酸酯聚醚類聚醇交易的複雜性中可以找到精神救贖的人，但我做到了。我仍是執業律師，這份工作的特殊性和異地景色的變化足以令我分心，不去理會腦海裡開始浮現的更重要問題。

最後，這個化學訴訟案在庭外和解，也就是說，我做的文件審查大都徒勞無功。在法律界，這是一個令人厭煩但可預期的權衡取捨，為一場還沒開庭就庭外和解的案子做足準備是很常見的事。當天晚上搭機飛回芝加哥時，有股沉重的恐懼感籠罩著我，對於將要回歸日常生活，陷入困惑的迷霧中。

疼愛我的母親開車到奧黑爾（O'Hare）機場接機，光是看到她就給我很大的安慰。當時母親五十出頭，在市中心一家銀行擔任全職行政助理，套句她的話說，基本上就是一群男人坐辦公室，只因父執輩是銀行職員，他們也進入這一行。我的母親是一位影響力人士，無法容忍愚行。她留著一頭短髮，穿著樸實俐落。關於她的一切都散發出一股能力與冷靜。就像我和克雷格小時候那樣，母親沒有干涉我們的私生活，沒有把她的情緒起伏發洩在我們身上。她的愛以一種可靠的形式出現。在子女的航班降落時，她就會出現。在兒女肚子餓時，她會專程開車回家打點吃的。她平和的個性就像是我的避難所，讓我得以尋求庇護。

驅車前往市區時，我嘆了一口氣。

「妳還好嗎？」母親問道。

我透過高速公路的昏暗光線看著她。「不知道，」我開始說：「我只是……」

話一出口，我卸下心防。我坦承自己對律師工作、甚至對自己選擇的職業都不滿意，其實我真的很**不快樂**。我也說出了內心的煩躁不安，想不顧一切做出重大改變，但也擔心賺不了足夠的錢。我沒有掩飾自己的情緒。接著又嘆了一口氣說道：「我就是覺得有志難伸。」

現在，我知道家母會如何看待此事，當時她已經當了九年行政助理。她之所以做這份工作，是因為可以賺錢供我上大學。之前她當了好多年全職主婦，為的是幫我們縫製學校制服、燒菜煮飯、為我父親洗衣服。而家父為了家人，每天花八個小時觀察水廠鍋爐上的儀表。母親開了一個小時車到機場接我，免費讓我住在老家樓上，隔天早上她必須很早起床，幫忙腳有殘疾的先生打理一切，準備上班，根本無法奢望何謂有志難伸而焦慮。

我確信，對母親來說，實現志向是富人的自負想法。我懷疑父母在一起三十年，根本不曾討論過此事。

母親沒有因為我心情沉悶而說我什麼。她不會對人說教，也不會要人注意她做何犧牲。她默默支持我做的每一個選擇。不過這一次，她對我扮了個鬼臉，一邊打方向燈將車子駛離高速公路，回到我們住的那一帶，然後輕聲笑著。「如果妳問我，」她說：「我會告訴妳，先賺夠錢，再來擔心妳快不快樂。」

✳

有些事實，我們面對了；有些事實，我們卻疏忽了。在接下來的六個月，我沒有做出任何魯莽的改變，默默地設法給自己力量。在工作上，我向所屬部門合夥人表示我想接受更有挑戰性的工作。我設法把重點放在自己認為最有意義的專案上，包括努力招募一批更富多元性的暑期實習生。在這段期間，我也一直關注報紙上的求職廣告，盡全力與更多其他業界的人士建立關係。無論如何，我想靠自己的努力，朝著能感受完整自我的路途前進。

在老家，出現了一項讓我束手無策的新事件。由於不明原因，父親的腳已開始腫脹，皮膚出現奇怪的斑點和暗沉。然而，我每次問他身體狀況，父親的答案都一樣。多年來，他一直如此堅持。

「我很好。」他說，也好似在說這問題根本不值得問，隨即改變話題。

冬日再度降臨芝加哥。我被窗外的聲響吵醒，左鄰右舍在街道上刮掉汽車擋風玻璃上的冰塊。寒風吹起，積雪成堆，冬天的太陽顯得蒼白虛弱。我身在盛德位於四十七樓的辦公室，看著窗外密西根湖上的灰色冰面，和上方暗灰色的天空。身穿羊毛衣，希望天氣趕快暖和些。如我所說，中西部的冬天是讓人練習等待，等待雪不再落下，等待鳥兒開始歌唱，等待紫色番紅花從雪地裡冒出來。在這段期間，你別無選擇，只能鼓勵自己。

父親沒有失去他與生俱來的幽默。克雷格偶爾回家吃晚餐，我們坐在桌子旁邊，一如往常地談笑風生，只是現在多了一位新成員，克雷格的老婆珍妮思。珍妮思生性開朗又肯上進，在市中心某家公司擔任電信分析師，跟其他人一樣，完全被我父親迷倒了。克雷格成功當上都會專業菁英，堪為普林斯頓畢業生的典範。他取得企管碩士學位，在大陸銀行（Continental Bank）擔任副總裁，和珍妮思在海德公園買了一間很棒的公寓。他穿著量身訂製的西裝，開著保時捷944渦輪增壓紅色跑車過來吃晚餐。當時我並不知道，這些名利並沒有帶給他快樂。跟我一樣，他自己的危機正在悄悄形成，在後續幾年內，他會懷疑自己的工作是否有意義，原本苦心追求的獎勵是他真心想要的嗎？但是，因為瞭解父親對兒女能有如此成就高興不已的情況下，我和克雷格都沒有在晚餐時提起對個人現況的不滿。

探望結束要離開時，克雷格總會一臉關心，照例詢問父親的健康狀況，父親只是一如往常地說：「我很好。」

我相信，我們之所以接受這個回答，是因為情況看來穩定，而我們也如此希望。父親罹患多發性硬化症多年來，一直控制得很好。即使狀況明顯惡化，我們仍樂於欺騙自己，告訴彼此，爸爸很好，因為他每天都起床上班。爸爸很好，因為那天晚上看到他吃了兩塊肉餅。爸爸很好，尤其是沒特別注意他的腳時都很好。

我緊張地跟母親談了好幾次，也納悶詢問父親為何不去看醫生。但母親和我一樣，幾乎已經放棄，她多次提醒父親，卻屢遭拒絕。對我父親來說，醫生從未帶來好消息，因此應該避免去看醫生。儘管父親喜歡說話，但他不想談論自己的病。他認為這是自我放縱，想以自己的方式應付過去。為了調適腳部腫脹，他只叫母親幫他買一雙更大號的工作靴。

拖延不看醫生的情形，從那年一月持續到二月。父親持續忍受疼痛，靠鋁製助行器在家裡行走，經常必須停下來喘口氣。現在，早上他需要更多時間從床邊走到浴室，再從浴室走到廚房，最後走到後門，步下三個階梯到車庫，然後開車去上班。儘管在家裡走路這麼辛苦，但他還是堅稱在水廠的工作一切都很好。他駕著一輛輕型摩托車往來鍋爐之間，並為自己在工作上無可取代感到自豪。二十六年來，他沒有錯過任何一次輪班。如果鍋爐過熱，父親聲稱自己是少數具有足夠經驗、能夠迅速巧妙遏止災難的工人之一。最近，他提出升遷申請，如實反映出他樂觀的態度。

我和媽媽試著將爸爸告訴我們的情況，與我們親眼看到的事實做比較。結果，兩者間的差異愈來愈難以承受。爸爸晚上在家時，大部分時間都在看電視轉播的籃球和曲棍球比賽，躺在椅子上的他看起來虛弱又疲憊。除了原本雙腳腫脹，我們發現他的脖子似乎也有些腫，以致喉嚨發出呼嚕呼嚕的聲音。

有一天晚上，我們終於出手干預。克雷格從來不擅長扮黑臉，母親又堅持不過問父親的健康問題。在這種對話中，幾乎總是由我扮演黑臉說重話。我告訴父親，他應該答應我們尋求一些協助，我打算早上打電話給他的醫生。他勉強答應了，也承諾如果我約好診，他就會去。我強烈要求他隔天早上多睡一會兒，讓身體充分休息。

那天晚上，母親和我終於能安心入睡，情況終於獲得一些控制。

＊

不過，後來父親反悔了。對他來說，休息就代表放棄。早上醒來下樓後，我發現母親已經出門上班，父親坐在廚房餐桌前，身旁放著助行器。他穿著深藍色的公務制服，使勁地穿上鞋子，打算去上班。

「爸，」我開口說：「我以為你要請假。我們跟那位醫生約好要看病……」

他聳了聳肩。「我知道，親愛的，」他接著我的話尾，聲音因為脖子長了東西而顯沉重，「但我現在很好。」

他的固執全是因為想保有一點尊嚴，所以我不可能為此生氣，也沒有勸阻他。父母教導我們管好自己的事，這表示我必須相信父親一樣能管好自己的事，即使當時他很勉強才能穿好鞋子。所以，我讓他自己處理。即使滿心擔憂，但我仍親了父親一下，然後上樓準備上班。我心想待會要打電話到母親辦公室跟她說一聲，我們必須想個法子，強迫父親休假看病。

我聽到後門關上的聲音。幾分鐘後，回廚房一瞧，發現空無一人。父親的助行器放在後門旁邊。我馬上衝過去，透過後門上的廣角門鏡往外頭看，仔細察看後門門廊和通往車庫的通道，只想確認父親的貨車是否開走了。

但貨車還在那裡，所以，父親一定也還在外頭。他戴了一頂帽子，身穿冬季夾克，背對著我。他才走下幾階樓梯，就需要坐下休息。從他身體傾斜的角度，就能看出他的疲憊，他頭部側面下垂，沉重的身軀靠在木頭欄杆上。他的狀況還好，只是看起來太疲憊而無法繼續行走。顯然，他試著使盡全身力氣，轉身回到屋裡。

我知道自己看到了父親徹底挫敗的一刻。

他與這種疾病共同生活二十多年，身體慢慢無情地耗盡，卻毫無抱怨地堅持下去，那是多麼的孤獨啊。看著父親坐在門廊上的背影，我感到前所未有的心疼。本來直覺想衝到外面、攙扶他回到溫暖的屋裡，但我最終打消念頭，因為這樣做只會再一次打擊他的尊嚴。我吸了一口氣，轉身離開門邊。

我想等他進屋時再查去看，到時幫他脫掉工作靴，給他喝些水，扶他到椅子上坐著。我們彼此心知肚明，現在他毫無疑問地需要幫助。

我上樓坐下，豎著耳朵注意後門有無發出聲響。等了五分鐘，又過了五分鐘，最後忍不住下樓來到後門，透過門鏡確認父親是否順利站起來了。但門廊現在空無一人。不知何故，父親無視身體的腫脹與不適，憑著意志力走下樓梯，穿過冰冷的通道後坐上貨車，現在可能在前往水廠的路上了。他沒有放棄。

✳

幾個月來，我和巴拉克一直繞著結婚這個念頭打轉。我們交往一年半了，仍然深愛著對方，我們的愛情似乎不可動搖。巴拉克在哈佛剩下最後一個學期，忙著《哈佛法律評論》的工作，但很快就會回伊利諾州找法律相關工作。他打算搬回歐幾里得大道，這次感覺是要定居下來。對我來說，這是著急今年冬天怎麼不趕快結束的另一個原因。

我們用抽象方式談論各自對婚姻的看法，有時我擔心彼此的看法差異太大。對我來說，結婚是一種既定之事，是我長大成人後，希望有朝一日能做到的事。同樣地，生兒育女也一直都是既定之事，我小時候就把洋娃娃當小孩，投入許多關懷。巴拉克並不反對結婚，但他不急著結婚，我們的愛已經意味著一切，足以成為我們共度完整幸福生活的根基，無論有沒有婚戒束縛。

當然，我們都是彼此成長過程的產物。巴拉克歷經母親短暫的婚姻：他母親結婚兩次，離婚兩次，每次離婚都設法繼續顧好自己的生活和事業，不讓孩子受到影響。與此同時，我的父母很年輕就認識，從此廝守終生。對他們來說，每一項決定都是夫妻兩人共同做出的決定，每一項決定都是共同努力的結果。三十年來，他們幾乎連一個晚上都沒有分開過。

巴拉克和我要的是什麼？我們想要一種適合彼此的現代夥伴關係。巴拉克認為婚姻是兩個相愛的人彼此搭配一致，可以擁有各自的人生，不必放棄各自的夢想或抱負。對我來說，婚姻更像是一種全面的結合，兩個生命重新組合成一個家庭，以家庭幸福為優先，勝過任何要務或目標。我並不想過父母那種婚姻生活，不想永遠住在同一間房子，從事同樣工作，從不為自己爭取。但我確實想要跟他們一樣，擁有日復一日、歲歲年年的穩定性。「我完全瞭解有各自興趣、抱負和夢想的重要性，」我在日記裡這樣寫道，「但我不認為追求個人夢想，必須以犧牲婚姻幸福為代價。」

我想，等巴拉克回到芝加哥，天氣開始暖和，我們終於能夠共度週末時，再來釐清我們的感受。只是，我現在必須等待，雖然等待很難受。我渴望婚姻天長地久。從我住的二樓客廳，有時可以聽到父母在樓下說話的聲音。我聽到父親講起某個故事，母親聽著便笑了起來。我聽到他們關掉電視準備睡覺。我二十七歲了，有些時候只是想要感覺完整的自我。我想要抓住我所愛的一切，好好守護。當時我已經明白痛失摯愛是怎麼回事，也知道日後還要面對更多這種傷心事。

⁂

幫父親約診去看醫生的人是我，但最後送父親去看病的人是母親。而且，父親是坐救護車去醫院的。他雙腳腫脹，一碰就痛，終於承認走路就像有針在刺那般痛苦。當天，跟醫生約診的時間到了，他根本無法站起來走路。那時我正在上班，根據母親事後描述，當時父親被身材魁梧的護理人員攙扶出門，還一邊跟他們開玩笑。

父親直接被送到芝加哥大學附設醫院，接連好幾天進行抽血、脈搏檢查，他食不下嚥，醫療團隊每天照常巡視問診。這段期間，父親全身持續腫脹。他的臉腫了，脖子變粗了，聲音愈來愈虛弱。醫生診斷出是庫欣氏症候群（Cushing's syndrome），可能與他罹患多發性硬化症有關，但也可能並無關聯。不管怎樣，我們錯失了任何對症下藥的治療良機。現在，他的內分泌系統徹底陷入混亂。一次掃描顯示，他的喉嚨腫脹得相當嚴重，根本就處於窒息邊緣。

「我也不知道為什麼沒注意到。」父親這麼對醫生說，語氣之困惑，彷彿他從沒發現喉嚨腫脹，也不知道最後會變這麼嚴重；彷彿他過去積年累月，並沒有長久忽略自己的痛苦似的。

母親、克雷格、珍妮思和我，四人輪流去醫院探望他。過了幾天，醫生又囑咐增加一些藥物，多裝了一些管子和機器。我們試圖瞭解醫護人員告訴我們的內容，卻一頭霧水。我們重新調整父親的枕頭，雖然他現在沒有力氣講話，但他會聽我們說，所以我們就閒聊起大學籃球賽況和外面的天氣。我們全家都很擅長計畫，但現在一切似乎都不在計畫之內。父親漸漸聽不見我們說話，沉浸在自己的世界。我們講些陳年舊事想喚醒他，他聽到這些事時，似乎眼神一亮：記得別克225那輛車嗎？以前我們夏天常開那輛車去郊遊，還在寬廣的後座上滾來滾去？還記得你送我們的拳擊手套，以及快樂公爵度假村的游泳池嗎？記不記得你幫羅碧的輕歌劇工作坊製作道具？在老爹家吃晚餐的那段時光呢？還有媽媽在除夕夜為我們做炸蝦？

有一天晚上，我過來探望父親，發現他獨自一人在病房裡，母親回家過夜，護士都在走廊外面的護理站。房裡很安靜，醫院這層樓也很安靜。當時是三月第一個星期，冬日積雪才剛融化，整個城市一直濕答答的。父親在醫院住了大約十天，明明才五十五歲，看起來像老人似的，眼睛發黃，兩手沉重到無法移動。他很清醒，但無法說話，無論是喉嚨腫脹或是情緒使然，答案永遠不得而知。

坐在靠近床邊的椅子上，看著他努力呼吸。我伸手握住他的手，他輕輕捏了一下想安慰我。我們默默看著對方。我們有太多話要說，又覺得好像什麼都說了，剩下的只是一個事實。父親的時日無多，他不會好起來。他會在我的餘生中缺席，我會失去他這個穩重靠山，也失去他的安慰，失去他每天帶給我的快樂。我感覺到淚水從臉頰滑落。

父親一直看著我，把我的手背拉到他的嘴唇上，一次又一次親吻我的手。他在告訴我，「乖，別哭。」他在表達悲傷和急切，但也有某種平靜和更深沉的寓意，他想傳達一個清楚的訊息。他一直親吻我的手，是想告訴我，他全心全意愛著我，我長成一個有智慧的女性，讓他深感驕傲。他在跟我說，他知道自己應該早點看醫生。他在懇求原諒，他在跟我道別。

那天晚上，我一直陪著他，直到他睡著，才離開醫院。在冰天雪地的黑暗中，開車回到歐幾里得大道家中，母親已經關燈睡覺。現在家裡就剩下我和她兩人孤孤單單，還有不可知的未來。因為太陽升起時，父親已經走了。我父親弗雷澤・羅賓森三世（Fraser Robinson III）給了我們一切，卻因心臟病發，在那天晚上去世了。

11

斯人已逝，生者常思，情況就是這樣。不管是在走廊穿梭或是打開冰箱，都可能讓我傷心很久。就連穿襪子、刷牙，都會讓我想起父親，甚至食物也變得索然無味。我的世界不再色彩繽紛，音樂也會勾起傷心回憶，往事更是不堪回首。望著以前覺得美麗的景象，譬如日落時分的紫色天空，或是孩童嬉戲的運動場，現在看來只是更悵然若失。悲傷令人如此孤獨。

父親去世後的第二天，我們驅車前往南區一家葬儀社，母親和克雷格在接待室挑選棺木和殯葬服務。正如葬儀社所說的那樣，就是委託**安排後事**。我不太記得在葬儀社發生的細節，只記得我們三人都還陷在父親驟逝的震驚之中，全都悲痛欲絕。儘管如此，當我們按照習俗挑選合適的棺木安葬父親時，我和克雷格卻意見不合、大吵起來。這是我們兄妹長大成人後，第一次、也是唯一一次吵架。

簡言之，整件事是這樣的：我想買這家葬儀社最高檔、最昂貴的棺木，並額外添購棺木可以配備的各種手把和軟墊。這樣做並沒有特別理由，只是在無事可做的情況下，這是我唯一能做的事。我們從小被教導且相信有天堂和地獄的存在，所以我猜想父親的靈魂正在進行某種旅程。但是，我們也從小就務實度日，這部分的成長經驗不許我因為葬儀社人員善意殷勤的推銷話術，就為幾天後的葬禮大肆鋪張。類似「您父親現在已經到了更好的地方、跟天使並肩而坐」這種話，都無法輕易安慰我。在我看來，他應該得到一具漂亮的棺木。

但是克雷格堅信，父親想要的是基本款的實用棺木，這樣就好。他認為這樣才符合父親的個性。其餘棺木都太華麗了。

我們開始不發一語，旋即又爆發口角，親切的葬禮主管假裝沒聽見，而兀自沉浸於悲痛中的母親難以置信地瞪著我們兩兄妹。

我們對彼此大吼大叫，並非真的想吵架，只是想宣洩情緒。最後互讓一步，決定為父親選一個既不花俏也不簡陋的棺木下葬，後來再也沒提及此事。我和克雷格都知道，這件事不重要。我們為了一個荒謬不當的論點爭吵，因為在摯愛親人過世後，世上的一切都令生者感到荒謬不當。

後來，我們開車送母親回家。三人坐在樓下廚房餐桌旁，全都悶悶不樂，看著第四張椅子空著沒人坐，又勾起痛楚。大家很快就哭了起來，我們坐了很久，一直哭到彼此都筋疲力盡。我母親整天幾乎不發一語，最後終於開口說話。

「看看我們成了什麼樣子。」她語帶沮喪地說。

然而，她話中透著一絲輕鬆，挑明表示羅賓森家族怎麼變得這麼可笑。我們在自家廚房裡哭到雙眼紅腫、鼻水直流，悲傷萬分又痛苦無助，簡直不成人樣。「我們是誰啊？」「我們不知道嗎？」「難道他沒有做榜樣給我們看嗎？」她直截了當地用這三句話打醒我們，把我們從孤獨的泥淖中拉回現實，只有我們的母親才有辦法這樣做。

母親看著我，我看著克雷格，突然間一切似乎有點滑稽。以前在這種情況下，最先笑的通常是那張空椅子的主人。接著，我們開始傻笑，你一言、我一語，最後則是一陣大笑。我知道這幅光景看似奇怪，但能這樣笑，總比哭得悽慘要好。重點是，父親會想看我們笑，所以我們讓自己笑。

✳

失去父親更讓我深深覺得，沒有時間枯坐思考我的生活應該怎樣改變。父親去世時只有五十五歲，蘇珊去世時年僅二十六歲。這兩件事給我的教訓再簡單不過：人生如此短暫，不可浪費時間。如果我去世了，我不希望人們只記得我寫的一堆案件摘要，或記住我幫哪些公司保住聲譽。我確信自己能為這個世界做出更多貢獻。現在，該是我採取行動的時候了。

我還不確定自己想去哪裡工作，寫了好幾封自我推薦信，寄給芝加哥許多重要人士。我寫信給基金會負責人、社區導向的非營利組織、以及市內知名大學，尤其鎖定法律部門，並不是因為我想從事法律工作，而是我認為法律部門更有可能回應我的簡歷。值得慶幸的是，有些人確實給予回應，邀我共進午餐或當面洽談，即使他們無法提供適當職務。在一九九一年春夏兩季，我盡全力向可以給我忠告的人請益。重點不在於找到一份新工作，而是要擴大我對所有可能性和其他人如何經歷這種事的理解。我漸漸明白，人生下一階段的旅程不會自然展開，名校學歷也無法自動幫我一展抱負。選職業跟找工作不一樣，不是光靠校友通訊錄找關係就行，而是需要更深入的思考和努力。我必須加快行動，加緊學習。因此，我一次又一次向人們訴說我遇到的職業困境，也請教他們和他們認識的人遇到類似情況時都怎麼做。我提出最重要的問題：對於一位不想從事法律工作的律師來說，還有什麼工作可做？

有一天下午，我去探望芝加哥大學的校內法律顧問亞特．薩斯曼（Art Sussman），他為人親切又博學多聞。閒聊時才發現，我母親當過他一年祕書，處理交辦事項並整理法律部門檔案。那是我念高中二年級的事，後來母親才到銀行工作。亞特很訝異，我母親在那裡上班時，我都沒來看過她。其實，雖然我在芝加哥大學幾英里外的社區長大，但我從未造訪這個充滿哥德式建築風格的校園。

坦白說，我沒有理由到芝加哥大學閒晃。我唸中小學時，學校也沒有帶我們去那裡校外教學。小時候，即使芝大舉辦的文化活動開放社區居民參加，我家人也不會知道。因為我們家沒有任何親朋好友是該校學生或校友，連泛泛之交都沒有。芝大是一所菁英學校，對於我認識的大多數人而言，菁英表示**非我族類**。芝大的灰色石頭建築幾乎完全背對著校園周圍的街道。開車經過時，父親常瞪大眼睛，看著芝大學生成群結隊不守交通規則，大搖大擺地穿越艾利斯大道（Ellis Avenue），讓人不禁好奇這些聰明人難道從沒學過過馬路要守規矩嗎？

跟許多南區居民一樣，我家人對這所大學不太瞭解、所知有限，即使母親曾在那裡愉快地工作一年。當我和克雷格要申請大學時，甚至從沒考慮過要申請芝大。基於某種奇怪的理由，我們認為更容易申請上普林斯頓大學。

聽我這麼一說，亞特覺得不可思議。「妳真的沒來過這裡嗎？」他問：「從沒來過？」

「沒，一次也沒有。」

奇怪的是，我回答得大聲又理直氣壯。我之前對此事沒有多想，現在卻突然明白，要是這座城市與這所大學之間沒有那麼大的分歧，如果當初我瞭解這所學校，也讓這所學校瞭解我，我就有可能成為芝加哥大學的高材生。想到此事，我感到一陣椎心之痛，那是潛藏在目的背後的小小刺痛。我的出身以及我的家庭，兩者的組合給予我一種可能寓意深遠的明確觀點。我突然明白，身為芝加哥南區長大的黑人，讓我得以察覺到連亞特．薩斯曼這種博學之士都無法察覺的既有問題。

幾年後，我有機會為芝大工作，得以直接思考這類社區關係問題。現在，亞特願意幫忙，替我送簡歷給一些人脈。

亞特告訴我：「妳應該跟蘇珊．謝爾（Susan Sher）談談。」現在回想起來，他這番話不知不覺啟動了連鎖反應。蘇珊比我大十五歲，曾是一家大型律師事務所的合夥人，最後成功離開企業界，這也是我個人目標。只不過現在她仍然在芝加哥市政府從事法律相關工作。蘇珊雙眼為灰藍色，肌膚如維多利亞女王般白皙，笑聲異常驚人，會以一種調皮的鼻音結束。她優雅而成熟，後來成為我終生摯友。「我現在就可以雇用妳，」當我們終於見面時，她這麼說：「但妳才剛跟我說，妳有多不想當律師。」

於是，蘇珊提出要把我的簡歷轉給市府的新同事，也要介紹我跟新同事認識。現在回想起來，這是改變我們夫妻命運的另一個機緣。蘇珊的新同事原本擔任企業律師，因為渴望為公眾服務而轉戰公職。這個同樣在芝加哥南區長大的女性，最後一而再、再而三改變我的人生方向。「妳真正需要見的人，」蘇珊說：「是薇拉瑞・賈瑞特（Valerie Jarrett）。」

賈瑞特剛被任命為芝加哥市長的副幕僚長，跟芝加哥市非裔美國人社區有深厚的聯繫。她和蘇珊一樣聰明過人，法學院畢業後就到一家績優公司上班，然後發覺自己想離開企業界。她之所以到市府工作，很大程度是受到哈羅德・華盛頓（Harold Washington）啟發。華盛頓在一九八三年當選芝加哥市長，當時我在外地念大學，他是芝加哥首位非裔市長，也是一位精力旺盛又十分健談的政治家。我父母非常喜歡他，因為他會引用莎士比亞的名言，讓原本通俗的演講增色不少，也因為他在南區社區活動中，津津有味地吃起炸雞。最重要的是，他對長期統治芝加哥、根深柢固的民主黨機構感到厭惡。這些機構讓提供政治獻金者承包利潤豐厚的市政計畫標案，還一直要求黑人為黨服務，卻很少拔擢黑人出任民主黨的公職候選人。

華盛頓的競選活動主打改革城市的政治體制，更妥善照顧被忽視的街區，後來他以些微之差險勝，贏得市長選舉。他的作風頑強，個性大膽，能善用口才和機智淘汰對手。他也是一位有頭腦的黑人超級英雄，經常與幾乎被白人老議員霸占的市議會發生衝突，卻毫不畏懼，大家都認為他是一個活生生的傳奇。尤其是芝加哥的黑人公民，他們將華盛頓的領導，當成為進步主義注入一股更龐大的活力。巴拉克於一九八五年到芝加哥擔任社區組織者時，就一直受到華盛頓的願景所鼓舞。

薇拉瑞也被華盛頓吸引。她在一九八七年加入華盛頓團隊，年僅三十歲，當時華盛頓甫開始第二任市長任期。不久後，薇拉瑞離婚獨自撫養幼女。離開原本高薪的律師事務所，轉任市府公職，等於變相減薪，讓身為單親媽媽的她，日子更加難過。她到市府工作的幾個月內，悲劇發生了：華盛頓在針對低收入住宅開完記者會的三十分鐘後，突然心臟病發，在辦公桌上一命嗚乎。後來，市議會任命一位黑人市議員接任華盛頓的職務，但他的任期相當短。在許多非裔美國人看來，此舉意味著芝加哥的政治將回歸以往白人市長的統治方式。後來，選民選出前任市長理查·戴利（Richard J. Daley）的兒子小戴利（Richard M. Daley）出任市長。小戴利被公認為芝加哥市府任人唯親的始祖。

雖然薇拉瑞對新市府團隊持保留態度，但她決定繼續留在市府，只是選擇離開法律部門，直接內轉小戴利市長辦公室。她很高興能在那裡工作。她向我描述從處理企業法務問題，到轉任政府公職的感受。她覺得得到解脫，從原本在摩天大樓頂樓當著光鮮亮麗名律師、卻感覺很不真實的世界，毅然決然地進入看盡民生疾苦的現實世界打滾。

芝加哥市政大樓由灰色花崗岩構成、十一層樓高的平頂大樓，坐落於洛普北區克拉克街（Clark Street）和拉薩爾街（LaSalle Street）之間的整個街區。跟周遭高聳的辦公大樓相比，這棟大樓雖顯矮胖，卻不失莊嚴。大樓前面是高大的柯林斯式（Corinthian）廊柱，回聲四起的大廳主要以大理石砌成。庫克郡管理大樓朝東的那面，辦理庫克郡的業務，而朝西的那面則是處理市政業務，包括市長、市議會成員以及市府職員都在這裡辦公。我在那個炎熱夏日跟薇拉瑞面談時，才知道市政廳裡面到處都是人，景象既驚人又令人振奮。

有新人來辦理結婚登記，有人是辦理車輛登記，也有人抱怨路面坑洞、抱怨房東、抱怨下水道，以及他們認為市府可以改善的一切。市政廳裡可以看到坐在娃娃車裡的嬰兒，和輪椅上的老太太。還有一些日本人和遊說人士，以及想躲避酷暑的遊民。在這棟大樓前面的人行道上，一小群維權人士舉牌揮舞、大聲抗議，只是我不記得他們在抗議什麼。我只知道，這個地方控制混亂的手法拙劣到令我震驚，但同時也被市政廳充滿活力的情景所吸引。市政廳屬於人民，具有一種嘈雜、真實的迫切感。那種感覺是我在盛德從未感受過的。

薇拉瑞在她的行事曆上預留二十分鐘跟我談話，但後來我們講了一個半小時。她也是非裔美國女性，身材瘦削，膚色較淺，有一雙棕色眼睛。她身穿剪裁合宜的套裝，語氣柔和，整個人相當沉著穩重，精準掌握這座城市的運作。她很喜歡自己的工作，但並未試圖掩飾政府作業令人頭痛的官僚主義。薇拉瑞的某種特質讓我一見到她就卸下心防。多年以後，薇拉瑞告訴我，她很驚訝當天我竟然有辦法逆轉她的標準面試流程。我提供她一些個人的基本實用資訊，但除此之外，我一直逼問她，想要瞭解她對自己的工作做何感受，以及市長如何對待員工。我正在測試這項工作是否適合我，就像她在測試我是否適合這項工作。

現在看來，我確信自己只是充分利用跟一位黑人女士對談的難得機會。而且她的背景和我如出一轍，只是她的事業生涯發展早我幾年。薇拉瑞冷靜大膽，比我先前認識的人更加睿智。她是值得我學習的榜樣，也是值得我親近的朋友。我一見到她就有這種感覺。

離開前，薇拉瑞邀請我加入她的工作團隊，擔任小戴利市長的助手，等我這邊準備好，就可以開始上班。這也宣告我的律師生涯正式結束。到市府上班年薪是六萬美元，大約是我目前在盛德律師事務所年薪的一半。薇拉瑞告訴我，我應該花點時間好好想想，自己是否準備好做出這種改變。因為這是一個重大轉變，我的想法必須改觀，也必須下定決心。

我從來都不是很重視市府在幹嘛的人。我在芝加哥南區的黑人社區長大，對政治沒什麼信心。傳統上，政治一直被用來對付黑人，可謂一種將黑人孤立並排除在外的手段，讓我們缺乏教育、面臨失業和工資過低。我的祖父母輩經歷過恐怖的吉姆．克勞法，以及住房歧視的羞辱，基本上他們不相信任何形式的權威。（你或許還記得當時芝加哥南區的居民認為，連牙醫也不能信任。）我父親大半輩子都是市府雇員，一直被徵召擔任民主黨選區主委，以便在工作上獲得升遷。他很喜歡選區主委職責中的選民服務交流，卻因為市府任人唯親一直無法獲得升遷。

而我現在竟然考慮市府的工作，雖然想到換工作年薪減半就有點畏縮，但內心深處其實對這份新工作很感興趣。我感受到另一種痛苦掙扎、一股沉默的推動，讓我邁向與原本計畫截然不同的未來。我幾乎準備好要做出這個重大改變，但我還要考慮一件事。這不僅僅是我自己的事了。幾天後，薇拉瑞打電話問我決定如何，我回答還在考慮，然後最後問了一個聽起來或許很奇怪的問題。我問她：「可以介紹我的未婚夫給妳認識嗎？」

✳

現在先回頭說說那年夏天的酷熱，以及父親去世後那幾個月的情況。當時，我度日如年，陷入五里迷霧。巴拉克飛回芝加哥陪我並參加父親的葬禮，待了一段時間才回哈佛完成學業。五月下旬畢業後，他打包好行李，賣掉香蕉黃大慶汽車，搭機回芝加哥，飛到歐幾里得大道南段七四三六號，直撲我的懷抱。我愛他也被他所愛，我們維持遠距戀情差不多有兩年的時間。現在，終於不必兩地相思了。也就是說，我們週末有時間賴在床上看看報紙，出去吃早午餐並分享每個想法。我們可以在週一共進晚餐，也可以在週二、週三、週四一起吃晚餐。我們可以一起採買日用品，在電視機前摺衣物。在許多夜裡，當我還為喪父之痛啜泣不已時，巴拉克就在我身邊，親吻我的頭頂給我慰藉。

巴拉克完成法學院學業後，終於鬆了一口氣，他渴望擺脫學術界的抽象領域，進入更具吸引力又腳踏實地的工作。他還跟紐約一家出版商談妥，預備寫一本關於種族和身分認同的非小說類書籍。對於像他這樣崇拜書的人來說，這可是令人欣喜的天大恩賜。他拿到一筆預付款，有一年左右的時間完成書稿。

巴拉克似乎總有很多選擇。他風評很好，哈佛法學院教授對他讚譽有加，《紐約時報》報導過他選上《哈佛法律評論》總編輯的消息，這些似乎為他帶來許多機會。芝加哥大學提供他一個不支薪的研究員職位，讓他有一間小辦公室可用，在一年內寫完他的書，最後可能讓他在法學院擔任副教授。盛德同事仍希望巴拉克能回來全職工作，還為他準備了一張桌子，讓他準備八週後在七月舉辦的律師資格考試。現在，他也考慮在Davis, Miner, Barnhill & Galland[13]工作，這是一家以公共利益為主要業務的小型律師事務所，負責公民權利和公平住房等法律業務，這家事務所的律師過去一直與華盛頓市長密切合作，對巴拉克來說具有很大吸引力。

認為自己有無窮機會的人來說，天生就懂得鼓舞自己，不會浪費時間或精力質疑自己會不會筋疲力盡。巴拉克現在擁有的一切，都是他努力工作、盡忠職守得來的。但他並沒有像其他人，也就是跟我認識的許多人一樣，用世俗的標準來追求成就或衡量自己的進步。其實，我自己偶爾也跟他們一樣。有時候，他似乎對生命中無意義的競爭和三十多歲律師該追求的一切物質事物都無動於衷。他不像別的律師，想買一輛體面的好車、在郊區買間有庭院的房子，或在芝加哥洛普區購置豪華公寓。之前我曾在他身上發現這種特質，但如今我們生活在一起，也正在考慮實現我人生中第一次真正的轉變，因此我更加重視巴拉克的這種特質。

簡單來說，當其他人不相信也不信任時，巴拉克卻真心相信並願意信任。他秉持一個簡單的信念，只要堅持自己的原則，事情就會順利進展。在這方面，我就沒有巴拉克那麼篤定。我跟許多人仔細討論請益，瞭解他們如何從僅以外在條件評斷又值得誇耀的職業生涯中脫困。當我談到自己必須還清學生貸款、還無力買房時，一次又一次從這些人臉上看到告誡和擔憂的神情。我不禁想起父親如何刻意追求目標，避免一切風險，好讓我們全家得以安穩溫飽。「先賺夠錢，再來擔心妳快不快樂。」母親的建議仍在我耳邊響起。讓我更加焦慮的是，那種遠超過任何物質願望的渴望。我知道我想要有小孩，而且愈早愈好。如果我突然轉換全新的領域從頭開始，該怎麼辦？

巴拉克回到芝加哥，就像某種令人安慰的解藥一般，為我排憂解難。他化解我的擔憂，傾聽我對所有財務負擔的滿腹牢騷，也跟我保證他很想要小孩。他承認我們並無法預測日後要如何妥善處理一切，因為我們都不想為了律師高薪安逸生活的可預期性，束縛自己。但最重要的是，我們一點也不窮，我們的未來充滿希望，甚至可能因為未來無法輕易規畫而更前景可期。

當時，唯獨巴拉克跟我說，放手去做，消除煩憂，做會讓自己開心的事情就對了。我可以大膽躍入未知的世界，對老爹和住南區的大多數親友來說，雖然這是令人吃驚的消息，但未知不會把我擊倒。

巴拉克的話言猶在耳，「別擔心，妳可以這樣做，我們會搞定的。」

✳

13 編按：現已更名為 Miner, Barnhill & Galland。

現在來聊聊律師資格考試：對於任何想要從事律師這一行的人來說，這是一項必須完成的苦差事，也是必須通過的儀式。雖然考試內容和結構本身，各州有些許不同，但律師資格考試都為期兩天，共計十二小時，旨在證明考生完全瞭解從契約法到擔保交易等晦澀難懂的法規。大家都認為，律師資格考試幾乎難如登天。三年前，我就像巴拉克現在一樣，準備參加伊利諾州的律師資格考試。哈佛畢業後的那個夏天，我剛進入盛德律師事務所當助理，也事先訂定兩個月的考前準備計畫，同時參加律師資格考試複習課程，督促自己做完厚厚一本考古題。

那年夏天，克雷格與珍妮思在女方家鄉丹佛結婚。珍妮思要我當伴娘，因為一連串原因，譬如我在普林斯頓和哈佛接連唸了七年書，所以我很早就渴望擔任伴娘。我穿著伴娘禮服，協助策畫告別單身派對。我盡全力讓整個婚禮充滿歡樂。換句話說，我對我哥結婚這件事感到非常興奮，根本沒有心思溫習侵權行為的構成條件。

以前，考試結果是以郵件通知。那年秋天，律師資格考試和我哥的婚禮都結束了。有一天，我在上班時打電話給父親，請他查看郵差有沒有送來我的信。是有一封。我繼續追問是不是伊利諾州律師協會寄來的信。父親稱是，因為信封上有寫。接著，我請父親打開信件，聽到了沙沙聲，然後電話那頭的父親一陣沉默。

我沒通過考試。

我這輩子從沒考試失利過。只有幼稚園時第一次在課堂上被老師叫起來，唸不出老師手中字卡的「白色」一詞。但我居然搞砸了律師資格考試。我感到慚愧，相信自己肯定讓每一個曾經教導我、鼓勵我或雇用我的人失望了。我從沒出過什麼差錯。如果有的話，通常是我把事情做過頭了，特別是在準備重要時刻或考試時，但這次我竟然沒通過。現在回想起來，我認為原因就出在我對法律完全不感興趣，完成法學院學業讓我筋疲力盡，那些深奧又跟現實生活無關的科目，也讓我感到十分無趣。我想要跟人們相處，而不是與書本為伍。這就是為什麼對我而言，念法學院最大的好處是在學校法律援助局擔任志工。在那裡，我可以幫助人們領到社會福利津貼，或幫房客對抗違法的房東。

但我還是不喜歡失敗。儘管盛德有許多同事坦承，他們考律師資格考試時，也不是一次就過關。但這種情緒仍伴隨我好幾個月。那年深秋，我開始努力準備再考一次，這次輕鬆過關了。終究，我還是通過了考試，只是第一次沒考過，讓我有失顏面罷了。

幾年後，這段回憶讓我對巴拉克額外好奇。他正在上律師資格考試總複習班，努力準備考試，但他似乎不像我想的那樣，會跟我一樣為了考試而情緒崩潰。但我不會嘮叨，也不會以自己的失敗經驗對他說教。我們兩人本來就很不一樣。首先，巴拉克的腦子裝滿資訊、像台大型主機，他可以隨意從中擷取截然不同的數據。我稱他為「數據男」，因為他似乎總能找出統計數據，搭配對話中的每個小小轉折。他擁有幾近過目不忘的記憶力。事實上，我並不擔心他能否通過律師資格考試，而且看他對這個考試胸有成竹的模樣，還讓我有些惱火呢。

所以，在他考完資格考當天，我們提前慶祝。就在那天，一九九一年七月三十一日，巴拉克在市中心戈登餐廳（Gordon）訂了一桌。這是我們最喜歡的去處之一，餐廳裡有特殊節日的氣氛、柔和的裝飾藝術照明和清爽的白色桌巾，菜單上供應魚子醬和炸朝鮮薊。這是那年夏天最令人興奮的時刻，我們歡欣無比。

在戈登餐廳，我和巴拉克總是每道菜都點來嘗嘗。我們點了馬丁尼和開胃菜，也挑選一支不錯的葡萄酒搭配主菜。我們心滿意足地閒聊，可能還邊講邊傻笑。用餐快結束時，巴拉克對我微笑，聊起結婚這件事。他握著我的手說，雖然他深愛著我，但還是覺得不得要領。我馬上臉頰發熱，就像有人在我身上按下一個按鈕，那種只有核子設施才有、周遭有警告標誌和疏散地圖、閃著紅光的按鈕。心想：真的嗎？現在要求婚了嗎？

事實上，我們早就打算要結婚。討論過許多次假如結婚會怎樣，只是我們光說不練，沒做任何改變。我比較傳統，巴拉克不是。顯然，我們都不會改變自己的看法。但是，這並沒有阻止我們興致勃勃地討論結婚話題，畢竟我們都是律師。眼見四周的男客身穿休閒外套，女客打扮得宜，大家正在享用美味佳餚。我努力冷靜自持地接話。

「如果我們打算互許終身，」我盡可能平穩地說：「為什麼我們不對彼此正式承諾？這樣做會讓你犧牲什麼尊嚴嗎？」

從這裡開始，我們把以前討論過的問題再討論一遍。婚姻重要嗎？為什麼重要？巴拉克有什麼問題？我有什麼問題？如果我們無法解決這些問題，我們的未來會怎樣？我們沒有吵架，但有爭執，而且是以律師的作風辯論此事。我們攻訐對方並加以反擊，仔細分析並交叉詢問，只是顯然我比較激動，大都是我在講話。

最後，服務生拿了一個蓋著銀蓋的甜點盤來。他把盤子送到我面前，然後掀起蓋子。我討論到有點生氣不想往下看，但當我看著盤子，原本應該擺放巧克力蛋糕的地方，卻放了黑色天鵝絨盒子。盒子裡面是一枚鑽戒。

巴拉克開玩笑地看著我。他騙我上當，這一切都是他精心安排的計謀。我花了一秒鐘時間，讓自己消氣並陷入快樂的驚喜中。他激怒了我，因為這是他最後一次提起他那無聊的婚姻論點，說什麼只要彼此相愛就好。這個案子結案了。然後，他單膝跪地，語帶哽咽，真誠問我是否願意嫁給他。後來我才知道，他已經先找過家母和我哥，請求他們首肯。當我說願意的時候，似乎整間餐廳的人都開始拍手。

整整一、兩分鐘，我盯著手指上那枚戒指，整個人呆掉了。我看著巴拉克，確認這一切都是真的。他在笑，很開心成功讓我感到驚喜萬分。從某方面來說，我們都贏了。「好啦，」他輕聲說道：「這下子應該能讓妳閉嘴了吧。」

✳

答應巴拉克求婚後不久，我也答應了薇拉瑞，接受她邀我加入市府團隊的提議。在答應前，我依照先前提出的要求，介紹巴拉克給薇拉瑞認識，安排三人共進晚餐，彼此可以聊聊。我這樣做有幾個原因。首先，我喜歡薇拉瑞。她讓我印象深刻，無論最後是否接受這份工作，我都希望能多認識她這個人。我知道，巴拉克也會對她留下深刻印象。但更重要的是，我希望他能聽聽薇拉瑞的故事。跟巴拉克一樣，薇拉瑞小時候曾在異國住過，她父親在伊朗醫院當醫生。薇拉瑞後來回到美國接受教育，擁有跟巴拉克同樣明晰的觀點。巴拉克擔心我在市府的工作。他和薇拉瑞一樣，在華盛頓市長執政期間一直受到華盛頓市長領導才能的啟發，但巴拉克顯然不贊同小戴利市長代表的老派制度。這是他身為社區組織者的性格使然：即使在華盛頓市長執政期間，為了讓基層推動的計畫獲得最起碼的支持，巴拉克不得不跟市府再三交手，有時甚至徒勞無功。雖然他對我的工作前景一無所知，但我認為他心裡還是擔心，怕我最後可能為小戴利市長工作而希望破滅或有志難伸。

薇拉瑞是解決任何問題的合適人選。她為了替華盛頓市長工作而轉換人生跑道，卻在任職後不久，華盛頓市長就猝死。華盛頓市長死後留下的職務空缺，提供一種未來如何發展的警示故事，最後我發現自己得設法向全美人民解釋：在芝加哥，我們錯把改革的所有希望放在一個人肩上，卻沒有好好打造政治機構來支持此人的願景。選民，尤其是自由派選民和黑人選民，將華盛頓市長視為可貴的救世主、一種象徵、一個足以改變一切的人。華盛頓市長承擔令人欽佩的重擔，鼓舞像巴拉克和薇拉瑞這樣的人，從民間企業轉換跑道，進入社區工作和公共服務。但是，當華盛頓市長去世時，他激發的大部分能量也隨之消失。

薇拉瑞後來經過幾番思考，才決定留在市長辦公室，但她跟我們解釋為什麼她認為這是正確的選擇。她感受到小戴利市長的支持，也知道她能對這個城市做出貢獻。她說，一直以來她效忠的是華盛頓市長提倡的原則，而不是華盛頓這個人。啟發本身是很薄弱的，你必須努力工作支持你所受到的啟發。這個想法讓我和巴拉克產生共鳴，而且在那次晚餐席間，我發現好像我們三個人當中產生一股凝聚力：現在，薇拉瑞成為我們生活的一部分。我們並沒有討論這一點，但我們三個人似乎已經以某種方式達成共識，要在漫長人生路上互相提攜。

✳

現在我們訂婚了，我找到一份新工作，巴拉克也承諾要去Davis, Miner, Barnhill & Galland上班，那間律師事務所一直吸引著巴拉克，而且以公共利益為主。所以只剩最後一件事要做：去度假，或者更確切地說，我們打算進行某種朝聖之旅。我們在八月下旬某個星期三搭機離開芝加哥，在德國法蘭克福機場等候許久，轉機飛行八小時，在黎明前抵達肯亞首都奈洛比。走出機場時，看到月光下的肯亞，感覺踏進截然不同的世界。

我去過牙買加和巴哈馬，也去過歐洲幾次，但這是我第一次踏上距離家鄉如此遙遠的非洲。即使旅途勞累，我馬上感受到奈洛比的異國風情，或者說是對肯亞感到陌生。我喜歡這種感覺，因為搭那麼久的飛機來到這裡，新環境馬上毫無掩飾地展現本身的樣貌。這裡的空氣溼度和我習慣的不同，帶有無法辨識的氣味，可能是燒木材或柴油燃料的微弱氣味，或是樹上某種盛開花朵或果實散發的甜味。太陽一樣升起，但眼前的景象看起來跟我所知道的略有不同。

巴拉克同父異母的姐姐奧瑪來接機，熱情迎接我們。從六年前奧瑪到芝加哥開始，巴拉克和她只見過幾次面，但兩人感情很好。奧瑪比巴拉克年長一歲。他們的父親在一九五九年離開奈洛比到夏威夷留學時，奧瑪的母親葛瑞絲・凱茲亞（Grace Kezia）就懷了奧瑪（當時他們已經有一個才剛學走路的兒子阿邦戈〔Abongo〕）。老巴拉克在一九六〇年代中期回到肯亞後，又跟凱茲亞陸續生下兩個小孩。

奧瑪有著烏木般的肌膚和潔白的牙齒，說一口濃重英國腔的英語。她笑容可掬，讓人感到自在。到了肯亞後，我因為旅途勞累感到非常疲憊，幾乎沒講什麼話。但是坐在奧瑪的破舊福斯金龜車後座一路進城，我注意到奧瑪有著和歐巴馬一樣的笑容，兩人的頭型也很像。奧瑪顯然也遺傳到歐巴馬家族的聰明過人：她在肯亞長大並經常回到肯亞，但她在德國上大學，現在也還住在那裡攻讀博士學位。她精通英語、德語、斯瓦希里語（Swahili）和本身盧奧族（Luo）的家鄉話。她和我們一樣，只是來這裡探望家人。奧瑪安排我和巴拉克住在朋友閒置的公寓。那間一房一廳的簡陋公寓位於一棟漆成亮粉色、毫不起眼的煤渣磚樓房。剛到奈洛比那幾天，我們還在調時差，覺得整個步調變得很慢。或許這就是奈洛比特有的生活步調，而奈洛比的運作方式也跟芝加哥截然不同。奈洛比的道路和英式環形岔路，都被行人、自行車、汽車和稱為「馬他突」（matatu）的小型公車堵塞。這種到處可見的廉價小型公車，車速很慢，車身繪有向上帝致敬的亮麗圖畫，車頂上的行李箱堆得高高的，車上總是擠滿乘客，有時乘客多到得站在車外，抓著車身搖搖晃晃，看起來驚險萬分。

現在，我人在非洲。這實在太令人興奮了，雖然旅途疲憊，但來到非洲卻是一種全新的體驗。奧瑪的天藍色福斯老爺車太舊，我們必須常常下來推車，才能再次發動引擎。我蠢到穿著白色運動鞋來奈洛比，經過一天不時下來推車後，白鞋沾裹奈洛比肉桂色的塵土，整雙鞋變成紅褐色。

在奈洛比，巴拉克比我更自在，因為他以前就來過這裡。身為遊客的我就沒那麼自在，即使算是黑皮膚，但我們還是外地人。街上的人有時會盯著我們看，顯然我不像當地人，但我曾天真地以為，從小到大都幻想非洲大陸是祖國，彷彿到了非洲就能感受到完整的自我。現在，我人在非洲了，照理說應會感受到自己與這塊土地有著某種連結。但是，非洲顯然沒給我特別的感覺。這件事實在太奇怪了，非裔美國人到了非洲，感覺夾在中間，什麼也不是。我湧起一股難以言說的悲傷，不管是在美洲大陸或非洲大陸，我都覺得自己像是無根的浮萍。

幾天後，我仍然不太適應，我和巴拉克都出現喉嚨痛症狀。巴拉克還跟我大吵一架，原因究竟為何，已不復記憶。雖然我們在肯亞受到眾人敬畏，但同時也感到疲憊，以致開始爭吵，到最後不知何故就大發雷霆。「巴拉克讓我很生氣，」我在日記裡寫道，「我認為我們沒有任何共同點。」當時思緒僅止於此，為表失落之情，我還在那頁日記的空白處，畫了一道長長的裂縫。

就像其他決定共度終生的情侶一樣，我們正在學習如何吵架。我們不常吵架，通常是為了小事爭執，壓抑一陣子後才情緒爆發。導火線往往是其中一人或兩人都過度疲勞或壓力過大。

但我們確實起了口角，而且不管怎樣，我生氣時都會大吼大叫。有什麼事情讓我失望時，我的身體會出現強烈感受，覺得好像有一團火球貫穿脊椎，感覺整個人要爆炸了。所以，有時我甚至不記得自己生氣時說了什麼。在這種情況下，巴拉克通常會保持冷靜和理性，理直氣壯地辯解（讓我更火冒三丈）。我們花了幾年時間才明白，原因出在我們的成長過程不同。每個人不但有各自的遺傳基因碼，也有父母和歷代祖先加諸在我們身上的種種期許與要求。積年累月下來，我們找出如何表達和克服我們的煩惱，以及偶爾發作的憤怒。現在，我們吵架時，不像以前那麼戲劇化，往往更有效率。而且，無論鬧得多僵，我們總會表達對彼此的愛意。

到達奈洛比的第二天早上，蔚藍的天空讓我們精神一振，也逐漸調適時差。我們恢復往常愉快的心情，和奧瑪約在市中心火車站碰面，一起搭乘有條板窗的火車出城，朝西邊前往歐巴馬家族的老家探望。我坐在靠窗位子，車廂裡擠滿肯亞人。有些人的籃子裡裝著活雞，有些人則帶著在城裡買的大件家具。我再次為自己的經歷感到訝異，我這個在芝加哥長大的女孩，原本好好當著律師，就因為身邊這位有著奇怪名字的男子，有一天帶著迷人微笑出現在我的辦公室，從此徹底顛覆了一切。我緊靠著窗戶坐著，看著火車行經非洲最大的城市貧民窟基貝拉（Kibera）。在這個龐大社區，我們看到有著瓦楞鐵皮屋頂、泥濘道路和開放式下水道的低矮簡陋小屋。我從未見過、也難以想像竟然有人過得如此貧困。

我們在火車上待了好幾個小時。巴拉克終於拿起一本書開始看，但我繼續看著窗外。火車向北行駛，奈洛比貧民窟的景象消失眼前，當火車一路搖晃到基蘇木鎮（Kisumu）時，放眼望去是寶石般翠綠的鄉村景致。我、奧瑪和巴拉克在這裡下車，體驗赤道一帶的酷熱。搭上又擠又吵的小型公車，穿過玉米田到達他們祖母住的柯基洛（Kogelo）村莊。

我會永遠記得肯亞那片土地上的深紅色泥土，看起來很肥沃也很原始。我也會永遠記得在路邊大聲跟我們打招呼的孩子，他們黝黑的肌膚上都沾有這種泥土。我記得當我們下了公車，走路到巴拉克祖母的院子時，滿身大汗，又熱又渴。巴拉克的祖母多年來都住在一間悉心照料的水泥屋裡，她在屋子旁邊種菜，還養了幾頭牛。他們都叫她莎拉奶奶（Granny Sarah）。莎拉奶奶身材矮胖，眼神睿智，笑起來滿臉皺紋。她不會說英語，只會說盧奧語，她說她很開心，我們這麼大老遠跑來看她。站在她身邊，我覺得自己好高大。她很好奇地打量我，彷彿想看清我是打哪兒來的，怎麼會出現在她家門口。莎拉奶奶一開始問我的其中一個問題是：「妳的父母當中，哪一個是白人？」

藉由奧瑪的翻譯，我笑著解釋說，我父母都是黑人，基本上就跟我們從非洲過來美國的祖先一樣黑。

莎拉奶奶覺得這很有趣。她似乎覺得一切都很有趣，取笑巴拉克不會說她的語言。她很容易感到快樂，讓我好驚訝。傍晚時分，莎拉奶奶特別宰殺一隻雞，幫我們做一道燉菜，搭配烏伽藜（ugali）這種玉米糊一起吃。晚餐時間一直有鄰居和親戚過來跟奧瑪和巴拉克打招呼，祝賀我們訂婚。當太陽西下、夜幕低垂，我心存感恩、津津有味地吃起美食。村子裡沒有電，到處一片漆黑，只有頭頂上的星星閃閃發亮。我身處此地，猶如奇蹟一般。我和巴拉克共用一間簡陋的臥室，聽著附近玉米田裡蟋蟀不時鳴叫，還有黑暗中的動物發出沙沙聲響。我記得當時對周遭土地和天空感到敬畏，而在那個小屋子裡，也讓我感到舒適安全。我有一份新工作，有未婚夫，也有一個大家庭，甚至有一位給予我們讚許的肯亞奶奶。這是真的：我脫離我原本的世界，到目前為止，一切都很好。

12

我和巴拉克在一九九二年十月一個陽光燦爛的星期六，於芝加哥南區三一教堂結婚了，有三百多名親友到場見證。這是一場盛大的婚禮，而且有必要這麼盛大。芝加哥是我的家鄉，在這裡舉行婚禮，賓客名單肯定一長串。不僅堂親，就連堂親的堂親都住在這裡，他們各自都有子女。我沒有漏掉任何親友，他們每個人的參與，都讓這一天變得更有意義也更加開心。

家父的兄弟姊妹都出席了，母親的家人全員到齊。我在普林斯頓大學和惠特尼楊高中的同學、老友和鄰居也都來觀禮。高中副校長的妻子史密斯太太，不僅是我們的老鄰居，她也幫忙策畫這場婚禮。對街鄰居湯普森夫婦和他們的爵士樂團，則負責婚禮當天的演奏。桑蒂塔穿著低胸黑色禮服，整個人看起來熱情洋溢，她是我的伴娘。另外，我還邀請了盛德律師事務所的老同事和市府新同事。巴拉克任職的律師事務所合夥人及過去社區組織的老友也都前來祝賀。巴拉克的高中同學從夏威夷過來觀禮，他們與從肯亞過來、戴著東非鮮豔色彩帽子的幾位親戚開心地閒聊。遺憾的是，巴拉克的外公去年冬天罹癌過世。但巴拉克的母親和外婆都來了，同父異母的姊姊奧瑪和同母異父的妹妹瑪亞也來了，她們與巴拉克感情深厚，所以不遠千里而來。這是我們兩家人第一次見面，大家都無比歡欣。

我們被愛包圍，歐巴馬家族不拘一格、多元文化的愛，羅賓森家族在芝加哥南區開枝散葉的愛，這一切在三一教堂的靠背長椅上彼此交融。克雷格陪我走進教堂時，我緊緊抓住他的手肘。當我們走到教堂前面，我看到母親注視著我。她坐在第一排，穿著我們一起挑選的黑白亮片連身長禮服，看起來高貴典雅。她抬起下巴，為我感到驕傲。我們每天仍為父親的離世而傷悲，但也如他所願，我們會繼續好好過活。

巴拉克那天早上醒來時有點感冒症狀，抵達教堂後，竟然奇蹟般沒事了。他穿著租來的禮服和新鞋，站在聖壇新郎的位置笑著看我。對他來說，婚姻依然神祕未知，而我比較沒有那種感覺。但在我們訂婚十四個月以來，他一直全心全力投入。我們為了今天精挑細選。起初，巴拉克說自己對婚禮細節不感興趣，最後他深情自信、且如我預期地，對每件事都表達意見，從花卉安排乃至婚禮後在南區文化中心宴客，全程參與、絲毫沒有遺漏。我們一起挑選婚禮歌曲，桑蒂塔在鋼琴琴音伴奏下，為我們吟唱歌聲驚豔全場。

我們選了史提夫．汪達的〈你和我（我們可以征服世界）〉（*You and I*〔*We Can Conquer the World*〕）。第一次聽到這首歌，大概是小學三、四年級，南區阿公送了汪達的《有聲書》專輯給我，那是我的第一張黑膠唱片，彌足珍貴。我把那張唱片留在阿公家，去他家玩時就可以播來聽。阿公教我保養黑膠唱片的方法，包括擦拭唱片凹槽清潔灰塵，以及如何從轉盤上提起唱針，並將唱針放在正確位置上。通常，他會故意走開，讓我自己聽音樂，這樣我就可以自己學習。那張專輯教導我的一切，大都是我這個小女孩用盡力氣唱了一次次學來的。在我看來，我們可以征服世界。在愛裡，你和我，你和我，你和我……

那時，我才九歲。對愛情、承諾或征服世界一無所知。我所能做的只是想像愛情可能的樣貌，以及有朝一日能讓我有如此強烈感受的人會是誰。是麥可．傑克森（Michael Jackson）嗎？還是小熊隊的荷西．卡迪諾（José Cardenal）？會不會是跟我父親很像的人呢？我甚至無法想像「那個人」存在，說真格的，誰會跟我成為「你」和「我」呢？

但現在，我們兩人都在這裡。

三一教堂以充滿活力和熱情著稱。巴拉克從事社區組織工作期間，開始去三一教堂。最近，我們兩人在城裡許多年輕專業非裔美籍朋友的帶領下，成為三一教堂的正式成員。三一教堂的傑瑞米．賴特（Jeremiah Wright）牧師，眾所公認是對社會正義充滿熱情的感性牧師。現在，由他主持我們的婚禮。他歡迎親友到場，並拿起婚戒給大家看，能言善道地談起婚姻意味著什麼，也談到能在充滿關愛的社群見證下成婚多麼有意義。在場的這些人都知道我和巴拉克的點點滴滴。

我當時就感受到，我們在做的事情很有影響力，也明白儀式的重要。我們站在那裡，尚未開展未來，每一個未知的狀況都不可知。我們在唸出婚禮誓言時，只是緊緊握著彼此的手。

不管未來會怎樣，我們都會一起面對。當初我費盡心思計畫婚禮，本來很在意婚禮要辦得優雅大方。但現在我明白，真正重要且會讓我永遠銘記在心的，是那緊緊一握。那一握讓我獲得前所未有的安心，對婚姻和巴拉克這個人都充滿信心。宣告婚禮完成是世界上最簡單的事情。看著巴拉克的臉，我確信他跟我有同樣的感受。當天，我們都沒有哭，聲音也沒有顫抖，不過，倒是有點頭暈。現在，我們要集合幾百名婚禮見證人，往南區文化中心出發。到時大夥會在婚宴上吃喝玩樂，開心到筋疲力盡為止。

✳

為了讓我們都能彼此好好放鬆，蜜月旅行前往北加州進行一場低調的公路之旅：計畫品飲葡萄酒、睡覺補眠、體驗泥漿浴和大啖美食。婚禮隔天，我們飛往舊金山，在納帕（Napa）待了幾天，然後開車沿著一號高速公路前往大蘇爾（Big Sur），在那裡悠閒地看書，凝望美不勝收的藍色海岸線，消除所有煩憂。只不過，巴拉克的感冒愈來愈嚴重，泥漿浴一點也不舒服，黏黏的很討厭。

經過一年忙碌，我們準備好好休息一下。巴拉克原本打算在婚禮前，花幾個月時間寫完書，開始在律師事務所工作。最後卻因一起突發事件，害得原先的計畫都擱置了。一九九二年年初，投票計畫（Project VOTE!）這個無黨派全國組織的領導人與巴拉克接洽，該組織率先在少數族裔投票率低的州，吸引民眾辦理選民登記。他們詢問巴拉克是否願意在伊利諾州進行這個計畫，於芝加哥設立辦事處，以便在十一月選舉前吸引黑人選民。根據估計，伊利諾州約有四十萬非裔美國人有投票資格，卻仍未辦理選民登記，其中大多數人住在芝加哥及附近地區。

雖然這份工作薪水很低，卻跟巴拉克的核心信念相呼應。一九八三年，在芝加哥舉行的一次類似選民登記活動，順利將華盛頓推上了市長寶座。在一九九二年，這次贏得勝選的機率與八三年一樣高：另一位非裔美國人候選人卡蘿．莫斯利．布勞恩（Carol Moseley Braun）以些微之差勝出，贏得民主黨參議員提名，跌破眾人眼鏡，但在大選中選情陷入膠著。與此同時，比爾．柯林頓（Bill Clinton）將與老布希（George H. W. Bush）爭奪總統大位。如今，少數族裔選民可沒有時間冷眼旁觀了。

若說巴拉克全身心投入這項工作，還是太過委婉。投票計畫的目標是，伊利諾州每週有一萬名合格選民登記為新選民，這種選民增加速度實在太驚人。這項工作跟巴拉克先前從事基層組織的工作類似：在春夏兩季期間，他和工作人員跑遍各個教會地下室，挨家挨戶跟未登記的選民交談。同時定期跟社區領導人聯絡，向有錢的捐贈者大力宣傳，幫忙資助製作電台廣告和訊息手冊，發送到黑人社區和公共住宅。投票計畫的訊息明確清晰且態度堅定，直接反映出巴拉克心中的感受：投票是有力量的。若想改變，就不能在選舉日窩在家裡不出門。

晚上，巴拉克回到歐幾里得大道上的住所，通常累到癱在沙發上，看到我走開，他就偷偷抽菸。整個人看起來很累，但還有精神。他密切注意選民登記紀錄：在那年仲夏，每週平均有七千名選民辦理登記，但仍未達到目標。他精心策畫如何傳達訊息、爭取更多志願者，並找出潛在選民。他似乎認為這些挑戰就像魔術方塊，只要有辦法依照正確順序、轉動正確方塊，問題就能迎刃而解。巴拉克也告訴我，最難打動的是年輕人，十八歲到三十五歲的民眾似乎根本不信任政府。

在這段期間，我完全投入市府的工作。有一年時間在市長辦公室與薇拉瑞共事，擔任芝加哥市政府幾個部門的聯絡人，包括衛生與公共服務部門。這項工作牽涉層面很廣，需要接觸很多人，所以我總是精力充沛且興致勃勃。以前，我一整天待在鋪著地毯、可以欣賞湖景的靜謐辦公室裡撰寫案件摘要。現在，我在市府頂樓沒有窗戶的房間工作，這棟大樓整天人聲鼎沸，市民川流不息進進出出。

我漸漸知道，政府問題相當複雜也處理不完。我每天忙著與各部門主管開會，與局長幕僚一起工作，有時被派到芝加哥附近不同社區，瞭解市長收到個人投訴的處理進度。同時開始執行任務，檢查需要移除哪些傾倒樹木、與對交通或收垃圾不滿的社區牧師對話，也經常代表市長辦公室出席社區活動。我還在一次北區舉行的年長市民野餐，出面制止一場失控打架的激烈比賽。這一切都不是企業律師會做的事，因此讓我覺得很有吸引力。我正在以前所未有的方式體驗芝加哥。

在此同時，我也一邊學習其他重要事情。在大多數時間裡，我跟蘇珊・謝爾和薇拉瑞共事，這兩位女性不但自信滿滿，也很有人情味。蘇珊以一種嚴謹鎮定的優雅態度主持會議。薇拉瑞則有辦法在滿屋子固執人士中，直言不諱地說出自己的想法，也常能巧妙地讓人們支持她的論點。她就像一顆迅速移動的彗星那般醒目，而且前途肯定一片光明。在我結婚前不久，薇拉瑞晉升為芝加哥市規畫與經濟發展局局長，並任命我為副局長。蜜月結束後，這項新職務便正式生效。

我見到薇拉瑞的時間比見到蘇珊更多，但我仔細記下她們兩人所做的一切，就像我在大學時對導師潔妮的觀察那樣。這些女性知道自己的意見，也不怕善用自己的意見。需要善用自己的意見時，她們可能幽默謙遜，但不會被他人的誇大其詞所影響，也沒有用自己的觀點來臆測權勢。而且重要的是，她們都是職業婦女。我也在這方面密切關注她們，因為我知道自己也想成為職業婦女。當女兒學校打來電話時，薇拉瑞毫不猶豫地走出大型會議；兒子發燒或幼稚園有音樂表演時，她也會先放下手邊的工作趕忙前去。她們毫不猶豫地優先考慮自己子女的需求，即使這表示偶爾會打亂工作流程，她們並不像我在盛德律師事務所的男同事那樣，把工作和家庭區分開來。我不確定薇拉瑞和蘇珊是否有這種選項，因為她們都是單親媽媽，都有待解決的情感問題和財務挑戰。她們並沒有追求完美，而是以某種方式保持卓越，兩人友情深厚且相互扶持，這一點真的令我動容。她們放下任何偽裝，彼此提攜也互相請益。

✳

我和巴拉克從北加州度完蜜月回來時，同時有好消息與壞消息等著我們。好消息來自十一月選舉充滿改變的態勢。柯林頓在伊利諾州和全國各地以壓倒性優勢獲勝，老布希總統只做一任就下台。卡蘿·莫斯利·布勞恩也大獲全勝，成為有史以來第一位擁有參議院席位的非裔美國女性。對巴拉克來說，更令人興奮的是，選舉日投票率創下史無前例的紀錄：投票計畫帶動十一萬名新選民登記投票，而更廣泛的投票宣傳活動也可能大幅提升整體投票率。

這是十年來，芝加哥黑人首次有超過五十萬名選民參與投票，大家以行動證明，只要團結一致，就能影響政治結果。這件事向立法者和未來的政治人物發出一個明確訊息，也恢復華盛頓市長去世時跟著消失的那種感受：非裔美國人的選票很重要。對任何人來說，忽視或打擊黑人的需求和顧慮，就會在政治上付出昂貴代價。另外，這件事也對黑人社區傳遞一個訊息，提醒我們進步是可能的，我們的價值是可以衡量的。對巴拉克來說，這一切太令人振奮了。雖然很累，但他很喜歡自己的工作，因為這份工作讓他領悟到芝加哥的政治體系有多麼複雜，也證明他的組織本能可以發揮更大規模的作用。他與基層領導人、平民百姓和民選官員合作，成效顯著，幾近奇蹟。有數家媒體都注意到投票計畫這次出色的影響與表現。《芝加哥》（*Chicago*）雜誌的一位作家，將巴拉克形容為「一個身材瘦高、和藹可親的工作狂」，並建議他日後應該競選公職，但巴拉克沒當一回事。

至於壞消息，這位剛剛跟我結婚、身材瘦高又和藹可親的工作狂，無法在截稿日期前交稿，因為他一直忙於吸引更多選民登記投票，最後只寫出部分書稿。我們從加州回到家時，得知出版社取消書約，透過作家經紀人傳話，巴拉克現在必須還清四萬美元預付款。

我不知道巴拉克是否驚惶失措，但他在我面前並未失態。我忙著投入市府的新角色，需要參加更多都市區域劃分委員會會議，但不必像以前那樣經常參加年長市民野餐。我的工作不如以往在律師事務所時操勞，這個城市的日常紛擾讓我晚上還有一點時間留給自己。我在家時，可沒興趣想那些頭痛的事情。寧可倒一杯酒，放空一下腦子，賴在沙發上看電視。如果說巴拉克對投票計畫太過投入，讓我有何領悟的話，那就是為他操心，對我沒好處。有部分原因是，我發現巴拉克操心的事比以往更讓我招架不住。混亂會讓我焦慮，但混亂似乎鼓舞巴拉克。他就像一個喜歡旋轉盤子的馬戲團表演者：如果一切變得太過平靜，他會視為徵兆，表示還有更多事情可做。我開始明白，他是一個過度承諾者，他沒有考慮自己有多少時間和精力，就接受新的計畫。比方說，他答應為一些非營利組織擔任董事，同時在即將到來的春季學期，他也應允在芝加哥大學兼課，而且還計畫接下律師事務所的全職工作。

然後，說到那本書。巴拉克的經紀人保證可以找到其他出版社談定出書事宜，所以巴拉克必須很快寫完。由於他的教學工作尚未開始，已等他一年的律師事務所也願意配合，於是他想出一個似乎再適合不過的解決方案：找個地方租間小屋，排除日常事務的干擾，好好鑽研寫作，一個人安靜地把這本書寫完。就像大學生熬夜趕報告一樣，只是巴拉克估計，他大概需要幾個月的時間，才能完成這本書。在我們結婚六週後，有天晚上他在家裡跟我這麼說，巧妙地透露最後一點訊息：他母親幫他找到了理想小屋。事實上，她早就幫他租好一間租金便宜、環境清幽的海灘小屋。地點在印尼峇里島的沙努爾海灘（Sanur Beach），也就是說他要離我九千英里遠。

✳

聽起來是不是頗像惡作劇？當一個喜歡孤獨的個人主義者，跟一個活潑外向、重視家庭、一點也不愛孤獨的女人結婚時，會發生什麼事？

我想，答案就跟婚姻出現任何問題時，最適切也最有幫助的作法一樣，無論你是誰、面臨什麼問題，都要想辦法調適。只要婚姻關係存續，你就別無選擇。

也就是說，在一九九三年年初，巴拉克飛到峇里島，花了大約五個星期的時間，在那裡獨自生活，努力寫完第一本書《歐巴馬的夢想之路—以父之名》（*Dreams from My Father*）。他以極度講究的字跡，在黃色筆記紙上寫下書稿，每天在椰子樹下散步，看著潮起潮落，想法亦油然而生。與此同時，我待在歐幾里得大道家裡，住在母親家樓上，看著芝加哥再次進入陰鬱的冬季，冰雪覆蓋了樹木與人行道。我讓自己保持忙碌，晚上不是跟朋友見面就是上健身課。我發現自己在工作上或在市區裡跟人們的定期互動中，偶爾會說出這個奇怪的新詞「我老公」。「我老公跟我想要買一間房子。我老公是作家，正在寫一本書。」這是一種令人愉快的陌生感受。腦中也會浮現這個不在我身邊的人的種種回憶。我很想念巴拉克，但我盡可能顧全大局，理解即使我們是新婚夫婦，這個插曲對我們來說是最好的安排。

他暫時離開是為瞭解決混亂待完成的書稿，而且想自己搞定。此舉或許是為我著想，讓我不必跟著他蹚渾水。我則必須提醒自己，我嫁的人是個跳脫傳統的思想家。他正以最明智也最有效的方式處理自己的事情，即使表面上看來他像是去海灘度假。也就是說，在跟我度完蜜月後，他去跟自己度蜜月了（感到孤單時，我難免會這樣想）。

我想到史提夫．汪達那首歌的歌詞，你和我，你和我，你和我。我們夫妻都在學習適應，學習為**我們**打造一個穩固而永久的形式。即使我們一直是同一個人、多年來都與彼此相伴，但我們現在有了新的身分，有第二種身分要顧慮。他是我的老公。我是他的老婆。我們站在教堂裡，對彼此和這個世界大聲宣誓過。婚姻確實讓我們覺得，好像彼此虧欠對方什麼。

對於許多女性（包括我在內），「老婆」一詞好像是種負擔。這樣講是有典故的。如果你跟我一樣，是在一九六〇年代和一九七〇年代長大，就會認為「老婆」似乎是電視情境喜劇中的典型白人婦女，留著時髦髮型，穿著塑身衣保持曼妙身材，整天開開心心。她們待在家裡打理小孩，為家人精心準備晚餐。有時會喝杯雪利酒，或是與真空吸塵器推銷員調情，但好玩的事好像只有這些。諷刺的是，我在歐幾里得大道家中客廳看著那些節目，而在我自己家裡，我母親也是當個家庭主婦，毫無怨言為我們料理晚餐，伺候我那整潔體面、忙完一天工作回家休息的父親。我父母這種男主外、女主內的家務分工，和我們在電視上看到的家庭一樣傳統。事實上，巴拉克有時開玩笑說，我的成長就像是電視影集《天才小麻煩》（*Leave It to Beaver*）的黑人版本。芝加哥南岸羅賓森家族就像這齣影集裡梅菲德（Mayfield）的克利弗家族（Cleavers），安穩且生氣勃勃，只不過我們當然是比較貧窮的版本。克利弗先生穿西裝，家父穿的是市府工作人員的藍色制服。巴拉克帶了一絲羨慕之情做出這種比較，因為他自己的童年截然不同。但他也以此反擊人們對非裔美國人家庭根深柢固的刻板印象。大家都以為非裔美國人家庭破碎，無法像白人鄰居那樣，實現有安穩家庭並晉升中產階級的夢想。

小時候，我很迷《瑪麗・泰勒・摩爾秀》（*The Mary Tyler Moore Show*）。女主角瑪麗有工作，擁有許多時髦衣服，髮型也很好看。她既獨立又有趣，跟電視上其他女性不同，而且她的問題都很有趣。她談話的主題與小孩或家庭作業無關。她不讓上司對她頤指氣使，也不急著找人嫁。她很年輕，也追求自我成長。在網際網路出現的幾十年前，當世界幾乎完全透過三個電視頻道形塑而成時，這個節目真的很重要。如果妳是聰明又有想法的女孩，希望自己長大後不只為人妻母，那麼瑪麗・泰勒・摩爾就會是妳的女神。

現在，二十九歲的我坐在同一間公寓看電視，吃著耐心無私的母親瑪麗安準備的食物。我擁有好多東西：受過高等教育，有成熟的自我意識，也有遠大抱負，而且我夠聰明，知道這一切都要歸功於母親灌輸給我的想法。上幼稚園前，她就教我如何閱讀；在我像隻小貓坐在她的大腿上時，她帶著我一起讀圖書館借來的童書《狄克與珍》，一個字、一個字教我唸出來。她細心料理食物，把綠花椰菜和球芽甘藍放在盤子上，要求我們多吃蔬菜。而且，她還親手幫我縫製舞會禮服。重點是，她不辭辛勞地給予我們一切。她為了家人而犧牲自己。我長大後才明白，她把所有時間都花在我和克雷格身上，根本沒有時間為自己著想。

生命中這麼多恩賜，在心理上鞭策著我自己。父母教導我要有自信，不要自我設限，要相信我可以追求並獲得我想要的任何東西。而我什麼都想要。因為就像已故好友蘇珊說的，**有何**

不可呢？我想跟瑪麗・泰勒・摩爾一樣，活出職業婦女的獨立自主，也渴望像我母親那樣為人妻母，過著穩定、自我犧牲、看似平淡無奇的生活。我希望同時擁有職場與家庭生活，但前提是這兩種生活能取得平衡。我希望能像母親，但同時也希望自己不要跟她一樣。仔細想想就會覺得奇怪又困惑。我可以擁有一切嗎？我會擁有一切嗎？我不知道。

與此同時，巴拉克從峇里島返家，整個人曬黑了。他帶回一個裝滿黃色筆記本的書包，將獨居生活轉變為文學上的勝利。基本上，他的書完成了。幾個月內，他的經紀人就與一家新出版社談妥合作，不但幫他還清債務也擬妥出版計畫。對我來說更重要的是，我們在幾個小時內，恢復新婚生活的輕鬆節奏。巴拉克就在身邊，他的獨居生活結束了，回到我的世界裡。**我的老公**微笑地看著我說笑，想知道我一天過得如何，也會在晚上吻我入睡。

幾個月匆匆過去，我們做飯、工作、談笑風生也執行計畫。那年晚春時節，我們終於存夠錢買一間公寓。從歐幾里得大道南段七四三六號搬出來，住進海德公園旁邊一間有著硬木地板和瓷磚壁爐、長條型格局的漂亮公寓。這裡成為我們生活的新基地。在巴拉克的鼓勵下，我再次冒險轉換職涯。為了探索一直很感興趣的非營利組織工作，加上找到一個可以讓我成長的領導職務，我不得不揮別市府同仁薇拉瑞和蘇珊。關於我的生活，我還有很多事情沒搞清楚，包括如何兼顧事業與家庭，這個謎團仍未解開。但現在，所有更深層次的問題都先被我深埋心底、暫時擱置不予理會。我想，任何煩惱都不必急著解決，因為我們現在是夫妻一體，我們很幸福。而幸福，似乎是一切的起點。

13

新工作讓我緊張不安。非營利組織「公眾聯盟」（Public Allies）聘請我擔任芝加哥分會的執行董事。基本上，這個組織才剛成立不久，有點像新創母公司旗下的新創子公司，而且我沒有這方面的專業經驗。公眾聯盟一年前剛在華府成立，由凡妮莎・克許（Vanessa Kirsch）和卡崔娜・布朗（Katrina Browne）共同創辦。她們剛從大學畢業，有興趣幫助更多人以公共服務和非營利組織的工作，發展個人職業生涯。巴拉克在一次會議上遇到她們兩人，並成為該組織的董事。最後，巴拉克建議她們與我聯絡談談這份工作。

公眾聯盟的運作模式類似「為美國而教」（Teach for America），只是前者相對較新：公眾聯盟招募有才華的年輕人，給予他們密集培訓和專人指導，並安排他們到社區組織和公家機構，進行十個月的支薪實習，希望他們有所成長並以有意義的方式做出貢獻。公眾聯盟有更長遠的目標，希望提供機會讓組織招募的成員（我們稱為盟友）累積經驗，也讓他們有動力長年在非營利組織或公共部門服務，有助於建立新一代的社區領袖。

這個構想引起我的高度共鳴。我還記得在普林斯頓念大四時，許多同學都忙著參加醫學院入學考試（MCAT）和法學院入學考試，或是穿著正式參加企業訓練方案的面試，沒有人（至少以我的例子來說）考慮或知道還有更多具公民意識的工作選項。跟「為美國而教」一樣，公眾聯盟旨在導正這種狀況，透過前述方式讓年輕人在思考職業生涯時，擴大自己的眼界。但特別深得我心的是，公眾聯盟創辦人不是要找常春藤聯盟畢業生進入都市社區工作，而是要尋找和培養現有人才。不用大學學歷也能成為盟友，只要你有高中畢業證書或是高中同等學歷證明，年齡在十七歲到三十歲之間，已展露某種領導能力即可，即使在生活中仍無法充分發揮該能力也無妨。

公眾聯盟關心的是可造之才，尋找、培養並善用可造之才。這是一項任務，尋找本來可能被忽視、但其實很優秀的年輕人，給他們機會做有意義的事情。對我來說，這份工作幾乎就像命定的機緣。我以往只能在盛德律師事務所四十七樓辦公室，以渴望的眼神俯瞰窗外南區景色，想有一番作為。這個新工作的出現，終於讓我可以善用自己知道的一切。我有一種感覺，就像自家附近還有很多可造之才未被發掘，南區也有很多可造之才遭到埋沒，我確信自己知道怎樣找出他們。

考慮這個新工作時，我的思緒經常回到孩提時代，尤其是在布林莫爾讀二年級時，整個月課堂上鉛筆亂飛，一片混亂。幸好，母親有足夠的錢讓我跳級轉班。當時，我只為自己的幸運感到寬慰。但是，當我的人生從此愈來愈順遂，我就更常想到被困在那間教室的二十多個孩子，一個漠不關心、沒有教學熱忱的老師耽誤了他們。我並不比他們當中任何一個人聰明，我只是擁有解決問題的優勢。現在，我長大了，更常想到這一點，尤其是人們為我的成就鼓掌時，好像這一切並不是因為一種奇怪而殘酷的隨機現象。但是那些小二學生並沒有犯錯，卻因為遇到不好的老師，而失去一年的學習經歷。在這方面，我看過夠多例子，很清楚即使是小缺失，也可能迅速演變成大問題。

回到華府，公眾聯盟的創辦人已召集十五位盟友，這批新人在城市中各種組織工作。他們還募得足夠資金在芝加哥開設一個新分會，成為首批透過柯林頓總統設立美國志工團（AmeriCorps）服務計畫，取得聯邦資助的組織。這點讓我既欣喜又不安，因為我是芝加哥分會會長。不過，跟公眾聯盟商談工作條件時，當時我對非營利組織的工作已有一種認知：這種工作薪水很低。起初，公眾聯盟提出的薪資相當微薄，遠低於我在芝加哥市府的薪資水準，而市府薪資已經是我當律師時收入的一半。所以，我實在沒辦法答應公眾聯盟的提議。這也讓我有了另一種認知：某些非營利組織，尤其是像公眾聯盟這種由年輕人創辦的非營利組織，以及在這類組織工作、懷抱大愛、充滿熱忱的許多人，都和我不一樣。他們似乎沒有經濟壓力，即使薪資微薄也能接受。身為人生勝利組，他們擁有許多優勢，可能是無須償還學生貸款，或是日後將繼承大筆財產，總之不用擔心先賺夠錢為未來做打算。

顯然，如果我想加入這群人，就必須想辦法協商，依據我需要的薪資提出要求，那可是一筆遠超過公眾聯盟預期支付的金額。但這就是我面臨的現實狀況，我不能因為自己的需求而羞於啟齒或不好意思。除了固定生活費外，我每個月還要償還約六百美元的學生貸款，而且我老公自己也有法學院學生貸款要還。當我告訴公眾聯盟，我為了完成學業借了多少錢、每個月要償還多少學生貸款時，該組織領導者幾乎不可置信。但是，他們勇敢走出去募得新資金，讓我能夠加入他們。

所以，我決定接下這個新工作，也渴望充分利用這個大好機會。說真的，這是我第一次有機會從頭開始建功立業：成功或失敗幾乎完全取決於我的努力，而非上司或他人之力。一九九三年，我整個春天都拚命工作設立辦公室並聘請幾名員工，只為在秋天以前成立一個盟友班。我們在密西根大道一棟大樓找到租金便宜的辦公空間，設法跟一家正在重新裝修辦公室的企管顧問公司洽談，說服對方奉送大批二手桌椅給我們。

在此同時，我善用自己和巴拉克在芝加哥的一切人脈，尋求能幫助我們獲得長期資助的捐助者或關係人，我們也接洽任何願意在隔年讓盟友實習的公共服務組織。薇拉瑞幫忙安排盟友在市長辦公室和市府衛生局實習，讓他們執行社區兒童免疫接種計畫。巴拉克動用社區組織工作的人脈，提供我們法律援助、宣傳倡導和教學的機會。我在市長辦公室的一位同事同意加入公眾聯盟芝加哥分會的顧問委員會。盛德律師事務所合夥人也捐款贊助，並幫我介紹重要贊助者。

對我來說，最興奮的是尋找盟友。多虧了公眾聯盟這個全國性組織，我們可以在全國各大學校園刊登徵才廣告，同時一邊尋找芝加哥附近的人才。我率領團隊成員拜訪芝加哥附近的社區學院和市內一些大型高中。我們也造訪卡布里尼格林（Cabrini-Green）公共住宅，參與社區會議，並遊說單親媽媽一起合作進行計畫。我們詢問遇到的每一個人，牧師、教授、附近麥當勞的經理等，一個都不放過，請他們想想自己認識的人當中，哪些年輕人最有意思？哪些人是領導者？誰準備好要一展長才？這些人就是我們想要的人才，我們要鼓勵他們申請盟友資格，敦促他們暫時忘記任何導致不可能障礙。而身為組織一員，我們也盡全力滿足盟友的需求，無論是提供公車卡或幼兒照顧津貼。

同年秋天，我們擁有一個由二十七名盟友組成的團隊，在芝加哥各地實習。從市政廳到南區社區援助機構——位於皮爾森（Pilsen）一所特殊才藝高中的拉丁裔青年新願景中心（Centers for New Horizons to Latino Youth），都能看到他們的身影。盟友團隊是活力十足、兼容並蓄的團體，充滿理想主義和遠大抱負，代表各種階層背景。有位盟友曾是幫派成員，也有位盟友是拉丁裔女性，在芝加哥西南部長大並在哈佛大學求學。有個二十出頭的女盟友住在芝加哥南區公共住宅「羅伯特泰勒家園」（Robert Taylor Homes），有一個小孩要養，同時也努力存錢上大學。還有一位來自南區格蘭大道（Grand Boulevard）的二十六歲年輕人，他沒有完成高中學業，靠著圖書館資源努力自學，後來取得高中文憑。

每週五，盟友團隊聚在主辦機構的辦公室，花一整天時間進行工作簡報，互相聯繫感情，參加與不同社區領導組織合辦的一系列專業發展研討會。這些日子讓我最為念念不忘。我喜歡盟友陸續到來，整間辦公室變得鬧烘烘，他們會把背包丟到角落裡，脫掉身上一件件厚重冬衣，大家圍成一個圓圈坐著。我喜歡幫助他們解決各自的問題，無論是怎麼用Excel試算表工具、搞定上班服裝，或是面對滿屋子自信滿滿的知識分子時，如何鼓起勇氣表達想法。有時，我不得不給盟友臉色看。如果耳聞哪位盟友上班遲到，或是沒有善盡職責，我會嚴厲告誡，我們期待他們做得更好。當盟友因為安排不當的社區會議或機構中的問題客戶而感到沮喪時，我會建議他們看開一點，並提醒他們，自己已經比別人更幸運。

不管怎樣，我們還是慶祝每一個新的學習或進步。而且，我們真的學到很多，也進步很多。並非所有的盟友都會繼續在非營利組織或公共部門工作，也不是每個人都能設法克服自身背景的障礙。但隨著時間演變，我一直驚喜發現，其實在我們招募的人才中，有很多人成功了，也長期致力於為更重大的公共利益服務。有些人成為公眾聯盟的工作人員，有些人現在甚至是政府機構和非營利組織的領導者。公眾聯盟成立二十五年後，仍然繼續成長茁壯，在芝加哥和其他二十多個城市設有分會，在全美各地成功培訓數千名盟友。知道自己發揮了一點點影響力，協助創造可源遠流長的不朽，可謂我職業生涯中最值得滿意的一件事。

我像新手爸媽那樣，費心照料公眾聯盟，並為公眾盟友感到自豪。每天晚上就寢前，我都思忖還需要做些什麼。每天早上醒來，腦海裡會先盤算一番，今天該做什麼，這週和這個月又該做什麼。隔年春天，我們培訓的第一批、共計二十七位盟友畢業後，在秋天又招募一批新盟友，這次有四十人加入，芝加哥分會也繼續成長茁壯。事後看來，我認為這是自己做過最棒的工作，過程中一直感覺非常美好。無論是為西班牙語母語人士找到一份好工作，或是消除某人在陌生社區工作的恐懼，任何一個小小的勝利，都是辛苦努力得來的。

事實上，這是我人生中第一次覺得，自己正在做一些有意義的事情，這些事情直接影響他人的生活，同時也讓我跟家鄉和自身文化產生連結。我也更能理解，巴拉克在擔任社區組織者或在投票計畫陷入苦戰，全心全意想把這場仗打贏的感受。這是巴拉克唯一喜愛且永遠熱愛的戰鬥。這種戰鬥會讓你筋疲力盡，同時也會滿足你所有需求。

✳

在我全心投入公眾聯盟時，巴拉克已經進入一段相對溫和且可預測的時期，至少根據他自己的標準來說是如此。他在芝加哥大學法學院開班講授種族主義與法律，白天在律師事務所工作，主要處理與投票權、就業歧視有關的案件。有時，他還會舉辦社區組織研討會，並在公眾聯盟芝加哥分會為盟友們主持週五會議。表面上看來，對於一個三十多歲、熱心公益的知識分子來說，這種現況似乎很理想。他為了自己的原則，拒絕任何有利可圖也更有聲望的工作。在我看來，他已經找到了一種令人欽佩的平衡。他是律師、老師，也是創立者、發起人，而且，他很快就會成為出書作家。

從峇里島回來後，巴拉克花了一年多的時間，在工作空檔撥出幾小時修改初稿。我們在公寓後面隔出書房，巴拉克深夜會在這個小房間工作，空間小到像是書本散落各處的沙坑。所以，我開玩笑把書房比喻為巴拉克的窩。他在書房工作時，我偶爾會進去瞧瞧，踩過地上成堆的紙張，坐在他椅子前的腳凳上，設法用笑話和笑容逗他，將他的思緒從遠處拉回來。對於我的入侵，他總是幽默以對，但前提是，我不能待太久。

我開始明白，巴拉克是那種需要有自己小窩的人，而且是封閉的小窩，在那裡可以不受干擾地閱讀和書寫。這個小窩就像一個入口，讓他的想法可以天馬行空。在那裡度過的時間，似乎讓他獲得不少啟發與靈感。為此，我們設法在住過的每個房子，創造屬於他的小窩，任何僻靜角落或凹室（alcove）[14]都可以。直到現在，每當造訪夏威夷租屋處或瑪莎葡萄園島（Martha's Vineyard）時，巴拉克還是會找個空房間充當度假小窩。在那裡，他可以翻閱正在閱讀的六、七本書，隨意地把報紙扔到地上。對他來說，小窩是一種神聖處所，是洞察力的發源地，也能讓思緒清明。但對我來說，小窩代表令人厭惡的混亂。我對小窩只有一個要求，不管在哪裡，小窩都得有一扇門，好讓我可以關上它。原因很簡單，亂糟糟的地方，眼不見為淨。

一九九五年夏天，巴拉克的第一本書《歐巴馬的夢想之路—以父之名》終於出版了。這本書獲得好評，但是銷路平平。不過沒關係，因為重要的是，巴拉克寫出了自己的人生故事，將他融合非洲、堪薩斯州、印尼、夏威夷、芝加哥的多重身分拼湊在一起，用這種方式寫出自我整合的故事。我為他感到驕傲。他以文字和印象中的父親講和。當然，這只是巴拉克一廂情願的想法，只有巴拉克試圖填補父親缺席的每個空白，設法理解父親留下的每個謎團。但這也符合他從小到大的一貫作風。我發現，巴拉克從小時候開始，就設法獨自承擔一切。

14 編按：即指大房間中凹入的小空間。

✳

寫完書後，巴拉克平日多出了一點時間，也有空跟親友聯絡，他覺得有必要趕緊補足這部分。在個人方面，他一直應付難熬的消息：他的母親安被診斷出罹患卵巢癌，從雅加達搬回檀香山接受治療。據我們所知，她接受良好的醫療護理，化療看來有效。瑪亞和外婆都在夏威夷照顧她，巴拉克經常打電話問候。但是安確診時已是癌症末期，很難知道後續狀況會怎樣。我知道巴拉克內心遭受嚴重打擊。

與此同時，在芝加哥這邊，政治言論又重新開始熱絡。小戴利市長在一九九五年春天勝選，邁向第三次連任。如今，每個人都在為一九九六年的選舉做準備，伊利諾州將選出一位新聯邦參議員，柯林頓總統則要競選連任。另外，有位聯邦眾議員因為性犯罪正在接受調查，所以伊利諾州第二選區（包括芝加哥南區大部分地區），民主黨可以提名一位代表參與補選。當時，愛麗絲·帕爾默（Alice Palmer）是頗受歡迎的州參議員，選區包括海德公園與南岸，巴拉克在參與投票計畫時就認識她。帕爾默私下開始表示，她打算參與補選。結果，她本身州參議員的席次就會空出來，巴拉克就有機會參選。

他有興趣嗎？他會參選嗎？

我當時不可能知道，但這些問題將在未來十年主導我們的生活，就像在我們做的所有事情背後，規律出現的一股聲音。「他會嗎？他可以嗎？他打算這麼做嗎？」他該這麼做嗎？但是在回答這些經常出現的問題之前，巴拉克在競選任何公職之前，都會先發制人提出一個初步問題。他第一次提出這個問題時，也讓我知道帕爾默的席位出缺。他說自己可能不僅僅是律師、教授、組織者、作家，可能還要加上州議員的身分。他叫著我的小名問道：「小雪，妳覺得怎麼樣？」

對我來說，這個問題其實不難回答。我認為巴拉克競選公職並非好主意。每次回答這個問題時，我的具體推論可能有些不同，但主要立場都堅定不移。但就像各位看到的那樣，我的意見根本無法阻止任何事情。

以一九九六年伊利諾州州參議員選舉來說，當時我做出以下推論：我不太欣賞政治人物，因此也不樂見老公成為政治人物。我對伊利諾州政治事務的瞭解，大都來自報章新聞，而那些新聞似乎都不太正面，也沒有提到什麼政績。桑蒂塔的父親就是政治人物，認識她以後，我覺得政治人物必須經常在外奔波。整體來說，我認為立法者簡直就像縮頭烏龜，厚顏無恥，行動緩慢，滿腦子一己私利。在我看來，巴拉克太過認真，滿腦子大膽計畫，很難忍受春田市州參議院圓頂大樓裡面那種難以捉摸、彼此拉鋸的敵意。

一定有更好的方法可以讓一個好人發揮影響力。老實說，我當時認定巴拉克一旦從政就會被徹底擊垮。

然而，我也捫著良心自問，卻聽到一股不同的聲音。如果巴拉克自認可以在政治上有所作為，那我為什麼要阻擋呢？我憑什麼在他還沒嘗試之前，就重挫他的想法？畢竟，在我不想當律師的時候，他是唯一鼓勵我大膽去做的人，他對我去市府工作感到擔憂，但仍然支持我。現在，是誰必須身兼多職，補足我在公眾聯盟擔任全職社會改革者的微薄薪資？我們在一起這六年裡，他從來沒有懷疑過我的直覺或能力。他總是跟我這樣說：**別擔心。妳可以這樣做。我們會搞定一切**。

所以，我贊成他首度競選公職，但身為人妻還是有點擔心。「我想，你會感到沮喪，」我先提醒他：「如果你最後當選了，就得去州參議院上班，無論你再怎麼努力，最後總是一籌莫展時，肯定會承受不了。」

巴拉克聳聳肩說道：「也許吧，但我或許也能做些有用的事。誰知道呢？」

「沒錯。」我也聳肩回答。他這麼樂觀面對，我可不想澆他冷水，「未來的事誰知道呢？」

✳

對任何人來說早已不是新聞，但我的老公真的成為政治人物了。他是一個想在世界上發揮影響力的好人。儘管我對他從政一事有所疑慮，但他認為這是一展長才的最佳方式。這就是他的信仰本質。

巴拉克於一九九六年十一月當選為伊利諾州州參議員，並在兩個月後，也就是隔年年初宣誓就職。令我驚訝的是，我開心看著競選活動揭開序幕，也幫忙找人連署讓他參選。我在週六到社區跟街坊鄰居拜票，聽聽居民對伊利諾州及州政府有何意見，以及他們認為必須解決的一切問題。對我來說，這些事讓我聯想到小時候跟著父親一起度過的週末。當時家父為了善盡選區主委職責，挨家挨戶傾聽民意。除了鄰里活動，巴拉克並不需要我為他做些什麼，這實在太適合我了。我可以把競選活動當成一種嗜好，有空就參與，享受其中的樂趣，其餘時間專心做好自己的工作。

在巴拉克宣布參選不久後，他的母親就在檀香山去世了。她的離世如此突然，以致巴拉克沒來得及見母親最後一面。這件事讓他傷心欲絕。因為，若不是母親的帶領，他無法體會文學世界的豐富迷人，以及有理論依據的論證多具影響力。若不是她，巴拉克無法感受到雅加達季風來襲時的傾盆大雨，也無法領略峇里島水神廟的異國風情。沒有她，巴拉克可能不會心存感激，知道從亞洲搬到北美洲生活是多麼愜意和令人興奮，也可能不知道如何接納不熟悉的事物。巴拉克的母親是一位探險家，勇於追求內心的渴望。我從大大小小事情上看到，巴拉克身上有著她的精神。失去她，我們都心如刀割，就像當初我父親過世時一樣痛。

如今時值冬天，立法機關正在會期中，我們每週都分開很長一段時間。星期一晚上，巴拉克開車四小時到春田市，然後入住一家平價飯店，很多州議員都住在那裡。通常，他會在週四晚上回來。他在州議會大樓有一小間辦公室，在芝加哥有一名兼職幕僚。他減少在律師事務所的工作，但為了還清我們的債務，他在法學院開了更多課。他把課排在不必去春田市的那幾天，也在州參議院休會期間教更多課。他在春田市開會期間，我們每天晚上通電話，說說各自發生的事和聊聊趣聞。巴拉克週五回到芝加哥時，我們固定在那晚約會。我們把工作做完後，通常會在市中心辛芬黛（Zinfandel）這家餐廳碰面。

現在，那些夜晚真是讓我回味無窮。餐廳氣氛很好，燈光柔和，我總是期待週五晚上的約會趕緊到來。我會準時出現，而且總是我先到。我會在餐廳等著巴拉克，因為這是一週工作的結束，也因為已經習慣他會遲到。至少我很清楚，他最後一定會出現，我的心會像往常一樣雀躍，看著他走進餐廳，把冬天厚重外套遞給餐廳老闆，然後走過餐桌，當我們終於目光交會，他會對我咧嘴一笑，然後先吻我，再脫下西裝外套掛在椅背上，這才坐下來。**這就是我的老公**。他跟往常一樣，先把我搞定。我們每週五幾乎都點同樣的菜色，包括燉牛肉、朝鮮薊和馬鈴薯泥。而且，每道菜都吃得一乾二淨。

對我們來說，這是一段美好時光，婚姻美滿，他為他的志向打拚，我為我的抱負努力。在春田市，州參議員會議開議前一週，巴拉克就提出了十七項新法案，可能創下紀錄，但是以他渴望有所建樹的標準來說，這根本不算什麼。有些法案最後會通過，但大多數法案會在共和黨主導的議會中很快便無疾而終，被黨派關係和新同儕之間瀰漫的犬儒主義所擊倒。在巴拉克剛當上州參議員那幾個月，情況果真如我預期。政治是一場戰鬥，戰鬥會讓人疲憊不堪，包括處理對峙和背叛、目睹不當交易，以及有時必須忍痛做出讓步。但我也發現，巴拉克的預測正確無誤。奇怪的是，他竟然能適應議會立法的爭鬥，在政治漩渦中保持冷靜，習慣成為一個局外人，以他那種夏威夷式的輕鬆步調取得勝利。他懷抱希望，努力不懈，堅信自己願景的某些部分，總有一天會占上風。從政讓他受到打擊，但他並沒有為此困擾。看來，他確實是從政的料。他就像一個舊銅鍋，經過一翻敲打後，還能維持光亮。

我也處於新的過渡期。接受了連自己也嚇一跳的新工作，決定離開我一手打造並細心照料的公眾聯盟芝加哥分會。三年來，我全心全意負責分會的大小事務，就連影印機沒紙要裝紙這種小事也親力親為。由於多年來聯邦政府資助和基金會的支持，公眾聯盟蓬勃發展，幾乎保證可以永續經營下去。我覺得自己已能放心離開。就在一九九六年秋天，一個新機會突然出現。數年前，我在芝加哥大學見過亞特・薩斯曼律師，他打電話通知我有個新職缺。

芝加哥大學正在尋找一位專注社區關係的學生事務處副處長（associate dean），致力於讓芝加哥大學透過制定社區服務計畫，協助學生取得到附近社區擔任志工的機會，好讓學校與這座城市、尤其是校園附近的南區社區，建立更密切的整合。就像公眾聯盟的職位，這份新工作以我一直生活的現實世界為訴求。正如我先前對亞特說的那樣，我一直覺得芝大不好申請，也沒有比我就讀的東岸名校有趣。一切都是因為，芝大一直跟鄰近社區格格不入。現在，我有機會設法降低這些壁壘，讓更多學生參與城市活動，也讓更多市民瞭解這所大學。這個機會讓我振奮不已。

除了興奮之情，還有其他原因讓我決定換工作。芝加哥大學提供的組織穩定性（institutional stability），並非新成立的非營利組織所能比擬。而且，我可以拿到更優渥的薪資，更合理的工作時數，影印機沒紙時有人裝紙，雷射印表機故障也有人修理。我現在已經三十二歲了，開始深思自己想要承受的負擔。在辛芬黛餐廳的週五約會夜，我和巴拉克常以多年來習慣的方式交談，討論成效，各自如何發揮以及在何處發揮影響力，還有如何將我們的時間和精力做最好的分配。

對我來說，我是誰以及我想要怎樣的生活這些老問題又開始浮現腦海，不時對我提問。我接受這個新工作，有部分原因是想擁有多一點時間，也因為它提供了絕佳的醫療福利。對我們來說，這一點變得很重要。當巴拉克和我在週五晚上，手牽手在辛芬黛餐廳享用燭光晚宴、吃完燉牛肉、等著享用甜點之際，我們的幸福生活出現一個很大的難題。我們想要懷孕，卻一直沒成功。

✳

事實證明，即使深愛彼此、堅守職業道德的兩個人，也無法隨心所欲懷孕。懷孕是強求不來的。而且更令人抓狂的是，努力和報酬之間沒有對等關係。我和巴拉克都相當驚訝與失望。無論我們怎麼努力，似乎都無法懷孕。有一段時間，我安慰自己只是時機問題，因為巴拉克從春田市回來時，未必是我容易受孕的危險期。我們不是依據每月註記荷爾蒙變化嘗試受孕，而是配合伊利諾州州議會的會期。我想，這是我們可以試著解決的一件事。

但是，我們做的調整沒有奏效，即使巴拉克在議會投完票後，驅車在州際公路上奔馳，趕回家配合我的排卵期，甚至在參議院夏天休會期間，整天待在家，我還是未能成功受孕。經過多年採取謹慎避孕措施後，我現在卻努力想懷孕。我把懷孕當成一項使命。有一次，受孕檢查呈現陽性結果，我們兩人拋開一切煩憂，開心到暈頭轉向，但幾個星期後我流產了。流產讓我身體不適，也讓我們原本樂觀的情緒，陷入谷底。看到媽媽帶著小孩在街上開心走著，我會感到一陣渴望，然後湧現自覺不足的悲傷。唯一的安慰是，我哥和我們住得很近，只隔一條街。哥哥嫂嫂生了雷斯莉和艾弗利兩個漂亮寶貝。過去和他們一起玩，講故事給他們聽，讓我獲得安慰。

如果我打算書寫一些人在經歷之時卻無人可訴說聞問的事情，我可能會從流產開始寫起。流產讓人徹底感到孤獨、痛苦和沮喪。流產時，妳可能誤以為那是個人挫敗，但事實並非如此。或者，妳會把流產視為悲劇，但不論當下受到多大磨難，事實也非如此。沒有人告訴妳，流產一直在發生，而且流產的女性人數比妳想像的更多，只是大家沒說出來。我對幾個朋友提到我流產了，才知道她們也流產過，她們用愛和自己的故事來支持我。雖然我的傷痛還在，但她們透露自己的遭遇，在我最難熬的期間穩定我的情緒，幫助我看到自己經歷的只是正常的生理問題，受精卵可能基於正當理由而需要擺脫困境。

有個朋友指點我去找他們夫婦看的婦產科醫師。巴拉克和我找那位醫生做檢查並詳談，根據醫生表示，我們兩人都沒有什麼大問題。但我們無法懷孕的謎團仍舊存在。他建議我嘗試持續幾個月服用Clomid這種用於刺激排卵的藥物。我照做但沒有效，於是他建議我們進行體外受精。非常幸運的是，這部分的費用大都由我任職芝加哥大學的醫療保險給付。

感覺就像買了一張只跟科學有關、中獎機率很高的彩券。可惜，初步醫療作業結束時，州議會的秋季會期開始了，我那位可愛細心的老公，留我一人設法讓生殖系統發揮最高效率。也就是說，在幾週之內，我必須每天給自己打針。整個計畫是，我先用一種藥抑制排卵，然後用另一種新藥刺激排卵，這樣卵巢就會排出許多可存活的卵子。

這個計畫牽涉到的所有步驟和不確定性，讓我感到焦慮不安。但我想要一個孩子，這是一種永遠存在的需求。小時候，當我厭倦親吻洋娃娃的塑膠皮膚時，會懇求母親再生一個小孩、一個真正的嬰兒，並答應母親我會做好所有的工作。但是母親不遵守約定，我會翻遍內衣抽屜找出避孕藥，心想如果把藥沒收，也許會有效。但事實顯然跟我想的不一樣。但是，我等得夠久了。我想要一個家庭，巴拉克也是，現在我獨自一人在公寓的浴室裡，試圖以所有名義鼓起勇氣將針筒插進大腿。

或許就在那個時候，我頭一次埋怨巴拉克從政，也氣巴拉克對這項工作堅定不移的承諾。或許我只是感受到身為女性的沉重負擔。不管怎樣，他人都不在，獨留我一人在這裡承擔責任。我已經感覺到，我會比丈夫犧牲更多。在接下來幾星期，我每天去醫院照超音波檢查排卵狀況，他則忙著處理日常事務。他不用抽血，不必為了進行子宮頸檢查而取消任何原訂會議。我的老公寵我，也花時間做他能做的事情。他閱讀所有關於體外受精（ＩＶＦ）的文獻，用整晚的時間與我交談。但他唯一的職責只是出現在醫生辦公室，並提供一些精子。等他完成該職責，便可以開心去喝杯馬丁尼。這一切都不是他的錯，但也太不公平了。對在生活中講究平等的女性來說，這可能有點令人困惑。為了實現我們的夢想，我必須改變一切，把我的熱愛和事業夢想暫時擱置一旁。我發現自己開始計較。我想要小孩嗎？是的，我非常想要小孩。所以，我拿起針筒插進身體裡。

✳

大約八週後，我聽到一個讓所有埋怨一掃而空的聲音：透過超音波檢查，我聽到體內那溫暖洞穴裡發出了像是水波嗖嗖作響的心跳聲。我們真的有寶寶了。突然間，責任和相對犧牲的意義，變得截然不同，就像景色煥然一新的感覺。現在，連屋裡所有家具都要重新擺設，好讓一切顯得完美無缺。我帶著一個祕密走來走去，這是我的特權，也是身為女性得到的禮物。我懷孕了，心情無比歡欣。

在懷孕頭三個月，雖然仍然忙於工作，巴拉克每週還是要到州政府開會，但即使我筋疲力盡，卻依然興奮異常。外在的生活如常進行，但現在我體內有個小嬰兒正在成長，而且是個小女孩（因為巴拉克實事求是，而我喜歡規畫，所以我們當然迫不及待確認胎兒性別）。我們看不到她，但她就在我的體內，隨著秋天過去，冬天來臨，春回大地，寶寶的體型變大，精力也更旺盛。原先我羨慕在懷孕過程中，巴拉克可以置身事外、樂得輕鬆。現在，這種感覺徹底翻轉。他無法感受寶寶在我體內成長的那種喜悅，也體會不到這個小生命用她的小手肘、小腳跟踢我的膀胱。我再也不孤單，一點也不。當我開車去上班、切生菜做沙拉，或是晚上躺在床上把《懷孕知識百科》（*What to Expect When You're Expecting*）仔細看上第九百遍時，她都在我的體內。

對我來說，芝加哥的夏天很特別。我喜歡夜裡天空還有點光亮，密西根湖上帆船點點，天氣熱到讓人想不起寒冬裡的掙扎。我喜歡夏天，政治活動開始漸漸平歇，生活變得更加有趣。

雖然我們其實無法控制任何事情，但最後卻覺得我們算準一切，讓寶寶在最有意義的一天出生。一九九八年七月四日（美國國慶日）清晨，我感受到第一波分娩陣痛。巴拉克送我住進芝加哥大學附設醫院，瑪亞和我母親也一起來幫忙。瑪亞當週才從夏威夷搭機過來。再過幾個小時，整個城市的人們會生火烤肉，在湖邊草地鋪上墊子野餐，大家揮舞著國旗，等著欣賞國慶煙火和湖面上的煙火倒影。那年，我們無法參與這一切。但無論如何，我們正歡欣鼓舞迎接人生全新的一頁。當瑪莉亞・安・歐巴馬（Maria Ann Obama）這個對任何人、任何地方來說都再棒不過的寶貝大女兒降臨到我們的世界時，我們不是在為國家歡慶，而是在為家庭歡欣。

14

為人母成為我的動力，支配著我的每個動作、每個決定、以及每天的作息。我沒有花任何時間考慮，不假思索全心投入人母的角色。我很注重細節，而照顧嬰兒就是處理細節。我和巴拉克仔細觀察著小瑪莉亞，她那玫瑰花蕾般小嘴的神祕感、有著黑色細毛的頭部和無法對焦的凝視，以及她移動小小肢體的笨拙方式，都讓我們深深著迷。我們幫她洗澡並用布包住她，把她緊緊抱入懷裡。我們仔細記錄她的飲食、睡眠時間和每次發出的咯咯笑聲。我們查看她用過的每片尿布，彷彿尿布可能告訴我們小瑪莉亞所有的祕密。

她是一個小寶貝，必須由我們這對父母全心照顧。我醉心於這項責任，所有注意力都在她身上。光是看著她呼吸，就能看上一小時。家裡有嬰兒時，時間不會遵守正常的規律，而是一下子過得很慢，一下子過得很快。一天可能很漫長，然而須臾間，六個月過去了。我常和巴拉克笑談為人父母讓我們有什麼改變。以前我們會在晚餐時間解析少年司法制度的複雜性，把我在公眾聯盟工作期間學到的事，跟他設法納入州議會改革法案的一些想法做比較。現在，我們用同樣的熱情，爭論瑪莉亞是否太過依賴她的安撫奶嘴，並比較我們各自哄她入睡的方法。跟大多數新手爸媽一樣，我們太迷戀自己的小孩，有女萬事足，開口閉口都是小孩，肯定讓人覺得無趣。星期五晚上，我們用嬰兒背巾帶小瑪莉亞一起去辛芬黛餐廳約會，搞懂如何簡化訂餐流程，這樣就能盡快用完餐，以免小瑪莉亞不耐煩。

瑪莉亞出生幾個月後，我又回到芝加哥大學上班。我跟主管談好只能兼職，這將是一個雙贏的安排。現在，我可以成為職業女性和完美的母親，在我的女神瑪麗．泰勒．摩爾和我母親瑪麗安．羅賓森之間取得平衡，實現我一直想要完成的夢想。我們找了保母葛洛瑞娜．卡薩巴爾（Glorina Casabal）幫忙。她是疼愛小孩的專業保母，比我年長十歲，在菲律賓出生，受過護士訓練，育有兩個小孩，我們都叫她「葛洛」。葛洛個頭嬌小但精力旺盛，一頭俐落短髮，戴著金框眼鏡，有辦法在十二秒內換好尿布。她擁有護士的超能力，做任何事都活力十足，在未來幾年成為我們家裡相當重要和珍惜的成員。她最重要的特質是，疼愛我的寶寶。

我並未意識到，兼職工作只是把過去所做的全職工作，在更短時間內做完，完全是陷阱。所以，這點也列入我事後學乖的眾多教訓之一。至少對我來說，事實的確如此。在工作上，我一如往常地參加所有會議，同時也執行與以往相同的大部分工作。唯一真正不同的是，我現在的薪資減半，還得設法在每週二十小時的工時內完成每件事。如果會議延長結束，我就得開快車去接瑪莉亞，好在下午準時去北區一間音樂教室上扭動毛毛蟲（Wiggleworms）學齡前音樂班（瑪莉亞滿心期待上課，我則滿身大汗、氣喘吁吁）。這種感覺就像蠟燭兩頭燒。當我不得不在家裡接聽公務電話時，我感到內疚。當我坐在辦公室因為瑪莉亞可能對花生過敏而分心時，也感到內疚。本來，我以為兼職工作會給我更多的自由，但大多數時間裡，我覺得自己什麼事都只做一半，也覺得生活中的所有界限都模糊不清。

與此同時，巴拉克幾乎沒有錯過任何一件事。在瑪莉亞出生幾個月後，他再度當選州議員，囊括八或九成選票，繼續連任四年。他很受歡迎也很成功，樣樣都做得好。他也開始考慮實現更大的志向，意即競選國會議員，希望能夠取代四連任的民主黨聯邦眾議員巴比・羅許（Bobby Rush）。你若問我贊成他競選國會議員嗎？我不贊成。有鑑於羅許是眾所周知的政治人物，巴拉克還是無名小卒，我覺得巴拉克不可能勝選。但既然從政，他就必須聽從州民主黨內部的意見。他的顧問和支持者之中，有些人敦促他不妨一試。有人進行初步民意調查，結果顯示他有可能勝選。況且我很瞭解我老公：你在他面前丟出一個機會，可能讓他的影響力擴大，他就不可能放棄。因為他從沒錯失良機，也絕對不會。

✳

一九九九年年底，瑪莉亞快一歲半時，我們在耶誕節帶她去夏威夷探望巴拉克的外婆，也就是瑪莉亞的曾外婆。她已高齡七十七歲了，幾十年來都住在同一棟大樓公寓。這是一次探親之旅，每年一次讓曾外婆可以看到巴拉克和曾孫女。冬天再次降臨芝加哥，空氣變得冰冷，天空不再湛藍。不論在家或工作都讓我們有點心煩。我們在威基基海灘附近一家平價旅館訂了房間，開始為假期倒數計時。巴拉克這學期在法學院的教學工作已告一段落，我則把工作延到假期後再說。但後來，巴拉克的議員工作讓我們的原訂計畫生變。

伊利諾州議會為了解決一項重大犯罪法案條款，進行一場馬拉松式的辯論，導致議事延宕。議會進入特別會期，希望能在耶誕節前進行投票，以免影響假期。巴拉克從春田市打電話給我，說明必須延後幾天出發。這可不是什麼好消息，但我理解這不是他可以控制的事。我只在乎一家人都去得成夏威夷。我可不想讓外婆一個人過耶誕節，而且我和巴拉克都需要好好休息。我心想，這趟夏威夷之旅可以讓我們擺脫工作，有機會喘口氣。

如今，巴拉克正式宣布競選國會議員，這表示他手機很少關機。他之後接受當地一家報社採訪，談到在他競選國會議員的半年間，可和妻女待在家裡的時間不到四天。這是參選人的痛苦現實。除了其他職責，巴拉克心裡還要時時盤算三月的初選。至少在理論上，初選前的分分秒秒，都會影響最終結果。我也明白，在競選活動中，候選人私下與家人共度的任何時光，都會被當成是浪費寶貴時間。

現在，我已經很有經驗，盡量不讓自己的心情隨著競選情勢起伏。對於巴拉克決定競選，我婉轉地給予祝福。對於這整件事，我採取一種先把這件事解決好的態度。我想，也許在他試過並無法如願進入國會殿堂之後，就會激勵他去嘗試完全不同的工作。在理想世界（我的理想世界）裡，巴拉克會擔任如基金會負責人這樣的職務，既能針對重要問題發揮影響力，也有空回家吃晚餐。

最後州議會仍未找到解決方案，因假期已屆，決定暫時休會，所以我們在十二月二十三日搭機到夏威夷。令我寬慰的是，我們可以順利度假。威基基海灘是小瑪莉亞的冒險樂園。她在海邊閒晃，踢著海浪，開心玩到筋疲力盡。我們在外婆的公寓裡，一同度過平靜快樂的耶誕節，一起打開禮物，並驚嘆外婆在摺疊桌上拼出五千塊拼圖的熱情。像往常一樣，歐胡島平靜的綠色水域和令人愉快的民眾，幫助我們擺脫日常生活的煩憂，也讓我們感到幸福。我們沉醉在溫暖的冬陽裡，樂見每件事物都能讓女兒歡天喜地。由於頭條新聞不斷提醒，我們即將迎接千禧年的曙光。我們正在景色宜人之處，度過一九九九年的最後幾天。

一切都很順利，直到巴拉克接到伊利諾州來電，得知州議會突然重啟議程，準備通過犯罪法案。如果巴拉克打算回去投票，他有四十八小時的時間回到春田市。但是，有另一件事讓我們憂心。我心一沉，看著巴拉克馬上更動航班，打算隔天離開，提前結束假期。我們別無選擇，只能離開。我想過自己帶著瑪莉亞留下，但那有什麼樂趣呢？提早離開這件事，當然讓我不開心，但我可以理解政治就是這樣。這次投票相當重要，犯罪法案包括巴拉克大力支持的槍枝管制新措施。而且，事實證明目前兩黨意見對峙，情況激烈到只要一位議員缺席，就可能阻止法案通過。所以，我們決定打道回府。

但就在一夜之間，一件令我們措手不及的事發生了——瑪莉亞突然發高燒。十二小時前，她還開心地在海邊踢浪，玩到筋疲力盡。現在，這個正在蹣跚學步的小孩，整個人燒到無精打采、眼神呆滯，因疼痛哭泣。但她還太小，無法敘述症狀。我們讓她服用泰諾（Tylenol）感冒藥，但沒有多大幫助。她用力拉著一隻耳朵，我懷疑瑪莉亞的耳朵可能受到感染，也開始明白我和巴拉克必須面對的現實。我們坐在床上，看著瑪莉亞睡不安穩。但距離回程航班起飛時間只剩幾個小時。我看到巴拉克臉上的憂慮加深，他為自己能否善盡職責而面臨抉擇。我們即將決定的事情，不只影響到當下。

「看樣子，她根本不能搭飛機。」我說。

「我知道。」

「我們必須換搭其他班機。」

「我知道。」他沒說出口的是，他可以自己搭機回去。他可以走出門，攔輛計程車直奔機場，然後飛回春田市投票。他可以把生病的女兒與憂心忡忡的老婆丟在夏威夷，自己回去州議會加入同儕的行列。這是選項之一。但我不會犧牲自己，跟他這樣建議。我承認，這時的我很無助，因為瑪莉亞狀況不明。如果她高燒不退怎麼辦？如果她需要送醫怎麼辦？與此同時，世界各地有許多人比我們更偏執，他們準備防輻射避難所，囤積現金並備妥一桶桶的水，以防千禧年危機（Y2K）的最壞預測成真，也就是電力和通訊都會因電腦程式時序錯亂而中斷。我相信這種事情不會發生，但大家仍然如此憂心。現在，我心裡也想著，巴拉克真的考慮離開嗎？

事實證明，他沒有。他不會，永遠都不會。

那天，他打電話跟議會助理說明自己無法參加犯罪法案的投票。我沒聽電話內容，因為我不在乎。我只是盯著女兒，巴拉克講完那通電話後，也跟我一樣。她是我們的小孩，我們凡事以她為優先。

二〇〇〇年到來，沒有發生任何事故。經過幾天休息和抗生素治療後，造成瑪莉亞耳朵感染的原因解決了。我們的女兒又恢復學步小童蹦蹦跳跳的可愛模樣。生活總是會繼續下去。在檀香山一個朗朗晴天的好日子，我們搭機飛回了芝加哥，回到寒冷的冬日，而巴拉克也即將面臨一場醞釀中的政治災難。

✳

犯罪法案以五票之差，在州議會未能通過。對我來說，不用想也知道：即使巴拉克及時從夏威夷趕回來投票，也無法改變投票結果。不過，他卻因為缺席而遭受抨擊。他在眾議員初選的對手們抓緊機會，將巴拉克形容成在夏威夷度假、只顧享受生活、不顧政務的議員，才會無法趕回來為槍支管制這種重大法案投票。

幾個月前，現任聯邦眾議員羅許因芝加哥一起槍枝暴力案件而痛失親人，巴拉克的處境變得更加不利。似乎沒有人指出，巴拉克的老家在夏威夷，他得回老家探望喪偶獨居的外婆，也沒有人提到他女兒生病了。重要的只有投票。媒體為此事，對巴拉克進行數週的抨擊。《芝加哥論壇報》（*Chicago Tribune*）的社論批評當天沒有投票的參議員，稱他們為「一群沒膽的羊」。巴拉克的另一個對手州參議員唐恩．托特（Donne Trotter）藉機打壓巴拉克。他告訴記者：「以自己的小孩為藉口不去上班，就表現出這個人的個性有問題。」

這些事情都讓我很不習慣。我不習慣有對手，或看到我的家庭生活在新聞中被放大檢驗。我以前從沒聽過丈夫的個性受到質疑。在我看來，巴拉克做出了好決定，也是正確決定，但這個決定似乎讓他付出太大的代價，我相當難過。在為鄰近地區週報寫的一篇專欄文章中，巴拉克平靜地為自己辯護，說明他為什麼選擇留在夏威夷陪伴我和瑪莉亞。他寫道：「我們都聽過很多政治人物談論家庭價值觀的重要性。所以，當你們的州參議員盡全力實現這些價值觀時，希望你們可以理解。」

政治就是如此變化無常，只因巴拉克待在夏威夷照顧妻女，他在州參議院三年的努力幾乎被完全抹殺。他曾主導州競選財務法全面改革，要求民選官員遵守更嚴格的道德規範。他為有工作的窮人爭取減稅和信貸，也努力降低年長者的處方藥費用。他贏得伊利諾州各地民主黨和共和黨議員的信任。但事到如今，這些實質政績似乎都不重要。這場比賽已經演變成一連串的卑鄙攻擊。

從競選活動開始，巴拉克的對手夥同支持者一直惡意散播假消息，意圖激起非裔美國選民的恐懼和不信任，還暗指巴拉克是海德公園白人居民派來制定議程、代表的是有教養的白人猶太人，因而呼籲南區選民在初選時改投其他候選人。「我們的社區認為巴拉克是有著黑皮膚的白人。」州參議員唐恩・托特對芝加哥《讀者報》（*Reader*）這樣說。聯邦眾議員巴比・羅許也對該報說：「巴拉克念哈佛，成了書呆子。我們對這些東岸名校菁英的表現，沒有什麼印象。」換個方式諷刺巴拉克和我們黑人不同掛。像巴拉克那樣說話、那種長相又讀那麼多書的人，永遠不可能是黑人。

最讓我困擾的是，巴拉克以自己為榜樣，說明南區家長對兒女的期許。他就像巴比．羅許和傑西．傑克森一樣，而且他也符合許多黑人領袖多年來一直談論的精神：他接受教育，但他沒有放棄非裔美國人的社區，他現在正在努力為非裔美國人的社區服務。當然，這是一場激烈選舉，但巴拉克因所有惡意中傷遭受抨擊。我很驚訝發現，我們的領導人竟然這樣對待他，只是把他當成對自身權力的威脅，還背地裡大搞與種族和階級有關的反知識分子的想法，煽動選民不信任巴拉克。

這種作法讓我感到噁心。

巴拉克比我更從容面對這一切，他在春田市看到政治可能多麼令人厭惡，為了滿足人們的政治目標，真相可能經常被扭曲。雖然傷痕累累，但他不願放棄，他繼續在整個冬季進行競選活動，每週都會前往春田市，同時努力消弭流言。但是，巴拉克收到的捐款開始減少，愈來愈多人表態支持巴比．羅許。隨著初選日期逼近，儘管他每天晚上都打電話回家跟我們道晚安，但他根本忙到不見人影。

我很感恩我們一家三口能在海灘度過美好時光，我知道巴拉克心裡也這麼想。在所有紛紛擾擾中，在他離開我們的那些夜裡，我們從未失去他的關愛。他非常重視家庭。每次他掛斷電話，我的聲音都出現一絲痛苦。好像他每天都被迫在家庭和政治、政治和家庭之間，進行另一種投票。

二〇〇〇年三月，巴拉克在民主黨初選落敗，最後巴比・羅許大勝。目睹這個結果的當下，我只是一直抱著我們的女兒。

⁂

然後，經過一次體外受精，非常輕鬆的孕期和順利分娩，我們的第二個女兒娜坦莎・瑪麗安・歐巴馬（Natasha Marian Obama）於二〇〇一年六月十日，在芝加哥大學醫學中心出生。她出生時，快三歲的瑪莉亞和我媽則在家裡等候。我們的小女兒很漂亮，有著滿頭黑髮、機靈的棕色眼睛，是個甜美溫順的小孩，她成為穩固我們家庭的第四根支柱。我和巴拉克欣喜若狂。

我們打算叫她莎夏（Sasha）。之所以選擇這個名字，是因為我覺得很好聽。叫莎夏的女孩不會笨。跟天下所有父母一樣，我發現自己對小孩有好多期許。我祈禱沒有任何事情能傷害她們，希望她們長大後聰明有活力，像父親一樣樂觀，像母親一樣進取。最重要的是，我希望她們堅強並具備剛強意志，無論在什麼情況下，都能正直並勇往直前。我不知道未來會發生什麼事，我們的家庭生活會如何展開，不管一切順利與否，或者像大多數人一樣，我們能否在生活的起伏中建立安穩的家庭。我的職責就是，確保女兒們為此做好準備。

大學的工作讓我疲憊不堪，陷入了一點也不理想的忙碌狀況，我們的財務狀況變得更加拮据，因為我們現在要負擔扶養兩個小孩的費用。在莎夏出生後，我深思自己是否想回到原本的工作崗位。心想如果當家庭主婦，家人會得到更好照顧。我們心愛的保母葛洛獲得了高薪護理工作，不得不忍痛辭去現職，為前途打拚。我當然不會怪她，但失去葛洛，身為職業婦女的我必須重新思量。她對我家人的費心照顧，讓我能夠專心投入工作。她把我們的小孩當成親生小孩那般疼愛。當她告訴我要離職的那天晚上，我哭個不停。我知道如果沒有她，我們有多難兼顧家庭與事業。我也知道，當初我們真的很幸福，有能力雇用她。但現在她走了，我彷彿失去了得力的左右手。

我喜歡跟女兒們在一起。我領悟到跟家人相處的分分秒秒都很重要，尤其是巴拉克的行程安排這麼不規律。我再次想到母親為了照顧我和克雷格，決定留在家裡當全職主婦。當然，我也很內疚，以前我把母親的主婦生活想得太浪漫，以為清洗窗台和縫製全家人的衣服都很好玩。在母親照料下，家居生活看起來既有趣又不麻煩，好像值得一試。我喜歡好好處理一件事，而不是兩件事，也希望我的大腦不必為了家庭和工作兩頭忙。而且，我們在財務上似乎還應付得來。巴拉克在芝大法學院從兼任轉為資深講師，這意味著我們的孩子在該校附設實驗學校的學費可獲減免，瑪莉亞很快就要在那裡上幼稚園。

但後來，我在市府任職時的良師益友蘇珊．謝爾打電話來。她現在是芝加哥大學醫學中心的總法律長和副總裁，我們才在那裡生下莎夏。該中心有一位新總裁，受到大家景仰，他的首要任務之一就是改善社區服務推廣。他希望聘請一位執行董事負責社區事務，這項工作幾乎是為我量身訂做。她問我有無興趣面試談一談。

我盤算著是否寄出履歷表。這聽起來是個大好機會。但基本上，我才剛說服自己，當家庭主婦會讓全家人過得更好。無論如何，現在不是我在工作上大放異彩的時刻，也不是吹好頭髮、穿上套裝的時刻。我每晚要給莎夏餵幾次奶，所以睡不好覺，精神當然不佳。即使我很喜歡保持家裡整潔乾淨，但在分身乏術的情況下，我也漸漸讓步。我們的公寓到處擺滿嬰兒玩具、童書和嬰兒濕巾。每次出門都是大包小包，包括扛一台巨大的娃娃車，以及一個裝滿必需品、看起來很不起眼的尿布袋，裡面放了一袋神奇圈圈餅，一些日常玩具，以及為全家人準備額外替換的衣服。

但是，為人母也讓我認識一些很棒的朋友。我和一群職業女性成為好朋友，組成互相幫助、開朗健談的社交群組。我們大都三十幾歲快四十歲，來自各行各業，包括銀行業、政府機關與非營利組織。我們當中許多人的子女剛好同年。小孩愈多，我們的關係就愈緊密。我們幾乎每個週末都聚會，照顧彼此的小孩，一起去動物園玩耍，合買迪士尼冰上表演的門票。有時在週末下午，我們只是把整群小孩放在某人家的遊戲室，然後開一瓶酒，大家邊喝酒邊談天說笑。

這些女性，每一位都是有抱負的知識分子，專心教養自己的孩子。而且，她們都跟我一樣困惑，不知如何兼顧家庭與事業。說到工作和養兒育女，我們用盡各種方法。我們當中有人全職工作，有人兼差，也有人是家庭主婦。有些人允許幼兒吃熱狗和玉米片，也有些人很講究只吃全麥食品。只有幾個人的老公會幫忙做家事和教養子女，多數人的情況跟我一樣，老公相當忙碌且相隔兩地。我的這些朋友中，有些人過得很開心，有些人設法做出改變，試著在家庭與生活取得不同的平衡。我們大多數人都生活在一個不斷校正的狀態，調整生活的某個方面，希望讓生活的另一個方面更為安定。

這些下午聚會讓我學到，為人母沒有公式可言，沒有哪種方法是對的，也沒有哪種方法是錯的。這種認知很有用。無論怎麼過活，為什麼那樣過活，遊戲室裡的每個小孩都被珍愛也好好長大。每次聚會都能感受到，我們這群女性努力為自己的小孩好：最後，不管怎樣，我們都會互相幫忙，過得很好。

與巴拉克、朋友商談後，我決定去芝加哥大學醫學中心面試，至少瞭解一下工作內容。我對這份工作很滿意，知道自己具備適切的技能，也充滿熱忱。但是，如果我打算接受這份工作，那就必須有餘力照顧家庭。我想，如果不用太常開會，應該就能兼顧，有時間處理家務。有必要時就在家工作、從辦公室趕去日間托兒所接小孩，或是帶小孩去看小兒科醫生。

而且，我不想再做兼職工作，這種事我受夠了。我想要一份全職工作，拿到符合業界水準的薪資，好讓我們家負擔得起托嬰服務和家事協助的費用。這樣我就不必清洗窗台，有時間陪女兒一起玩，也不用想方設法掩飾家裡的雜亂。從餵小女兒母乳、送三歲女兒到幼稚園，還要配合我老公忙亂的政治行程，家裡大大小小的事情多半由我負責。

在與醫院新任總裁麥可・里奧丹（Michael Riordan）面試時，我想大膽說出這一切。我甚至帶著三個月大的莎夏一起去面試。我不記得當天是找不到保母，還是連保母都沒找。不過，莎夏很小，還很需要我。她是我生活中的一個事實——一個可愛、咿呀學語、不可忽視的事實。而且，情況已緊迫到我必須把她放在桌上進行討論。我是在表明，「我人在這裡，我的寶貝也在這裡。」

對我來說，奇蹟發生了。麥可似乎可以理解我的狀況。我把莎夏放到腿上，一邊祈禱她的尿布不會漏尿，一邊解釋彈性工時有多麼必要。不論麥可對我的需求是否有所保留，他都沒有表現出來。面試完後，我很開心也很肯定會得到這份工作。但不管結果如何，我至少說出了自己的需求，做了一件對自己有利的事情。我覺得，大聲說出來就有力量。我頭腦清醒，但懷中的小嬰兒開始不耐煩了，我們得趕快回家。

✳

代表我們家的新數字如下：兩個孩子、三份工作、兩輛車、一間公寓，以及空閒時間為零。我接受醫院的新職位，巴拉克繼續在大學教學，也在州議會上班。我們還身兼數個非營利組織的董事。儘管巴拉克在聯邦眾議員初選失利受挫，但他仍有一些想法，打算再接再厲參選國會議員。現在，小布希擔任總統，我們經歷九一一恐怖攻擊的震驚和悲劇。美國對阿富汗發動戰爭，並使用一種新的顏色編碼威脅警報系統，而賓拉登（Osama bin Laden）顯然藏在某個地方的洞穴。跟往常一樣，巴拉克仔細領會每一則新聞，關注他的日常業務，同時悄悄發展自己對這一切的想法。

我不記得究竟什麼時候，他先提出競選聯邦參議員的可能性。這個想法才剛開始醞釀，而且他過了好幾個月才真正做出決定，但顯然巴拉克已開始思考此事。但我確實記得當時的反應，我只是一臉狐疑地看著他，彷彿在說，「你難道不覺得我們已經夠忙了？」

我對政治的厭惡只是日益加劇，不是因為州議會或國會發生的事，而是因為巴拉克當了五年州參議員，忙到行程滿檔，真的惹惱我了。隨著莎夏和瑪莉亞愈來愈大，我發現她們的成長速度只會加快，待辦清單只會變得更長，而我得在一種永無止境的超速狀態下運轉。我和巴拉克竭盡全力讓女兒的生活維持平靜和易於管理。我們請一位新保母幫忙家務。瑪莉亞在芝加哥大學實驗學校讀得很開心，忙著交朋友。她的小行事曆上，週末排滿生日聚會和游泳課。莎夏將近一歲，兩隻腳晃來晃去，開始牙牙學話，用她無比迷人的笑容逗得我們哈哈大笑。她是好奇寶寶，很想跟上瑪莉亞和她四歲的死黨們。我在醫院的工作進展順利，但我發現兼顧家庭與工作的最佳方式就是，凌晨五點起床，然後在家人起床前，專心在電腦上工作幾小時。

這種作息到了晚上就會有點疲憊，有時讓我與夜貓子老公的作息有所衝突。巴拉克週四晚上從春田市回來，興高采烈地想要參與家庭生活，彌補他錯過的美好時光。但現在，時間對我們來說是個問題。我曾經取笑過巴拉克老是不守時，但他現在若是不守時，我可不會乖乖等他。我知道他很喜歡週四，當他打電話報告工作結束要回家了，我聽得出他話中的興奮。我明白他說「我在路上了！」或「快到家了！」只是聊表心意，根本不是事實。有段時間，我把這些話當真了，晚上會幫女兒們洗好澡，讓她們晚點睡，等父親回到家就能給他一個擁抱。或者，我會讓女兒上床睡覺，但自己先餓肚子不吃東西，點好幾根蠟燭，等著與巴拉克共進晚餐。

然後，就是等待。我們等了很久，等到莎夏和瑪莉亞睏到眼睛都張不開，我不得不帶她們上床睡覺。或是，我餓著肚子獨自等待，眼皮愈來愈重，蠟燭都燒到蠟油滴到桌面了。現在我知道，「我在路上了」是巴拉克天性樂觀的產物，表示他很渴望回家，但其實沒有任何跡象顯示他會在什麼時候到家。「快到家了」不是地理定位器，而是一種心態。有時候，他的確打算回家，但上車前必須先跟同事談談，一談就是四十五分鐘。有些時候，他也的確就在家附近，但忘了跟我說他會先去健身房運動。

在孩子面前，生活中的這種挫折可能微不足道。但是身為人母和人妻的職業婦女，必須在清晨醒來趕工才能兼顧家庭與事業，我覺得耐性快被磨光了。最後決定豁出去。當巴拉克回到家，他會發現我在生氣，不然就是我先睡了，睡前把屋裡每一盞燈都關掉，悶悶不樂地上床。

✳

人都學習認識的榜樣過日子。巴拉克小時候，父親不見人影，母親來去匆匆。雖然母親很愛他，卻從未時時刻刻陪伴他。據他所說，這種作法沒什麼不對。他有山丘、海灘和自己的想法作伴。在巴拉克的世界，獨立自始至終都很重要。但我的情況剛好相反，我在南區一帶的小公寓長大，跟家人互動緊密。我的祖父母、阿姨和舅舅都住在附近。每週日，大家擠在一張桌子共進晚餐。跟巴拉克相戀結婚十三年後，我們需要好好思索家庭的意義。

每當他離家，我就感到脆弱。不是因為他對我們的婚姻不盡心，事實上他一直很盡心。但因為我在每天有家人陪伴的家庭中長大，每當家人不在，我就感到特別失落。我很容易寂寞，而且現在我也堅持滿足女兒們的需求。我們希望巴拉克多一點時間在家。他不在時，我們都很想念他。我擔心他不明白我們的感受。我擔心他選擇的那條路，而且似乎仍明確地努力追求那樣的道路，最終將讓我們的每一個需求都化為泡影。幾年前，他首度跟我談起參選州參議員時，我們只要考慮我們兩個人。後來兩個女兒出生了，我思考從政對我們家有何意義。但我現在已經瞭解，政治從未善待過政治人物的家庭。早在高中時期，好友桑蒂塔的家庭就讓我有此認知。當巴拉克決定留在夏威夷陪伴生病的瑪莉亞，而被對手大作文章、連番抨擊時，我再次看到政治對家庭的摧殘。

有時看新聞或報紙時，我發現自己會盯著從政者和家人們的照片，譬如：柯林頓家族、高爾家族、布希家族，以及甘迺迪家族的舊照片。我想知道這些照片背後藏著什麼樣的故事。大家都正常嗎？快樂嗎？那些笑容真實嗎？

在家裡，我們的挫折感更常出現，感受也愈來愈強烈。我和巴拉克深深相愛，但似乎在這段關係的核心，突然出現一個無法解開的結。我才三十八歲，看到他人的婚姻破裂，就想好好守護婚姻。我的好友們經歷過毀天滅地的分手，起因是小問題久不處理或是溝通不良，最後導致彼此嚴重分歧，無法修復關係。幾年前，哥哥克雷格夫妻失和，只好忍痛分開，暫時搬回老家公寓，我母親住樓下，他住樓上。

巴拉克起初不願意嘗試婚姻諮商，他習慣自己思考和解決複雜的問題。坐在一個陌生人面前講心裡話，對他來說太戲劇化，也讓他不自在。他提出，難道不能到書店買談論婚姻關係的書來看就好，或是，難道不能指定閱讀幾本書，夫妻一起討論嗎？但是，我想要真正談話，真正傾聽，而不是在深夜裡討論此事，或在我們可以陪女兒的幾個小時，挪出時間這樣做。我認識少數幾位試過婚姻諮商又願意公開談論的人，都表示婚姻諮商對他們有好處。因此，我聽從朋友推薦，與市中心一位心理醫師約好時間，找巴拉克一起去做過幾次諮商。

我們的諮商師、在此稱他伍德徹奇（Woodchurch）醫師，是一位語氣溫和的白人。他自名校畢業，總是穿著卡其褲。我假設他會傾聽我和巴拉克各自把話說完，然後馬上證實我的所有不滿是否屬實。因為依我所見，我的每個不滿絕對成立。我猜，巴拉克可能也這麼想而沾沾自喜。

結果，婚姻諮商讓我得到一個很大的啟示：諮商師並沒有驗證那些不滿是否屬實，也沒有偏袒任何一方。談到我們的意見分歧時，伍德徹奇醫師永遠不會選邊站。相反地，他是有同理心和耐心的傾聽者，慢慢帶領我們走出感情迷宮，不再在對方的傷口上撒鹽。當我們像律師般咄咄逼人，他會告誡我們並審慎提出問題，要我們好好想想感受因何而起。慢慢地，經過幾個小時的談話，我們心裡的結開始鬆動。每次巴拉克和我離開伍德徹奇醫師的辦公室時，都覺得彼此的心意更相通了。

我開始察覺到，有其他方法可以讓我更快樂，不必強迫巴拉克退出政壇、從事基金會朝九晚六的工作（況且，婚姻諮商師告訴我，那是不切實際的想望）。我開始明白，過去一直在助長自己最負面的部分，困在一切都不公平的觀念之中，像哈佛大學訓練有素的律師那樣苦心鑽研、蒐集證據來證明上述假設。現在，我嘗試做出新的假設：我可能比自己所想的更能掌控自己的幸福。舉例來說，我忙著抱怨巴拉克在緊湊行程中還要健身，而忘了自己也該定期運動。我花了很多精力想著他會不會回家吃晚餐，結果不管他有沒有回來，晚餐都不再有趣。

這是我的支點，我的掣動時刻。就像一個即將從冰峰滑落的登山者，我把冰斧刺到雪地上。這樣說並不表示巴拉克沒有做任何調整。婚姻諮商同樣幫助他看到彼此溝通方式的差距，他也努力做得更好。我則做了改變，改變幫助了我，然後幫助了我們。首先，我再次努力保持健康，和巴拉克上同一個健身房。這家健身房由康奈爾·麥克萊倫（Cornell McClellan）這位活潑開朗又激勵人心的運動教練經營。我跟康奈爾一起健身過幾年，但生孩子改變了我的日常生活。後來，偉大的母親成了我的萬靈丹，她仍然全職工作但自願每週有幾天早上會在四點四十五分來我們家，好讓我可以在五點趕到健身房，與一位女性友人一起健身。然後，早上六點半回家叫女兒起床，幫她們打點好當天要準備的東西。這個新方案改變了一切：冷靜和力量，我擔心失去的兩樣東西，現在又回來了。

說到回家吃晚餐的困境，我訂定新的規定，對我和女兒來說效果更好。我們制定時間表並堅持下去：每晚六點半吃晚餐，七點洗澡，接著看書，然後愛的抱抱，八點整關燈睡覺。我們嚴格遵守這種慣例，把責任重擔放到巴拉克身上，看他能否準時配合我們的作息。對我來說，這比為了等他回家而延後晚餐時間，或讓女兒們很睏地等待父親回家抱抱更有意義。這也符合我對她們的期許，讓她們在成長過程中學習堅強有主見，不要順從任何形式的老派父權制度：我不希望她們認為屋裡的男人回到家時，生活才告開始。我們沒有等爸爸回家。現在，換成爸爸必須配合我們的時間。

15

在芝加哥市中心北邊的克里伯恩大道（Clybourn Avenue），有一個猶如天堂般奇妙，似乎是為了忙碌的家長、為我這種想一站購足的道地美國人打造的購物中心。這個購物中心有BabyGap童裝、百思買（Best Buy）、健寶園（Gymboree）和CVS藥妝店，以及大大小小的連鎖品牌，可以滿足消費者任何臨時的需求，無論是馬桶疏通器，還是熟酪梨，或是兒童浴帽。附近還有收納整理箱連鎖店貨櫃店（Container Store）和墨西哥捲餅連鎖餐廳奇波雷（Chipotle），想買什麼應有盡有。這裡是我的天堂，我可以把車停好，根據需要跑兩、三家商店，再外帶一個墨西哥捲餅，然後在六十分鐘內回到辦公桌。我非常擅長午餐時間進行這種快閃購物：幫女兒們買新襪子、為週末舉辦的五歲生日派對選購禮物，也為家裡添購果汁和杯裝蘋果醬。

莎夏和瑪莉亞現在分別是三歲和六歲，活力充沛，聰明伶俐，長得很快。她們的精力讓我忙不過來，所以我根本沒時間好好逛逛購物中心。有時我會停好車，獨自坐在車裡吃著速食，聽著收音機，覺得鬆了一口氣，佩服自己這麼有效率。家裡小孩還小，生活就是這樣。有時，忙碌的生活讓我很有成就感：買好蘋果醬，我正在吃飯，每個人都還活著。

「看看我是怎麼處理的。」做完事後，我都想這樣說，可惜我身邊並沒有人。「大家都看到我順利完成這件事了吧？」

我現在四十歲，有點像電視影集《天才小麻煩》中的畢佛太太（June Cleaver），也有點像《瑪麗．泰勒．摩爾秀》中獨立自主的女主角。當生活一切順遂，我稱讚自己能做到這樣真棒。但是，這種兼顧家庭與生活的優雅，其實只是瞇起眼睛看才會覺得的一種表象。不過，至少有些事情讓人覺得，我在家庭與生活之間取得平衡。醫院的工作讓我一展長才，充滿挑戰又有成就感，並與我的信念相符。芝加哥大學醫學中心有九千五百名員工，這個令人尊崇的大型機構，主要是由進行醫學研究和撰寫論文的學者依據傳統方式經營。真正讓我訝異的是，這些學者和員工通常認為醫院周遭地區相當可怕，甚至不敢穿越校外街道。對我來說，正是這種恐懼刺激著我，讓我每天早上有動力起床上班。

我一生中大部分時間都與這些障礙共存，我注意到住家附近白人的緊張情緒，也發現影響力人士都巧妙避開老家社區，住到更遠的有錢社區。現在的工作讓我可以鼓勵人們相互瞭解，藉此消除一些歧見，盡可能破除障礙。新老闆的大力支持，讓我可以自由發揮，擬定計畫讓醫院和鄰近社區建立更緊密的關係。起初，我只有一名部屬，最後領導一支二十二人的團隊。我推動計畫，帶領醫院工作人員和董事深入南區社區，讓他們參觀社區中心和學校，自願擔任家教、導師和科學博覽會的裁判，也帶他們品嘗當地燒烤餐廳的美食。當地孩子可以跟著醫院員工實習，制定計畫增加鄰近社區居民在醫院擔任志工的人數，並透過醫學院開辦暑期醫學講習會，鼓勵社區學生考慮從醫。在明白芝加哥大學附設醫院雇用少數族群、發包工作給女性創業主的可能性更高後，我也協助成立商業多元化辦公室（Office of Business Diversity）。

最後，還有這個問題尚待解決，有些人迫切需要醫療照護。南區有一百多萬居民，醫療機構卻相當匱乏。許多居民受到氣喘、糖尿病、高血壓、心臟病等慢性疾病影響，這些疾病往往讓窮人飽受折磨。由於太多居民沒有保險，許多人仰賴低收入戶的政府醫療補助（Medicaid），患者經常塞爆芝加哥大學附設醫院急診室，只為尋求例行的非緊急治療，或是因為長期缺乏預防性照護，導致現在急需協助。對於所有相關人員來說，問題很明顯，現有作法成本太高，效率又低，也造成壓力。急診處幾乎無法改善人們的長期健康狀況。所以，設法解決這個問題成了我的工作重點。此外，我們開始招聘和培訓病患權益代表，他們是待人親切又樂於助人的當地人。通常會跟急診病患坐在一起，協助病患預約後續在社區衛生中心看診，並教育病患可以去哪裡獲得良好又負擔得起的定期照護。

我的工作很有趣，也很有成就感，但我還是得小心，不要因工作而太累。我覺得自己虧欠女兒。我們決定讓巴拉克繼續從政，讓他自由塑造並追求自己的夢想，所以我就不能在事業上全力衝刺。在某種程度上，我幾乎刻意對自己的抱負不聞不問，在我以往會向前奮進的時刻，先退一步好好想想。我不確定周遭人是否說我做的不夠，但我始終知道哪些事情可以完成，哪些不行。我選擇不參與一些小規模計畫。有的年輕員工可以做得比我更好。職業婦女必須取捨時有所聞，這就是我的取捨。以往，我為每項工作全力以赴；現在，我更加謹慎地善用時間，因為我必須保留足夠的精力處理家務。

✳

我的目標主要是維持常態、穩定和例行作息，但這些永遠不會是巴拉克追求的目標。現在我們對此已有更清楚的認知，也懂得順其自然。我們兩人一個陰，一個陽；我渴望作息正常和秩序，他卻不來這套。他是理想派，我是務實派。不過他在家的時候，至少都很盡責。他跟女兒在地板上玩耍，晚上和瑪莉亞一起大聲朗讀《哈利波特》（*Harry Potter*），我講笑話時，他會開心大笑並緊抱著我。巴拉克大方展露對我們的愛，尤其在他必須為工作好幾天不見人影之前。我們充分利用他的空檔時間吃飯和見見朋友。我們寵愛對方的方式是，他有時陪我看《慾望城市》（*Sex and the City*），我則陪他看《黑道家族》（*The Sopranos*）。離家是他工作的一部分，這件事不再困擾著我。雖然我不喜歡這樣，但在大多數情況下，我都不再為此事爭辯。巴拉克可以在離家很遠的飯店愉快度過一天，面對各種正在醞釀的政治鬥爭，還有未完待續的工作。與此同時，我則為了讓家成為避風港而打拚。每天晚上，我哄著莎夏和瑪莉亞睡覺，洗碗機在廚房裡嗡嗡作響，心想生活圓滿充實。

無論如何，我別無選擇，只能適應巴拉克不在家的事實，因為這種情況不會結束。除了日常工作外，他決定再次競選，這次是在二〇〇四年秋天選舉前，展開聯邦參議員的競選活動。

他在春田市漸漸變得焦躁不安，對州政府的牛步作業感到沮喪。他相信在國會，自己可以做得更好，有更多建樹。他知道我有充分的理由反對他競選聯邦參議員，也準備好一一予以反駁。所以，我們在二〇〇二年年中召開一次非正式會議，找來十幾位最親密的友人，在薇拉瑞家裡吃早午餐，打算開誠布公討論整件事，聽聽大家的意見。

薇拉瑞住在海德公園旁邊、離我們家不遠的摩天大廈。她的公寓乾淨又有現代感，白色牆面搭配白色家具，並擺放鮮豔精緻的蘭花增添色彩。當時，她是一家房地產公司的執行副總裁和芝加哥大學醫學中心董事。我在公眾聯盟工作時，她大力支持我，也幫忙巴拉克的各種活動籌募資金。她善用本身廣大的人脈，為我們每一次努力加分。薇拉瑞溫暖明智的舉止，讓她在我們的生活中，占據一個相當特別的位置。她是我們的好友，也是事業上的良師。她是我和巴拉克共同的朋友，根據我的經驗，對夫婦來說，這相當罕見。我有一個強大的媽媽團隊，巴拉克則是擠出時間跟一群死黨打籃球。我們有一些很棒的朋友都是夫妻檔，小孩也都是朋友，幾家人會一起度假。但薇拉瑞不太一樣，她是我們每個人的大姊姊，也是幫助我們在困境時退一步想清楚的那個人。她很瞭解我們，也知道我們的目標，而且她保護我們兩人。

她事先私下告訴我，她認為巴拉克不該競選聯邦參議員。所以，當天早上我放心走進她家吃早午餐，心想此事大勢底定。

但我錯了。

巴拉克解釋，這次聯邦參議員選舉是千載難逢的機會，而且他覺得自己握有勝算。伊利諾州現任聯邦參議員彼得．費茲傑羅（Peter Fitzgerald）是保守派共和黨人，但民主黨在伊利諾州日漸占上風。費茲傑羅光是要維持黨內的支持就很困難。這次初選很可能有多名候選人，這表示巴拉克只需要拿到最多選票，就可以贏得民主黨提名。至於經費，他向我保證不會動用到個人財產。當我問到如果華府和芝加哥都要安排住處，該如何負擔生活開支時，他說：「好吧，我會再寫一本書，這本會很暢銷，可以賺大錢。」

聽他這樣講，真是讓我發笑。巴拉克是我認識的人當中，唯一擁有這種信念的人，相信書可以解決任何問題。他就像童話故事《傑克與魔豆》（*Jack and the Beanstalk*）裡面那個小男孩。我取笑他跟傑克一樣，拿家庭生計換取一小撮魔豆，就算別人做了都沒成效，他卻全心相信魔豆會長出什麼好東西。

但讓我沮喪的是，巴拉克在其他方面都言之有理。薇拉瑞聽他講話時，我光看她臉上的表情，就知道他很快就能說服她。我們在討論中提出的每一個質問，他都有答案。我知道他有理，打消念頭，不去多想他現在不在家的時間，更不用說當上聯邦參議員後住到華府，他不在家的時間會變得更長。雖然多年來，我們爭論過他因從政讓全家有所犧牲，但我真心愛巴拉克也相信他。他已是一個擁有兩個家庭的男人，他必須關心我和女兒，以及他在南區的二十萬選民。所以，讓他為整個伊利諾州服務，真的會有所不同嗎？不管怎樣，我都沒有答案，但我也不能阻礙他施展抱負，那是讓他始終想做更多事情的動力。

所以那天，我們談好條件。薇拉瑞同意擔任巴拉克競選時的財務長。我們的一些朋友同意付出時間和金錢。這一切我都同意，但我大聲重複一個重要警告，好讓每個人都能聽到：如果他輸了，就要徹底退出政壇，找份不同的工作。如果選舉日當天敗選，那一切就結束了。

真的，選輸了就結束。

巴拉克接下來遇到一連串好運，運氣好到不可思議。首先，費茲傑羅決定不參選連任，這對競爭對手以及像我老公這種相對新的政壇新人來說，真是少了一大勁敵。然而有點奇怪的是，先宣布參加民主黨初選的對手和共和黨後來提名的候選人，都相繼捲入跟前妻有關的醜聞。在離選舉只剩幾個月時，巴拉克甚至沒有任何共和黨對手。

可以肯定的是，巴拉克在先前參選連任失利中學到許多教訓，這次打了一場漂亮的選仗。他在初選時擊敗七位對手，獲得伊利諾州超過半數的選票而贏得提名。他到伊利諾州各地與潛在選民互動，就像在家裡時那樣有趣迷人，既聰明又胸有成竹。他在市政廳論壇和競選辯論中，滔滔不絕地回答問題，所有表現都在表明他理應前往參議院施展抱負。儘管如此，巴拉克邁向參議院之路似乎再幸運不過。

這一切發生在約翰．凱瑞（John Kerry）邀請他在二〇〇四年於波士頓舉辦的民主黨全國黨代表大會上專題演講之前。當時來自麻州的聯邦參議員凱瑞正與小布希總統爭奪總統大位。

綜觀一切，我的老公只是無名小卒，是一個小州的州議員，從來沒在波士頓那樣的大城市對一萬五千多名群眾演講過。他從未用過讀稿機，也沒上過電視黃金時段的節目。他是個新人，在傳統以白人男性為主的政壇中，他是個名字與背景奇怪、沒沒無聞的黑人，希望讓民主黨人產生共鳴。正如網路名嘴後來所說，選擇巴拉克．歐巴馬對幾百萬名觀眾演講，根本是孤注一擲。

然而，以他一向好奇心旺盛且不怕繞圈子的行事作風，巴拉克可說是注定為了這一刻而存在。對此我心知肚明，因為我早就近距離觀察到他始終不停止思考。多年來，我看著他一直閱讀大量書籍和報紙，吸收各種想法，隨時隨地與提供新經驗或知識的人交談，常常他靈機一動。他把這些想法和知識都儲存起來。現在我明白，他是在打造一個願景，而且不是小小的願景。就算我不情願，也不得不在我們的生活中，留一點空間給這個願景並與其共存。有時候，我會為此事氣個沒完，但這也是我永遠不會否定巴拉克的一點。從我認識他以來，他就默默且細心進行這一切。這次演講的觀眾規模，或許終於可讓他實現願景。他已準備好接受這個召喚，只需要做好一件事：對大眾說話。

✳

「那場演講肯定很精彩。」這句話後來成為我的制式回答。這是我和巴拉克之間的一個玩笑。從二〇〇四年七月二十七日那天晚上起，我經常講這句話，還會酸巴拉克幾句。

我將女兒留在家裡由母親照顧，搭機到波士頓陪他演講。巴拉克走上強光照射的舞台，成為幾百萬人的目光焦點，我則站在會議中心側廳。雖然我們決定要面不改色，但他看起來有點緊張，我也一樣。不管怎樣，這就是巴拉克的作法。壓力愈大，他似乎愈冷靜。他花幾週時間撰寫演講稿，利用伊利諾州參議院會期空檔修改內容。他背誦要講的話並仔細演練，甚至不需要讀稿機，除非他緊張到腦子一片空白，但從未發生。巴拉克看著觀眾和電視攝影機，就像在車庫裡啟動某個新奇裝置那樣，面帶微笑，接著就開始演講。

那天晚上，他講了十七分鐘，說明自己是誰、來自哪裡。他的外公是曾加入巴頓將軍（G. Patton）軍隊的退伍軍人，外婆在戰爭期間曾在裝配線上工作。他的父親是肯亞人，從小牧羊長大。他還講到父母無法延續的愛，但他們深信良好的教育能給出生平凡、沒有人脈的兒子一大助力。他認真、專業地將自己塑造成一個旁觀者，而不是美國故事的具體化身。他提醒觀眾，一個國家不能只以紅色（共和黨代表色）和藍色（民主黨代表色）來劃分，我們必須以共同的人性、對整個社會的關心，讓國家團結一心。他呼籲大家要懷抱希望，不要憤世嫉俗。他將希望溢於言詞，也將希望之情展露無遺，只差沒為希望歌頌了。

巴拉克巧妙措辭、慷慨激昂講完這十七分鐘，展現出他所深信、令人目眩神迷的樂觀主義。最後，他呼籲大家支持總統、副總統候選人約翰．凱瑞與約翰．愛德華茲（John Edwards）。他講完時，全場觀眾歡聲雷動，紛紛起立鼓掌叫好。我穿著白色套裝，腳踩高跟鞋，走到舞台上，走進炫目的燈光裡，給巴拉克一個祝賀的擁抱，然後向眾多激情的民眾揮手致意。

全場氣勢令人震驚，震耳欲聾。巴拉克是一個有遠見、對民主有堅定信念的好人，這點早已不是祕密。儘管這種情況早在我的意料之中，我仍為他所做的事感到驕傲。這是我嫁的那個人，我一直都知道他的能力。回想起來，我那時其實已經悄悄打消要他放棄從政、只屬於我和女兒的念頭。我從全場如雷掌聲的力量之中，幾乎可以聽到人們心裡那股聲音：**我們需要更多這樣的人，我們需要更多這樣的人，我們需要更多這樣的人**。

媒體對巴拉克演講的評論相當誇張。「我方才看到了第一位黑人總統。」克里斯・馬修（Chris Mattews）向NBC其他評論員這樣表示。隔天，《芝加哥論壇報》頭版標題簡單寫著「奇才」。巴拉克的手機開始響個不停。電視名嘴稱他為「搖滾明星」和「一夕爆紅」，好像他在上台演講前，沒有花好多年時間努力準備似的；好像是演講創造了他，而不是他的努力造就一場撼動人心的演講。儘管如此，這場演講還是為某個新階段揭開序幕，不僅僅對他來說是如此，對我們和整個家庭來說也一樣。我們的曝光率激增，也開始活在其他人的龐大期望中。

這整件事一點也不真實。老實說，我唯一能做的就是開玩笑看待這一切。當人們開始在街上攔住巴拉克要求簽名，或跟他說他們喜歡他所說的話時，我會聳聳肩地說：「那場演講肯定很精彩。」當我們走出芝加哥某家餐廳、發現一群人聚集在人行道上等他時，我也會說：「那場演講肯定很精彩。」記者開始詢問巴拉克對國家重大議題有何看法、重要的政治策略家開始在他周圍徘徊時，我都說同樣的話。巴拉克的自傳《歐巴馬的夢想之路—以父之名》出版九年後重新發行平裝本，登上《紐約時報》暢銷書排行榜。

「那場演講肯定很精彩。」連笑容滿面、精力充沛的脫口秀女王歐普拉・溫芙蕾（Oprah Winfrey）出現在我們家、為了雜誌花一整天時間採訪我們時，我也這樣說。

這段期間究竟怎麼了？幾乎不可考。總之，二〇〇四年十一月，巴拉克當選聯邦參議員，贏得七成選票，這是伊利諾州史上票數差距最大的勝選，也是當年參議院選舉中最具壓倒性的勝利。不管黑人、白人和拉美裔，不分男女、貧富、住在城市、郊區或農村，都有很多人投票給他。有一次，我們去亞利桑那州度幾天假，他被那裡的支持者團團圍住。對我而言，這倒是準確衡量他名氣高低的一種奇特標準：現在，連白人都認識他了。

✳

我知道正常生活只剩下什麼，也全心投入其中。在家時，一切如常。我們與親朋好友在一起時，始終如一。我們與女兒在一起時，一切依然如常。但在外面，情況就不一樣了。現在，巴拉克經常往返華府，在國會山莊有參議員辦公室和公寓。那間公寓在一棟破舊建築裡，有一房一廳，裡面堆滿書籍和文件，那是他遠離家鄉的小窩。我和女兒每次去看他，連假意住下都做不到，而是直接訂房間，一家四口都住飯店。

在芝加哥，我堅持日常作息。日復一日，照常上健身房、工作、處理家務。我把碗盤放進洗碗機、帶女兒上游泳課、踢足球、跳芭蕾舞，一如既往地保持作息節奏。現在，巴拉克獨自在華府生活，得展露身為聯邦參議員該有的莊重舉止，但我仍然是我，過著尋常人的生活。有一天，我在克里伯恩大道（Clybourn Avenue）購物中心的BabyGap買完童裝，還有一點時間獨處。我坐在車裡吃著墨西哥捲餅，手機突然響起。祕書打電話詢問可不可以轉接一通電話給我，是華府一位聯邦參議員的夫人打來的，我從未見過，但她已打過幾次電話來。

「當然可以，把電話轉過來。」我說。

接著，我聽到這位參議員夫人愉悅溫暖的聲音。「妳好！」她說：「很高興終於跟妳說上話了！」

我告訴她，我也很高興接到她的電話。

「我只是打電話歡迎妳，」她說：「還有要讓妳知道，我們想邀請妳加入一個非常特別的團體。」

她打電話請我加入某種私人組織，在我聽來，這個俱樂部主要由華府重要人士的夫人組成。她們經常午餐聚會，討論當天的議題。「這是認識人的好方法。我知道妳初來乍到，要認識人很不容易。」她接著說。

我這輩子從未被邀請加入俱樂部。高中時，我看著朋友跟著他們加入的傑克與吉兒俱樂部去滑雪旅行。念普林斯頓大學時，我偶爾會等蘇珊回宿舍，聽她聊聊飲食俱樂部聚會上的趣聞。盛德律師事務所的律師則有半數以上加入鄉村俱樂部。這麼多年來，我造訪許多俱樂部，為公眾聯盟募款，也替巴拉克籌募競選經費。所以我很早就瞭解到，俱樂部通常是有錢人的天下。加入俱樂部，是一種身分象徵。

這位女士好心真誠請我，但我樂於婉拒。

「謝謝妳能想到我，妳人真好。但實際上，我和先生已經決定，我不會搬到華府。」我如此回答。讓她知道有兩個女兒在芝加哥上學，我很喜歡我的工作。我對她說明，巴拉克正在習慣兩地往返的生活，一有空就會回家。但我沒有提到，我們很喜歡芝加哥，打算在這裡買間新房。這可要歸功於巴拉克的書再版上市，而且他又談妥了第二本書，條件很優渥。巴拉克的魔豆收穫真是驚人。

這位參議員夫人沒吭聲，過了一會兒，用溫柔的語氣跟我說：「妳知道的，分隔兩地很難維繫婚姻，家庭會分崩離析。」

當時，我覺得她在評斷我。她自己在華府待了很多年，看過眷屬沒跟去的慘況。這表示我做出一個危險的選擇，她認為要當聯邦參議員的老婆只有一種正確方法，而我選錯了。

我再次感謝她並掛斷電話，嘆了一口氣。這一切都不是我一開始的選擇。這根本不是我的選擇。我和她一樣，是聯邦參議員的夫人，她在電話中一直稱呼我歐巴馬夫人。但這並不表示，我必須放下一切支持丈夫。說真的，我一樣也不想放棄。

我知道還有其他參議員夫人，選擇住在自己家鄉，而不是搬去華府居住。我知道參議院一百名成員中，有十四名是女性，不像以前那樣老古板、都是男人的天下。但讓我覺得不可思議的是，我想讓孩子們念原本的學校，自己繼續原本的工作，仍然有位女士認為這樣做是錯誤的。大選幾週後，我和巴拉克一起去華府，參加為新任參議員及其配偶舉辦的新進同仁說明會，為期一天。那一年只有少數人參加，快速介紹後，參議員走一邊，配偶則被帶到另一個房間。因為政治人物及家人應該遵守嚴格的聯邦道德政策，明訂可以收受哪些人的禮物，所以我想了一些問題，也想知道如何支付參議員的差旅費。我原本以為，也許會討論在社交場合如何應對遊說人士，或是日後競選籌募資金的合法性。

然而，夫人們只聽到國會大廈的歷史和建築的詳細解說，以及欣賞了為參議院製作的官方瓷器圖案，然後大家禮貌性地閒聊共進午餐。說明會持續好幾個小時。如果我不是為了此事特別休假一天，還讓母親幫我照顧女兒的話，或許會覺得這種安排還算有趣。如果我要成為政治人物的配偶，那麼我希望認真看待此事。我並不關心政治本身，但我也不想搞砸任何事情。

事實是，華府以本身高雅的傳統和審慎自重，以白人和男性為尊，讓配偶在另一個地方吃午飯，這種作法令我困惑不已。而且最讓我困惑的是一種恐懼，因為我並未選擇參與其中，我是被牽扯進來的。過去十二年，我一直是歐巴馬夫人，但現在這個稱號開始有不同意義。至少在某些領域，歐巴馬夫人感覺有點貶抑，好像我是丈夫的附屬品。我是政治明星巴拉克・歐巴馬的老婆，他是參議院中唯一的黑人，此人切中時弊地談到希望與寬容，所以現在人們對他寄予高度期待。

我的老公是一位參議員，但不知何故，人們似乎總是略過這一點，反而很想知道，他是否會參加二〇〇八年總統大選。而且，這股趨勢似乎不受動搖。每個記者都問了這個問題。在街上跟他打招呼的人也幾乎都會問這個問題。醫院的同事會站在我辦公室的門口，順口問這個問題，想提早探聽一些消息。就連現在六歲半的瑪莉亞也不例外。在副總統迪克・錢尼（Dick Cheney）主持儀式、巴拉克宣誓正式加入美國參議院那天，瑪莉亞穿著粉紅色天鵝絨洋裝，站在巴拉克旁邊時，也想知道這個問題的答案。不過，跟許多人不同的是，我們這位小一生夠聰明，知道一切似乎言之過早。

「爸，你打算當總統嗎？」她問道：「難道你不覺得，你應該先當副總統或是其他職務嗎？」

對於此事，我和瑪莉亞的看法一致。我一向務實，提倡以漸進式的作法，有條不紊地檢查待辦事項。我生來就不討厭明智而審慎的等待，即使漫長也無所謂。所以，每當我聽到巴拉克以謙虛的態度回應好事者，巧妙迴避是否參選總統這個問題，強調自己唯一想做的就是埋頭苦幹時，我便放心多了。他經常提醒人們，他只是少數黨的基層成員，就算真有機會，也輪不到他上場。而且，他有時會補充，他還有兩個孩子要養。

但是，鼓聲已經響起，很難停歇。巴拉克在深夜裡，整理他自己的信念和對國家的看法，去蕪存菁後寫在筆記本上，這些手稿集結成了第二本著作《歐巴馬勇往直前》（*The Audacity of Hope*）。他告訴我，他真的很滿意目前的生活，希望慢慢建立影響力，耐心等待參議院開議時好好表現。不過，風暴來了。

二〇〇五年八月下旬，卡崔娜颶風重創美國南部墨西哥灣沿岸地區，紐奧良的堤壩被吹垮，低窪地區遭洪水淹沒，人們（大都是黑人）只能站到破損家園的屋頂上等待救援。卡崔娜颶風帶來可怕的後果，媒體報導顯示，醫院沒有備用電源，心煩意亂的災民湧入超級巨蛋

（Superdome）[15]，緊急救援人員由於缺乏補給而陷入困境。最後，共計有一千八百多人死亡，超過五十萬人無家可歸，這場悲劇因為聯邦政府的無能而更加惡化。這場風災痛苦地暴露出我們國家結構性的分歧，尤其是在情況變得艱困時，非裔美國人和所有族裔的窮人更可能受到嚴重打擊而孤立無援。

現在，希望在哪裡？

看著卡崔娜颶風的報導，我心如刀割。如果這種天災發生在芝加哥，我的許多阿姨、叔叔、表親和鄰居都會遭遇類似命運。巴拉克對此事同樣深表哀痛。颶風過後一週，他搭機前往休士頓，加入前總統老布希、柯林頓，以及當時參議院同事希拉蕊・柯林頓（Hillary Clinton）的行列。到休士頓太空巨蛋（Astrodome），慰問上萬名紐奧良無家可歸的災民。這次經歷激起他憂國憂民之情，他深深覺得自己做得還不夠。

✳

大概過了一年，勸進巴拉克參選總統的聲浪高漲，我們兩人也倍感壓力。我們一如往常地做好自己的分內工作，但巴拉克是否參選總統的問題，讓我們覺得有一事未了。「他可以嗎？他會嗎？他應該嗎？」在二〇〇六年夏天，民調受訪者填寫開放式問卷，很多人都希望他參選總統。不過，當時希拉蕊顯然是頭號人選。到了秋天，巴拉克順利參選的可能性開始提高，有部分要歸功於《歐巴馬勇往直前》的出版，以及這本書的巡迴簽書會讓他有許多機會在媒體曝光。他的民意調查數字突然追上、甚至超過民主黨前兩位候選人高爾和凱瑞，證明他確實有潛力。我知道他一直在跟朋友、顧問和可能的贊助者私下會談，向每個人表示他考慮選總統。但他一直避免跟我談論這件事。

他當然知道我的感受。我們藉著其他名目、拐彎抹角討論過這件事。長久以來，我們活在其他人的期望中，以至於我們每次交談，都會隱含這個話題。在家庭聚餐、女兒上學時，以及我工作時，都有人勸進巴拉克角逐總統大位。即使我們不希望這件事存在，它卻無所不在，並增添了一股奇怪的能量。在我看來，我的老公已經做得夠多了。如果他真想參選總統，我希望他採取謹慎的作法，慢慢準備，在參議院等待時機到來，也等到女兒長大了。或許，到二〇一六年再說。

在我看來，從我認識巴拉克起，他總是把眼光放得很遠，一直想著世界應有的樣貌。只是這次，我希望他能夠安於現狀。我不懂他怎麼能看著現在五歲的莎夏和八歲的瑪莉亞、我們這兩個可愛女兒綁著辮子頭嘻嘻哈哈，還有心思去選總統。有時候，光想到他這樣，就讓我很受傷。

我們夫妻就像坐在蹺蹺板上，老公坐一邊，老婆坐在另一邊。現在，我們住在一間漂亮的

15 編按：此指賓士超級巨蛋（Mercedes-Benz Superdome），位於美國路易斯安那州紐奧良，是一座有七萬兩千個座位的多功能體育館。

房子裡，這間喬治亞式建築的磚房位於建伍區（Kenwood）一條安靜的街道上。我們家有寬闊的門廊，院子裡有高大的樹木。這裡就是家父週日開著別克汽車，載著我和克雷格經過時，常讓我羨慕不已的地方。我經常想起父親，也想起他給我的一切。我希望他還活著，看看我們經歷的一切。克雷格現在非常開心，他終於放棄投資銀行的事業，重拾他最愛的籃球。他在西北大學當過幾年助理教練，現在是羅德島布朗大學的總教練。而且，他再婚了，跟老家在東岸、在大學擔任招生院長的務實美女凱莉・麥克隆（Kelly McCrum）結婚。他和前妻生的兩個小孩都高大自信，充滿活力，讓我們對下一代充滿期待。

我是參議員夫人，但除此之外更重要的是，我很在乎我的職涯。今年春天，我升為芝加哥大學醫學中心副總裁。過去幾年，我一直主導南區健康照護合作計畫（South Side Healthcare Collaborative）的發展。這項計畫已經為出現在我們醫學中心急診部的一千五百多名患者，找到可以求助又負擔得起的定期醫療服務業者。我覺得自己藉由工作達到助人的目的。我看到許多長期忽視慢性病的黑人來到急診部，比方說，糖尿病患者遲遲未處理血液循環問題，只好截肢。我不禁想起，父親從未自己預約看診，他無視自己多發性硬化症的每個症狀，只為了不驚動家人也不想讓家人花錢，不想增加文書作業，也不想讓有錢白人醫生有機會看貶他。

我喜歡我的工作，雖然並不完美，我也很喜歡現在的生活。莎夏快要上小學了，我覺得自己似乎處於一個新階段的開始，能再次施展抱負並考慮新目標。要是巴拉克參選總統會怎樣呢？會破壞所有一切。這一點，我很清楚。巴拉克和我在十一年內，歷經了五次競選活動，每次都迫使我得更加努力才能堅持自己的優先要務。坦白說，每一次選舉都在我心裡和我們的婚姻留下一點印記。我擔心，總統大選真的會讓我們受傷。巴拉克在春田市或華府任職時，每星期只有一半時間不在家，要是他參選總統，就是整個星期不見人影，這種情況不是四到八週而已，而是一連幾個月。這會對我們家產生什麼影響？媒體和大眾的關注會讓我們的女兒做何感受？

我盡所能忽視巴拉克周圍的這股旋風，即使毫無減弱的跡象。電視新聞名嘴正在辯論他的潛力。《紐約時報》保守派專欄作家大衛．布魯克斯（David Brooks）發表一篇直白又令人驚訝的請願文，標題為〈巴拉克，快參選吧〉（*Run, Barack, Run*）。現在，巴拉克不管到哪裡都會被認出來，我還很幸運能被當成路人。十月的某一天，我在便利商店排隊結帳時，看到《時代》雜誌封面，我不得不轉過頭去：封面上是我老公的臉部特寫，旁邊寫著「為什麼巴拉克．歐巴馬可以成為下一任總統」。

我希望在某種程度上，巴拉克可以結束大眾的臆測，宣布無意參選，讓媒體去關注其他人。但他沒有這樣做。他不會這樣做。他想參選，儘管我不希望。

每次記者問他是否參選總統，巴拉克會猶豫一下，然後簡單回答：「我還在考慮此事，這是家庭決定。」也就是說，「蜜雪兒說我可以選，我才能選。」

有一天晚上，巴拉克在華府工作，我獨自躺在床上，覺得好像是我在跟這個世界作對似的。我希望巴拉克為家庭盡心，但其他人似乎都希望他為國家盡力。他有自己的顧問委員會，成員包括大衛・艾塞羅德（David Axelrod）和羅伯特・吉布斯（Robert Gibbs），這兩位競選策略家是他選上聯邦參議員的大功臣。還有與艾塞羅德同公司的顧問大衛・普樂夫（David Plouffe），以及薇拉瑞和他的幕僚長皮特・勞斯（Pete Rouse）。這些人都謹慎小心地支持巴拉克，但是他們也明確表示，參選總統不是一個人的事，我和巴拉克都需要全力以赴。巴拉克肩負的工作重擔簡直無法想像。一旦參選，他不但要善盡參議院的職責，絲毫不可遺漏，也必須巡迴全國展開競選活動，還要發展一個政策平台，籌募龐大競選經費。我的工作不僅僅是默許支持巴拉克參選，而是實際參與競選活動。我自己和女兒都要做好心理準備，以後必須經常微笑表示贊同，跟眾多民眾握手致意。我意識到，為了支持這個更大的願景，現在一切都將與巴拉克有關。

就連我哥哥克雷格也支持巴拉克參選。從我出生那天起，克雷格就對我愛護有加，他對巴拉克可能參選興奮不已。有一天晚上，他打電話給我想問個清楚。「小雪，聽好了，」就像他經常用籃球術語說的那樣，「我知道妳很擔心這件事，但如果巴拉克有機會圓夢，當然必須緊抓不放。妳應該明白吧？」

由我決定。這一切都由我決定。我是害怕，或只是厭倦了？

不管怎樣，我愛上一個有遠見的男人。他很樂觀但不天真，不畏懼衝突，對世界的複雜程度感到好奇。奇怪的是，他完全不怕有多少工作要做。有一天晚上，我們坐在他樓上書房裡，終於開始談論此事，他表示想到要長時間離開我和女兒就很擔心，但他也一直提醒我，我們的愛有多麼穩固。「我們可以搞定這件事，對吧？」他說：「我們很堅強也很聰明，孩子也是。我們會沒事的。我們承擔得起。」

他的意思是，沒錯，競選活動要付出很大的代價。我們要放棄時間、放棄相處的天倫之樂，以及我們的隱私。現在，確切預測需要做出多少犧牲還言之過早，但肯定會犧牲很多。對我來說，這就像不知道自己帳戶餘額卻狂花錢那樣。「我們有多大的韌性？我們的限制是什麼？最後會留下什麼？」光是這種不確定感，就像是一種威脅、一種可能淹沒我們的東西。畢竟，我是在一個相信深謀遠慮的家庭中長大，我們家進行過火災演習，讓我們事先懂得如何應付所有突發狀況。在工人階級社區長大，加上父親身有殘疾，讓我瞭解到規畫和警覺很重要。這可能意味著，穩定與貧困之間的差異，而且彈性總是很小。少拿一次工資可能讓你無電可用，少交一次家庭作業可能讓你課業落後，跟大學無緣。

小學五年級時，有一位同學因為家裡失火不幸喪生。大學室友蘇珊在她有機會真正享受成年生活前就因病過世。這兩次經歷讓我學到，世界可能是野蠻和隨機的，努力工作未必會有好結果。我知道，日後這種感覺只會愈來愈強烈。但即使現在坐在安靜街道的靜謐磚房家裡，我仍忍不住想要保護我們所擁有的一切。我只想好好照顧女兒，其他一概不想管，至少等到她們長大一點再說。

不過，這件事當然還要考慮另一個層面，我和巴拉克都很清楚。我們從當局強制撤離災民看到卡崔娜颶風釀成的破壞。我們看到在洪水中，家長為了保護小孩，把孩子高高舉起。在收容上萬名災民的超級巨蛋，我們看到非裔美國人家庭努力團結一致，對抗泯滅人性的暴行。我所做的各種工作，從市政廳到公眾聯盟，再到大學醫學中心，幫助我瞭解有些人很努力才能獲得基本健保和住房等保障。我看到一條微弱的細線，將通過補助者與不通過補助者分成兩邊。對巴拉克來說，他花了很多時間傾聽工廠失業工人的心聲、瞭解年輕退伍軍人努力克服終生殘疾，也知道母親們厭倦將孩子送到教學無方的學校。換句話說，我們明白自己是多麼幸運，都覺得自己有義務不要自滿。

我知道別無選擇，只能考慮讓巴拉克參選。我終於打開心門，願意認真討論此事的可能性。我和巴拉克仔細談論這個想法，不是一次，而是很多次，直到耶誕節去夏威夷探望外婆。有些對話充滿憤怒和淚眼相望，有些對話則認真且正面積極。十七年來，我們一直用這種方式對話。**我們是誰？對我們來說，什麼才重要？我們能做些什麼？**

最後，終歸一句話：我答應了，因為我相信巴拉克會是一位偉大的總統。他有過人的自信，也具備完成總統職務的智慧與紀律。而且，他能忍受艱難的挫折，又有罕見的同理心，讓他可以審慎調度資源，滿足國家需求。他身邊都是聰明的良善人士，隨時準備提供援助。我怎麼可以阻止他？在巴拉克有可能成為幫助數百萬人改善生活的總統時，我怎麼能拿自己的需求，甚至是拿我們女兒的需求來勸退他？

我答應他參選，因為我愛他，而且我相信他可以有一番作為。

我答應他參選，儘管我內心痛苦掙扎，因為我還沒準備好跟這個國家分享他：我支持他參選總統，但我也確信他不會當選。他經常慷慨激昂地講起，要治癒我們國家的分歧，並以他認為大多數人與生俱來的更崇高理想為訴求。但我看過太多分歧，不敢抱持太大希望。畢竟，這裡是美國，巴拉克是黑人。我真的認為他不會贏。

16

幾乎從我們同意他可以參選總統的那一刻起，巴拉克就成了模糊的人影，變成我丈夫的圖像版本。為了不辜負眾人期望，他不得不旋風式地走訪各地，開始馬不停蹄努力衝刺。距離從愛荷華州開始的初選，只剩下不到一年的時間。巴拉克必須迅速招兵買馬，向可以捐贈鉅資的人尋求協助，還要找出最能讓人認同的候選人自介方式。目標是讓人記得他，並在初選時投票給他。而且，一開始採取的行動，就可能決定競選活動的成敗。

整個行動由艾塞羅德和普樂夫，這兩位都叫大衛的人擔任總指揮。艾塞羅德聲音柔和，彬彬有禮，鬍子蓋住上唇，大家都叫他艾塞。在擔任政治諮詢工作前曾做過《芝加哥論壇報》記者，他將負責處理巴拉克的訊息傳播和媒體操作。三十九歲的普樂夫笑起來不脫稚氣，他熱愛數字和策略，將管理整個競選活動。巴拉克的競選團隊人數激增，並招募經驗豐富的人來管理財務及處理活動規畫。

有位睿智人士建議巴拉克在春田市正式宣布參選總統。大眾普遍認為美國中部城市春田市是合適的地點，剛好可以呼應我們希望採取不同類型競選活動的想法。我們的競選活動將從基層開始，主要是由剛接觸政治事務的人一起參與。巴拉克自己也希望能在春田市奠定基礎。耕耘社區組織多年，他明白在美國的民主制度中，仍有許多人認為自己無人理會，覺得自己的公民權被剝奪。投票計畫幫助巴拉克瞭解，如果這些人有權參與投票，可能創造怎樣的結果。他的參選，是對這個想法的重大考驗。他的訊息能在更大範圍內發揮作用嗎？會有夠多的人挺身相助嗎？巴拉克知道自己與一般候選人不同，他想啟動一場非比尋常的競選活動。

巴拉克打算在州議會舊議會大廈的台階上宣布參選。這是具有歷史意義的地標，在視覺上當然也比會議中心或體育場更具吸引力。但是這樣一來，他就要在伊利諾州二月中旬的冰天雪地裡，頂著通常低於冰點的氣溫，於戶外發表演說。這個決定雖然立意良善，卻不切實際，我知道時很訝異，也對現在或多或少影響我們生活的競選團隊缺乏信心。光想像我和女兒要在下雪天或寒風中努力保持微笑，巴拉克就算冷颼颼也要顯得精力充沛，我就覺得不滿。況且那天人們應該會決定待在家裡，而不是在寒風中站上好幾個小時。我是中西部人，很清楚天氣足以破壞一切。我也知道選戰一開始就出師不利的話，後果絕非巴拉克所能承受。

大約一個月前，希拉蕊已經自信十足地宣布參選。前次總統大選擔任凱瑞副手、來自北卡羅萊納州的約翰·愛德華茲，也與希拉蕊差不多時間、在紐奧良一處遭受卡崔娜颶風重創的家園前宣布參選，並展開競選活動。總共有九位民主黨人士加入選戰。參選人數眾多，競爭勢必相當激烈。

巴拉克的競選團隊決定在戶外宣布參選，真是孤注一擲。但我沒有立場質疑，只能堅決要求競選團隊至少在講台放台暖器設備，不要讓巴拉克因為太冷，被拍到表情痛苦的照片並登上全國各大媒體。除此之外，我都保持沉默，其他事情都不是我能掌控的。競選團隊緊鑼密鼓規畫集會，沙盤推演種種策略並號召志工。競選活動如火如荼展開，但是大家都沒有做最壞的打算。

可能是潛意識的自衛本能使然，我把注意力轉到自己可以掌控的事情上。我幫瑪莉亞和莎夏添購耳罩和圍巾，也買好保暖外套，但直到宣布參選日快到了，才發現忘了買帽子。

隨著宣布參選日逼近，我下班後趕去水塔廣場的百貨公司東翻西找，但當時可以選購的冬季服飾不多，就連清倉商品也找不到合適的。後來，我根本沒有心思去想，瑪莉亞和莎夏這身打扮是否有未來總統女兒的模樣。我只想讓她們看起來是備受母親細心照顧的孩子。最後，可能是在第三趟才買到了兩頂針織帽，都是成人小尺碼的帽子，白色那頂給瑪莉亞戴，粉色那頂給莎夏。瑪莉亞的帽子大小剛好，但莎夏才五歲，那頂帽子太大了，戴在頭上鬆垮垮地遮住臉。帽子款式不是很時尚，但看起來很可愛。更重要的是，無論當天伊利諾州有多冷，這兩頂帽子都能讓我的女兒保暖禦寒。雖說是個小小的勝利，但終究是勝利，而且是我本人的一次勝利。

✳

結果，二〇〇七年二月十日宣布參選當天，是個晴朗無雲的好日子。冬日裡陽光普照的週六早晨，實際溫度比看起來要低一些。氣溫大約攝氏零下十一度，微風輕拂。我們家人於前一天抵達春田市，住在市中心飯店一間有三個臥室的套房，競選團隊租下那一整層樓，供芝加哥來的幾十名親友入住。

我們開始體驗到全國性競選活動的壓力。巴拉克宣布參選的日期，剛好跟黑人聯盟現況大會（State of the Black Union）同一天，這是由廣播名人塔維斯．史麥利（Tavis Smiley）每年籌辦的論壇，他顯然對此感到憤怒。他向競選活動人員表達不滿，暗指巴拉克此舉顯然是漠視整個非裔美國人社區，最終只會危及競選結果。我很訝異，對我們開第一槍的竟然是黑人社群。接著，在巴拉克宣布參選前一天，《滾石》（*Rolling Stone*）雜誌針對他發表了一篇文章，其中包括記者採訪芝加哥三一教堂的敘述。當時我們仍是該教會的教徒，只是女兒出生後就愈來愈少上教會了。那篇文章引述賴特牧師多年前針對黑人在我們國家受到的待遇，做出憤怒和煽動性的布道，暗指美國人更關心的是保持白人至上，而不是關心自己是否遵行上帝的旨意。

雖然這篇簡介基本上是正面的，但雜誌封面標題寫著「巴拉克．歐巴馬的激進根源」，很快就被保守派媒體當成把柄大肆抨擊。這是一場災難，尤其是在競選活動前夕，而且賴特牧師原本打算在巴拉克發言前，帶領大家一起禱告。巴拉克不得不勉為其難打電話給賴特牧師，詢問他能否取消公開祝禱，在後台私下給予我們祝福就好。巴拉克說，賴特牧師覺得很受傷，但他可以理解整件事的利弊得失，也保證他不會因為失望，就不支持巴拉克。

那天早上，我發現義無反顧的時刻到了。現在，我們全家人都暴露在全美人民面前。這一天就像是一個大規模的開幕派對，每個人都花了幾週時間準備。就像每個偏執的主人一樣，當這個關鍵時刻終於來臨，我無法擺脫恐懼，很擔心沒有人來捧場。我和巴拉克不一樣，我可能是懷疑論者。我還是懷有從小到大那種凡事擔憂的心態。如果我們不夠好怎麼辦？也許我們聽到的一切都是誇大其詞。也許巴拉克根本不像競選團隊預期的那麼受歡迎。也許現在並非他的好時機。從舊議會大廈側門走到舞台後方時，我努力把所有疑慮拋諸腦後。這時，我們還看不到舊議會大廈前面的狀況。為了聽取工作人員簡報，我把莎夏和瑪莉亞交給母親和凱伊・威爾森（Kaye Wilson）照顧。凱伊是巴拉克的良師益友，這幾年來成為我們女兒的第二位祖母，我們都叫她凱伊媽媽。

我聽說外頭聚集了不少人。事實上，人們早在黎明前就開始聚集。按照計畫，由巴拉克先走出去，接著我和女兒幾分鐘後再步上階梯，走到舞台上站在他身邊，然後轉身向人群揮手致意。我已經明確表示，巴拉克發表二十分鐘演說時，我和女兒不會留在台上。畢竟，要求兩個小孩靜靜坐好，假裝對她們父親的演說內容感興趣，實在太過分了。如果她們露出無聊表情、不管是誰打了噴嚏或坐立不安，對巴拉克的競選活動都沒有幫助。我的情況也一樣。我知道自己本該端出政治人物老婆的刻板印象，也就是臉上堆滿笑容、精心打扮、完美無瑕像個娃娃，眼睛睜得大大地看著老公，彷彿一字不漏地聆聽著。但這不是我的風格，永遠不可能是。我可以支持老公，但我無法成為機器人。

在後台聽完簡報並跟賴特牧師一起禱告後，巴拉克走出去向觀眾打招呼。我在議會大廈內都能聽到他出現時引起現場觀眾歡呼。我回頭找莎夏和瑪莉亞，開始緊張起來。「女孩們，妳們準備好了嗎？」我說。

「媽咪，我好熱。」莎夏邊說邊脫掉粉紅色帽子。

「噢，親愛的，妳必須戴著帽子，外面很冷。」我抓起莎夏的帽子，戴回她頭上。

「可是我們不在外面，我們是在裡面啊。」她說。

這就是莎夏，有著圓臉、喜歡實話實說的小寶貝。我無法與她的邏輯爭論。我對附近一位年輕工作人員眨眼示意，試圖對一個才二十幾歲、肯定沒有小孩的人打暗號：「親愛的上帝，如果我們現在不趕快上台，這兩個小傢伙將會失控。」

幸虧那名工作人員很好心，她點點頭，示意我們走向舞台入口。現在，要上台了。

到目前為止，我參加過好幾次巴拉克的政治活動，屢屢看著他與大批選民互動。我參加過競選活動開幕式，也參加過募款活動和選舉晚會。舉目可見的觀眾，都是我們的老朋友和長期支持者。但春田市的情況截然不同。

母女三人踏上舞台的那一刻，我完全不緊張了。注意力都在莎夏身上，確定她面帶微笑，腳不會因為靴子而絆倒。「抬起頭，親愛的，」我握著她的手說道：「微笑！」這時，瑪莉亞走在我們前面，她抬起下巴，臉上綻放笑容，走到父親身邊並揮手致意。我們還沒上台就發現現場人山人海，也感受到人群蜂擁而至。結果，那天有超過一萬五千人共襄盛舉。議會大廈周圍全都擠滿民眾，籠罩在一片熱情之中。

我從來不會選擇在週六參加政治集會。站在體育場或高中禮堂聆聽冠冕堂皇的承諾和陳詞濫調。對我而言，這種事情從來沒有多大意義。我想知道這些人為什麼都在這裡？為什麼他們願意多穿幾雙襪子、在寒風中站上幾個小時？我可以想像人們穿著禦寒衣服，等著聽樂團演唱，然後跟著一起唱。我也可以想像人們在冰天雪地中看超級盃比賽，為從小支持到大的球隊加油。但政治也能如此嗎？這與我以往經歷的狀況都不一樣。

我開始明白，我們一家人既是樂團，也是即將參加比賽的球隊。我突然感受到一股強烈的責任感。這些人在寒風中站這麼久，我們欠他們每個人某樣東西。我們要求他們相信我們，相信民主。現在，我們必須實現他們給予我們的熱情，帶著這種熱情度過二十個月，走遍五十個州，最後入主白宮。我原本認為這個夢想不可能成真，但現在多少相信了。我意識到，這是民主的召喚與回應，是一個人與人共同達成的契約。**你為我們挺身而出，我們就為你挺身而出**。而今，我有一萬五千多個理由，希望巴拉克獲勝。

現在，我已經完全投入這次競選活動。即使感覺有點可怕，但全家都全力以赴。我還無法想像未來會發生什麼事，但是我們就在台上，一家四口站在人群和鏡頭前，雖然穿著厚重衣物，小女兒頭上還戴了鬆垮垮的粉紅色帽子，但其實我們是赤裸裸地暴露在大家面前。

✳

希拉蕊是個不容小覷的強大對手。在一連串民調中，她在全國民主黨初選民調一直獨占鼇頭，巴拉克落後十到二十個百分點，愛德華茲又落後巴拉克幾個百分點。民主黨選民認識柯林頓夫婦，而且民主黨選民渴望獲勝。至於我老公的名字，根本很少人唸得出來。巴拉克、我和競選團隊早在宣布參選前就已經明白，不管他有多麼棒的政治才華，名叫巴拉克·海珊·歐巴馬的黑人，想贏得候選資格總是希望不大。

這也是我們在黑人社區中遇到的阻礙。跟我最初對巴拉克候選資格的看法類似，許多黑人無法真心相信我老公有機會獲勝。許多人也還無法相信，黑人可以在白人主導的區域獲勝，這表示他們通常會選擇安全牌，也就是退一步、尋找下一個最好的選擇。巴拉克要面臨的挑戰是，讓長期支持柯林頓的黑人選民，願意把票投給他。柯林頓在非裔美國人社群中非比尋常地如魚得水，因此建立許多人脈。巴拉克已經跟伊利諾州各地形形色色的選民，包括該州南部鄉間白人農場地區，都建立友好關係。他已經證明可以打動不同種族、不同年齡層的選民，但仍有許多人不清楚他的這一面。

選戰開打後，媒體對巴拉克的監督更加徹底，一切都被放大檢視。我們知道，身為黑人候選人，他非但承受不了任何閃失，還必須把事情做到好上加好。對於巴拉克和希拉蕊以外的候選人來說，想贏得提名唯一的指望，就是籌募龐大資金並迅速燒錢，在初選一開始就表現出色，為個人競選活動累積足夠動力，削弱柯林頓家族這個選舉機器的力量。

我們把希望寄託在總統大選第一站愛荷華州，必須在該州贏得勝利，否則只好退選。愛荷華州居民大多務農，白人人口超過九〇％。令人好奇的是，這個州竟然是國家政治的領頭羊。對於從芝加哥起家、設法證明自己實力的黑人來說，這裡或許不是最有勝算之處，但現實就是如此。自一九七二年以來，愛荷華州一直是總統大選初選的第一站。兩黨黨員在一月或二月舉辦的選區會議及黨團會議上投票，而且全國都會關注此事。如果能在愛荷華州首府得梅因（Des Moines）和杜比克（Dubuque）引起關注，就能連帶在奧蘭多和洛杉磯受到矚目。如果我們在愛荷華州表現出色，就能向全國黑人選民傳達這個訊息——現在可以開始相信，黑人也能當總統。事實上，巴拉克是伊利諾州參議員，愛荷華州比鄰伊利諾州，因此巴拉克在愛荷華州有些知名度，也熟悉該地區全面性的問題。這一點讓普樂夫相信，我們在愛荷華州至少占有些許優勢，我們必須設法利用這個優勢。

這表示我幾乎每週都要去愛荷華州，一大清早趕去芝加哥奧黑爾機場，搭乘聯合航空班機，每天參與三到四場競選活動。我很早就告訴普樂夫，雖然我樂意參加競選活動，但附帶條件是他們必須及時讓我回到芝加哥、送女兒們上床睡覺。我母親已經同意減少工作時數，以便在我外出助選時可以幫忙照料小孩。巴拉克也在愛荷華州停留多時，不過我們很少在那裡同時出現，或者應該說是任何地方。現在，我就是所謂的候選人分身，必須代表巴拉克在愛荷華市社區中心跟選民見面，與此同時，巴拉克則在愛荷華州雪松瀑布市（Cedar Falls）為選舉造勢，或在紐約籌募競選經費。只有真正重要的場合，競選團隊幕僚才會安排我們兩人一起出席。

巴拉克率領一群細心的助理到各地造勢，也撥經費為我雇用了兩名助理。由於我打算每週只安排二到三天參加競選活動，所以兩名私人助理對我來說似乎多了些。我不知道自己哪裡需要協助。我的幕僚長梅麗莎．溫特（Melissa Winter）是巴拉克的行程安排人員推薦的。她曾在聯邦參議員喬．利伯曼（Joe Lieberman）位於國會山莊的辦公室工作，也參與過二〇〇〇年副總統競選活動。我在芝加哥家裡客廳面試梅麗莎，那時她金髮碧眼，戴著眼鏡，三十多歲快四十歲。我對她豪放不羈的機智、對細節幾近痴迷的投入，印象深刻。在我設法整合競選活動與醫院高度忙碌行程時，梅麗莎的性格特質剛好能助一臂之力。梅麗莎聰明、效率高、行事敏捷，而且她一直待在政治圈，早已習慣政治活動的強度和節奏，不會受到影響。梅麗莎小我幾歲，她也覺得自己更像是我的同伴和盟友，而不只是競選團隊的年輕幕僚。後來，她獲得我的信賴，到現在都是我願意分享生活大小事的好友。

凱蒂．麥柯密克．萊利維德（Katie McCormick Lelyveld）加入我和助理三人小組，擔任傳播主任。她還不到三十歲，卻已經參加過總統競選活動，還曾在希拉蕊當第一夫人時為其效勞，這讓她的經歷更顯重要。凱蒂精力充沛，聰明過人，總是穿著得宜。她負責與記者和電視台人員打交道，確保我們的活動獲得媒體正確報導。我要感謝凱蒂隨身帶著皮革公事包，裡面裝著去漬劑、薄荷糖、一個針線包和一雙備用絲襪，在趕搭飛機參加不同競選活動的忙亂時刻，總能讓我體面見人。

過去幾年，我看到總統候選人的相關新聞報導，看到他們在愛荷華州努力拉票，尷尬地打斷晚飯後正在啜飲咖啡的當地居民，在以奶油雕成、真實大小的牛隻前面愚蠢地擺姿勢，或是在州博覽會上吃著炸物。我不太確定，究竟選民認為什麼才有意義，什麼是譁眾取寵。

巴拉克的顧問曾努力為我揭開愛荷華州的神祕面紗，說明我的任務主要是花時間跟該州各個角落的民主黨人相處，向小團體演講，激勵志工參與，並努力爭取社區領袖支持。他們也說，愛荷華州居民認真看待身為政治風潮引領者的角色。他們會做功課瞭解候選人，提出重要的政策問題。他們很習慣候選人會連續好幾個月小心討好他們，所以不可能被候選人的微笑和握手輕易打動。巴拉克的顧問也告訴我，愛荷華州有些選民會堅持好幾個月，希望跟每位候選人面對面交談，最後再決定要把票投給誰。但他們沒有告訴我，我在愛荷華州應該傳達什麼訊息，沒有給我任何腳本或討論話題，也沒有給我任何建議。我只好自己想辦法解決這個問題。

這次初選中，我參加的第一場競選活動是四月初在得梅因一個尋常住家舉辦的。有幾十個人聚集在客廳裡，有人坐在沙發上和為此次活動搬來的摺疊椅上，也有人席地而坐。我大略看過現場狀況，一邊準備演講。照理說，我的觀察應該不會讓我驚訝才是，但當時我的確有點嚇到。客廳桌上鋪的桌布，與我祖母希爾茲家裡用的白色鉤針編織桌布一樣。還發現有些瓷器人像，就像羅碧姑婆在歐幾里得大道住家樓下櫥櫃架上擺的那種瓷偶，而且她不准我們碰。前排有名男子親切地對我微笑。我人在愛荷華州，但心裡有種特別的感覺，覺得自己像在家裡一樣。我開始明白，愛荷華州居民與希爾茲家族、羅賓森家族一樣，不會被愚弄，也不相信那些裝腔作勢的人。他們可以在一英里外就發現誰是騙子。

我領悟到，我的工作就是做我自己，照平常那樣說話就好。所以，我做到了。

「讓我告訴你關於我這個人。我是蜜雪兒．歐巴馬，在芝加哥南區一棟二層樓小公寓的二樓長大，那間公寓感覺跟這裡很像。我父親是市府所屬水廠的鍋爐操作員，母親待在家裡照顧我和我哥。」

我無所不談，講到我哥這個人，以及父母教導我們兄妹的價值觀，我也談到因工作之便，認識了巴拉克這個熱情的律師，他以務實態度和對世界的願景偷走了我的心；他在家裡會亂丟襪子，有時睡覺還會打鼾。我告訴他們，我如何一邊在醫院工作一邊照顧家裡，也提到為了來這裡跟大家見面，我母親當天必須幫我去學校接女兒。

我沒有美化我對政治的看法。我對他們說，政壇不適合善良的人，同時也說出我對巴拉克是否應該參選一直感到矛盾，擔心鎂光燈會對我們的家庭造成影響。但現在，我站在他們面前，是因為我相信老公，也相信他能有所作為。我知道他大量廣泛地閱讀，也知道他的思想有多深入。最後娓娓道出，巴拉克確實既聰明又正直，為了我們的國家，我會選他當總統，即使多年來因為私心，我總讓他在離家近一點的地方工作。

幾個星期過去了，我走遍達文波特（Davenport）、雪松湍流市（Cedar Rapids）、康索布魯夫斯（Council Bluffs），還有蘇城（Sioux City）、馬歇爾鎮（Marshalltown）、馬斯卡廷（Muscatine），在書店、工會大廳、年長退伍軍人之家，述說我的故事。隨著天氣日漸暖和，我也會在前廊和公園，講述同樣的故事。故事講愈多遍，聲音就愈加沉穩。我喜歡我的故事，講述時非常自在。儘管觀眾膚色不同，但我告訴他們，他們讓我想起家人，就像是我祖父那樣擁有更大夢想的郵務人員、像羅碧姑婆那樣有公民意識的鋼琴老師，像母親那樣在家長會活躍的全職媽媽，以及像父親那樣為家人付出一切的藍領工人。我不需要練習或小抄，只是說出心裡的感受。

一路走來，記者和一些熟人開始問我同樣的問題：像妳這樣身高約一八〇、常春藤名校畢業的黑人女性，和一屋子愛荷華州白人居民交談，是什麼感覺？感覺有多奇怪？

我從沒喜歡過這個問題，每次對方問完後，臉上總帶著一種要笑不笑的尷尬表情，而且幾乎每個提問的人都要我別誤會。談及種族話題時，人們經常使用這種伎倆。我認為這種想法只是小看了我們，認為所有人只會注意膚色這種差異。

讓我憤怒的主要原因是，這個問題與我經歷和遇到的人所體驗的正好相反。不論是胸前口袋上有玉米種子標誌的男人，穿著黑金相間套頭衫的黑人大學生，或是用我們選舉標誌旭日東升（rising-run）做了砂糖餅乾、裝在冰淇淋筒裡，帶來跟大家分享的退休人員，這些人會在演講過後來找我，似乎渴望談論我們共同的經歷，述說他們的父親也為多發性硬化症所苦，或說他們的祖父母就像我的祖父母那樣。許多人以前從未參與過政治活動，但我們的活動讓他們覺得參與是值得的。他們還打算在當地辦公室擔任志工，也要努力說服另一半或鄰居一起過來當志工。

這些互動相當自然、無比真實，我發現自己會本能地擁抱人們，也被人們緊緊擁抱。

✳

有一次，我帶瑪莉亞去小兒科醫生檢查，我們每隔三到六個月就會做一次這種檢查，以便密切關注她從小就罹患的氣喘。雖然瑪莉亞的氣喘症狀得到控制，但醫生提醒我注意另一件事：瑪莉亞的身體質量指數（BMI，衡量身高、體重和年齡的健康指標）逐漸攀升。醫生表示並不危險，但也不能等閒視之。如果再不改變生活習慣，積年累月後就可能演變成真正的問題，增加瑪莉亞罹患高血壓和第二型糖尿病的風險。醫生看到我一臉憂心忡忡，馬上向我保證這個問題很常見，也可以解決。目前，全國各地的兒童肥胖率都逐漸上升。他開業診療以來看過許多實例，主要發生在勞工階級的非裔美國人家庭。

這個消息就像一塊石頭砸在彩色玻璃窗上。我那麼努力工作，確保女兒過得幸福圓滿。我哪裡做錯了？我算哪門子母親，怎能沒注意到女兒的變化？

跟醫生進一步討論後，我明白我家生活的模式。由於巴拉克一直不在家，「便利性」成為我選擇飲食最重要的因素。我們家向來外食。由於愈來愈沒時間下廚，我經常在下班路上外帶食物回家。早上會將現成的Lunchables午餐包和可沛利（Capri Suns）袋裝果汁裝進女兒們的便當袋。週末在女兒們上完芭蕾課後，先去麥當勞得來速點餐，吃完再帶她們去踢足球。醫生說，這樣做很常見，單獨來看也沒那麼糟。但是如果次數太過頻繁，就是一大問題。

顯然，有些事情必須改變，但我對於如何做出改變感到茫然。每個解決方案似乎都需要更多時間，必須有時間採買食品雜貨、有時間下廚，還要有時間切菜或替雞胸肉去皮。這些事都值得去做，但問題是，我的時間愈來愈不夠用。

然後我想起幾星期前，在飛機上巧遇一位老友，當時聊到她與丈夫聘請一名年輕廚師山姆．凱斯（Sam Kass）在家裡烹煮健康料理。巧合的是，原來巴拉克透過另一群朋友見過山姆。

我從沒想過雇用一個人到家裡準備飯菜。這種事有點像是在裝上流，南區的親戚肯定會質疑並以有色眼光看待。況且，巴拉克當年省到開著底盤有洞的破車，顯然不會支持我這樣做，因為這不符合他根深柢固的社區組織者節儉精神，也不符合他想要宣揚的總統候選人形象。但對我來說，這是唯一的明智選擇。我必須做出取捨。沒有人可以執行我在醫院的專案計畫，沒有人可以以巴拉克．歐巴馬妻子的身分代替我助選；也沒有人可以以母親的身分，代替我陪伴瑪莉亞和莎夏上床睡覺。但也許山姆可以為我們做晚餐。

我雇用山姆每週來家裡幾次，他來的時候，我們會在家吃晚餐，多煮的飯菜放進冰箱，隔天晚上加熱再吃。他出現在歐巴馬家裡，感覺有點不尋常，山姆是名光頭、留有鬍渣的二十六歲白人。但是女兒很快就接受他老掉牙的笑話，也接納他的廚藝。他很有耐心地跟她們說明，怎樣切胡蘿蔔和綠色蔬菜。山姆很隨和，讓我們家遠離雜貨店架上一成不變的商品，隨季節更迭嘗遍自然作物。他會對春天新鮮豌豆的到來，或六月覆盆莓成熟時刻表示虔誠。一直等到桃子香甜飽滿才弄給我女兒吃，他知道必須費一點心思，才能讓她們願意吃水果，而少吃一些糖果。山姆對食品和健康問題有獨到的見解，比方說，食品業如何以便利的名義，向家庭銷售加工食品，以及這樣做對公共衛生產生多麼嚴重的後果。這件事讓我很好奇，也發現與我在醫院體系工作的過程中看到的某些事情有關。連我自己這種努力養家餬口的職業婦女，也不得不為此做出讓步。

有天晚上，我和山姆在廚房聊了幾個小時，兩人聊起如果巴拉克順利當選總統，我可以善用第一夫人的角色，嘗試解決問題。結果，想法接連出現。我們是不是可以拋磚引玉，在白宮種植蔬菜並提倡食用新鮮食物？然後以此作為基石，實現更重要的願景，進而提出全國兒童健康計畫，幫助家長避開我經歷過的陷阱，這樣是否行得通？

我們聊到很晚。看著山姆，我嘆了一口氣：「唯一的問題是，我們這位候選人在民調中落後三十個百分點。」最後，我們兩人開始笑著說：「他不可能會贏的。」

這是一個夢想，但我很喜歡。

✳

說到競選活動，每天都是一場新的比賽，尤其現在我結束愛荷華州的行程後，開始去其他州幫巴拉克助選。我仍然努力堅持某種形式的常態和穩定，不只為了女兒，也為了自己。我隨身攜帶兩支黑莓機，一支用於工作，另一支用於私人生活和政治事務。無論如何，現在這兩支手機都與我的生活密不可分。我和巴拉克每天通話都很簡短，彼此分享一些消息，譬如：你現在在哪裡？過得好嗎？孩子們怎麼樣？我們現在習慣不喊累，也不會提及個人需求，就算講也沒有意義，因為無論如何都無法顧及那些事。生活就是分秒即逝。

在工作上，我盡全力趕上進度。有時，我人在豐田可樂娜汽車凌亂的後座上，前方駕駛是愛荷華州競選團隊志工，還在大學念人類學；有時坐在新罕布夏州普利茅斯市（Plymouth）漢堡王的安靜角落，聯繫醫院同仁掌握工作進度。巴拉克在春田市宣布參選的幾個月後，我在同事支持下，決定縮減工時改成兼職工作，這是讓事情一切順利的唯一可行方法。每週有兩、三天要四處造勢，我和梅麗莎、凱蒂儼然是一個高效率家庭。早上在機場碰面，趕忙通過安檢，連機場警衛都認識我了。現在，我也會被民眾認出來，大都是非裔美國女性。當我經過她們身邊走向登機門時，她們會大喊：「蜜雪兒！」

事情正在逐漸發生變化，所以一開始我並沒有察覺。有時，我覺得自己好像飄浮在一個奇怪的宇宙，跟表現得好像認識我的陌生人揮手，進入機艙後方能回到正常的世界。我開始變成**名人**，因某人從政並以某人老婆的名義而聞名，情況變得奇怪透頂。

我幾乎沒有時間思考這件事，但私下開始擔心，因為歐巴馬老婆身分而日漸受到矚目，我的其他部分就逐漸被漠視。我與記者交談時，他們很少詢問我的工作。他們在對我的描述中加入「哈佛大學畢業」，其他就鮮少著墨。有些新聞媒體推測，我在醫院獲得晉升不是因為努力工作和有所建樹，而是因為我老公的政治地位日益提高。這類報導讓我難過不已。四月的某一天，梅麗莎從家裡打電話給我，告訴我《紐約時報》專欄作家莫琳．多德（Maureen Dowd）寫了一篇諷刺文章。多德在文中稱我為「南芝加哥的公主」，暗示我公開談論巴拉克不把襪子收好或不把奶油放回冰箱，是在削弱巴拉克的男子氣概。對我來說，重點在於讓人們知道巴拉克是人，而不是超凡脫俗的救世主。顯然，多德比較喜歡我用虛偽笑容和崇拜眼神看著老公。百思不解之餘，我感到莫名悲傷，這樣嚴厲的批評出自另一位職業女性之手。她沒有花心思瞭解我，反而想以一種憤世嫉俗的方式，形塑我的故事。

我試著不把這些事情往心裡去，但有時實在很難做到。

隨著一個又一個競選活動，接二連三的報導，以及顯示我們可能聲勢日漲的各種跡象，我們更加受到媒體和大眾關注，也更容易受到攻擊。關於巴拉克的瘋狂謠言四起，包括：他曾在激進的伊斯蘭教學校受過教育、拿著《可蘭經》宣誓成為聯邦參議員。他拒絕誦讀《效忠宣誓》（*Pledge of Allegiance*）。唱國歌時，他不會把手放在胸口。他有個好友是一九七〇年全國知名恐怖分子。這些假訊息經常被聲譽卓著的新聞媒體揭穿真相，但仍會透過匿名電子郵件大量廣發，不僅由陰謀論者轉發，也被無法分辨事實或網路假新聞的叔伯阿姨、同事及鄰居不斷轉寄。

巴拉克的安全是我不想考慮的事情，更不用說跟他認真討論了。我們當中很多人在成長過程中，都經歷過晚上看新聞得知名人被暗殺這種事。甘迺迪總統與胞弟被暗殺、民權領袖金恩博士遭槍殺；雷根總統遇刺中槍送醫；知名披頭四成員約翰・藍儂遭粉絲槍擊身亡。如果你吸引太多關注，就得承受一定的風險。但話說回來，巴拉克是黑人。對他而言，生命危險不是什麼新鮮事。「他可能只是去一趟加油站，就中槍了。」當被問及此事時，我有時會試圖提醒人們正視事實。

從五月開始，巴拉克獲得特勤局的保護。他是最早受到嚴密保護的總統候選人。也就是說，在他可能當選總統前，有整整一年半的時間受到嚴密保護。這也說明他確實受到威脅，以及威脅有多嚴重。現在，巴拉克乘坐由政府提供的黑色運動休旅車四處跑行程，後面跟著一群西裝筆挺、戴著耳機麥克風、荷槍實彈的特勤人員。在家時，則有一名特勤人員在我們住家前廊守衛。

我很少感到不安全。當我繼續四處為巴拉克助選，吸引了愈來愈多群眾。以往，我是在低調家庭聚會與二十個人碰面。現在則在高中體育館對數百人演說。根據愛荷華州工作人員的報告，我的談話通常可讓許多人承諾支持（以簽署「支持卡」〔supporter card〕為衡量標準，競選活動會收集並細心追蹤支持卡）。在某些時候，競選活動開始以「終結者」（the Closer）稱呼我，因為我協助選民做出決定。

每天都有新的學習，每天都能知道更有效的行動方式，也學到如何不因疾病或任何混亂狀況而放慢步調。在路邊餐館吃了有問題的食物後，我學會重視麥當勞起司漢堡的平淡無奇。在不同小鎮之間崎嶇不平的車道上，我知道要買可以弄碎、不會滴出來的零食，衣服才不會沾到食物，因為隨時都可能有人對著我拍照，我的衣服上可不能黏著一團鷹嘴豆泥。我訓練自己限制飲水量，因為沿路很少有空檔上洗手間。午夜時分行駛在愛荷華州州際公路上，我也訓練自己在長途卡車奔馳而過的聲響中入睡（就像在隔音很差的飯店裡，隔壁幸福新人正在享受新婚之夜，而你還睡得著覺那樣）。

當日子如此起伏，有時我覺得第一年競選活動大都充滿溫馨回憶和陣陣笑聲。我盡可能帶著莎夏和瑪莉亞一起助選，她們是勇敢快樂的旅行者。在新罕布夏州一個戶外博覽會上，我們度過忙碌的一天。我在那裡演講並與選民握手，女兒們則跟著競選團隊幕僚，一起逛逛攤位、玩玩遊樂設施，然後再跟我會合為某個雜誌拍照。大約一個小時後，我看到莎夏，她的模樣讓我嚇到大笑。她的臉頰、鼻子和額頭，幾乎整張臉都被精心彩繪，畫上黑色和白色。成功變身為貓熊，莎夏興奮極了。但我馬上想到正在等待的雜誌工作人員，現在拍照計畫得先緩一緩。我回頭看著莎夏的小貓熊臉，吐了一口氣。我的女兒很可愛也很滿意自己這副模樣。我所能做的只是大笑，還有找到最近的洗手間，擦乾淨她臉上的油彩。

我們不時進行家族旅行，一家四口一起。競選活動團隊在愛荷華州租了一輛休旅車，停留當地期間，我們就可以隨意造訪不同小鎮，在往返途中休息空檔時，就開心玩玩UNO紙牌。我們在愛荷華州博覽會上度過一個下午，坐了碰碰車也射了水球拿到絨毛玩具，攝影師們爭搶位置，想拍到我們的臉部特寫。真正好玩的事要等巴拉克趕去下一個目的地後才揭開序幕，我和女兒得以擺脫與他一起行動的大批媒體、特勤人員和工作人員。當他離開後，我們可以自由探索。當我們坐在麻布袋上，在大型黃色滑道上高速下滑時，陣陣涼風撲面而來，既刺激又好玩。

我每週都搭機到愛荷華州，飛機下降時，從窗戶往下看，看著季節更迭，大地逐漸染上綠意，大豆和玉米作物以筆直的行列生長。我喜歡這些田野整齊的幾何形狀，還有點綴其間讓大地增添色彩的穀倉，以及平坦的鄉間高速公路，筆直地通往地平線。我開始愛上這個州，儘管在這裡做的所有努力，看起來還是不可能讓我們取得勝利。

往好的一面來看，巴拉克和競選團隊這一年已經在愛荷華州投入資源。但根據大多數民調顯示，他仍然位居第二或第三，僅次於希拉蕊和愛德華茲。初選投票日期即將逼近，但巴拉克還是落後。以全國選情來看，情況看起來更糟糕：巴拉克一直落後希拉蕊十五或二十個百分點，這是每次我在機場或助選途中用餐時，透過有線電視新聞隨時看到的現實。

從幾個月前起，我厭倦了美國有線電視新聞網（CNN）、微軟國家廣播公司（MSNBC）和福斯新聞（Fox News）那種連珠炮式、譁眾取寵的評論。晚上在家時，我總是將這些頻道列入黑名單，而是看看E！好萊塢流行娛樂頻道（E! Entertainment）和家園電視（HGTV）放鬆心情。我可以告訴你，在結束忙碌的一天後，沒有什麼比看著一對年輕夫婦在納許維爾（Nashville）找到夢想家園，或是看到年輕準新娘對挑選的婚紗說：「對，就是這件！」更能讓人忘卻疲憊。

老實說，我不相信名嘴，但也不確定民調數字是否屬實。在我心裡，我確信他們錯了。他們在都市毫無生氣的攝影棚裡描述的情況，跟我在愛荷華州的教堂和休閒育樂中心感受到的活絡氣氛截然不同。名嘴們並沒看過自詡為「巴拉克之星」（Barack Stars）的高中團隊，他們在練完足球或戲劇社練習後，自願幫巴拉克助選。名嘴也沒有和想像自己混血孫兒有美好未來的白人奶奶手握著手坐著。他們沒有發現我們在當地的組織規模日益龐大。我們正在建立一個大規模的基層運動網絡。最後，我們在愛荷華州有三十七個辦事處，共兩百名工作人員，這是愛荷華州黨團會議史上，編制最龐大的一次。

我們有年輕人的支持。我們的組織由二十二至二十五歲的年輕人組成，他們秉持理想主義，願意為信念而戰。他們放下一切，來到愛荷華州參加競選活動。每個人身上的熱忱與理想，與驅使巴拉克多年前在芝加哥參與組織工作一模一樣。他們的精神和技能，是民調無法考慮到的層面。每次我去造訪，都感受到這種希望。這種希望來自每天晚上花四、五個小時，挨家挨戶拉票和打電話給選民的死忠支持者。他們甚至在最小、最保守的城鎮建立支持者網路，一邊認真學習政治的錯綜複雜，譬如：瞭解我老公對豬隻圈養的立場，或解決移民制度的計畫。

對我來說，年輕人管理當地的辦事處，代表新世代領導者的承諾。這些年輕人不會厭倦，而且現在他們受到激勵並團結一心。他們更直接連結選民與民主政治，無論是透過街上的當地辦事處，還是透過他們自行建構的網站，籌組會議並進行電話拜票。正如巴拉克常說的，我們所做的不僅僅是一次選舉，而是為了讓未來的政治變得更好：選舉不必再砸重金，讓賢能之士更容易競選公職，最終得以讓政治變得更有希望。就算我們最後沒有獲勝，仍能取得重要的進展。不管怎樣，這些在地基層支持者所做的努力都沒有白費。

✳

隨著天氣再度變冷，巴拉克知道，基本上他只有最後一次機會，能改變愛荷華州的選情，那就是在哲斐遜-傑克遜（Jefferson-Jackson）晚宴上表現出色。這是民主黨一年一度在各州舉辦的晚宴。在愛荷華州，適逢總統大選期間，這場晚宴會在十一月初舉行，大約是一月黨團大會的八週前，全國媒體都會爭相報導。在晚宴中，每位候選人都要發表演講，不能帶小抄，也無法使用讀稿機，當然候選人還要盡可能召集更多支持者前來助陣。基本上，這是一場規模浩大、競爭激烈且鼓舞人心的集會。

幾個月來，有線電視新聞評論員一直懷疑愛荷華州選民，是否會在黨團會議期間支持巴拉克，還暗諷巴拉克雖然是充滿活力的另類候選人，但依舊無法將選民的熱情轉化為選票。哲斐遜-傑克遜晚宴上的人潮，正是我們對這種懷疑的回答。大約有三千名支持者從愛荷華州各地開車前來參與，表明我們既有組織又活躍——比任何人所想的還要強大。

那天晚上，愛德華茲在台上抨擊希拉蕊，用隱晦的措詞談到真誠和可信賴的重要性。喬・拜登（Joe Biden）咧嘴笑著，承認歐巴馬的支持者令人印象深刻也活力四射，還諷刺地說：「芝加哥，你好！」正在感冒的希拉蕊也利用這個機會抨擊巴拉克：「如果你沒有力量和經驗來實現改變，那麼『改變』就只是一個詞而已。」

那天晚上，巴拉克是最後上台發言的候選人，他振奮人心地辯護自己的核心訊息。他說，我們的國家已經面臨一個決定性的時刻，這個機會不僅可以超越小布希政府的恐懼和失敗，還可以超越長久以來政治兩極化的作法，就連柯林頓執政期間也不例外。他也說：「我不想在接下來的一年或接下來的四年中，重新展開我們在一九九〇年代進行的同樣選戰。」「我不想讓紅色美國對抗藍色美國，我想成為美利堅合眾國的總統。」

整個會場歡聲雷動。我在舞台下看著巴拉克，無比驕傲。

「美國，現在正是我們的時刻，」巴拉克說：「現在，正是我們的時刻。」

那天晚上，巴拉克的表現給了這場選戰所需要的動力，讓他在選戰中向前推進。在愛荷華州民調中，約有半數民調顯示巴拉克取得領先優勢，而且隨著黨團會議逼近，巴拉克的聲勢日漸高漲。

在耶誕節後那幾天，愛荷華州競選活動只剩一週左右，我們在芝加哥南區的親友有半數都在天寒地凍的得梅因。我母親和凱伊奶奶來了，我哥哥和凱莉也帶著孩子來了。山姆・凱斯出現了。薇拉瑞身為巴拉克的顧問之一，在初秋時節加入助選，與蘇珊和我的女性友人，帶著老公和小孩一起過來。當醫院的同事、盛德律師事務所的好友，以及教過巴拉克的法學教授連番出現時，我真的感動莫名。依據「助選分秒必爭」的工作規範，他們都同意協助最後衝刺，向當地辦事處報到，在零度低溫下挨家挨戶敲門為巴拉克拉票，並提醒人們到黨團會議投票。另外，還有幾百個人在最後一週從全國各地抵達愛荷華州，住進當地支持者家裡空出的臥室，每天前往最小的城鎮和只有碎石路的偏僻小鎮幫忙拉票。

我自己幾乎沒有時間在得梅因露臉。我每天跑遍愛荷華州，進行五、六場造勢活動。我和梅麗莎、凱蒂坐在著租來的廂型車，由一群志工輪流幫忙開車。巴拉克一樣四處造勢，他的聲音變得沙啞。

無論當天去到多遠的地方造勢，晚上我一定會回到在西得梅因下榻的萬豪居家酒店（Residence Inn），趕在每晚八點送瑪莉亞和莎夏上床睡覺。當然，她們幾乎沒注意到我不在身邊，因為她們整天都有堂親、朋友和保母陪伴，在飯店房間玩遊戲，也去得梅因一帶遊玩。有一天晚上，我打開飯店房門，希望在床上安靜躺一會，卻發現房內擺滿廚房用具。床罩上有擀麵棍，小桌子上放著髒髒的砧板，地板上有廚房剪刀。燈罩和電視螢幕上有輕微的灰塵覆蓋……那是**麵粉**嗎？

「山姆教我們做義大利麵！」瑪莉亞大聲說：「我們有點玩過頭了。」

我笑了。我一直擔心女兒頭一次沒去夏威夷跟曾祖母過耶誕節，不知道她們心裡會怎麼想。但幸運的是，得梅因的一袋麵粉似乎是威基基海灘巾的絕佳替代品。

幾天後那個星期四，就是黨團會議日。巴拉克和我去得梅因市中心美食廣場吃午餐，隨後前往各個黨團會議現場，盡可能跟更多選民打招呼。那天晚上稍晚，我們與一群朋友和家人共進晚餐，感謝他們在巴拉克於春田市宣布參選這十一個月以來，給予的大力支持。我提前離席，及時返回飯店房間，為巴拉克當晚的勝選演講或敗選演講做準備。就在那個時候，凱蒂和梅麗莎突然衝進來告訴我，競選戰情室傳來的最新消息：「我們贏了！」

我們高興得大叫，聲音大到特勤人員趕忙來敲房門，以確保一切無事。

在一年當中最寒冷的夜晚，愛荷華州選民紛紛出籠，到當地黨團會議上投票，人數創下新紀錄，投票率幾乎是四年前的兩倍。巴拉克贏得白人、黑人和年輕人的選票。而且，超過半數以上的投票者，之前從未參加過黨團會議，這群人可能是幫助巴拉克勝選的核心力量。有線新聞主播終於來到愛荷華州，現在正在歌頌這位政治神童，他輕鬆擊敗柯林頓家族的龐大勢力以及前副總統候選人愛德華茲。

那天晚上在巴拉克的勝選演講中，我們四個人——巴拉克、我、瑪莉亞和莎夏——站在海維展覽廳（Hy-Vee Hall）的舞台上。我覺得棒極了，甚至有點愧疚。我心想，也許巴拉克這些年來一直討論的一切，都是可能的。他努力往返芝加哥與春田市兩地，善盡州參議員的職責，他為自己還無法發揮夠大的影響力深感挫折，他所有的理想主義，他真心相信人們有能力超越歧見，最後得以讓政治發揮作用，堅信的程度超乎常人。也許，他講的一直都是對的。

我們已經完成一些具有歷史意義的事情，不僅僅是巴拉克也不僅僅是我，還有梅麗莎和凱蒂，以及普樂夫、艾塞羅德和薇拉瑞，當然也包括當天晚上支持新局的每一位年輕幕僚與志工、每一位老師和農民，以及每一位退休人員和高中生。

午夜時分，我和巴拉克搭機離開愛荷華州。我們都知道幾個月內不會再來這裡。我和女兒們一起回到芝加哥，重返工作崗位和學校。巴拉克飛往新罕布夏州，那裡不到一週就要舉辦初選。

愛荷華州改變了我們所有人。尤其愛荷華州賦予我真正的信念。我們現在的任務是，把那個信念跟全國其他州分享。在接下來的幾天，我們在愛荷華州的現場組織者將前往其他州，到內華達州和南卡羅萊納州，到新墨西哥州、明尼蘇達州和加州，繼續傳播這些現在已獲證實的訊息——改變，真的有可能。

17

小學一年級時，有一天班上一位男同學往我臉上揍了一拳。他的拳頭像彗星一樣，突然冒出來又力道十足。當時我們正在排隊吃午餐，聊著六、七歲小孩覺得重要的事，譬如，誰跑得最快或為什麼蠟筆的顏色那麼奇怪。「啪的一聲」我狠很吃了一拳。我不知道為什麼挨揍，也忘記那名男同學叫什麼名字，只記得當下愣住、痛苦地盯著他，我的下唇腫脹，眼眶泛淚。我真的好生氣，跑回家對媽媽哭訴。

那個小男生被老師訓斥一番。我母親親自去學校會會那個小男生，想評估他有何威脅。那天，南區很多居民都到我們家來。這件事把大家惹惱了，並堅持要跟母親一起到學校質問。成年人之間當時群情激憤，但我並不知情。大家討論要懲罰那個男孩。那個男孩羞愧地向我道歉，大人們也告訴我，以後不用再擔心他。

「那個男孩因為與妳無關的事情感到害怕和生氣，」後來我母親在廚房一邊煮晚餐一邊跟我說。她搖搖頭，彷彿暗示她知道內情，但她不想說出來，「他自己有很多問題要應付。」

這就是我們談論霸凌的方式。當我還小時很容易就理解這個道理：霸凌者貌似可怕，其實自己很害怕。我小時候在找我麻煩的鄰居蒂蒂身上看到何謂霸凌，甚至在祖父老爹身上看到它。老爹就連對自己的老婆，也粗魯又咄咄逼人。霸凌者會突然攻擊別人，因為他們自己克制不了。可以的話，請盡量避開他們；有必要的話，務必起身反抗。我母親是那種想在墓碑刻上「自己好好活著，也讓別人好好活著」這類口號的人。根據她的說法，關鍵在於永遠不要以為霸凌者的侮辱或侵略行為是衝著你來的。

如果你認為那些惡形惡狀都是衝著你來的，那麼你真的會受傷。

一直到長大成人許多年後，這件事才真正成為我的挑戰。我在四十出頭努力幫丈夫選總統時，才回想起小學一年級那天排隊吃午餐時被揍的事。憶起被突襲時自己有多麼困惑，以及臉上毫無預警地就挨了一拳有多麼疼痛。

二〇〇八年大部分時間，我都在努力不去擔心這種惡行。

✳

先從那年的美好回憶開始講起，因為我確實擁有許多這樣的回憶。二〇〇八年七月四日，我們到了蒙大拿州布特市（Butte），當天恰好是瑪莉亞的十歲生日，大概在總統大選四個月前。布特市是個氣候嚴寒，歷史悠久的銅礦開採城鎮，位於蒙大拿州西南角，遠遠就能看到洛磯山脈的黑色山脊。以目前的選情來看，布特市勝負各半，而我們希望蒙大拿州的選情也能勝負各半。蒙大拿州在上次總統大選時支持小布希，但也選出了民主黨州長。這似乎是一個值得巴拉克造訪的好地方。

現在，巴拉克要怎麼更妥善地運用每天的分分秒秒，相較以往，更需要精心盤算。他受到大眾的觀察、衡量和評估。人們注意他去了哪些州、在哪裡吃早餐、點了什麼肉搭配蛋吃。現在，約有二十五名新聞從業人員一直跟著他跑行程，競選專機後面坐滿這群人，小鎮飯店的走廊和早餐室裡也都是這群人。他們跟著巴拉克從這一站到另一站，親手記錄一切。如果總統候選人感冒了，就會上新聞。如果有人花大錢剪頭髮或在星期五餐廳要求法國第戎芥末醬（正如巴拉克幾年前的天真行徑，最後登上《紐約時報》頭條）[16]，就會被報導，然後網路上出現百百種說法解讀此事，譬如說：候選人優柔寡斷嗎？他是勢利小人嗎？是個騙子嗎？是真正的美國人嗎？

我們理解這是選舉過程的一部分，考驗著誰有勇氣堅持作為國家領導者和一國的象徵。這就像是每天對你的靈魂進行X光檢查、掃描和重新掃描，找出任何顯示候選人不可靠的跡象。沒有先接受這種被所有美國人注視的全面審查，就不會當選。這種注視檢視你過往的一切，包括你跟哪些人往來、你的職業選擇和報稅資料。而且，現在這種注視比以往任何時候都更加激烈，也更容易操控。我們剛進入了衡量點閱率並靠點閱率賺錢的時代。臉書最近才成為主流。推特是相對較新的社群媒體。大多數美國成年人都有手機，大多數手機都可以拍照錄影。我們

16 編按：歐巴馬第一次搭乘美國總統座機空軍一號時，曾在用餐時要求使用法國第戎芥末醬佐餐。

正面臨一個我不確定是否能夠完全理解的未來。

巴拉克不再只是努力贏得民主黨選民的支持，他現在要博取所有美國人的支持。在愛荷華州黨團會議後，二〇〇七年冬季和二〇〇八年春季，巴拉克和希拉蕊分別在每個州努力拚出勝負，盡力爭取選票，希望成為打破界線的候選人。這個過程有時令人振奮且握有決定性的關鍵，有時卻讓人大受打擊又覺得可怕（愛德華茲、拜登和其他競爭者全在一月底退選）。剩下希拉蕊和巴拉克兩位候選人互相較勁，巴拉克到二月中都小幅領先，掌握決定性的優勢。「爸爸現在是總統了嗎？」接下來幾個月，當我們站在台上時，瑪莉亞有時會這樣問我。我們周遭響起慶祝音樂，她幼小的心靈不明就裡，只能想到更大的目標。

「好啦，**現在**，他是總統了嗎？」

「不是，親愛的，還不是。」

直到六月，希拉蕊才承認自己黨代表數不足，無法勝選。她這麼晚才退選，不僅浪費寶貴的選舉資源，也讓巴拉克無法重新定位選戰主軸，與共和黨對手約翰·馬侃（John McCain）一較高下。馬侃擔任亞利桑那州聯邦參議員多年，三月成為共和黨提名的總統候選人。他是一位特立獨行的越戰英雄，熟悉兩黨合作，在國家安全方面也具有豐富經驗，大家都認為他的領導方式將會與小布希總統不同。

我們在七月四日來到布特市，有兩個目的，當下幾乎所有事情都有雙重目的。巴拉克前四天分別在密蘇里州、俄亥俄州、科羅拉多州和北達科他州進行競選活動。他沒有辦法撥出時間為瑪莉亞過生日。他也無法擺脫選民的觀點，國慶日是這個國家最具象徵性的假期。所以，不如由我們母女搭機去和他會合，嘗試做到兩全其美，也就是全家團聚，但大部分時間都是公開行程。巴拉克同母異父的妹妹瑪亞與先生吳加儒（Konrad Ng），也帶著才四歲的可愛女兒蘇海拉（Suhaila）一同來到這裡。

在重大節日出生的孩子家長都知道，必須在個人慶祝活動和大眾節慶活動之間做選擇。布特市熱情善心的居民似乎知道當天剛好是瑪莉亞的生日，所以大街店面窗戶上接連貼上寫著「瑪莉亞，生日快樂！」的海報。當我們全家在看台上欣賞布特市七月四日大遊行時，大鼓和長笛大聲奏出〈洋基歌〉（*Yankee Doodle*），群眾隔空對著瑪莉亞大聲祝賀。遇到的人都親切對待我們的女兒，也尊敬我們，即使他們都承認投票給民主黨候選人有違傳統。

後來，這項活動在一片開闊的田野中舉辦野餐，大家可以欣賞大陸分水嶺（Continental Divide）崇山峻嶺的優美景色。這次聚會的目的是，為當地數百名支持者舉行集會，也為瑪莉亞舉辦一場非正式的生日派對。我被所有前來跟我們見面的人所感動，但與此同時，我感覺到某件跟我們所處地點無關、但更親密也更急迫的事情。那天，我被為人父母那種柔軟的心所感動。當你突然注意到寶寶開始長大，四肢從胖短變成瘦長，眼神變得機靈時，只覺得時間奇異地縮短重疊在一起。

對我來說，二〇〇八年七月四日那天，我們跨過了最重要的門檻：十年前，巴拉克和我出現在醫院產房時，我們相信自己很瞭解這個世界，但其實當初我們根本對這個世界一無所知。

過去十年，我大部分時間都努力在家庭和工作之間取得平衡，設法多多陪伴和關心瑪莉亞和莎夏，同時也努力在工作上表現出色。但是重心已經轉移：現在，我正設法在教養小孩，以及一整個截然不同又令我困惑不已的狀況之間取得平衡，也就是要面對政治、美國，以及巴拉克想做的重要大事。巴拉克生活大小事的重要性、競選活動的需求、媒體對我們家人的關注，似乎都在迅速激增。愛荷華州初選會議結束後，我決定辭去醫院的職務，我知道要繼續助選，同時兼顧家庭與維持工作效能是不可能的。競選活動正在慢慢消耗一切。在愛荷華州初選後，我一直很忙，甚至沒時間去辦公室打包東西，或跟長官同事道別。我既是人妻，也是全職媽媽。只不過我是一個有目標的妻子，也是想保護孩子不被那個目標吞噬的媽媽。辭去工作是很痛苦的，但是我別無選擇：我的家人需要我，這件事更重要。

所以，我如今在蒙大拿州參加競選團隊舉辦的野餐，帶著一群陌生人為瑪莉亞唱著〈生日快樂歌〉，瑪莉亞坐在草地上微笑，野餐盤上裝著漢堡。我知道選民覺得女兒很討人喜歡，也喜歡看我們全家感情如此融洽。但我經常想到，這一切對我們的女兒來說究竟代表什麼？她們又如何看待這一切？我努力壓抑內疚感，打算在這個週末舉辦一場真正的生日派對，邀請瑪莉亞的朋友來芝加哥家裡開心玩耍過夜，不做任何政治活動。七月四日晚上，我們會在下榻飯店舉行更私密的聚會。不過，整個下午，當巴拉克和我忙著跟潛在選民握手和擁抱時，女兒則在野餐場地跑來跑去。我很納悶，她們兩人日後是否記得這次郊遊很有趣。

最近，我開始憂心忡忡地盯著莎夏和瑪莉亞。跟我的情況一樣，現在陌生人會叫她們的名字，人們想觸摸她們和拍她們的照片。去年整個冬天，政府認為我和女兒經常公開露面，需要指派特勤人員保護。這表示當我媽開車接送莎夏和瑪莉亞去學校或參加夏令營時，特勤人員的車子會尾隨保護。

在野餐時，我們每個人都有自己的特勤人員跟在旁邊。當我們與選民互動時，他們會注意現場有無任何威脅。如果有好心人過度熱情並抓著我們不放，他們會巧妙地出手干預。幸好，我的兩個女兒似乎把特勤人員當成大朋友，而不是警衛。她們認為特勤人員是跟著我們跑行程、人數不斷增加的親切競選團隊新成員，他們的特徵是戴著耳機，安靜地保持警戒。莎夏通常稱呼他們為「祕密人物」。

女兒讓競選活動更輕鬆愉悅，因為她們不太在意選舉結果。對於我和巴拉克來說，有她們在身邊真是一大寬慰。她們提醒我們：無論如何，家庭都比支持者人數或民調數字攀升來得重要。女兒並不在乎父親周遭的喧嘩，也不關心建立更好的民主政治或入主白宮。她們真正想要（而且是極度想要）的是一隻小狗。她們喜歡在安靜時刻跟競選工作人員玩抓鬼遊戲或玩紙牌，而且她們每去一個地方就會找尋冰淇淋店的蹤影。對她們來說，其他事情都只是噪音。

到現在，瑪莉亞和我依舊會談起這件事：瑪莉亞才八歲時，巴拉克顯然感受到保家衛國的重責大任。有一天晚上，他把瑪莉亞抱上床睡覺，提出這個問題：「如果爸爸競選總統，妳覺得怎樣？」並接著問：「妳認為這是個好主意嗎？」

「爸，當然是好主意！」她輕吻他的臉頰答道。巴拉克決定參選，幾乎會改變瑪莉亞一切生活，但她怎麼可能知道呢？她只是翻個身就睡著了。

那天在布特市，我們參觀當地採礦博物館，還玩水槍戰，並在草地上踢了一場足球。巴拉克發表演說，跟許多選民握手致意，但他也抽空陪陪我們。莎夏和瑪莉亞爬到他身上，童言童語逗得他很開心。我看他笑得輕鬆自在，佩服他有能力屏除外在紛擾，也佩服他把握任何可以善盡父親本分的機會。當我們要移動到下一個地方時，他一邊跟妹妹和妹婿聊天，一邊摟著我的肩。

我們從不孤單。我們身邊有幕僚、保護我們的特勤人員、等著採訪的媒體工作人員，還有從遠處拍攝我們照片的群眾。現在，這就是常態。在整個競選過程中，我們的生活變得如此千篇一律，因此發現自己的隱私和自主權正逐漸消失。巴拉克和我幾乎將生活中的每一個層面，統統交給一群高智商又能幹的二十幾歲年輕人。他們還無法理解放棄控制生活的自己有多麼痛苦。如果我需要某樣東西，只能請他們幫我買。如果我想和巴拉克說話，必須先跟他的年輕幕僚提出要求。此外，我的行事曆上，有時會出現連我都不知道的事件和活動。

但是漸漸地，基於生存考量，我們學會更公開地過自己的生活，接受現實就是如此。

在結束布特市下午的行程前，我們接受電視採訪，一家四口都上了電視，這是我們前所未有的嘗試。通常，我們堅持記者團必須和女兒保持距離，只能拍照，而且是在她們參加競選活動時才可以拍。我不確定是什麼原因讓我們答應這次採訪。依稀記得好像是競選幕僚認為，讓大眾更加瞭解巴拉克為人父母的情況，對選情有幫助，而且當時我也認為應該無妨。畢竟，巴拉克愛我們的孩子，他也愛所有的孩子。這正是他成為偉大總統的原因。

我們接受《走進好萊塢》（*Access Hollywood*）主持人瑪麗亞・曼努諾斯（Maria Menounos）的專訪，一家四口坐在公園長椅上，大概跟她聊了十五分鐘。那張長椅上掛了一些布條，很有節日氣氛。瑪莉亞綁了辮子頭，莎夏穿著紅色無袖連身裙。她們跟平日一樣可愛逗趣，讓人放下戒心。曼努諾斯很親切地跟我們家的小教授瑪莉亞輕鬆對話。瑪莉亞認真思考每一個問題後才回答，像是：有時父親想跟她朋友握手，她覺得很尷尬；父親回到家後，竟選行李隨便亂放擋住家門口時，惹毛了我們所有人。莎夏努力坐好並保持專注，只在採訪中插嘴一次，她轉頭問我：「嘿，什麼時候去吃冰淇淋？」其他時候，她都靜靜地聽姊姊講話，偶爾想到一些有點相關的細節就會說上幾句。「爸爸留過一次爆炸頭！」講完後還發出一聲尖叫，我們都笑翻了。

幾天後，這次採訪在美國廣播公司（ABC）的四個地方電視台播出，引起廣大回響。其他新聞媒體紛紛報導，類似標題層出不窮：〈歐巴馬的女兒在電視訪談中曝光〉、〈歐巴馬的兩個小女兒透露一切〉。突然間，瑪莉亞和莎夏的童言童語出現在世界各地的報紙。

我和巴拉克立刻覺得後悔莫及。這次專訪沒有下流猥褻之事，沒有提出任何剝削性的問題，也沒有特別透露什麼細節。儘管如此，我們依然覺得做了錯誤的選擇。早在我們的女兒真正理解之前，她們的聲音已經進入公共領域。雖然影片中的任何內容都不會傷害莎夏或瑪莉亞，但已經呈現在世人面前，會永遠留存在網路上。我們未經深思熟慮，就將並非自主選擇這種生活的兩個年輕女孩，送進齜牙咧嘴的世界。

✳

現在，我對這個齜牙咧嘴的世界有點瞭解。我們受人矚目，這種矚目為一切注入一股奇怪的能量。歐普拉傳了加油簡訊給我。童年時期的偶像史提夫·汪達在助選活動中演出，一邊開玩笑，一邊直呼我的名字，好像我們老早就認識。這種關注大到令人迷茫，尤其是我覺得自己做的事情，並不值得大家這樣關注。巴拉克提出的訊息能發揮如此巨大的力量，我們都感到高興。但我知道，巴拉克也因為這種承諾和象徵更努力前進。如果美國選出第一位黑人總統，那麼不僅是巴拉克創造改變，也是這個國家願意改變。對於這麼多人來說，基於種種原因，這一點都非常重要。

當然，巴拉克充分利用這種心態——大眾明著崇拜他，暗地裡也不可避免地嚴格檢視他的一切。當你愈來愈受歡迎，也會有愈多人討厭你。這似乎是潛規則，特別是在政治方面，政敵會砸大錢研究政治對手，雇用調查員爬梳候選人的背景，尋找任何可以大作文章、大肆抹黑的蛛絲馬跡。

丈夫和我的成長過程截然不同，這就是為什麼我們當中有一個人選擇從政，而另一個不從政的原因。他知道在選戰期間，謠言和誤解如同毒氣般瀰漫，但他很少為此煩惱。巴拉克也打過其他選戰。他研究政治史，並根據自己對政治史的瞭解，為從政做好準備。而且一般來說，懷疑、傷害等抽象事物，都無法讓他驚惶失措或亂了方寸。

但我卻不同，我還在學習如何在眾目睽睽下生活。我自認是個自信成功的女性，但我也是那個曾經告訴大家長大後打算當小兒科醫生、努力在學校保持全勤紀錄的小女生。換句話說，我在意人們的想法。我年輕時一直在尋求肯定，樣樣都要做到最好，也盡量避免混亂的社交場合。隨著年歲增長，我學會不要只以學業成就衡量自我價值，但我也確實比較相信：只要勤奮誠實地工作，我就不會被欺負，也能忠於自我。

然而，這種信念即將鬆動。

巴拉克在愛荷華州贏得初選後，我在助選過程中傳達的訊息變得更加慷慨激昂，幾乎與集會上出現的人群規模成正比。以前面對數百人的群眾，現在則動輒上千人。我記得跟梅麗莎和凱蒂去德拉瓦州（Delaware）參加一場活動，看到群眾在整條街上排了五排，等待進入早就擠滿人的禮堂，真的又驚又喜。每次站在人群前演講，我都會強調：人們對巴拉克競選活動投入的熱情和高度參與，讓我驚喜萬分。他們如此用心投入，讓我感到謙卑，我每天都看到有人幫巴拉克助選。

說到助選演說，我設計出一種鬆散架構，雖然沒使用讀稿機，也不擔心講著講著會偏離主題，但我確實是以在愛荷華州講的那套說詞為依據。我沒使用華麗詞藻，我永遠不可能像巴拉克那樣辯才無礙，但我講出真心話。我描述自己當初對政治過程的懷疑，如何隨著時日演變而逐漸消失，取而代之的是令人鼓舞和充滿希望的信念。我意識到，我們當中許多人都有同樣掙扎，一樣擔心孩子和擔憂未來。許多人認為，巴拉克是唯一能夠實現真正改變的候選人。

巴拉克希望美軍撤出伊拉克。他想要推翻小布希總統為超級富豪推行的減稅政策。他希望推行所有美國人都負擔得起的健保法案。這是一個雄心壯志的平台，但每次我走進充滿激情支持者的禮堂時，都能感受到我們國家似乎已經準備好，反省我們的分歧並實現改變。那些空間裡充滿身為美國人的自豪感，這種團結的精神遠遠超越任何膚色。這種樂觀情緒相當龐大，充滿活力。我像衝浪者般跟隨這股浪潮，並在每一站都宣布：「希望正在逆轉情勢！」

二月的某一天，我在威斯康辛州助選。凱蒂接到巴拉克溝通團隊某人電話告知出了問題。幾個小時前，我在密爾瓦基一家戲院發表演講，顯然講了引發爭議的話。凱蒂很困惑，我也一樣。我在密爾瓦基說的話，與稍早前對麥迪遜群眾所說的，並無二致，也和我幾個月來對每批群眾說的話，如出一轍。之前從未出現問題，為什麼現在會有問題？

那天稍晚，我們發現了問題點。有人從我大約四十分鐘的談話中截取部分內容，編輯成一支十秒的影片，拿掉原始影片的前後段落，只強調其中幾句話。

我在密爾瓦基和麥迪遜的演講，突然被剪輯成影片流傳，重點放在我受到激勵這部分。在此先提供我當天說的完整版本：「我們今年學到的是，希望正在逆轉情勢！我想告訴各位，這是我成年後，第一次真正為我的國家感到驕傲。不僅因為巴拉克表現不錯，也因為我認為人們渴望改變。我一直渴望看到國家朝這個方向前進，而不是我獨自一人感到沮喪和失望。我看到有些人渴望在一些基本的共同問題上達成共識，這讓我感到自豪。我很榮幸能見證這整件事的其中一部分。」

但是，這些內容幾乎全被刪掉了，包括希望、團結以及我的感動。完整語意的細微差別也消失了：焦點只指向一件事。我們獲悉在保守派的廣播和電視談話節目中，影片內容變成：「這是我成年後，第一次真正為我的國家感到驕傲。」而且，反覆播放這支影片。

我不必看新聞，就知道風向會怎麼改變：「她不愛國。她一直都痛恨美國。這就是她的真面目，她根本在作秀。」

這是第一拳，而且似乎是我自找的。在隨性說話時，我忘記任何措詞都能讓對手大作文章。在不知不覺中，我給了敵人那句話讓他們好好發揮。就像一年級一樣，我壓根沒看到這一拳朝我揮來。

那天晚上，我搭機回芝加哥，既內疚又沮喪。我知道梅麗莎和凱蒂悄悄用黑莓機追蹤負面報導，儘管她們小心翼翼不與我分享，不想讓事情變得更糟。我們三個人共事一年了，一起東奔西走的里程數，多到數不清。我們永遠在跟時間賽跑，好讓我可以在晚上回到女兒身邊。我們跑遍全國各地的禮堂，吃了比這輩子加起來都還多的速食，也出現在募款者華麗時尚的豪宅，努力不露出目瞪口呆的表情。巴拉克和競選團隊乘坐專機和舒適的旅遊巴士跑行程時，我們仍在機場安檢排隊脫鞋，搭乘聯合航空和西南航空的經濟艙，仰賴好心的志工接送我們到不同的活動地點。有時，上一場活動跟下一場活動，兩地可能相隔一百英里。

整體而言，我們一直做得非常出色。我看到凱蒂站在椅子上，大聲命令年紀是她兩倍的攝影師要守秩序，並訓斥提出無禮問題的記者。我看著梅麗莎細心規畫行程每個細節，在一天內熟練協調好幾場助選活動，不停用黑莓機解決可能發生的問題，同時也確保我從未錯過女兒的學校表演、老朋友的生日，或找機會讓我上健身房。她們兩個人已經為了此事付出一切，犧牲自己的個人生活，好讓我可以試著保有一些個人生活。

我坐在燈光昏暗的機艙，擔心那句蠢話會讓先前的努力付諸流水。

回到家裡，我帶女兒上床睡覺並把母親送回老家休息後，打了電話給巴拉克。此時是威斯康辛州初選前夕，民調顯示巴拉克和希拉蕊難分軒輊。以全國黨代表大會的代表數來說，巴拉克微幅領先，而且優勢逐漸擴大。不過，希拉蕊一直打廣告批評巴拉克，抨擊巴拉克的健保計畫，也不滿巴拉克拒絕與她進行多次辯論。照這種情勢來看，任何錯都出不得。巴拉克的競選活動承受不起任何差錯。我為那次演講道歉：「我不知道自己做錯了什麼，幾個月來，我一直在說同樣的話。」

當天晚上，巴拉克正在威斯康辛州和德州兩地往返。我幾乎可以聽到他在電話那頭聳了聳肩說道：「妳瞧，這是因為妳吸引了許多群眾。妳已經成為這場競選活動的一股力量，這表示人們會對妳窮追猛打。事情的本質就在於此。」

就像我們每一次談話，他感謝我的付出，並補充說他很抱歉，讓我必須處理任何衍生而來的結果。「我愛妳，親愛的，」他在掛斷電話前告訴我：「我知道這件事讓妳難受，但事情終會過去，一向如此。」

✳

巴拉克這樣講，對也不對。二〇〇八年二月十九日，巴拉克高票贏得威斯康辛州初選，這似乎表示我在那裡的演說並未傷害他。就在同一天，共和黨總統候選人馬侃的夫人辛蒂・馬侃（Cindy McCain）在造勢活動上大肆抨擊我：「我為我的國家感到驕傲。我不知道妳是怎麼想的。不知道妳以前是否聽過這些話，我為我的國家深深感到驕傲。」美國有線電視新聞網認為我們深陷「愛國主義的口水戰」，部落客也做了他們該做的事。但大約在一個星期內，這些騷動多半銷聲匿跡。我和巴拉克都向新聞界發表評論，做出澄清：看到有這麼多美國人打電話助選拉票、說服鄰居，並對自己在民主制度中能行使的權力充滿信心，讓我感到驕傲。對我來說，我確實第一次有這種經驗和感受。然後我們繼續前進，我在助選演講中，試著更小心表達我要說的話，但傳達的訊息維持不變。我還是為選民的熱情感到驕傲，也仍然大受鼓勵。沒有任何改變。

不過，這件事埋下一顆有毒的種子，一種不通情達理、對我不滿和略帶敵意的看法。這種情結來自巴拉克的政治對手或其他地方，我們無法得知，但是謠言和偏頗評論幾乎總是直接傳遞跟種族有關的訊息，意圖激起選民最深切也最醜陋的恐懼：「不要讓黑人接掌大局。他們跟你不一樣。他們的願景，不是你的願景。」

更無濟於事的是ABC新聞播出密集觀察賴特牧師二十九小時的布道內容，剪輯成一支言詞激進的影片，表示賴特牧師在布道時，以不當言論發洩對美國白人的憤怒與怨恨，好像每一個人的痛苦都可以怪罪到白人身上。我和巴拉克看到這支影片時都很沮喪，這支影片反映出那位幫我們證婚並為孩子受洗的男人，心中最惡劣也最偏執的部分。我們兩人在成長過程中，都看過家人以曲解懷疑的觀點看待種族這件事。以我來說，祖父幾十年來都覺得自己因膚色而懷才不遇，為此悶悶不樂，活在怨恨之中。同時，他也跟南區居民一樣，擔心自己的孫兒、孫女在白人社區會不安全。同樣地，巴拉克也聽過他的白人外婆對種族信口說出以偏概全的言論，甚至向她的黑人孫子坦承，當她在街上遇到黑人，有時仍會感到害怕。多年來，我們跟家中一些有種族偏見的長輩一起生活，尤其是在種族隔離時代長大的人。但我們都知道，沒有人是完美的。或許因為這樣，我們才忽略了賴特牧師激進布道中更荒謬的部分，即使我們沒有參加任何相關布道。然而，在新聞中看到賴特牧師尖酸刻薄的極端版本，我們都感到震驚。這整起事件提醒人們，我們國家對種族的曲解可能是雙向的，白人和黑人彼此懷疑，也對彼此存在刻板印象。

與此同時，有人搜出我二十多年前在普林斯頓大四寫的論文。當時，那篇論文調查非裔美國校友進入普林斯頓後對種族和身分的看法。我永遠無法理解，為何保守派媒體將我這篇論文視為某種黑人權力的祕密宣言，當成一種未被掩蓋的威脅。他們的渲染解讀，好像我在二十一歲時，並不是努力在社會學拿到A並苦心爭取進入哈佛法學院就讀的好學生，而是一直密謀要起義推翻大多數白人，就像對抗白人的黑奴奈特．透納（Nat Turner）那樣。他們還說，多虧我的老公，我終於有機會實現當年的計畫。〈蜜雪兒．歐巴馬是否要對賴特牧師的慘敗負責？〉

這是克里斯多弗・希鈞斯（Christopher Hitchens）為網路專欄所下的副標題。他撕毀了大學時代的我，暗示我受到黑人激進思想家的影響，而且還批評我是一個蹩腳作家。「形容這篇論文難以閱讀是不對的，」他寫道：「從嚴格的動詞意義來說，這篇論文根本無法『閱讀』，因為它不是用任何已知語言撰寫的。」

我不僅僅被說成一個門外漢，還是徹徹底底的「異類」，因為我所用的語言根本無法辨識。當然，這是心胸狹隘和無恥荒謬的侮辱。但他非常不屑地嘲笑我的智力，也打壓年輕時的我。巴拉克和我現在鋒芒太露，根本無所遁形，但如果人們把我們當成外國人和非法入侵者，那麼我們的力量或許會消失殆盡。這個訊息似乎常被提出來，只是大家沒有明說：「這些人不屬於這裡。」巴拉克擔任參議員時正式訪問肯亞，他綁上頭巾穿著索馬利傳統服飾的照片，被《卓奇報告》（*Drudge Report*）刊登出來，質疑他是穆斯林的說法再度死灰復燃。幾個月後，網路上出現另一個匿名和無根據的謠言，質疑巴拉克的公民身分，說他不是在夏威夷出生，而是在肯亞出生，這將會使他沒有資格成為總統。

我們繼續在俄亥俄州和德州、佛蒙特州和密西西比州完成初選，我繼續談論樂觀和團結，感受人們積極參與競選活動並擁抱改變這個想法。不過，一直以來，關於我的負面傳聞似乎只是更加引起關注。福斯新聞台就針對我的「激進憤怒」進行討論。網路上還造謠我在一支影片中將白人稱為「白鬼」，這種謠傳荒謬無稽，與事實不符。巴拉克在六月最終獲得民主黨提名時，我在明尼蘇達州一場活動中，開玩笑地跟他擊拳致意。結果，這一拳就上了頭條新聞。福斯新聞一位評論員解讀為「恐怖分子的擊拳致意」，再次暗指我們是危險人物。同樣地，福斯新聞台一則新聞跑馬燈稱我為「歐巴馬孩子的媽」，這讓人想起美國黑人貧民區的老說法，暗指我跟這個選戰不相干，甚至把我說成只是孩子的媽，而不提我是歐巴馬的老婆。

我已經疲憊不堪，不是身體上，而是情緒上。即使我明白那些抨擊跟真正的我沒有什麼關係，但我還是深受打擊。我覺得好像有一個卡通版本的我在那裡肆虐，我一直聽說那個女人的事蹟，卻完全不認識她，她是一個長得太高、太孔武有力、準備讓人男子氣概盡失的怪獸，也是名叫蜜雪兒・歐巴馬的政治人物老婆。同樣痛苦的是，朋友有時會打電話來，跟我談談他們的擔憂，也提出建言要我轉達給巴拉克的競選總幹事，或是他們聽到關於我、巴拉克或選情的負面報導後，必須跟我再三確認。當白鬼影片傳出時，一位很瞭解我的好友打電話給我，顯然連她也擔心謠言屬實。所以，我不得不跟她講上三十分鐘電話，證明我沒有變成種族主義者。講完這通電話後，我心情盪到谷底。

整體來說，我好像不可能贏，不管我再怎麼有信心或努力，都不可能擊垮批評我的人，也無法抵擋他們企圖讓我發揮不了影響力。我是女性，也是黑人和強者，對某些人來說，保持一種篤定的心態，只會被解讀為「生氣」。這是另一種具破壞力的老哏，一種常用來將少數族裔婦女趕到邊緣的老招數，也在無意識發出信號，要大家別聽我們說話。

現在，我真的開始有點生氣，但這種情緒讓我覺得更糟，好像我正在實現仇敵為我謀畫好的預言，好像我已經舉白旗投降了。將刻板印象化為真正的陷阱，真是高招。有多少「憤怒的黑人女性」被這個標籤的循環論證（circular logic）[17]陷害了？沒人傾聽你的意見時，你當然會更大聲說話，不是嗎？如果你被說成是憤怒或情緒化，不就會引發更多相同的情緒出現？

我被這種卑鄙伎倆搞得心力交瘁，也對這種人身攻擊感到疲憊，好像無法脫困。五月的某個時候，田納西州共和黨發布一支網路影片，重播我在威斯康辛州的演說，也剪輯選民的反應，譬如：「天啊，我從小就以身為美國人為傲。」美國公共廣播電台NPR的網站刊出這則報導：〈蜜雪兒．歐巴馬是助力或是負擔？〉，在報導下面以粗體字標出關於我的一些爭議點：「很誠實或太直白？」和「她的外表：華麗盡現或咄咄逼人？」

我告訴你，這些話很傷人。

有時，我會怪罪巴拉克的競選活動，讓我陷入這種處境。我明白我比許多候選人的配偶更活躍，讓我更容易成為攻擊目標。直覺告訴我要回擊，駁斥謊言和不公平的概稱，或是要巴拉克為此發表評論。但他的競選團隊一直告訴我，不要回應，繼續前進，接受打擊。「這就是政治」，他們一直以這句口頭禪回應我，好像我們對此事無能為力，好像我們都搬到一個名為政治的新星球上的新城市，在那裡任何尋常規則都不適用。

士氣低落時，我會用一大堆令人沮喪的想法進一步懲罰自己：我沒有選擇這種生活。我從來不喜歡政治。我已經辭去工作，還把自己的身分交付給這個競選活動，現在我卻成了歐巴馬

---

17 編按：以一個觀點去證明另一個觀點，接著再以另一個觀點返回證明前一觀點的邏輯論證方式。

的負擔？我的力量去了哪裡？

週日晚上，巴拉克回家住一晚，我坐在芝加哥家的廚房裡，發洩出所有挫折感。

「我不需要這樣做，」我告訴他：「如果我對你的選情不利，何必去助選？」

我解釋說，我和梅麗莎、凱蒂都覺得，要應付的媒體要求量太大，而我們又必須在預算吃緊的情況下四處跑行程。我不想搞砸任何事情，我想對選情有幫助，但缺乏時間和資源做更多的事情，卻只能勉強回應當前狀況。接受媒體和大眾更加嚴格的放大檢視時，我厭倦了不能幫自己說話，厭倦了被外界當成一個與我完全不同的人。「如果那樣更好的話，我可以待在家裡跟孩子在一起，」我告訴巴拉克：「我就跟一般政治人物的老婆一樣，只在重大場合上露面微笑就好。也許這對每個人來說都輕鬆多了。」

巴拉克同情地聽著我說話。我看得出他累了，想趕快上樓睡覺。有時候，我實在很討厭家庭生活和政治生活之間的界限如此模糊。巴拉克的日常生活充斥著必須瞬間解決的問題，以及無數次的人際交流。我不想成為他必須應付的另一個問題，但話說回來，我的存在已完全融入他的存在。

「蜜雪兒，妳必須知道，妳是助力，不是負擔，」巴拉克一臉震驚：「但如果妳想停下來或放慢步調，我完全可以理解。妳可以在這裡做任何妳想做的事。」

他告訴我，我永遠不該覺得對他或競選活動機制負有義務。如果我想繼續幫他助選，但需要更多支持和資源來做好助選工作，那他會想辦法解決這個問題。

我對此感到安慰，儘管只是稍微安心。我還是覺得自己像是排隊吃午餐時，被人突襲的小一學生。

但在巴拉克安慰過我後，我們放下政治紛擾，讓疲憊的自我好好上床歇息。

✳

不久後，我去了艾塞羅德在芝加哥的辦公室，跟他和薇拉瑞一起坐下來觀看我在公開場合的一些影片。當時，我明白他們開始插手，試圖告訴我在公開演說時，可以控制哪些細節。他們稱讚我一直努力助選，也誇獎我有效集結巴拉克的支持者。然後，艾瑟羅德重播我的助選演說時把聲音轉成靜音，去掉聲音後，我們就可以更仔細地觀察肢體語言，尤其是我的臉部表情。

我看到了什麼？我看到自己以強烈和堅定的態度說話，臉部表情緊繃，一點也不放鬆。我總是談論許多美國人面臨的艱難時期，以及學校和健保制度的不公平現象。臉部表情反映出我認為現況有多麼嚴重，以及我們國家真正面臨的選擇有多麼重要。

但我的表情太過肅殺與嚴厲，至少考慮到人們對女性的期望來說，確實如此。我開始思考，陌生人看到這樣的我會做何感想，尤其是我正在傳遞一個直言不諱的訊息。可以想見反對派為何會剪接這些影像大作文章，告訴社會大眾我是生氣的女妖。當然，這是另一個刻板印象、另一個陷阱。若不想尊重女性的意見，最簡單的方式就是把她說成潑婦。

但是，似乎沒有人批評巴拉克太嚴肅或缺乏笑臉。顯然，我是候選人的老婆，而非候選人，所以人們或許期望我提供更輕鬆、更具娛樂性的東西。不過，如果大家對於政治星球上，女性通常受到怎樣的對待有任何疑問的話，只要看看眾議院聰明進取的議長南希・裴洛西（Nancy Pelosi）多常被說成潑婦，或希拉蕊要持續不斷忍受有線電視名嘴和社論作家，對選情各項發展的再三審視就會知道。希拉蕊的性別被無情攻擊，媒體和政客集結各種再糟糕不過的女性刻板印象，說她霸氣、嘮叨，甚至還罵她是婊子。而且，他們還說她的聲音尖銳刺耳，笑起來像母雞叫。當時希拉蕊是巴拉克的對手，所以我不會對她特別親切，但我不得不欽佩她有能力在一片厭女聲浪中，站得住腳並繼續奮鬥。

那天跟艾塞羅德和薇拉瑞一起回顧影片時，眼淚彷彿刺痛了眼睛，我很苦惱。我已經知道，在政治方面還有一種表演招數，是我尚未完全掌握的部分，但我已經這樣幫巴拉克助選並公開演說超過一年：我也意識到，在愛荷華州較小場地演講時，我表現得最好。在大型禮堂中，想傳達溫暖親切的訊息很難。觀眾人數愈多，就更需要清楚的臉部表情，這是我有待努力的。現在，我擔心一切為時已晚。

認識我十五年以上、最親愛的摯友薇拉瑞伸出手緊握住我的手。

「你們為什麼不早點告訴我？」我問道：「為什麼沒有人試著幫幫我？」

答案是，沒有人仔細關注此事。巴拉克的競選團隊似乎認為我做得很好，直到出了差錯。

所以，當我成為一個問題時，才被叫到艾塞羅德的辦公室。

對我來說，這是一個轉折點。我知道，競選團隊專為候選人服務，並不是為候選人的配偶或家庭服務。儘管巴拉克的幕僚尊重並重視我的貢獻，但他們從來沒有給我許多指導。而且之前，競選團隊中沒有人特地跟我一起跑行程，或出席我的活動。我從未接受過任何訓練，沒有人指導我如何面對媒體或準備講稿。我領悟到，沒有人會照顧我，除非我提出要求。我必須負責保護自己的意見。

在進入選戰最後六個月時，我們知道這種全面關注只會加劇。最後我們同意，我需要真正的協助。如果我要像候選人一樣繼續助選，就要獲得候選人等級的支援。唯有堅持擁有完成工作所需的資源，我才能更有計畫，也更能好好保護自己。在初選最後幾週，巴拉克的競選團隊開始擴編我的團隊，為我新聘行程安排人員和一名私人助理。克莉絲汀・賈維斯（Kristen Jarvis）先前在巴拉克位於聯邦參議院的辦公室工作，她為人熱情、行事穩重，讓我在高壓狀態下穩住陣腳。史蒂芬妮・柯特（Stephanie Cutter）為人嚴謹，是擅長政治溝通的專家。史蒂芬妮與凱蒂、梅麗莎一起工作，協助加強並改善我所傳遞的訊息和演講，也幫我擬定那年夏末民主黨全國代表大會上要發表的一場重要演說。最後，我們還獲得一架選舉專機，可以更有效率移動。我可以在飛行期間接受媒體採訪，在搭機前往下一個活動前搞定頭髮造型和妝容，也能帶著莎夏和瑪莉亞一起跑行程，不會額外增加費用。

這真是一種解脫。這一切都是一種解脫。我真心認為，我笑得更開懷，也卸下了更多心防。

當我們打算公開露面時，史蒂芬妮建議我發揮自己的優勢，記住我最喜歡談論的事情，也就是我對老公和女兒的愛、我與職業婦女的關係，以及我為自己出身芝加哥感到驕傲。史蒂芬妮發現我喜歡開玩笑，她告訴我不要壓抑幽默感。換句話說就是，沒關係，做我自己就好。初選結束後不久，我簽約共同主持晨間節目《觀點》（*The View*），與琥碧・戈柏（Whoopi Goldberg）、芭芭拉・華特斯（Barbara Walters）和其他主持人在現場觀眾面前，談論我在選戰期間受到的攻擊，也笑談女兒、說起擊拳致意事件和褲襪很惱人等事，度過愉快又充滿活力的時光。我感受到一種嶄新的自在，又能安心講出想講的話。這個節目播出後頗受好評，我上節目穿的那件一百四十八美元黑白連身裙，突然成為全美女性爭相搶購的潮服。

我正在發揮影響力，同時也開始感到快樂，覺得愈來愈能敞開心胸與樂觀面對。我也在向全國各地遇見的美國人學習，並主持圓桌會議，專注於如何在工作與家庭之間取得平衡，這是我非常感興趣的問題。對我來說，參觀軍人社區並與軍眷會面，讓我最感謙卑。這些人大都是女性，但有時也有少數男性。

「說說你們的生活。」我會這樣開頭，然後傾聽他們訴說自己的故事。有的人把嬰兒抱在腿上，有些人還是青少年。有人描述八年間就調過八次以上基地，每次調動都要重新安排孩子上音樂課等才藝課程。他們也解釋，在不斷調動中要繼續職業生涯有多麼困難。例如，老師經常無法找到工作，因為遷居的新州不承認原先那州的教學證書，美甲人員和物理治療師也在執業許可證上面臨類似問題。另外，許多年輕爸媽很難找到負擔得起的托兒服務。當然，這都還不算什麼，最痛苦的是，所愛的人被派駐到喀布爾（Kabul）或摩蘇爾（Mosul）等地，或者受命前往中國南海的航空母艦，待上長達十二個月或更長的時間，讓家人在人事物轉換調動與情感上承受重擔。跟這些軍眷會面時，我立刻感受到先前經歷過的所有痛楚。他們的犧牲遠超過我的犧牲。我坐在這些會議中，全神貫注聆聽，也有點訝異自己對軍旅生活所知甚少。我認為許多美國人同樣處於黑暗中。如果巴拉克有幸當選總統，我誓言要設法讓這些家庭獲得更好的支援。

這一切都是讓我可以再度獲得平衡的原因，讓我精力充沛幫助巴拉克做最後衝刺。德拉瓦州和藹可親的聯邦參議員喬・拜登擔任巴拉克的副手搭檔。我再次覺得自己有膽量聽從直覺行事，因為現在身邊有支持我的人。在公開活動中，我全心全力與遇到的人們建立關係，不論是小團體和成千上萬的群眾，或是在後台聊天或匆忙行進時遇到的人群。當選民將我當成個人看待，他們就會明白諷刺漫畫上的我，並不是真正的我。我也瞭解，與選民近距離接觸後，他們就比較不會憎恨我。

二〇〇八年夏天，我繼續加快行動並努力工作，我相信我能為巴拉克的選情發揮一大助力。隨著民主黨全國代表大會的日子逼近，我第一次跟講稿撰稿人合作，那人是莎拉・赫薇茲（Sarah Hurwitz）。這位天賦異稟的年輕女性，協助我將自己的想法形塑成十七分鐘的緊湊演講。經過幾週的精心準備，我在八月下旬步上丹佛百事中心（Pepsi Center）的舞台，站在兩萬多名觀眾以及數百萬電視觀眾面前，準備好向世界展現真正的我。

那天晚上，哥哥克雷格介紹我出場，母親坐在前排豪華包廂，因為我們的生活變化太大而有點震驚。我談到父親，說明他的謙遜與堅強，以及這一切如何塑造了我和克雷格。我試圖以最坦誠的角度，讓美國人瞭解巴拉克和他高貴的心靈。我講完時，人們鼓掌歡呼，我感受到一股強烈的慰藉，我知道自己可能終於改變了人們對我的看法。

這當然是一個重要時刻，這場盛大公開演講的影片，至今仍然可以在YouTube上找到。但事實是，基於那些確切原因，這也是一個微不足道的時刻。我對事物的看法開始逆轉，就像一件毛衣從裡到外慢慢被翻過來。舞台、音響、燈光、掌聲等一切，都比我想像的更加尋常。我現在的生活不需要演練，不用拍照，不必表演，也沒有人評判，真正的驚喜還是有可能存在。有些時候，在無預警的情況下，你可能突然覺得心上的一個彈簧鎖就這麼打開了。

說到此事，我們必須回頭講講七月四日在蒙大拿州布特市的事。當天活動結束了，夏日的陽光終於落到西邊山脈後面，遠處的鞭炮聲響起。我們要在州際公路旁的智選假日飯店（Holiday Inn Express）住一晚，隔天巴拉克前往密蘇里州，我和女兒一起回芝加哥。回到飯店時，所有人都累了。我們參與遊行和野餐，好像跟布特市每位熱情居民都打過招呼。而現在，我們將為瑪莉亞辦一個生日聚會。

如果當時你問我，我會說我們最後幫她做的事功虧一簣，她的生日聚會感覺就像是經過一陣混亂後，才想到要做的事。我們聚集在飯店地下室一間有著日光燈、低天花板的會議室。現場有吳加儒、瑪亞和蘇海拉，還有一些跟瑪莉亞比較熟的幕僚，以及無時無刻都在的特勤人員。我們擺放一些氣球、從食品雜貨店買來的一個蛋糕、十根蠟燭和一桶冰淇淋。有人在匆忙中買了禮物並包裝好，但那人不是我。當時的氣氛不算無聊透頂，但也不是歡天喜地。只因為一整天下來，大家都累壞了。我跟巴拉克兩人臉色一沉，我們知道搞砸了。

儘管如此，很多事情只是認知問題，端看我們決定如何看待眼前的狀況。我和巴拉克只關注我們做不好和不足之處，看到的是單調無趣的房間和匆忙湊合的派對。但是瑪莉亞看到不一樣的景象。她看到善良的面孔、愛她的人、一個塗上厚厚糖霜的蛋糕、自家小妹和表妹，也看到新的一年即將展開。她在戶外度過一天看了遊行，明天她要搭機回家。

她走到巴拉克坐的地方，一股腦地坐到巴拉克的腿上，她大聲地說：「這是前所未有、最棒的生日！」她沒有發現，她的媽媽和爸爸都熱淚盈眶，房間裡有一半的人也都哽咽了，因為她說得對。突然間，我們都看到這個美好景象。那天，她十歲，一切都棒透了。

18

四個月後，二〇〇八年十一月四日，我投票給巴拉克。那天早上，我們兩人一早就去投票站，那是位於比尤拉修史密斯（Beulah Shoesmith）小學的體育館，跟我們芝加哥住家只隔幾條街。我們帶莎夏和瑪莉亞一起出門，她們都穿好衣服準備去學校。即使在投票日（也許尤其是在投票日）我都覺得應該上學。上學屬於日常作息，學校讓人安心。當我們走過一排攝影師和電視攝影機進入體育館時，聽著周圍的人們談論每件事的由來時，我很開心自己事先備妥午餐盒，午餐就有著落了。

這會是怎樣的一天？很顯然將是漫長的一天。除此之外，今天會怎樣，我們一無所知。巴拉克一直處於高壓狀態，所以到了投票日這一天，他比以往任何時候都怡然自在。他向民調工作人員致意，拿起選票，跟遇到的人握手，看起來一派輕鬆。我覺得他抱持這種心情是有道理的，因為整個選舉即將超出他所能控制的範圍。

我們在投票站並肩站著，女兒緊靠著我們，看著我們兩人在做什麼。

先前，我多次投票支持巴拉克，包括民主黨總統候選人初選，以及州參議員及聯邦參議員等普選。所以，這趟去投票站投票，感覺沒多大不同。對我來說，投票是一種習慣，是一有機會就要憑良心做好的健康儀式。小時候，父母會帶我到投票站，現在我有機會投票就會帶著莎夏和瑪莉亞見習，希望能強化投票的重要性。

丈夫的職業生涯讓我親眼目睹政治和權力的陰謀詭計。我知道每個選區只要有些微票數差距，就會讓不同候選人勝出，也會讓不同價值體系勝出。每個選區中，如果有些人不出門投票，就會決定孩子在學校學到什麼，有哪些健保選擇，或者我們是否派兵參戰。投票既簡單又極為有效。

那天，我拿到總統大選選票，盯著老公名字旁邊的橢圓形框看了好幾秒。經過長達二十一個月的競選、攻擊和疲憊後，這就是我需要做的最後一件事。

巴拉克看了我一眼笑了起來。「妳還沒下定決心嗎？」他笑問：「需要多一點時間嗎？」

如果不是因為焦慮，選舉日稱得上是個迷你假期，在已發生的一切和不可預知的未來之間如夢幻般的一個停頓。你縱身一躍，但還沒落地。你還無法知道未來會帶給你怎樣的感受。經過幾個月的飛速進展，現在，時間突然放慢到令人痛苦難耐。回到家裡，我接待前來閒聊、一起打發時間的親友。

那天早上投完票後，巴拉克和克雷格跟附近健身房的朋友一起打籃球，這已經成為在投票日增添好運的一種習慣。巴拉克最喜歡打一場激烈痛擊對手或被對手痛擊的籃球比賽，藉此放鬆緊張的情緒。

「記住，別讓任何人打斷他的鼻子，」他們兩人走出門時，我對克雷格這樣說：「你知道，他晚一點要上電視。」

「一切包在我身上。」克雷格答道，只有我老哥可以這麼說。然後他們就走了。

如果你相信民調數字，那麼巴拉克當天似乎有希望獲勝。但我也知道，他昨天晚上一直在為兩種結果準備講稿，一個是勝選演說，另一個是敗選演說。現在，我們對政治和民調有足夠的瞭解，都知道沒有什麼事情是理所當然的。我們知道布拉德利效應（Bradley effect），這是以非裔美國人候選人湯姆・布拉德利（Tom Bradley）命名的一種現象。布拉德利在一九八〇年代初期競選加州州長。雖然民調持續顯示布拉德利處於領先地位，但他最後卻在投票日敗選，跌破眾人眼鏡。這件事也讓世人對偏見有更深入的瞭解，因為多年來，這種模式在全美各地有黑人候選人參選的各種重大選舉中一再重演。該理論指出，選舉中有少數族裔候選人時，選民常會向民調人員隱瞞他們的偏見，只在投票站透過選票表達自己私下的真實看法。

在整個競選過程中，我一遍又一遍問自己，美國是否真的準備好要選出一位黑人總統，這個國家是否處於足夠強大的狀態，可以超越種族並超越偏見。最後，我們即將找出答案。

整體來說，大選的激戰比初選更加嚴峻。馬侃選擇阿拉斯加州州長莎拉・裴琳（Sarah Palin）作為競選搭檔。但是，裴琳本身缺乏經驗也毫無準備，很快就成為全國攻擊的目標。然後在九月中旬，爆出一連串災難性的新聞。當全美最大投資銀行之一的雷曼兄弟（Lehman Brothers）突然宣布破產，美國經濟開始失控，陷入困境。世人開始明白，華爾街巨頭花幾年時間支持如垃圾般毫無價值的次級房貸賺取暴利，最後導致股價暴跌，信貸市場凍結，退休基金蒙受龐大虧損。

在這個歷史時刻，巴拉克就是合適人選，因為這項工作絕不輕鬆，金融危機的影響也導致工作難度倍增。過去一年半來，我在美國各地大聲疾呼：我的丈夫處變不驚也胸有成竹。複雜性嚇不倒他，他有能夠分類整理各種錯綜複雜事物的腦子。當然，我也有偏見，而且就算敗選，我一樣心滿意足，因為我可以重拾以往的生活。但我也覺得，我們國家真的需要巴拉克的幫助。如今正是時候停止思考膚色這種毫無道理可循的事了。在這個節骨眼上，不讓他當選總統，是愚昧的行為。只是，他當選總統後，接下的是一個爛攤子。

時間分秒流逝，快到晚上了，我覺得手指麻木，整個人緊張起來。我食不下嚥，也沒興趣和母親或突然出現的朋友閒聊。後來，我上樓去，只想一個人好好獨處片刻。

這才發現，原來巴拉克早已上樓，顯然他也需要獨處。

我發現他在我們臥室旁那間堆滿書的小辦公室裡，那裡是他的小窩。他坐在辦公桌旁，看著勝選講稿。我走過去，開始揉揉他的肩膀。

「你還好嗎？」我說。

「很好。」

「累了嗎？」

「不累。」他對我微笑，彷彿試圖證明他不累。就在昨天，我們接到消息，巴拉克八十六歲的外婆在夏威夷過世了，先前她與癌症搏鬥好幾個月。當初巴拉克無法見母親最後一面，讓他深感遺憾。這次，巴拉克決定抽空去探望外婆。那年夏天，我們帶孩子們去探望過她。巴拉克早在投票日十天前，就抽出一天前往夏威夷探望外婆，坐下來握住她的手，陪伴著她。我突然想到，這該有多麼悲傷。巴拉克在從政生涯初期、宣布競選聯邦參議員兩個月後，就失去了母親。現在，當他到達政治生涯顛峰時，外婆無法親臨現場。養育他長大的人都不在人世了。

「無論發生什麼事，我都為你感到驕傲，」我說：「你做了很多好事。」

他轉過身來抱著我。「妳也是，」他一邊說一邊把我拉近一點，「我們都做得很好。」

我所能想到的就是，他仍然必須承擔的一切。

✳

在家與家人吃過晚餐後，我們都穿好衣服，跟一小群朋友和家人前往市中心的凱悅飯店。競選團隊訂好一間房間，讓我們一起收看開票結果。幕僚則待在飯店其他地方，給我們一點隱私。拜登夫婦則跟親友們在大廳對面的套房。

在中部時區下午六點左右，第一批開票結果出爐。馬侃拿下肯塔基州，巴拉克拿下佛蒙特州。然後，馬侃拿下西維吉尼亞州和南卡羅萊納州。我的信心稍微鬆動，但這一切並不令人意外。艾塞羅德和普樂夫不停進出房間，宣布他們收到的每一則消息，他們說一切進展都在預料之中。雖然最新消息都是好消息，但我壓根不想聽到喋喋不休的政治分析。反正我們無法控制任何事，那麼重點是什麼呢？我們已經縱身一躍，現在，不管怎樣都會落地。我們在電視上看到成千上萬的民眾聚集在格蘭特公園，那是密西根湖畔的環湖公園。公園裡架設巨型螢幕播出選舉報導，巴拉克稍後會在那裡發表勝選或敗選演說。公園裡幾乎每個角落都有警察駐守，海岸警衛隊的船隻在湖邊巡邏，直升機在上空盤旋。看起來整個芝加哥都屏息以待，靜候佳音。

巴拉克拿下康乃狄克州，然後是新罕布夏州、麻州、緬因州、德拉瓦州和華府。當巴拉克拿下伊利諾州時，我們聽到街道上汽車喇叭聲四起，人們激動地叫喊著。我在套房門口附近找到一把椅子獨自坐著，看著眼前的景象。現在，整屋子的人大都安靜下來，競選團隊更新消息的緊張氣氛退去，取而代之的是一種期待、近乎清醒的冷靜。在我右邊，女兒們穿著紅色和黑色的洋裝坐在沙發上。在我左邊，巴拉克把西裝外套放在房間某個地方，坐在我母親旁邊的另一張沙發上。那天晚上，我母親穿著優雅的黑色套裝，還戴上銀色耳環。

「妳準備好了嗎，奶奶？」我聽到巴拉克對她說。

我母親向來不會過度情緒化，她斜眼看了巴拉克，聳了聳肩，兩人都笑了。不過事後她向我描述，當時她覺得自己在壓抑情緒，跟我一樣為巴拉克的脆弱心疼。美國已經開始認為巴拉克是自信而強大的人，但我母親也意識到當上總統的重責大任，以及巴拉克日後擔此重責的孤獨。這個無父無母的男人，即將當選為自由世界的領袖。

我再定睛一看時，看到我母親和巴拉克手牽著手。

✳

就在晚上十點整，網路上開始出現我老公面帶微笑的照片，宣布巴拉克・海珊・歐巴馬將成為美國第四十四任總統。我們都跳了起來，出於本能地激動大叫。競選團隊幕僚和拜登夫婦湧入了房間，每個人都互相擁抱。感覺好像在做夢，我覺得自己好像脫離了身體，看著自己做出反應。

他做到了。我們都做到了。這似乎不太可能，但我們贏得有道理。

在這個時刻，我覺得家人好像從大炮發射出來，被拋進某個奇怪的水底世界。即使我們快速移動並接受精確引導，特勤人員揮手要我們進入貨運電梯，坐進在飯店後門出口等候的廂型車，但所有事情好像都很緩慢，像在水中那樣扭曲。我們走出去時，我有呼吸到外頭的空氣嗎？有跟那位幫我們開門的人道謝嗎？有沒有面帶微笑？我不知道。感覺就好像還在拚命游泳，想回到現實。我可以確定的是，當時一定很累了。不出所料，這是漫長的一天。我看到女兒們一臉倦容。我已經先讓她們做好心理準備，解釋無論爸爸是贏是輸，我們都會在公園裡舉行一場熱鬧滾滾的大型慶祝晚會。

現在，我們在警方車隊護送下，沿著湖濱大道（Lake Shore Drive）往南駛向格蘭特公園。從小到大，我已經走過這條路好幾百次。從惠特尼楊高中搭公車回家會經過這條路，一大早開車去健身房也會經過這條路。這是我從小到大居住的城市，對我來說，這裡是一個再熟悉不過的地方。然而那天晚上的感覺卻不一樣，這裡變得出奇安靜。好像我們被暫停在時空中，有點像是在夢裡。

瑪莉亞坐在廂型車裡，一直專心往窗外看。

「爸爸，」她說，聲音滿是歉意，「路上沒有人。我覺得沒有人會參加你的慶祝晚會。」

巴拉克和我互看一眼後，開始大笑。就在那時，我們發現路上只有我們這輛車和護送車隊。巴拉克當選總統了，特勤人員已經徹底清空湖濱大道整個區域，封鎖沿路上的每個十字路口。我們很快就知道，這是護送總統的標準防護措施。但對我們來說，這是一個新的體驗。一切都好新奇。

我摟著瑪莉亞說：「親愛的，人已經在那裡了。別擔心，他們等著我們。」

人們確實在那裡。超過二十萬人擠進格蘭特公園。我們下車時，聽到人群發出一陣期待的聲響，我們被引進一個白色帳篷。這些帳篷架設在公園前面，形成一條通往舞台的通道。一群朋友和家人聚集在那裡迎接我們，只是現在由於特勤局的規定，他們被擋在繩子後面。巴拉克摟著我，好像是要確保我在他身邊。

幾分鐘後我們四人走上舞台，我握著瑪莉亞的手，巴拉克握著莎夏的手。許多景象立刻映入眼簾。我看到舞台周圍豎起一道厚厚的防彈玻璃牆。現場人山人海，其中許多人揮舞著美國國旗。我的大腦無法處理這些景象，這一切都大到讓我無法招架。

那天晚上，巴拉克講了什麼，我根本記不起來。莎夏、瑪莉亞和我在舞台旁邊看著他演講，周圍是玻璃盾牌和我們的城市，以及超過六千九百萬張選票的慰藉。現在回想起來，我記得那種慰藉感，還有十一月在芝加哥湖邊異常溫暖的夜晚。經歷這麼多個月充滿激情吶喊的競選集會後，格蘭特公園的氣氛截然不同。我們站在一大群興高采烈的美國人面前，他們顯然也正在沉思。我彷彿聽到了寂靜之聲。好像我幾乎可以看見人群中的每一張臉，許多人的眼裡都淚光閃閃。

也許，這種平靜只是我的想像，或者對我們所有人來說，因為時間已晚，大家都累了。畢竟快要午夜十二點了。每個人一直等著。這一刻，我們已經等了很久、很久。

III

成為無限可能的自己

Becoming More

19

即將成為美國第一夫人的女性，從來沒有新手指南可以參考。嚴格來說，這並不是一份工作，也不是正式官職，既沒有薪水可領，也沒有明定義務。第一夫人微妙扮演總統的附庸，而在我當上第一夫人前，已有超過四十三位女性獲此頭銜，各有各的行事風格。

對於歷屆第一夫人的自我定位，我原先的認識十分粗淺，只知道賈姬・甘迺迪（Jackie Kennedy）[18]費盡心思重新裝潢白宮，也記得蘿莎琳・卡特（Rosalynn Carter）出席許多內閣會議、南西・雷根（Nancy Reagan）收了設計師禮服而引起爭議，以及希拉蕊參與丈夫柯林頓的政策制定[19]而遭到譏諷。在當上第一夫人的兩年前，我曾在專為美國參議員配偶舉辦的午宴上，見證了蘿拉・布希（Laura Bush）擺好姿勢，前後跟不下一百人合照，從頭到尾都泰然自若保持微笑，沒有絲毫失態，也不需要休息，令我既震驚又敬佩。第一夫人多半在新聞媒體上現身，跟外國政商名流的配偶喝茶，逢年過節負責寄送官方賀卡，國宴時穿著漂漂亮亮的禮服出席。另外，她們通常也會挑一兩項公益活動來大力支持。

我早明白屆時會受到不同的標準檢視。身為首位踏足白宮的非裔美國第一夫人，我幾乎注定會成為「他者」。如果以往白人第一夫人在外界眼中理應享有好感與特權，但我知道自己不太可能有相同待遇。從競選期間的種種挫折中，我曉得自己得表現得更出色、更機敏、更聰明、更堅強，也要靠自己爭取好感。我擔心許多美國人不會在我身上看到自己的影子，無法對我的人生經歷產生共鳴。我不奢望能慢慢適應全新角色後才來面對批評與指教。說到批評指教，我從來就沒如此缺乏安全感，擔心大眾潛意識的無端恐懼與種族刻板印象，隨時都會因為各種謠言和影射被挑起。

對於當上第一夫人，我感到既開心又受寵若驚，但片刻都不曾覺得自己接下了光鮮亮麗又輕鬆的差事；任何頂著「第一位」和「黑人」兩項頭銜的人，都不會這麼覺得。我站在山腳下，很清楚必須往上爬來獲得認同。

對我來說，這喚醒了以前對自己喊話的習慣，而一切可以回溯到高中時期。我常人到了惠特尼楊高中門口，心中突然滿是自我懷疑。當時，我學會一件事：有時得從內在召喚信心。至今，我用一句話鼓勵自己好多次，度過了許多難關。

我夠好嗎？當然，我很棒。

總統當選與就職之間的七十六天相當關鍵，我未來想成為什麼樣的第一夫人，這段時間就要開始定調。我好不容易離開公司法的環境，投入更有意義、以社區為主體的工作，所以很清

18 譯註：即賈桂琳・甘迺迪（Jacqueline Kennedy）。
19 譯註：此處指美國前總統柯林頓就職後，指派希拉蕊主導醫療保險改革小組，但最後失敗收場，批評人士戲稱為「希拉蕊健保」（Hillarycare）。

楚唯有自己在過程中積極參與，並努力達成具體結果，我才會真正感到快樂。我也想實現競選期間對軍眷的承諾：向更多人分享他們的故事，並且想辦法提供奧援。除此之外，我還打算在白宮開墾一座菜園，也想改善美國兒童整體的健康與營養。

然而，這些事我並不想草率開始進行，而是希望屆時到了白宮，已備妥一套仔細擬定的策略，搭配強大的團隊當我的後盾。見識過總統大選的醜陋面，也看盡他人千方百計想用「脾氣差」或「不得體」來貶低我，讓我從中領悟到一件事：輿論往往會迅速蔓延到各個角落，你不出來替自己發聲，很快就會被貼上錯誤的標籤。我可不想閒在一旁、當個被動的角色，默默等巴拉克的團隊下指導棋。在撐過前一年的試煉後，我知道自己絕不會甘願一直挨打了。

✳

我的腦袋停不下來，思考著所有要做的事。當選後的過渡期根本無法預先準備，提早做任何事勢必會被批評成傲慢。對於習慣按計畫行事的我來說，袖手旁觀的日子實在很痛苦。如今總統大選結束，我們就要加把勁了。首要任務就是打理莎夏和瑪莉亞的事。我希望幫她們盡快安頓下來，這就代表要敲定搬家細節，還有在華盛頓找間新學校，讓她們可以快樂地學習。

大選結束後第六天，我飛到華盛頓特區，跟兩間不同學校的行政主管會面。在一般的情況下，我只會注重學校的師資與校風，但現在遠遠不是「一般」的情況，多了各式各樣繁瑣的因素要納入考量與討論：特勤維安協定、緊急疏散方式，以及女兒隱私權的保護措施，畢竟她們成了全美關注焦點。這些變數無比複雜，不僅涉及更多人員，就連在決定小事之前都需要更多對話。

幸好，我能留下競選團隊的核心成員，也就是梅麗莎、凱蒂和克莉絲汀，在這段過渡期協助處理大小事。我們立刻釐清搬家的各項安排，同時開始聘雇未來東廂（East Wing）各辦公室的員工，譬如專案排程人員、各項政策專家、媒體公關等，還要替官邸內部職缺面試新進員工。我找來的第一批幫手包括喬瑟琳·佛萊爾（Jocelyn Frye），她是我以前讀法學院的老朋友，具備優秀的分析能力，答應擔任政策主任，協助主導我想執行的各項計畫。

與此同時，巴拉克正忙著安排內閣人事，跟各領域專家開會討論如何挽救經濟。當時有超過一千萬名美國人失業，汽車業衰退速度有如自由落體。每次我先生開完這些會都緊繃著臉，不難想見情勢之嚴峻超乎多數美國人的想像。他每天還會收到各方情報的書面簡報，忽然得以與聞國家等級的機密，諸如未公開的潛在威脅、檯面下的結盟、祕密軍事行動等一般社會大眾毫無所悉的情報。

接下來幾年會由特勤局負責我們的維安，於是替全家人都取了官方代號。巴拉克是「反叛分子」（Renegade），我是「文藝復興」（Renaissance），女兒們則可以從一份事先核准的R代號清單中，挑選自己中意的字詞。瑪莉亞選了「容光煥發」（Radiance），莎夏決定要叫「玫瑰花苞」（Rosebud）（後來，家母還幫自己取了非官方代號「祈雨之舞」〔Raindance〕）。

特勤局隨扈直接對我說話時，幾無例外都尊稱我為「夫人」，像是「夫人這邊請」、「夫人，麻煩往後站一步」、「夫人，座車稍後就到了」。

「誰是『夫人』啊？」我起初很想這麼問。這稱呼在我聽來就像一位年長女性，拿著晚宴包、腳踩平底鞋，儀態優雅地坐在我附近。

但我就是那位夫人，夫人指的就是我。對於身陷忙亂過渡期的我們，這也是生活巨變的一部分。

前往華盛頓參觀女兒學校那天，我的心頭便掛念著這些事。其中一場會談結束後，我回到雷根國立機場（Reagan National Airport）和巴拉克會合，他當時正好從芝加哥搭專機過來。依照慣例，小布希總統伉儷邀請我們參觀白宮，並且刻意跟參觀學校安排在同一天。巴拉克的專機降落時，我站在專用航廈內等候，身旁是率領維安小隊的隨扈柯尼利斯・紹索爾（Cornelius Southall）。

柯尼利斯有著倒三角身材，大學時期曾當過美式足球選手，也參與過布希總統的維安工作。他跟其他隨扈一樣絕頂聰明，時時刻刻保持高度警戒，儼然是人肉感測器。即使我們都看著巴拉克的專機滑行著、再於二十碼外的跑道停下來，他依然能比我先察覺到周遭的變化。

「夫人，」他邊說邊聽著耳機傳來的最新消息，「您即將回不去以前的生活嘍。」

我好奇地看了他一眼，他又說：「請等一下。」

他手指向右邊，我這才轉頭過去，正好看見轉角一大片黑壓壓的東西：一條綿延的車隊出現，包括大批警車與摩托車、數輛黑頭休旅車、兩輛車頂插著美國國旗的裝甲加長型禮車、一輛毒化物消滅卡車（hazmat mitigation truck）、一支配備機關槍的反突擊隊、一輛救護車、一輛可偵測來襲炮彈的信號卡車、數輛乘用廂型車，再來又是一批警車護送。這就是總統車隊，少說也有二十台，有條不紊地向前移動，一輛接著一輛，最後整個車隊靜靜停了下來，加長型禮車直接停在巴拉克專機的前方。

我轉頭回來問柯尼利斯：「該不會連小丑車都有吧？」接著說：「我沒看錯吧？他接下來出門都要這麼大的陣仗？」

他微笑地回答：「是的，任職總統期間的每一天，都會是這樣的陣仗。」

我欣賞著眼前壯觀的場面：數以千噸重的戰車、成群的突擊隊員、全車防彈的總統座車。我當時還不清楚的是，巴拉克受到的層層保護，這些還只是看得到的那一半。我不曉得附近隨時有架直升機準備要把他撤離，也不曉得他的行經路線沿途都有狙擊手在屋頂上就位，不知道原來隨時都有名醫生隨行以應付突發醫療狀況，更不知道他的座車備有適當血型的血液庫存以防他需要輸血。在短短幾週內，剛好在巴拉克就職前，總統座車升級為全新車款，而且名字取得巧妙，就叫作「野獸」（the Beast）。外觀就像豪華禮車，但其實相當於七噸重的坦克，搭載催淚瓦斯彈與防爆輪胎，還有密閉通風系統因應生化攻擊。

我的另一半就此成為地球上維安最嚴密的人類，實在令人既放心又焦慮。

我望向柯尼利斯，他揮手朝著禮車的方向示意。

「您現在可以過去了，夫人。」他說

✳

在這之前，我只進過白宮一次。那次是大選前兩年，我、瑪莉亞和莎夏剛好來華盛頓，透過巴拉克在參議院的辦公室幫忙，我們母女三人報名了白宮特別導覽，心想應該會是很好玩的行程。一般民眾參訪白宮通常無人在旁解說，但這次是由一位白宮文物專員進行導覽，帶著我們一小群人，穿越一條條氣派的長廊，以及功能各異的公共廳房。

我們來到了東廳，此處歷來都是豪華舞會與晚宴的場所。母女三人都睜大眼睛看著挑高天花板垂下的雕花玻璃吊燈，並細細欣賞掛在牆上的喬治·華盛頓巨大金框肖像畫，畫中的他雙頰紅潤且神情嚴肅。聽了導覽人員講解，我才知道在十八世紀末，第一夫人艾比蓋兒·亞當斯（Abigail Adams）曾用這間大廳晾衣服，而數十年後的南北內戰期間，聯邦軍隊曾短暫在此落腳。東廳過去還舉辦過多場第一千金的婚禮；前總統亞伯拉罕·林肯和約翰·F·甘迺迪的棺木也曾停放於此，供人瞻仰遺容。

那天，我腦海中不斷切換各任總統的臉孔，試圖把以往歷史課的剩餘記憶，對照真正在這些大廳生活過的第一家庭樣貌。瑪莉亞當時才八歲左右，似乎對白宮之大肅然起敬，而五歲的莎夏則盡量不伸手觸碰不該碰的東西。我們從東廳先後移動到綠廳與藍廳時，她很配合地克制自己：綠廳有著祖母綠絲綢牆面，詹姆斯・麥迪遜（James Madison）[20]就是在此正式對英國宣戰，史稱「一八一二年戰爭」；藍廳則擺滿法式風格家具，格羅佛・克利夫蘭（Grover Cleveland）[21]選擇在此結婚。不過，當導覽員要我們跟著他的腳步前往紅廳，莎夏抬頭看著我，用小小孩充滿不耐煩的口吻，毫不客氣地脫口而出：「唉唷我不想去，怎麼**還有**啊！」我馬上做出噓的動作，使了個母親管教的臉色，表情像是在說：「不要丟我的臉啊。」

但老實說，誰能怪她呢？白宮真的非常大，共有一百三十二間廳房、三十五間衛浴、二十八座壁爐，分別遍布在六層樓，埋藏的歷史豐富到任何導覽都說不完。坦白說，很難把白宮想像成日常生活的地方。樓下有政府員工進進出出，樓上住著總統和第一夫人，還有他們養的蘇格蘭㹴犬。但我們身處白宮完全不同的區域，這裡的時間凍結、宛如博物館，存在著重要的象徵意義，陳列美國不朽的歷史。

兩年後，我再度來到此地，這次走不同的門，還有巴拉克同行。我們即將把白宮視為未來的家。

小布希總統伉儷在外交接待廳迎接，外頭正好是南草坪。第一夫人親切地握住我的手說：「叫我蘿拉就可以了。」她的先生同樣熱情好客，展現德州人有容乃大的風度，似乎足以化解

---

20 譯註：美國第四任總統，於白宮綠廳簽下建國後第一份開戰宣言，又稱二次獨立戰爭。

21 譯註：美國第二十二暨第二十四任總統，至今仍是唯一在白宮舉辦過婚禮的總統。

任何政治上的不快。總統大選期間，巴拉克常常鉅細靡遺批評小布希的領導方針，承諾選民會改正許多他眼中的錯誤政策。小布希身為共和黨一員，自然支持約翰・馬侃擔任總統，但他也誓言要做到史上最順利的政權交接，指示各個行政部門準備簡報資料夾，供即將上任的新政府參考。就連第一夫人事務方面，相關人員也彙整好聯絡名單、行事曆和通信範例，協助我盡快熟悉第一夫人在社交上應盡的責任義務。這一切的背後都感受得到善意，充分反映了愛國情操，永遠都值得我感恩與欽佩。

雖然小布希總統沒有直說，但我發誓看得出他的神情輕鬆，清楚自己的任期即將屆滿，曉得自己跑過了終點線，不久後就能回德州老家，該是交棒給新任總統的時候了。

後來，我們彼此的先生前往橢圓辦公室談話，蘿拉則帶我到第一家庭專用的鑲木電梯，由一位穿著禮服、彬彬有禮的非裔美國人負責操作。

我們搭著電梯向上兩層樓，準備到第一家庭的私人官邸，蘿拉問起了莎夏和瑪莉亞。蘿拉當時六十二歲，兩個女兒年紀較大，以前住白宮時都是她自己教的。由於她當過老師和圖書館員，便以第一夫人的身分來推廣教育、替老師發聲。她那雙溫柔的藍眼眸盯著我瞧。

「妳現在心情如何？」她問。

「有點不知所措。」我坦承。

她露出微笑，似乎真能感同身受。「我懂，相信我，我懂。」

當下，我還無法完全理解她這句話的含義，但事後卻常常想起：我和巴拉克加入的是很奇特的超小團體，目前成員為柯林頓伉儷、卡特伉儷、老布希與小布希伉儷、南西・雷根與貝蒂・福特（Betty Ford）[22]。世上再沒別人知道我們兩人要面對的事了，畢竟他們親身經歷過白宮生活獨有的甘苦。我們之間再怎麼不同，永遠都會有這項共通點。

蘿拉帶我看了官邸裡一間間的廳房。這個私人區域位於主建築（即典型白宮照片中白柱林立的那棟）最上面兩層樓，面積約占兩萬平方英尺。我看到第一家庭用餐的飯廳，也探頭進小廚房瞧了一眼，廚師正好在準備晚餐。我看到頂樓的那些客房，便盤算著有無可能給我母親住，只是得先說服她搬來同住才行。（頂樓還有一小間健身房，布希總統帶巴拉克認識環境時，這是兩人聊得最起勁的地方。）我最想瞧瞧自認最適合莎夏和瑪莉亞的那兩間臥房，只要從主臥房直走到底就是了。

對我來說，女兒住得舒服又有家的感覺最為重要。假如去除光鮮亮麗的排場（搬進有廚師、保齡球館和游泳池的大房子，根本如童話般超現實），我與巴拉克其實在做任何父母都不願做的事：學期中就硬把女兒從她們都愛的學校轉走，讓她們不得不離開自己的朋友，沒太多準備就被丟到新家和新學校。我滿腦子都是這個念頭，但得知先前的夫人與孩子都能辦到，我也就放心了。

22 譯註：老布希總統的夫人芭芭拉・布希（Barbara Bush）已於二〇一八年過世；南西・雷根於二〇一六年過世；貝蒂・福特於二〇一一年過世。

蘿拉帶我到主臥室旁一個採光佳的漂亮房間，傳統上都是第一夫人的更衣間。她指著窗外玫瑰花園與橢圓辦公室的景色，說自己能夠像這樣往外眺望，偶爾可以看看先生在做什麼，就足以令她寬慰了。她還說，八年前她初次參觀白宮時，希拉蕊．柯林頓也帶她來看這幅景色；而時間再回推八年，她的婆婆芭芭拉．布希也曾指著同一片景色給希拉蕊看。我朝著窗外望去，提醒自己也是此微小傳承的一環。

接下來幾個月，我與這些前第一夫人聯絡後，感受到一股強大的力量：希拉蕊在電話中大方分享她幫女兒雀兒喜（Chelsea）挑學校的經驗。我跟蘿莎琳．卡特見了面，也跟南西．雷根通電話，兩人都貼心地給予支持。那次參觀完白宮的兩週後，蘿拉還親切邀請我帶莎夏和瑪莉亞某天再訪，由她兩個女兒芭芭拉和珍娜介紹白宮「好玩的地方」，像是家庭劇院的高級座椅，還有如何從頂樓一條傾斜的走廊滑行而下。

這段期間的一切指點都令人信心滿滿，我開始期待把些許智慧傳承給下任第一夫人的那一天了。

✳

後來，我們按往例在夏威夷過完耶誕節，就舉家搬到華盛頓；這樣一來，莎夏和瑪莉亞開學時，新同學也正好放寒假回來。那時離就職典禮還有三週，所以我們得暫時另行安排，便租下位於市中心的海伊亞當斯（Hay-Adams）飯店頂樓套房，俯瞰拉法葉廣場（Lafayette Square）與白宮北草坪，草坪上正架設著觀禮台與金屬看台，為就職遊行做好準備。飯店對面的大樓外牆，有人掛了大型布條，上頭寫著：「歡迎瑪莉亞和莎夏。」我看到時還感動得有些哽咽。

經過一大堆研究、兩次參訪和多次對談後，我們最後決定讓女兒就讀席德威友誼學校（Sidwell Friends），那是一所聲譽卓著的貴格會（Quaker）[23]私立學校。莎夏要到馬里蘭州貝塞斯達（Bethesda）郊區的小學部讀二年級，瑪莉亞則會前往白宮北邊幾英里的校本部讀五年級，周遭環境十分幽靜。兩個人都需要由車隊載去上學，由一群全副武裝的特勤局人員護送，部分隨扈還會駐守於教室門外，無論是下課時間、跟朋友玩或課後運動，他們都會如影隨形。

我們如今活在某種泡泡之中，至少有一部分跟外界隔絕開來。我早不記得上次單獨出門辦事或到公園散步是何時了。一切舉動都要與人討論安全與行程問題。這個泡泡在競選期間就慢慢形成，當時巴拉克愈來愈出名，也就愈來愈需要與社會大眾之間畫出界線，甚至與親朋好友之間也不例外。活在泡泡裡感覺很詭異，我也不是太喜歡，但可以理解這是萬全之策。由於固定都有警方護送，我們的車子不再需要等紅綠燈。我們也鮮少會走建築物的正門，多半是匆匆穿越邊巷的維修入口或貨運通道。就特勤局的觀點來說，愈低調就愈安全。

我暗自希望莎夏和瑪莉亞的泡泡不太一樣，希望她們既能安全無虞又不至於悶壞，而且活

23 譯註：一般視為基督教教派，又稱教友派（Religious Society of Friends），於十七世紀由喬治・福克斯（George Fox）創辦。

動範圍會比我們夫妻來得大。我希望她們結交到真正的朋友——不是因為爸爸歐巴馬的光環，而是因為她們擁有的特質。我希望她們會不斷學習，勇於冒險、不怕犯錯，跌倒了也能自己爬起來。我希望對她們來說，學校是避風港般的存在，可以安心地做自己。席德威友誼學校吸引我們的原因有很多，其中一點是雀兒喜在父親柯林頓當總統時便在此就讀，因此教職員懂得如何保護高知名度學生的隱私，也早就有了莎夏和瑪莉亞所需的維安措施，意味著不會對學校資源造成太大負擔。最重要的是，我喜歡那裡的氛圍。貴格會的信仰以社群精神為上，秉持人生而平等的原則，在我看來，正好能平衡她們父親現今引發的大量關注。

開學第一天，我們一家四口在飯店套房提前吃完早餐，我和巴拉克隨即幫瑪莉亞和莎夏穿上冬天外套。巴拉克忍不住叮嚀了起來，教她們如何撐過新學校的第一天（保持微笑、待人和善、聽老師的話），等到兩個女兒背起紫色背包時，他又追加一句：「千萬不要挖鼻孔喔！」

家母在走廊跟我們會合，全家人便一起搭電梯下樓。

飯店外頭，特勤局已先搭好一座安全帳篷，阻擋早在門口守候的攝影記者和電視媒體，他們巴不得拍到政權轉移期間我們家人的照片。巴拉克前一晚才抵達華盛頓，很想一路坐車陪兩個女兒到校門口，但也知道這樣場面會很混亂，畢竟車隊的陣仗實在太大，屆時他勢必會成為負擔。莎夏和瑪莉亞抱著他說再見時，我看得出他臉上淨是不捨。

我和母親陪孩子們坐著她們未來的新校車——一輛黑色休旅車，車窗材質全是深灰色的防彈玻璃。那天早上，我努力佯裝得充滿自信，跟兩個女兒有說有笑。然而，內心正發出緊張的低鳴，覺得愈來愈茫然無助，再也回不去了。我們先抵達中學部的校區，我和瑪莉亞在左右兩旁特勤局隨扈開路下，快步通過夾道的新聞攝影機，隨即進入學校大樓。我把瑪莉亞帶到班上給新老師後，車隊立刻帶我們到貝塞斯達，我帶著小女兒莎夏重複方才與大女兒同樣的橋段後，最後走進一間有低矮桌椅和大片窗戶的可愛教室。我滿心期盼那是個安全又快樂的學習環境。

我隨著車隊回到海伊亞當斯飯店，安安穩穩地身處泡泡之中。我那一天的行程滿檔，每分鐘都開著大小會議，但心一直在兩個女兒身上：她們過得如何？吃了什麼東西？是不是被同學盯著看，還是相處起來很自在？後來，看到媒體上莎夏的照片，是那天早上去學校時拍的，我頓時掉下了眼淚。那張照片拍攝的當下，我應該正好送瑪莉亞進校園，莎夏與家母則在車上等候。莎夏那張小小的圓臉貼著休旅車的窗戶，凝視外頭的世界，眼睛睜得老大，看著攝影記者和圍觀民眾推來擠去的景象，似乎若有所思。雖然讀不出她的思緒，但表情十分認真。

我們對她們要求太多了。這個念頭在我腦海不只盤桓一整天，而是接連數月、甚至數年都揮之不去。

✳

政權交接期的步調慢不下來。忽然間有幾百件事等我決定，而且每件事都十萬火急。我得替白宮官邸選好各式物品，包括浴巾、牙膏、洗碗精、啤酒等，還要挑就職典禮與舞會上穿的禮服，安排約一百五十名遠道而來的親朋好友出席。我把部分事務交給梅麗莎交接團隊的成員處理。另外，在芝加哥朋友的介紹下，我們聘請了一位優秀的室內設計師麥可・史密斯（Michael Smith），協助我們重新裝潢官邸和橢圓辦公室。

我也得知，聯邦政府會撥出十萬美元，作為總統當選人搬家與重新裝潢的費用，但巴拉克堅持自掏腰包，用他出書存下的版稅來支付。從我認識他以來，他就是這樣的人：任何事只要涉及金錢與道德，他都格外警惕，用比法律更高的標準要求自己。黑人社群流傳著一句古老的格言：**你要努力變得加倍優秀，才能取得別人一半成就**。身為第一個入主白宮的非裔美國家庭，我們成了社會大眾眼中的黑人代表，任何一點疏失都會被放大檢視、解讀得比原本更為嚴重。

真要說起來，相較於重新裝潢白宮和準備就職典禮，我更想把心力花在思考自己新角色的定位。就我看來，其實沒有非做不可的事。沒有既定職責意味沒有既定要求，所以我能自由選擇想關注的議題。我希望自己付出的任何努力，可從旁推動新政府的主要目標。

令我鬆一大口氣的是，兩個女兒開學第一天回家時開開心心，第二天、第三天也是一樣。莎夏帶回生平第一份回家作業，瑪莉亞已報名參加中學部的合唱比賽。她們說，其他年級的小朋友見到她們偶爾會多看兩眼，但大家都很友善。一天天下來，隨著車隊前往席德威友誼學校便有點像例行公事了。過了一週左右，女兒們都自在到不需要我陪同上學，改由外婆固定接送，自動省下許多麻煩，譬如隨扈、車輛和配槍都隨之減少。

我母親本來不想跟我們搬來華盛頓，但我認為這件事沒得商量。兩個外孫需要她，我需要她，我相信她也需要我們。這些年來，她幾乎每天都陪著我們，她務實的處世態度往往能緩解家人的擔憂。不過，當時已七十一歲的她，卻從來不曾離開芝加哥。她捨不得離開南區和位於歐幾里得大道的老家。（「我很愛我的家人，可是我也愛自己的房子啊，」大選後她對記者毫不避諱地說：「白宮給我的感覺跟博物館差不多，這就好像要你在博物館裡睡覺，你睡得著嗎？」）

我想方設法要說服她。我說如果她搬到華盛頓，就會遇到各式各樣的奇人，也不必再辛苦煮飯打掃了，而且白宮頂樓比老家寬敞許多。但對她來說，這些都毫無意義。我母親對任何奢華與浮誇的表象毫不動心。

我最後只好打給克雷格說：「你一定要幫我勸勸老媽，拜託讓她答應搬家。」

這招果然奏效，克雷格最擅長在必要關頭採取強硬手段。

結果接下來八年，家母都陪著我們一起住在華盛頓。起初她老說自己只是暫時搬家，待到兩個外孫女安頓好就走人。她也不願被任何泡泡保護，婉拒特勤局維安、避開所有媒體，行事低調、毫不張揚。她始終堅持自己洗個人衣物，讓白宮房務人員不禁莞爾。這些年來，她都隨性自由進出官邸，有需要就出門到最近的藥妝店CVS或飛林百貨（Filene's Basement）買買東西、交交朋友，或者定期約朋友在外頭吃午餐。每當有陌生人說她長得跟蜜雪兒・歐巴馬的母親一模一樣，她只會禮貌地聳聳肩，然後回答：「對啊，常常有人這麼說。」然後繼續做她的事。一直以來，我母親都秉持自己的行事風格。

✳

我的家族上上下下都出席了就職典禮，姨叔表親全部到場，還有我們的大學同窗、我的姊妹淘與她們的伴侶。每個人都攜家帶眷。總統就職週期間，我們幫大人小孩分別安排了慶祝活動，包括就職典禮前一晚的兒童音樂會、跟宣誓就職後國會午宴並行的兒童午餐，大人們參加就職舞會時，白宮內則有尋寶遊戲與兒童派對。

在總統大選最後幾個月，上天賜予了一個意外的驚喜：我們一家人與喬．拜登一家人漸漸成為相處融洽的好朋友。儘管數月前還是政治上的對手，巴拉克和喬仍一拍即合，兩人都能在嚴肅的日常工作與輕鬆的家庭生活間轉換自如。

我初次見到喬的太太吉兒（Jill）就很喜歡她，佩服她堅毅不失溫和的性格與職業道德。吉兒在一九七七年嫁給了喬，成為他兩個兒子的繼母（一九七二年，喬的前妻與幼女在車禍中不幸喪生）。後來兩人生下一個女兒，那時吉兒剛獲得教育博士學位不久，開始在德拉瓦州一間社區大學教英文，歷經了喬擔任參議員的時期，以及他參與的兩次總統大選。她跟我一樣，都在尋找不同的方式支持軍人家庭；她跟我也不一樣，她對這項議題有著切身感受：喬的長子波伊．拜登（Beau Biden）當時跟著國民兵部隊到伊拉克服役，獲准短暫休假飛回華盛頓，看父親宣誓就任副總統。

再來就是拜登家的五個孫子，全都像吉兒和喬一樣外向樸實。他們先前去了丹佛民主黨全國代表大會，立刻就跟莎夏和瑪莉亞熱絡地打成一片，邀請她們到喬的飯店套房住一晚。這些孩子開心到無視周遭的政治味，一心只想結交新朋友。能有拜登家的孩子作伴，我們始終很感恩。

就職典禮當日天寒地凍，氣溫從沒高於攝氏零度，冷風更讓體感溫度降到零下十度。當天早上，我和巴拉克、兩個女兒、我母親、克雷格和老婆凱莉、瑪亞和先生吳加儒、凱伊媽媽一起到教堂做禮拜。同時，我們聽說民眾天亮前就已在國家廣場（National Mall）排隊，全身裹著厚重衣物等待就職活動開始。儘管那天後來我冷得發抖，卻永遠都會記得無數民眾在戶外多站了好幾個小時，深信寒意再刺骨難耐也值得。事後，我們才知道有將近兩百萬人湧進廣場，觀禮民眾來自全國各地，形成一片象徵多元、活力與希望的人海，從國會綿延到華盛頓紀念碑之外，前後超過一英里。

做完禮拜後，我和巴拉克前往白宮，跟喬和吉兒、布希總統伉儷與錢尼副總統伉儷會合，先喝了些茶和咖啡，再一起隨車隊到國會參加宣誓儀式。巴拉克先前已拿到動用美國核武的驗證碼，也聽取了啟用程序的簡報。從此以後，無論巴拉克人在哪裡，都會有一名武官緊跟在旁，提著約二十公斤的公事包，裡頭有啟動認證碼、精密通訊裝置，俗稱「核足球」（nuclear football），真可謂十分沉重。

對我來說，就職典禮本身就是奇特體驗，過程感覺像是慢動作進行，牽涉層面太過龐大，我難以完全理解狀況。典禮前，我們被帶到國會一個私人房間，讓孩子可以吃些點心，我陪著巴拉克練習把手擺在紅色小本聖經上宣誓；一百五十年前，這本聖經的所有人正是亞伯拉罕·林肯。在此同時，我們的親友同事正在外頭看台找座位。後來我才發覺，這很可能是歷史上首次有這麼多非白人，坐在社會大眾與全球電視機前觀眾的面前，以貴賓身分參與美國總統就職典禮。

我和巴拉克曉得，這天對許多美國人意義重大，尤其是曾參與民權運動的前輩。他特地邀請「塔斯克基航空隊」（Tuskegee Airmen）出席，這群飛行員與地勤人員全是非裔美國人，在第二次世界大戰締造了輝煌戰果。他也邀請了「小岩城九君子」（Little Rock Nine）觀禮，他們正是一九五七年進入阿肯色州一所純白人高中就讀的九名黑人學生，為了捍衛更崇高的理念，忍受接連數月的無情羞辱，就是為了檢驗最高法院《布朗訴教育局案》（*Brown v. Board of Education*）的判決。[24]他們如今都已是年紀一把的長者了，頭髮蒼白、肩膀下垂，除了象徵過去數十年的歲月，或許也代表著替未來子孫所背負的重擔。巴拉克以前經常說，他立志要爬上白宮的階梯，因為小岩城九君子勇於爬上中央高中的階梯。在我們所屬的傳承之中，這個也許最為重要。

當天近午時，我們夫妻跟兩個女兒站在全國人民面前。我真的只記得瑣碎的細節：耀眼的陽光映照在巴拉克額頭上，還有最高法院首席大法官約翰・羅伯茲（John Roberts）展開宣誓儀式時，全場頓時肅靜無聲；我記得莎夏那時還太矮，很容易就淹沒在人海中，因此她抬頭挺胸地站在凳子上，好讓別人看得到她；我也記得空氣很清爽。我舉起林肯的聖經，巴拉克將左手擺在上頭，宣誓要捍衛美國憲法，唸出一兩個短句，鄭重地承諾憂民所憂，這一刻任重道遠又充滿喜悅，這也反映於巴拉克接下來的就職演說中。

「就在今天，」他說：「我們齊聚在此，因為我們選擇懷抱希望、放下恐懼，選擇要團結一心，不要衝突失和。」

這條真理一次又一次反映在現場民眾的臉上，他們即使站在寒風中顫抖，也要親眼見證這點。就我視線所及，四面八方都是人潮，把國家廣場與遊行路線擠得水洩不通。我覺得全家人彷彿將投入他們的懷抱。我們所有人在此約定，你們有我們撐腰，我們有你們依靠。

✳

瑪莉亞和莎夏很快就明白，何謂受到社會大眾關注。我是在坐進總統禮車，引領遊行隊伍緩慢前往白宮的路上，才真正意識到這件事。當時，我和巴拉克已向布希夫婦揮手道別，他們

24 譯註：此為美國史上經典司法案件，黑人奧立佛・布朗（Oliver Brown）不滿當地小學的種族隔離制度，為了女兒對托皮卡（Topeka）教育局提起集體訴訟，一九五四年，美國聯邦最高法院宣判，學校種族隔離規定牴觸美國憲法。

搭著陸戰隊直升機離開國會。我們早先也用過午餐，還記得端上來的是鴨胸，地點在國會裡的大理石宴會廳，另外有兩百位賓客，包括新任閣員、國會議員與最高法院眾位大法官，兩個女兒則在旁邊房間裡大啖最愛的美食雞柳條和起司通心麵，陪同的有拜登家小朋友們，以及幾個表兄弟姊妹。

整場典禮下來，我實在太佩服女兒們展現絕佳的自制力，絲毫沒有坐立不安、彎腰駝背，也沒忘記保持笑容。還有成千上萬的民眾在路邊或電視機前，觀看車隊慢慢沿著賓州大道前進，只是深黑色車窗讓人很難看到車內。我和巴拉克後來下車走一小段路，同時跟夾道群眾揮手，瑪莉亞和莎夏繼續待在移動的禮車上，彷彿包覆在溫暖的繭裡。她們頓時發覺終於能獨處一下，沒有人會盯著她們看。

等到我和巴拉克回到車上時，兩個孩子已拋開了參加典禮的矜持，笑得上氣不接下氣。她們早就脫掉帽子，弄亂彼此頭髮，鬧成一團，拚命想搔對方癢，最後玩累了，便癱在位子上，把腳翹得老高，一路上音響都大聲播放碧昂絲的歌曲，彷彿回到從前的日常。

那一刻，我和巴拉克都感到些許欣慰。我們現在是第一家庭了，但我們依然是原來的自己。

就職日將進入尾聲，太陽也準備下山，氣溫進一步下滑。接下來兩個小時，我、巴拉克和毫無疲態的喬・拜登，待在白宮前的戶外檢閱台，觀賞道上來自五十州的樂隊和花車經過我們身旁。不知何時，我的腳趾頭凍得失去知覺，即使有人遞來毯子讓我裹住雙腿雙腳也未好轉。

看台上的來賓一個個先行離席，好準備參加晚上的舞會。

到了傍晚近七點鐘，最後的樂旗隊才結束表演，我和巴拉克在黑暗中走進白宮，首度以主人身分抵達官邸。白宮員工利用當天下午，徹底將官邸內改頭換面，迅速清出布希總統伉儷的物品，再把我們夫妻兩人的家當全部搬入。短短五個小時左右，室內所有地毯都已用蒸氣機清潔過一遍，避免瑪莉亞聞到前總統狗兒留下的味道而過敏發作；家具已移至適當位置，花飾也都就定位；等我們搭電梯上樓時，衣物都已在衣櫃裡分門別類擺好；櫥櫃存放著我們最愛的食物。白宮官邸的男管家多半是與我們同齡或稍長的非裔美國人，此時皆站在一旁，隨時聽候差遣。

我那時全身發冷，對這一切還反應不過來。再不到一個小時，我們就要參加十場就職舞會的第一場。我記得樓上除了我不認識的管家們，幾乎沒看到其他人的身影。我記得自己穿越長廊、經過一扇扇關著的房門時，只感到有點孤單。過去兩年來，我身邊時時都圍繞著許多人，也總是有梅麗莎、凱蒂和克莉絲汀的陪伴。如今，我忽然覺得只剩自己了；兩個女兒早已到白宮另一頭，準備好好玩一個晚上；我母親、克雷格和瑪亞雖然也住在官邸，但已被帶上車前往當晚的慶祝活動。一位髮型師等著幫我梳頭，我的禮服擱在一旁架上，巴拉克已先去沖澡，準備穿晚禮服。

這一天對我們全家人來說，不可思議又意義非凡，希望對全國人民也是如此。但全程也有點像超級馬拉松。我只有大概五分鐘可以單獨泡個熱水澡、恢復一些體力參加接下來的活動。

再來，我吃了幾口山姆．凱斯煎的牛排和馬鈴薯。我的妝髮都打理好了，再穿上前晚挑的象牙色真絲雪紡禮服。禮服是由新銳設計師吳季剛幫我量身訂製，單肩上繡著朵朵精美的烏干紗花，每朵花中心鑲著水晶，還有飄逸的長裙垂落及地。

我生平穿過的禮服少之又少，但吳季剛的創作卻施展了神奇的魔法，就在我以為自己已無驚豔之處時，他的設計卻讓我再度呈現柔和、美麗又開放的一面。我們一家人如夢似幻的蛻變、整個體驗帶來的期盼，都因為這件禮服而浮上心頭，讓我即使無法在舞會上變成真正的公主，也能成為步入另一人生階段的女人。如今，巴拉克是美國總統，我是美國第一夫人，是該好好慶祝了。

當天晚上，我和巴拉克首先出席了「睦鄰舞會」（Neighborhood Ball），這是史上首場廣為開放一般民眾免費或低價參與的就職舞會，碧昂絲本人以驚為天人的渾厚嗓音，獻唱了R & B經典〈終於〉（*At Last*），這也是我們事先挑好的「第一支舞」指定曲。接著，我們依序前往「家鄉州舞會」（Home States Ball）、「三軍統帥舞會」（Commander in Chief Ball）、「青年舞會」（Youth Ball）與其他六場舞會，待在每一場的時間都不長，流程也大同小異：樂隊演奏〈向統帥致敬〉（*Hail to the Chief*），巴拉克簡短致詞，我們夫婦向來賓微笑致意，所有人站著看我們再次隨著〈終於〉慢舞。

每次在舞池上，我都環抱著我先生，兩人眼神交會總讓我感到平靜。我們依然是二十年前玩著翹翹板、性格互補的情侶，依然對彼此有著深情不渝的愛，這點我絕對願意大方展現。

然而，隨著時間愈來愈晚，我覺得整個人開始要垮了。當晚最精彩的環節，理應是壓軸的白宮私人派對，專門給我們的兩百位好友同歡。到了這個場合，我們才終於可以放鬆心情、喝點香檳，不必擔心個人形象，我也等不及要把鞋子脫掉。

等我們抵達白宮時，已接近凌晨兩點。我和巴拉克踩在通往東廳的大理石地板，發覺派對正如火如荼地進行，全場都喝得十分起勁，許多穿著講究的朋友正在閃爍的吊燈下搖擺身子。而在後頭小舞台上，溫頓．馬沙利斯（Wynton Marsalis）正跟樂團演奏著爵士。我人生各個時期的朋友幾乎都來了：普林斯頓的朋友、哈佛的朋友、芝加哥的朋友，以及眾多羅賓森和希爾茲家族的親戚。我好想跟這些人一起大笑，然後說：「哇咧，我們到底怎麼會全都跑來這裡啊？」

但我真的受不了了，已撐到最後極限，同時想到隔天早上，其實就在不到幾小時後，我們得參加全國禱告晨會（National Prayer Service），要站著歡迎兩百名參觀白宮的民眾。巴拉克看著我，讀出我的心思。「妳不用勉強自己，」他說：「沒關係的。」

派對賓客眼下正往這裡移動，熱切地想找我攀談，一下是某位捐款人，一下又是某大市長。「蜜雪兒！蜜雪兒！」大夥叫喊著。我累到以為自己要哭出來了。

巴拉克跨過了門檻，立刻被吸進了東廳。我瞬間在原地定格，轉身就逃離現場。我甚至沒力氣以第一夫人的身分說個藉口，或是朝朋友揮手致意了。快步走在厚厚的紅地毯上，我無視身後緊緊跟著的隨扈、無視周遭的一切，找到前往官邸的電梯就直接搭了——走進不熟悉的長廊、踏入不熟悉的房間，脫掉鞋子和禮服，躺進那張陌生的新床上。

20

常常有人問我住在白宮裡是什麼感覺。我有時會說，有點像我對高級飯店的想像，只不過這家高級飯店除了自己家人，沒有其他客人入住，到處都擺著鮮花，幾乎每天都會送來一批。建築本身感覺歷史悠久，也有點讓人心生畏懼。四周是厚厚的牆壁，每片地板扎實無比，官邸內的任何聲音，似乎一下就會被吸走。所有窗戶都氣派高大，全部嵌著防彈玻璃，基於安全理由，窗戶必須隨時緊閉，白宮內顯得更加靜寂。室內永遠打掃得一塵不染。白宮內的員工包括侍者、廚師、管家、花藝師、畫師、水電技師等，進出時都又禮貌又安靜，盡量保持低調，會等你離開房間才悄悄進去更換毛巾，或在床頭小花瓶插上新鮮梔子花。

白宮的房間都很大，毫無例外，就連衛浴和衣櫃尺寸也是我前所未見。我和巴拉克為了讓每個房間有家的感覺，都先親自挑好家具，只是數量多得驚人。我們夫妻的臥房有一張特大雙人床，那是張美麗的四柱大床，上頭是麥色的布製垂簾，還有一座壁爐、一間小客廳，裡頭有張沙發、咖啡桌和兩張軟墊椅。官邸內有五間衛浴供我們五個人各自使用，更有十間多出來的衛浴。我除了有自己的衣櫃，旁邊還緊著寬敞的更衣間，也就是蘿拉・布希帶我看玫瑰花園景色的房間。久而久之，這裡成為我實質上的私人辦公室，可以安靜坐著讀書、工作、看電視，身穿T恤和運動褲，享受沒人盯著看的時光。

我很清楚，我們是受幸運之神眷顧才能住得如此舒適。官邸內光是這間主臥室的大小，就遠超越我小時候跟家人在歐幾里得大道的公寓。我的房門外掛著一幅莫內的畫作，飯廳則擺了一尊竇加的銅雕。我是芝加哥南區長大的小孩，如今自己的女兒卻睡在室內裝潢大師設計的房間，每天都可以請廚師特製想吃的早餐。

我只要偶爾想到這些，便不禁感到一陣暈眩。

我盡量用自己的方式，讓官邸的規定有些彈性。我跟白宮所有管家說，女兒每天早上要自己整理床鋪，維持以前在芝加哥的習慣。我也叮嚀瑪莉亞和莎夏要像以前一樣，對人親切有禮，除非真有需求或無法取得，否則盡量不要麻煩別人。但我也希望她們不要被官邸本身的拘謹束縛，所以都會說「沒問題，妳們可以在走廊玩」、「好啊，妳們去翻翻櫥櫃，看看有什麼零食」。令我欣慰的是，某天下午，外頭正下著大雪，我透過窗戶看到她們兩姊妹，利用廚房人員出借的塑膠盤，自行在南草坪玩起滑雪橇。

老實說，我和女兒都是這一切的配角，受惠於巴拉克享有的榮華生活——我們之所以重要，是因為彼此的幸福緊緊相依。我們受到保護的唯一理由，就是萬一家人的安全受到威脅，就會危及他的思考與領導統御能力。白宮的運作宗旨很明確：提升一個人的福祉、效率和整體能力——這個人就是總統。巴拉克現在隨扈的工作，就是把他當寶石看待。有時，這讓人覺得好像回到保守年代，全家都圍著男人的需求打轉，違背我希望女兒認知的常態。巴拉克也不習慣成為全國焦點，但無力改變動見觀瞻的現狀。

如今，巴拉克的個人郵件有大約五十人負責閱讀和回覆；他附近隨時有多架陸戰隊直升機待命，視需要載他到任何地方；他身邊還有一支六人小組，彙整好一本本厚厚的簡報手冊，讓他能掌握各項時事的最新發展，在通盤考量後做出決定；他還有廚師團隊，確保他飲食營養均衡，另有幾名採買人員為食材把關，會隱藏身分去不同商店買菜，而且從來不透露自己的工作。

自從我們兩人認識以來，巴拉克就不喜歡購物、煮菜或任何居家修繕工作。他也沒在地下室收藏電動工具，更不會做燉飯、剪籬笆來舒緩工作壓力。對他來說，沒有任何家務相關的煩惱根本求之不得，因為這樣他能把整副心思放在更大的煩惱上，而這類煩惱還真是不少。

我覺得最有趣的是，他現在有三名侍從武官，職責之一就是打點他的衣櫃，確保鞋子擦亮、襯衫熨好、運動服洗好摺好。白宮的生活跟我們之前的窩截然不同。

「妳看我現在多麼乾淨俐落，」巴拉克某天吃早餐時對我說，眼神滿是笑意，「看過我的衣櫃了沒？」

「看過啦，」我回以微笑：「全都不是你的功勞呀。」

✳

就職一個月內，巴拉克簽署了《莉莉．萊伯特公平工資法》（*Lilly Ledbetter Fair Pay Act*），保護員工在薪資上不會因為性別、種族或年齡等因素受到差別待遇；他下令禁止偵訊時使用刑求逼供，開始提出（但最後還是失敗）在一年內關閉關達那摩灣（Guantánamo Bay）監獄的計畫；他也徹底改革白宮職員與遊說團體來往的倫理規範；最重要的是，他成功說服國會通過大規模的經濟刺激方案，儘管沒任何一位共和黨眾議員投下贊成票。就我看來，他上任後勢如破竹，慢慢實現當初承諾的改變。

當上總統還有項額外的優點：他都準時回家吃晚餐。對我和女兒來說，這是跟美國總統一起住在白宮後，令人又驚又喜的轉變，不像以前住在芝加哥時，父親都在遙遠的參議院服務，常常得外出忙著競選公職。我們好不容易有爸爸陪在身邊了。巴拉克現在的生活比較規律，雖然一如往常，工作時數仍舊高得令人咋舌，但一到晚上六點半，他就會搭電梯上樓跟家人共進晚餐，只是吃完往往得立刻回橢圓辦公室工作。我母親偶爾也會一起吃晚餐，不過她已有了固定的生活模式：早上會下樓打招呼，陪瑪莉亞和莎夏上學，但晚上多半選擇獨自在樓上吃飯，待在她房間旁的日光房，邊吃邊看益智競賽節目《危險邊緣》（*Jeopardy!*）。即使我們邀請她坐下來，她通常會擺擺手說：「你們需要自己的時間啦。」

住進白宮的頭幾個月，我總覺得大小事都需要操心。我最早學到的教訓之一，就是住在白宮其實相對昂貴。儘管住在官邸不必支付租金、水電費或人事費，我們仍然要負擔其他的生活開銷，尤其當一切都比照高檔飯店的品質，這類開銷似乎增加得很快。每個月，我們會收到一張帳單，羅列每項食品和每捲衛生紙的價格。我們也要替每位來此過夜或用餐的客人買單。另外，由於廚師都是米其林等級，又急欲討總統歡心，我不得不留意送上桌的菜色。只要巴拉克不經意提到早餐的某樣異國水果好吃，或是晚餐的某個壽司很美味，廚房員工就會記下來，固定輪流出那幾道菜。往往是後來收到帳單一看，我們才發覺有些食材是花大錢空運來的。

不過，那幾個月我主要是為瑪莉亞和莎夏操心。我密切觀察她們的情緒起伏，不時詢問她們的心情，以及跟其他孩子的互動。每次她們說交到新朋友，我都盡力不要過度反應，但內心其實雀躍不已。如今我也明白，安排女兒朋友來家裡玩，不再是簡單的事，但也慢慢摸索出一套作法。

我雖然可以使用個人黑莓機，但幕僚建議我把聯絡人限制在十個最親近的朋友——這些人都別無所求地給予我愛與支持。我對外的通聯大都由梅麗莎居中協調，她如今是我的副幕僚長，比任何人都熟悉我生活的整體樣貌，有時比我自己還瞭解。她掌握了我所有的表親與大學朋友，對外都是提供她的電話、電郵地址，一切邀約都得先過她那關。部分原因是，許多舊識和遠親不知從哪裡冒出來，邀約也如洪水般湧入。可以請巴拉克到某某某的畢業典禮致詞嗎？可以請我到某某某的非營利組織演講嗎？我們夫妻可以出席某場派對或募款活動嗎？大部分其實都出於善意，但數量實在多到我應接不暇。

至於兩個女兒每天的生活，通常得交給年輕助理協助運籌細節。我的團隊會提早跟席德威學校老師與行政人員開會，記下學校活動的重要日期、敲定媒體採訪流程，以及回答老師的提問，像是教室中出現政治話題或當天新聞，應該如何妥善處理。隨著女兒們社交活動延伸至校外，我的貼身助理（政治術語稱作「隨侍」）成了聯絡人，蒐集其他父母的電話號碼，安排玩伴邀約的接送事宜。我依然保持在芝加哥的習慣，會特地主動認識新朋友的家長，邀請幾位母親來家裡吃午餐，參加學校活動時介紹自己。坦白說，這些場合的互動有時難免尷尬。我知道有時新朋友會對我們夫妻有些既定看法，也許是從電視或媒體得到的印象，一時之間很難單純把我當成瑪莉亞或莎夏的母親。

有些事說明起來實在尷尬，譬如莎夏參加小茱莉亞的生日派對前，特勤局得先前往對方家安檢，任何家長或監護人載孩子到我們家玩之前，都必須提供自己的社會安全號碼。這些事尷尬歸尷尬，卻又是必要措施。雖然我不喜歡每次認識新朋友時，都得跨越這道奇怪的隔閡，但看到莎夏和瑪莉亞完全沒有這層拘束，也就放心了。學校朋友一旦抵達外交接待廳（Diplomatic Reception Room，我們習慣說「外廳」），她們兩人就會衝出去迎接，抓起朋友的手便有說有笑往裡頭跑。由此可見，孩子固然會在意面子，但頂多就是前幾分鐘，之後只想好好地玩。

⁂

我先前就已得知，自己得跟助理籌辦一連串的傳統派對和晚宴，最先到來的就是「州長舞會」（Governors' Ball），這是每年二月在東廳舉辦的正式晚宴。接著是一年一度的「復活節滾彩蛋」（Easter Egg Roll），這是源自於一八七八年的戶外親子同樂活動，通常會有數以千計的民眾共襄盛舉。另外，我也要出席表揚參眾議員配偶的春季午宴——類似我之前看到蘿拉・布希出席的場合，還記得她臉上掛著自在的微笑，同時還能跟每位來賓合照。

對我來說，這些社交活動有時讓我難以進行自認更有影響力的工作，但我也開始思考能透過哪些方式，增添不一樣的東西，或至少稍微把傳統玩出新意。大體上，我認為白宮的生活可以向前看，又不致失去固有的歷史與傳統。久而久之，我和巴拉克也朝這個方向努力，譬如在牆上掛起非裔美國藝術家較為抽象的作品、骨董之中混搭現代風格的家具；在橢圓辦公室，巴拉克將原來英國前首相邱吉爾（Winston Churchill）的頭像，換成馬丁・路德・金恩博士的頭像。我們也讓傳統上穿西裝打領結的白宮管家們，可以在沒有公開活動的日子輕鬆一點，因此提供了卡其褲搭配高爾夫球衫的選項。

我和巴拉克都想讓白宮變得更為民主，少一些菁英氣息，多一點自由開放。每當舉辦活動時，我希望一般民眾都能參與，而不僅限於西裝筆挺的人士。另外，我也希望能有更多小朋友參加，因為只要有他們出現，一切都變得更加美好。我打算擴大辦理復活節滾彩蛋的活動，除了國會議員與其他貴賓的兒女與孫子保障出席，還要增加市內學童和軍眷家屬的名額。最後，假如我要跟參眾兩院議員太太（為主）吃午餐，為何不順便邀請大家一起參與社區服務計畫呢？

我很清楚自己關心哪些議題，並不想當個打扮得漂漂亮亮的花瓶，專門出席派對和剪綵儀式。我希望執行的計畫都必須有明確目標，可以永久持續。而我決定展開的第一項任務，就是經營一座菜園。

我這輩子從來沒從事過園藝，但多虧山姆・凱斯與我們家致力改善飲食品質，我現在曉得草莓在六月時最為鮮美多汁、深色萵苣的養分最多、光靠烤箱就可輕鬆製作羽衣甘藍脆片。我看到女兒吃著豌豆沙拉和白花椰起司通心麵，才意識到以前我們對食物的認知，都來自食品產業盒裝、冷凍或其他方便的加工食品廣告，可能是透過卡通人物的電視廣告短曲播送，或運用巧妙的包裝鎖定匆匆買菜的忙碌父母。沒有人真的會幫新鮮健康的東西打廣告，像是一口咬下新鮮胡蘿蔔的爽脆聲，或現摘番茄無與倫比的鮮甜滋味。

針對上述問題，我的答案是在白宮種植蔬果，希望藉此達到拋磚引玉的效果。巴拉克的執政團隊推動平價醫療法案的同時，我打算用這座園子推廣健康生活的觀念。我把這項計畫當作試試水溫，有助於釐清自己身為第一夫人的能耐、找出新角色的定位。我把園子視為戶外教室，孩子可以來此學習種植作物的知識。表面上，菜園關乎自然又無關政治，拿著鏟子的夫人忙於園藝，既無害又天真——這也是巴拉克的西廂幕僚所樂見，他們無時無刻不在意「觀感」，擔心社會大眾對一切的看法。

但其實沒那麼簡單。我打算利用園子的工作，激發大眾展開營養相關的對話，帶起校園內與家長間的討論，期盼最終引導所有人關心食物的生產、標示、行銷和影響民眾健康的方式。

從白宮的層級談論這些議題，我其實是間接挑戰飲食業龍頭、質疑他們數十年來做生意的方法。

可是老實說，我真的不曉得成效會有多少，但既然山姆已加入白宮團隊，也依我指示籌備園子事宜，相信不久後就會得到答案了。

我頭幾個月抱持的樂觀態度，主要都被一件事給潑了冷水，那就是政治的現實。如今我們住在華府，近距離面對紅藍陣營醜陋的角力戰，多年來我極力避免去蹚這攤渾水，巴拉克卻選擇在裡頭努力。他現在當上了總統，這類角力可說是他的日常。就職典禮前數週，保守派廣播電台主持人林博（Rush Limbaugh）公然放話：「我只想看歐巴馬失敗。」我曾難過地看著國會的共和黨議員有著相同心態，百般阻撓巴拉克為了挽救經濟所做的努力，拒絕支持任何減稅政策、可以保住或創造數百萬份工作的措施。他就職總統的當天，根據部分統計數據，美國經濟崩盤的速度等於或超越當初經濟大蕭條開始的慘況；光是該年一月，就有將近七十五萬人丟了飯碗。儘管巴拉克競選期間一再主張兩黨間可以取得共識，以及美國人民本質上實屬團結而非分裂，共和黨卻在國家危難當前時，一心只想證明他錯了。

二月二十四日晚上，我滿腦子都在想這件事的同時，巴拉克正在國會聯席會議上發表演說。對於新任美國總統來說，這場在眾議院發表的演說形同國情咨文，通常會在電視黃金時段實況轉播，目的是闡述來年各項目標，舉凡最高法院所有大法官、內閣成員、軍方將領、五百餘位國會議員等高層悉數出席。這場演說傳統上展演性質濃厚，參眾議員公開表達對總統理念的看法，支持者會一次次起立鼓掌歡呼，反對者則默默坐著擺張臭臉。

當天晚上，我坐在樓上的看台座位區，左右分別坐著寫了感人信件給總統的十四歲少女，以及一位參與過伊拉克戰爭的慈祥老兵，我們都在等我先生抵達。從我的位子，幾乎能鳥瞰底下議院的全貌，這些領導美國的議員構成了特殊的景象：清一色都是身穿黑色西裝的白人男性。對於融合不同文化的現代國家來說，這明顯缺乏多元組成——老實說，真的太丟臉了。共和黨的情況最為嚴重；當時，整個國會只有七位非白人共和黨議員，沒有一位是非裔美國人，更只有一位女性議員。整體上，國會議員有五分之四都是男性。

幾分鐘後，眼前奇景迴盪起如雷聲響，在議事槌的敲打與糾儀長的號令下，全場議員隨之起立，連續鼓掌達五分多鐘，眾位民選首長左推右擠地就座。在這片混亂場面正中央，由一大批維安隨扈與一名倒退走的攝錄師包圍的人就是巴拉克。他滿臉微笑，忙著握手寒暄，緩慢朝著講台方向移動。

我在電視上看過多次相同盛況，但那些畢竟是其他總統的演說。眼前是自己的先生被人群簇擁，總統一職本身就已任重道遠，又要贏得過半國會支持才能推動改革，這些難關忽然間變得無比真實。

巴拉克那晚的演說鉅細靡遺、態度嚴肅，點明了當前經濟局勢嚴峻、伊拉克戰爭與阿富汗戰爭未歇、恐攻威脅不斷，以及許多美國人的怒火：政府居然祭出銀行紓困案，幫助金融危機的罪魁禍首。他的措詞謹慎，面對現實之餘又不失希望口吻，提醒聽眾美國人的韌性，以及撐過艱困時期的能力。

我在看台上觀看著，國會共和黨議員幾乎全程坐著，表情顯得倔強又憤怒，雙臂抱在胸前、刻意眉頭深鎖，活像鬧彆扭的孩子。我這才明白，無論巴拉克的作為是否有益於國家，他們都會極力反對到底，彷彿忘了帶我們走到這步田地的是共和黨總統。尤有甚者，他們似乎只想看巴拉克失敗。我必須承認在那一刻，看到眼前這幅景象，我真的很納悶未來是否還有出路。

✳

小時候，我對於美好生活的想像十分模糊。我每次去高爾姊妹家玩，都會羨慕她們享有寬敞的空間——其實就是一間獨棟的房子。我心想，假如我們家買得起好一點的車子，也許就會有些不一樣。我也不禁注意哪些朋友擁有的手環或芭比娃娃比我多，或哪些朋友都去購物中心買新衣服，而不是靠媽媽用巴特里克（Butterick）便宜布料縫製所有衣物。小時候，早在理解何謂價值和輕重前，我們就先學會用心中的一把尺衡量周遭事物。日後如果你運氣好，才會知道自己搞錯重點。

如今我們住在白宮，正龜速重拾起熟悉感，不是因為我習慣了寬敞房間或奢華的生活方式，而是因為這是家人休息、吃飯、歡笑和生活的地方。我們在女兒們的房間，擺放巴拉克出差各地帶回的小飾品，而且數量愈來愈多，像是給莎夏的玻璃雪球、送瑪莉亞的鑰匙圈等。我們針對官邸裝潢略微調整，譬如購置現代燈飾來搭配傳統吊燈，或點香氛蠟燭增添家的感覺。我絕不會把當下的幸運或舒適視為理所當然，但我開始愈來愈喜歡這裡的人味。

就連我母親，原本還煩惱白宮會像博物館般拘謹，不久後卻有始料未及的體悟。白宮許多員工跟我們沒太大不同，有些管家已在這裡工作多年，照料過不同第一家庭的起居。他們的沉穩自持讓我想起姑丈公泰瑞，住在以前歐幾里得大道老家的樓下，割雜草時都會穿著吊帶褲、腳踩雕花皮鞋。我希望跟員工互動時表示敬意與肯定，也想確保他們不覺得自己是隱形人。即使管家關心政治或有個人政黨傾向，也不會到處宣揚。他們懂得尊重我們的隱私，卻也常保親切和坦誠相待，我們也就愈來愈親近。他們的直覺敏銳，知道何時要給我空間，或何時可以跟我開開玩笑。通常，他們都在廚房亂聊自己喜愛的運動，或趁我在瀏覽晨間新聞頭條時，不時透露些員工間最新的八卦，或誇耀起自己孫子的成就。如果傍晚電視剛好轉播某場大學籃球比賽，巴拉克偶爾也會加入他們看一下子。莎夏和瑪莉亞漸漸愛上廚房的熱鬧氣氛，放學後不時溜進去做杯果昔或爆米花吃。許多員工對我母親特別有好感，都會去樓上日光房跟她聊個兩句。

我花了好一段時間才認出不同白宮接線生的聲音，他們早上打電話來叫我起床，或幫我轉接樓下的東廂辦公室。但過沒多久，我也跟他們熟稔了，可能聊聊最近的天氣，我也會自嘲每次出席正式場合前，都得比巴拉克早幾小時醒來做頭髮造型。諸如此類的互動通常來得快去得也快，但白宮的生活也因為這些小地方顯得稍微正常。

其中一名資深管家詹姆斯・蘭西（James Ramsey），是位白髮蒼蒼的非裔美國男性，從卡特政府以來就服務至今。他遞給我最新一期*Jet*雜誌時，臉上三不五時會掛著得意的微笑，開口說：「有我在，您可以高枕無憂，歐巴馬夫人。」

只要感受到人情溫暖，生活一定會更加美好。

✳

我每次在白宮內四處走動，都覺得我們的新家又大又氣派得誇張，直到後來四月時，我前往英國和女王陛下會面。

這是總統大選結束後，我和巴拉克首次海外出訪行程。我們搭乘空軍一號飛往倫敦，以便讓他出席二十國集團（G20）會議，與會者均是全球主要經濟體領袖。這場會議的時機十分關鍵。美國經濟危機在全球造成嚴重漣漪效應，導致各大金融市場陷入混亂。這場G20高峰會也是巴拉克首次以總統身分站上世界舞台。通常來說，上任後頭幾個月的首要任務就是收拾爛攤子，巴拉克得承受各國領袖的怨氣，他們認為美國錯失重要機會，未能管制肆無忌憚的銀行家，使得各國疲於應付金融災難。

我慢慢覺得莎夏和瑪莉亞對於學校的例行事務比較自在了，因此出國幾天就交給我母親全權負責女兒的生活，也曉得她立刻會放鬆我平時的管教，像是每天早睡、晚餐蔬菜要吃光等。我母親很享受當外婆的角色，尤其是可以推翻我一板一眼的規矩，改採較為寬鬆的風格，相較於我和克雷格小時候受到的管教，她現在可是放寬太多了。只要有外婆在家作主，兩個女兒就開心得不得了。

當時英國首相高登・布朗（Gordon Brown）主持G20高峰會，其中包括倫敦會議中心內一整天的經濟會議。但各國領袖凡是在倫敦出席官方活動，女王都會請眾人到白金漢宮，禮貌地打個招呼。由於美國和英國的關係密切，也許還加上我們初來乍到，因此我們夫妻受邀提早抵達，在大型招待會前單獨覲見女王。

不用說，我完全沒有會晤王室的經驗。根據瞭解，我只能向女王行屈膝禮或握手。我知道要稱呼她為「陛下」，而她的夫婿愛丁堡公爵暨菲立普親王則是「殿下」。除此之外，其他我一概不太清楚。我們的車隊穿越王宮入口高高的鐵門，經過護欄外的圍觀群眾，經過一大群守衛和御用法國號演奏家，穿越內部一座拱門，朝著中庭前進，王宮主人正站在外頭迎接我們。

白金漢宮才真的叫大，大到幾乎無法用言語形容。王宮共有七百七十五間廳房，整體比白宮大十五倍。接下來幾年，我和巴拉克有幸受邀，陸續再訪了幾回。後來幾次，我們都睡在王宮一樓的豪華套房，由身穿制服的男僕和侍女打理起居。我們還到宴會廳參加正式晚宴，使用鍍金的刀叉用餐。某次我們參加導覽，解說員提到「這是我們的藍廳」，朝著巨大無比的空間比了一下，簡直是白宮藍廳的五倍。女王的總管有天帶著我、我母親和兩個女兒到王宮玫瑰花園，裡頭是數千朵完美無瑕的盛開鮮花，總共占了將近一畝地之大。我們本來還頗為自豪，自己在橢圓辦公室外種出一些玫瑰花叢，眼下忽然有些相形失色。在我看來，白金漢宮嘆為觀止又超乎理解。

首次參訪時，我們在護送下來到女王私人宅邸會客室，女王與菲立普親王站著歡迎我們。當時，女王伊莉莎白二世已高齡八十二歲，身材嬌小優雅、笑容溫和，白髮由額頭往後梳，貴氣不凡。她身穿淡粉禮服，戴著一串珍珠，手臂掛著黑手提包。握手合照後，女王先客氣詢問我們是否有時差，然後便請我們坐下來聊。我不記得後來究竟聊了什麼，好像關於英國的當前經濟與局勢，以及巴拉克那陣子參加的各種會議。

任何正式安排會面難免有些尷尬，但就我的經驗，你需要有意識地硬撐過去。坐在女王旁邊，我得努力不去胡思亂想——別去在意擺設的華麗，還有面對活生生的偶像時所感到的僵硬。我先前看過女王陛下不下數十次了，只是都在歷史書籍上、電視上或貨幣上，但如今本人正專注地看著我詢問問題。她溫暖和氣又平易近人，我努力把她當成榜樣。女王是世上的精神象徵，也善於維持自我形象，但她跟我們一樣都是人。我立刻就喜歡上她了。

當天下午稍晚，我和巴拉克在王宮招待會上吃著開胃小點，跟其他G20領袖和配偶寒暄。我跟德國總理梅克爾（Angela Merkel）和法國總統薩科奇（Nicolas Sarkozy）聊了幾句，也認識沙烏地阿拉伯國王、阿根廷總統、日本首相和衣索比亞首相。我很努力記著這些領袖來自哪裡，以及他們的另一半是誰，盡量不說太多話以免口誤。整體來說，這是個既莊重又友好的場合，提醒了我即使是國家元首，也能聊聊自己孩子的事或開英國天氣的玩笑。

招待會到了尾聲，我轉頭發現伊莉莎白女王出現在我手肘邊，如此擁擠的藍廳，我們兩人忽然有機會獨處。她雙手戴著潔白的手套，跟幾小時前初見時同樣容光煥發，她抬頭對我投以微笑。

「妳真高耶。」她伸著脖子說。

「這個嘛，」我咯咯笑著說：「這雙鞋子讓我多了幾公分啦，不過我的確蠻高的。」女王隨之把視線往下移到我穿的那雙吉米周（Jimmy Choo）黑色高跟鞋，然後搖了搖頭。

「這些鞋子穿起來都不大舒服，對吧？」她邊說邊沮喪指著自己的黑色平底鞋。

我這才向女王坦承自己的腳好痛，她馬上說自己的腳也在痛。我們用相同的表情看著彼此，彷彿同時在說：「各國元首究竟要在這裡站到什麼時候啊？」這時她突然大笑起來，笑聲十分迷人。

暫時忘掉她有時會戴著鑽石王冠，以及我是搭總統專機來倫敦的事實，我們只不過是兩名疲累的女子，都飽受鞋子所擾。接著我直覺做出一個習慣動作，凡是遇到投緣的新朋友，我都會這麼表露真實的情感：我親暱地伸手攬住她的肩膀。

當時的我，渾然不覺自己犯下了禮節大忌：居然伸手觸碰英國女王。而我很快就會明白，這件事顯然**沒這麼簡單就結束**。我們的互動被攝影記者捕捉到了，成為接下來幾天內全球各地媒體報導的焦點，標題像是「有失分寸！」「蜜雪兒．歐巴馬竟敢摟女王！」這又喚起了競選時期的含沙射影，設法把我貼上舉止隨便、缺乏第一夫人風範的標籤，也確實讓我有點擔憂，心想我是否會損及巴拉克在海外所做的努力。但我努力對這些批評抱持平常心。就算我在白金漢宮舉止不妥，至少也屬於人之常情。我敢說女王也不介意，因為我搭她的肩時，她還主動靠過來，輕輕把一隻手擺在我的腰際。

隔天，巴拉克去參加馬拉松般的一連串經濟會議，我則去參觀一間女子學校。那是一間政府出資的市中心中學，位於伊斯林頓（Islington）區，距離不遠處就是一片社會住宅（council estates），也就是英國所謂的公宅。該校九百名學生中，超過九成都是黑人或少數族群，其中五分之一是移民或尋求庇護者的子女。我之所以想特別造訪，是因為這所組成多元的學校，儘管辦學資金有限，卻有優異學術表現。我也希望自己以第一夫人身分訪問任何地方時，能好好參觀一番，意思是不只是主管階層，還有機會認識真正住在那裡的人。海外出訪時，我比巴拉克擁有更多機會，可以避開事先安排的多邊會議和元首晤談，同時想方設法替一本正經的訪問，賦予一絲絲溫暖。我每趟海外行程都以此為目標，英國就是第一站。

不過，我卻沒料到內心可能湧起的情緒。當我踏入伊莉莎白蓋瑞特安德森學校（Elizabeth Garrett Anderson School）、隨著接待人員進到禮堂，眼前大約聚集了兩百名學生，他們會先欣賞同儕表演再聽我發表演說。這所學校的校名取自一位劃時代的醫師，她後來成為英國首位民選女市長。學校大樓本身並不特別，是一棟四四方方的磚造建築，位於一條不起眼的街上。但我一坐進台上的摺椅、開始欣賞表演，包括莎士比亞戲劇搬演、現代舞、惠妮．休斯頓的優美合唱曲，心裡受到某種撼動，彷彿掉進自己的過去。

你只要環顧禮堂裡的一張張臉孔，就會曉得儘管女孩們都很優秀，但她們得拚命努力才會有人看到。有些女孩戴著穆斯林頭巾（hijab）、有些女孩的母語不是英語、有些女孩有著深淺不一的棕皮膚。我曉得她們得對抗別人賦予的刻板印象，以及還沒自我定義就被貼上的許多標籤。她們要對抗窮困、性別和膚色伴隨的低存在感。她們必須努力找到自己的聲音，努力不被人小看，保有愈挫愈勇的精神。光是求學這件事，她們也不得不加倍認真。

但她們的表情充滿希望，如今我也是一樣。對我來說，這奇特的領悟來得不知不覺：她們就是以前的我，我就是她們可能的樣貌。我在這間學校感受到的充沛能量，無關乎重重困難，而是九百名女孩努力向上的力量。

表演結束後，我走到講桌前準備演說，幾乎壓抑不住內心情緒。我瞄著自己的講稿，但忽然連看都不想看了。我抬頭望著女孩們，直接開始說話，表示自己雖然從很遠的地方來，頂著美國第一夫人這個怪頭銜，但我其實跟她們很像，也是在勞工階級為主的社區長大，家境清寒但充滿關愛，而且我很早就明白，我要在學校尋找自己的定位——教育是件值得努力的事，會成為她們出社會的跳板。

此刻，我才當了兩個多月的第一夫人，有時被緊湊行程壓得喘不過氣，有時覺得自己缺乏應有的魅力，有時擔心女兒們能否適應，有時則不確定自己的使命。公眾人物生活的許多面向，都是要犧牲自己的隱私，言行舉止都代表國家，似乎用意就是要剝奪個人的身分。但如今對著這間學校的一群女孩發表演說，我有著完全不同又純粹的感受，過去的自己和這個新角色合而為一。**「妳們夠好嗎？當然，妳們每個人都很棒。」**我跟伊莉莎白蓋瑞特安德森學校的女孩們說，她們深深打動了我。我說她們都是珍貴的人才，因為她們本質如此。演講結束後，我直覺地擁抱了在場每一名我看到的女孩。

⁂

回到華盛頓，春天已然來臨。太陽愈來愈早升起，愈來愈晚落下。我看著南草坪的小坡逐漸變成一片茂盛的翠綠。從官邸的窗戶，我看得到坡腳噴泉周圍的朵朵紅色鬱金香和紫色葡萄風信子。過去兩個月以來，我和員工努力把當初經營菜園的想法化為現實，而這可不是簡單的事。一方面，我們得說服國家公園管理局（National Park Service）和白宮庭院管理部門，將世上數一數二著名的草坪挖掉一大片。這項提議起初遇到一些阻力，因為上回白宮有人種植花花草草，是幾十年前的第一夫人愛蓮娜・羅斯福（Eleanor Roosevelt）所開闢的勝利花園（Victory Garden），似乎沒人有興趣再自找麻煩。「他們覺得我們異想天開。」山姆・凱斯有次這麼跟我說。

不過，我們終究還是成功了。起初，我們只分配到網球場後方一小塊地，旁邊是個工具間。多虧山姆大力爭取，最後換來一片L型的土地，面積一千一百平方英尺，位於南草坪陽光充足的區域，附近就是橢圓辦公室，以及幫女兒們裝設沒多久的鞦韆架。我們與特勤局溝通後，確定整地過程不妨礙感應器或視線，避免影響他們的維安工作。我們事前也進行不少測試，以決定土壤養分是否足夠，並確保沒有鉛汞等有毒元素。

再來，我們就可以動工了。

我從歐洲回來幾天後，接待來自華盛頓西北部的班克洛夫雙語小學（Bancroft Elementary School）學生。數週前，我們才一起用鏟子和鋤頭翻了土；現在，同一群孩子回來幫我播種。我們的菜園離白宮南面圍籬不遠，外頭就是常有觀光客聚集欣賞白宮的熱鬧東街。我很高興這園子如今也成為其中一景。

至少，我那時希望有天會覺得一切值得。因為開始種菜後，一切都是未知數——究竟長不長得出東西。我們廣邀媒體前來報導，也找來白宮所有廚師幫忙，巴拉克的農業部長湯姆．威薩克（Tom Vilsack）也來了。我們請所有人密切關注這個菜園。現在，我們只需等結果出現。

「說真的，」當天早上還沒半個人抵達前，我跟山姆說，「這最好要成功啊。」

當天，我跟一群五年級學生跪在地上，小心翼翼種下幼苗，拍實脆弱植莖旁的泥土。之前在歐洲出訪，我穿的任何衣服都被媒體大作文章（我穿了開襟毛衣會見女王，這跟摟她的肩幾乎同樣離譜），如今我終於可以鬆口氣，穿著輕便夾克和居家長褲，雙膝跪在泥土裡種菜。小朋友問了我好多問題，有些關於蔬菜的知識與手邊的工作，但也有「總統在哪裡？」「他怎麼不來幫忙？」之類的問題。不過，他們的注意力很快就不在我身上，轉移到園藝手套合不合手，還有土裡找到的蟲蟲等。我很愛跟小朋友相處。我在白宮的這些年，他們的陪伴總是帶來精神上的寬慰，讓我暫時放下第一夫人的各種煩惱，以及怕被不斷打量的侷促。小朋友讓我能做回自己。在他們眼中，我不是備受矚目的人物，只是長得有點高的親切阿姨。

那天早上，我們種了萵苣、菠菜、茴香和綠花椰菜，還有胡蘿蔔、甘藍葉菜、洋蔥和豌豆，也種了莓果和各式各樣的香草。哪些會長出來呢？我不知道，正如我不確定我們一家之後在白宮的日子會如何，也不曉得美國的前途或身邊這群可愛孩子的未來。我們只能把信念灌注於行動內，相信只要有陽光、雨水和時間，總會有不錯的成果破土而出。

21

五月底某個週六晚上，巴拉克帶我出去約會。就任總統四個月以來，他每天都努力想辦法兌現競選期間給選民的各項承諾。如今，他終於要兌現給我的承諾。我們要前往紐約共進晚餐，再看場表演。

在芝加哥那些年，我們約會的晚上是每週神聖的行程，這是我們融入生活的享受，無論如何都會加以保護。我喜歡在燈光昏暗的餐廳中，隔著小桌跟我先生聊天；過去如此，我期盼未來也如此。巴拉克很懂得傾聽，耐心又體貼，我愛他笑時頭往後仰的模樣，也愛他眼神的輕柔與內心的善良。我們一起喝點小酒、不慌不忙吃頓飯，向來都能帶我們回到交往的起點，回到當初炎熱的夏天，兩人間一切都帶著火花。

我為了這趟紐約行盛裝打扮，套上黑色雞尾酒會禮服、塗上唇膏、盤好優雅髮型。想到難得可以偷閒跟先生獨處，我不禁興奮得心跳加速。過去這幾個月，我們舉辦一場又一場晚宴，也結伴去甘迺迪藝術中心（Kennedy Center）看表演，但都是以正式身分出席，又有一大堆人在場。今天晚上才能真正放鬆。

巴拉克穿上黑色西裝，但未打領帶。傍晚時分，我們給了女兒們和我母親晚安吻，便手牽手穿越南草坪，搭上總統專用直升機「陸戰隊一號」，飛往安德魯斯空軍基地，接著換搭小架空軍專機到甘迺迪機場，再搭直升機降落於曼哈頓。我們的移動都經過排程團隊與特勤局縝密規畫，一切以效率和安全至上。

巴拉克曉得我喜歡在地的食材，（在山姆．凱斯的協助下）挑了間華盛頓廣場公園旁的隱祕小餐館，名叫「藍丘」（Blue Hill）。車隊從曼哈頓下城停機坪前往格林威治村（Greenwich Village），就在快抵達目的地時，我發覺警車車燈被用來封住交叉路口，心頭湧上一陣內疚，只因為我們夫妻出現，就擾亂了週六晚上的車流。紐約總是能喚醒我的敬畏，這座偌大又忙碌的城市，任誰都會感到渺小。還記得數十年前，跟普林斯頓恩師潔妮首次造訪紐約，我完全是大開眼界。我知道，巴拉克的感受更為深刻。多年前他就讀哥倫比亞時，正是紐約的奔放與多元餵養他的智識與眼界。

到了餐廳，我們由侍者帶位到隱蔽角落的一張桌子，周圍的客人盡量不盯著我們瞧，但所有人都曉得我們來了。凡是比我們晚進餐廳的客人，都被特勤小組用磁測棒搜身檢查，檢查通常一下就結束，但依然會造成不便。我再度感到內疚。

我們點了杯馬丁尼，聊著無關痛癢的話題。雖然我們夫妻分別當了四個月的美國總統和第一夫人，卻仍然在努力「改裝」自己——設法讓公私身分不致衝突，同時思考這項轉變對兩人婚姻的意義。這些日子以來，巴拉克生活涉及的複雜層面，幾乎都會影響到我，意味著我們本來有許多共同事務可以討論，諸如他的團隊決定要安排海外出訪，卻剛好碰上女兒放暑假，或我的幕僚長在西廂開晨會時，是否真的有人專心在聽——不過我通常會避免此類話題，不只今天晚上，每晚都是如此。如果我對白宮西廂事務有意見，基本上都由我的幕僚轉達巴拉克的幕僚，盡量不讓公事占用我們的私人時間。

有時，巴拉克也想聊聊工作，只是多半會刻意避開。他的工作實在太艱鉅了，充斥許多的巨大挑戰，往往讓人覺得難以招架：通用汽車（General Motors）再過幾天就要申請破產；北韓才剛執行了核子試爆；巴拉克不久後要前往埃及發表重要演說，向世界各地的穆斯林表達善意。他身邊似乎不斷有大事發生。每次有老朋友來白宮拜訪，都會覺得彼此的聊天很好笑，因為我和巴拉克老愛問他們的工作、孩子、休閒等生活瑣碎小事，不太想談論自己錯綜複雜的新身分，而比較好奇老家那邊的八卦和近況。由此可見，我們夫妻倆都很渴望窺見一般人的日常。

當晚在紐約，我們伴著燭光吃吃喝喝、談天說地，沉浸於偷溜出來玩的假象。白宮是既漂亮又舒適的地方，有點像偽裝成住家的堡壘，而從維安特勤人員的觀點來看，最理想的情況，也許就是我們不要離開白宮半步。即使在白宮裡頭，負責保護我們的隨扈，也最高興看到我們捨棄樓梯、選擇電梯，以降低不慎跌倒的風險。如果我和巴拉克在布萊爾宮（Blair House）開會，明明只要穿越賓州大道上已封閉的一小段，特勤人員有時仍會要我們出動車隊，不要拋頭露面走在街上。我們雖然尊重特勤局的警戒心態，但有時也感覺這是種囚禁。我有時也很難取捨，想在個人需求和他人方便之間，拿捏適當的平衡。如果我們家有人想踏入杜魯門陽台

（Truman Balcony）——俯瞰南草坪的半彎狀漂亮露台，也是我們在白宮唯一的半私人室外空間——需要先通知特勤局，好讓他們封閉東街上看得到陽台的路段，還要請門外日夜聚集的大批觀光客離開。我有好多次都想出去坐在陽台上，只因為我有室外喝杯茶的興致，但常常念頭一轉，意識到自己會勞師動眾，又會打擾許多度假的人群而作罷。

由於我們的一舉一動備受控管，我和巴拉克每天走的步數隨之驟減。因此，我們變得大幅仰賴官邸頂樓的小健身房。巴拉克每天用跑步機跑一小時，消耗他平時過剩的體力；我則是每天早上健身，通常會有柯內爾（Cornell）在旁指導。他是我們夫妻在芝加哥的教練，如今為了我們方便，部分時間住在華盛頓，每週會來白宮數次，幫我們安排增強訓練和重量訓練。

姑且不論國家大事，我和巴拉克從來就不缺話題可聊。那天晚餐，我們邊吃邊聊瑪莉亞的長笛課，還有莎夏持續愛著她那條破損脫線的「被被」，晚上一定得披在頭上才肯乖乖睡覺。後來我提到一件很好笑的事：前幾天有個化妝師想在拍定裝照前，幫我母親裝上假睫毛，試了半天卻怎麼都裝不上去。如我所料，巴拉克笑得頭往後仰。我們家中多了個逗趣的小小新成員：七個月大、調皮搗蛋的葡萄牙水犬，我們把牠取名為「波波」（Bo），是參議員泰德・甘迺迪（Ted Kennedy）送的禮物，也是實現我們在競選期間對女兒們所做的承諾。她們喜歡在南草坪跟波波玩捉迷藏，躲在樹後喊牠的名字，看牠在草皮上小快步奔跑，到處跟著主人的聲音。全家人都很愛波波。

我們吃完了晚餐、站起來要離開時，四周客人居然起立鼓掌，讓我實在覺得受寵若驚又毫無必要，說不定有些人很高興見到我們離開。

我和巴拉克出現就是個麻煩，直接打亂任何日常規律，這是不得不承認的事實。當車隊載著我們沿著第六大道前往時代廣場（Times Square），這層感受更是強烈：早在幾小前，警方就清空了劇院前面整個街區，同場看劇的民眾得排隊通過平時沒有的金屬探測器，演員也因為安檢得多等四十五分鐘才能開始。

這齣劇一開演就精彩萬分，導演是奧古斯特．威爾森（August Wilson），故事發生在大遷徙（Great Migration）期間一家匹茲堡旅店。當時，數百萬非裔美國人從南方湧入中西部，我父母雙方的親戚就是如此。我坐在黑暗中，身旁有巴拉克陪伴，受劇情吸引的同時也有些感動。在短短的時間內，我可以專心觀賞台上的表演，享受沒有工作纏身、來到外頭世界的滿足感。

當天深夜，我們夫妻飛回華盛頓路上，我就已曉得要等好長一段時間，才會再有這麼難得的機會了。巴拉克的政敵會大力抨擊他帶我到紐約看表演的舉動。而我們還沒回到家，共和黨就會發布新聞稿，批評我們的約會過於奢華、浪費納稅人的錢，接著此事會成為有線電視新聞激辯的焦點。巴拉克的團隊會重申重點，要我們更留心政治情勢，這更加深了我的內疚感：難得偷到片刻跟先生獨處，卻感覺十分自私。

但這還不是癥結點，畢竟批評人士始終會大作文章，共和黨絕對不會手下留情，我們永遠都要考慮社會觀感。

我和巴拉克的晚餐約會，好像檢驗了一項理論，證實了我們猜想已久的甘與苦。甘甜的部分是，我們真的**可以**離開白宮、共度浪漫夜晚，如同多年前我們的習慣，那時他的政治生涯尚未占據生活。身為「第一夫妻」，我們可以維持親密感，在兩人都喜愛的城市，好好享受一餐和表演。苦澀之處在於，我們被迫看到這項選擇背後的自私，以及明白維安團隊和當地警方得先進行數小時會議，而對於白宮員工、劇院、餐廳侍者、無法走第六大道的車主、街上部署的警力，都是額外工作。這是我們如今得承擔的沉重現實；凡是想要輕鬆，都會勞師動眾，造成不便。

✳

從杜魯門陽台，我看得到草坪西南角落逐漸成形的菜園。對我來說，這幅景象實在令人欣慰——儼然是座迷你伊甸園，裡頭有攀緣向上的幼鬚、長到一半的新苗、剛露出頭的胡蘿蔔和大蔥、濃密青翠的菠菜田，邊緣盛開著鮮豔紅黃花朵。真的有作物長出來了。

六月底，原來那群班克洛夫小學的菜園小幫手，回來跟我一起迎接首次收割，跪在泥土中剝下萵苣、拔下豌豆莢。這次，他們還有小狗波波作伴。波波自己就很愛菜園，繞著樹木跑啊跳啊，然後在苗圃間肚子朝天曬起太陽。

當天收成後，山姆和孩子們在廚房用現摘萵苣和豌豆做沙拉，供我們後來配著烤雞享用，飯後吃著杯子蛋糕，上頭是菜園採來的新鮮莓果。十週內，菜園就生產了超過九十磅的農作物——只花了約兩百美元買種子和覆土物。

菜園很受大家歡迎，種的蔬果有益健康，但我也清楚對有些人來說，光是種菜並不足夠。我明白外界對我會有某種期待，尤其是女性同胞，也許職業婦女更是如此。她們很想知道，我是否會揚棄自己的教育背景和管理經驗，屈就於既定的第一夫人樣板，只關心茶葉和布料等話題。許多人似乎都擔心，我無法展現真正的自己。

我知道不管自己選擇做什麼，都不可能取悅每個人。總統大選教會了我一件事：我的舉手投足和臉上表情，都會被十幾種方式給解讀，不是咄咄逼人、脾氣很差，就是由於推廣菜園和健康飲食，缺乏某種不妥協的態度，因此讓女權人士大失所望。巴拉克當選前幾個月，我在接受雜誌訪問時，提到如果真的入主白宮，我的重心會持續擺在扮演「媽媽總司令」的角色。我只是隨口說說，沒想到這個詞廣為流傳，新聞媒體更是加倍放送。部分美國人感覺欣然同意，明白養育孩子所需的組織能力與決心；但也有部分美國人略感詫異，直覺認為我當了第一夫人後，只會陪女兒們做做手工玩具。

實際上，我打算跟以前一樣什麼都做，既從事有使命感的工作，也投注心力於孩子的教養。唯一的差別在於，現在有好多雙眼睛看著我。

我偏好默默進行的工作模式，至少一開始是如此。我希望按部就班擬定通盤計畫，等到有充足的信心呈現，再正式對外公開。正如我對團隊成員所說，我在選定議題時重深不重廣。有時，我覺得自己像是湖裡的天鵝，很清楚移動時要保時沉靜，但水面下的雙腿要不停划水。我們利用菜園引發了民眾的興趣與熱度，包括正面的新聞報導，以及如雪片般飛來的各地信件，在在證實我可以帶起對特定理念的討論。如今，我打算關注更重大的議題，推動更大型的解決方案。

巴拉克剛上任時，近三分之一的美國兒童有過重或肥胖的問題。過去三十年來，兒童肥胖率上升至原來的三倍，罹患高血壓和第二型糖尿病的兒童人數更是屢破紀錄。就連軍方高層都指出，肥胖是最常見的免役原因之一。

這項問題跟家庭生活各個方面息息相關，像是新鮮水果價格高昂，以及公立學校的運動休閒經費普遍遭到刪減。電視、電腦和電玩切割兒童的時間，而在部分社區，待在家中似乎比外出玩樂來得安全，我和克雷格小時候就是如此。在大城市裡生活機能不足的地區，許多住家附近連雜貨店都沒有；而在幅員遼闊的美國鄉村地區，消費者同樣難以買到新鮮蔬果。另一方面，餐廳供應的餐點份量愈來愈大，而兒童看卡通的同時，穀物麥片、微波食品和什麼都走巨無霸路線的廣告口號便深植內心。

然而，即使力圖改善食品制度的單一環節，都可能產生對外樹敵的連鎖效應。假如我向市面上鎖定兒童的含糖飲料宣戰，不但可能遭到大型飲料公司阻撓，也會遭到玉米農反對，因為許多甜味劑的原料都仰賴玉米。假如我試圖提倡更健康的學校營養午餐，就會惹到大型企業遊說團體，因為他們決定了小學生在自助餐廳吃到的菜色。多年來，公衛領域的專家和倡議人士，都不敵組織更為嚴密、資金更加充裕的飲食工業集團。美國學校午餐每年帶來六十億美元的商機。

儘管如此，我仍覺得這是推動改變的時機。我不會是率先或唯一關注這類議題的人。美國各地的健康飲食風潮方興未艾，各大城市的小農紛紛進行不同實驗。共和黨和民主黨都曾在州級或市級想解決這個問題，挹注資金於推廣健康生活、打造更多人行道和社區蔬果園，證明特定議題上可以不分黨派。

二〇〇九年，我率領團隊開始跟西廂政策幕僚合作，也與政府內外專家開會擬定計畫。我們決定把工作重點放在兒童上，畢竟要大人改變習慣很不容易，政治層面又難以執行。我們很肯定，只要努力幫兒童翻轉對食物的思維，從小培養運動習慣，成功的機會比較大。如果我們真心為孩子著想，誰會找麻煩呢？

那時，我的女兒剛好放暑假了。我每週固定會花三天處理第一夫人的事務，其餘時間全都留給家人。我沒有送女兒參加白天的營隊，而是自己籌辦「歐巴馬營」，邀請一些朋友進行在地小旅行，認識我們居住的地區。我們去了蒙地切羅（Monticello）[25]、維農山莊（Mount Vernon）[26]，探索仙納度谷（Shenandoah Valley）的洞穴。我們也到鑄幣印鈔局（Bureau of Engraving and Printing）看看美元的製作過程，還前往華盛頓東南區參觀弗雷德里克·道格拉斯

25 譯註：美國前總統哲斐遜的故居所在。

26 譯註：美國第一任總統華盛頓的故居所在。

（Frederick Douglass）故居，瞭解一名奴隸最終成為學者和英雄的故事。起初，我都要求兩個女兒要寫書面報告，摘要自己的學習心得，但她們最後抗議，我只好放棄這念頭。

我們盡量把小旅行安排在大清早或傍晚時分，這樣特勤局在我們抵達前清場或封閉區域時，不至於過度擾民。我知道，我們還是會造成麻煩，但巴拉克不在旁邊，至少麻煩稍微小一點。而且只要是關於女兒的事，我都會努力放下任何內疚感，只希望我們孩子跟其他孩子一樣，可以自由自在地活動。

上半年的某天，我跟特勤局人員起了爭執，主因是瑪莉亞臨時有群同學邀她一起去買冰淇淋。基於維安考量，她不能搭別家人的車，加上我和巴拉克每日行程滿檔，而且都是數週前就已安排，因此瑪莉亞得到的回答是，她必須等上一個小時，她的維安小隊隊長才能從郊區趕回來。當然，這害我得打電話一一道歉，耽誤了所有人的時間。

這正是我不希望讓女兒背負的壓力。我實在忍不住內心氣惱，因為這根本沒有道理可言。白宮每條走廊幾乎都有維安人員站崗，我只要往窗外望去，就看得到特勤局車輛停在圓形車道上。但不知為何，她居然不能光憑我口頭允許就去找朋友；只要她的維安隊長不在，就什麼事都做不了。

「家人不是這樣相處的，冰淇淋也不是這樣買的，」我說：「如果你要保護小朋友，你的行動就要跟小朋友同步。」我繼續說下去，堅決主張維安人員得修改規定，瑪莉亞和莎夏不必事先大費周章安排，就可以安全無虞離開白宮。對我來說，這也是一次小小的挑戰底限。如今，我和巴拉克早已放棄隨心所欲的奢望，坦然接受生活中已沒有衝動行事和心血來潮的餘裕。但為了女兒，我們會拚命爭取任何可能。

✳

巴拉克競選期間，許多人開始注意我的穿著，或應該說主要是媒體關注，導致時尚部落客也關注，掀起網路上各式各樣的評論。我不知道確切原因，也許是因為我長得高，而且不怕大膽圖案，而且情況看來就是如此。

當我腳踩平底鞋而非高跟鞋，就會有新聞報導；我的珍珠項鍊、腰帶、開襟毛衣、J. Crew店內現成的洋裝、為就職典禮勇於挑選的白禮服等，似乎都會引發一連串評論和立即回饋。巴拉克在國會聯席會議上發表演說時，我穿著無袖的茄色禮服，而拍攝正式白宮照片時，我身上是無袖的合身短洋裝；忽然間，我的手臂就成了各家新聞的頭條。二〇〇九年夏末，我們到大峽谷家族旅行，就被抨擊不成體統，因為媒體拍到我走下空軍一號時下半身穿著短褲（當時可是超過攝氏四十一度）。

對外界來說，我的穿著好像比我說的話更加重要。那次在倫敦，我在伊莉莎白蓋瑞特安德森學校演說時感動落淚，後來走下台時，才知道報導活動的記者向幕僚提的第一個問題是「她的衣服是誰設計的呀？」

這些事都很令人沮喪，但我努力把它們解讀為學習的契機，在別無選擇下，充分運用找得到的著力點。假如民眾翻閱雜誌主要想看我的穿著，我希望他們也會看到站在我身旁的軍眷，或讀到我對兒童健康的看法。巴拉克當選後不久，*Vogue*雜誌請我當下期封面人物，我的團隊內部展開辯論，思考當前國家經濟不振，這樣是否讓我顯得輕浮又有菁英色彩，但最後我們還是接受了邀約。凡是有非白人女性登上雜誌封面，都是值得關注的事。另外，我也堅持親挑自己的拍照服裝，穿了吳季剛和天才拉丁設計師納西索・羅德里格斯（Narciso Rodriguez）設計的禮服。

我對時尚雖略有瞭解，但知識十分粗淺。以往身為職業婦女，我真的忙到沒空花心思在穿著上。大選期間，我多半在芝加哥一間精品服飾店治裝，也有幸在那裡認識一位年輕的銷售專員，名叫梅瑞迪絲・庫普（Meredith Koop）。她從小在聖路易市長大，不但精明能幹，又熟悉不同設計師的風格，懂得把色彩和衣料玩出不同搭配。巴拉克當選總統後，我說服她搬到華盛頓當我的貼身助理暨服裝造型師。沒多久，她也成了我信賴的好姊妹。

每個月兩次，梅瑞迪絲會把好幾大架的衣服送進官邸更衣間，然後我們兩人會花上一兩個小時試穿，替未來幾週的行程挑選行頭。我的個人衣物和配件都要自己買單，但正式場合的高級訂製禮服則不必，這些都是設計師出借給我，事後會收藏至國家檔案館（National Archives），方符合白宮倫理守則。至於每次的穿著選擇，我盡量出其不意，避免有人把穿著跟特定意涵畫上等號。只是很難拿捏這個平衡：既要與眾不同，又不致蓋過他人，既要設法融入，又不可就此淡出。身為黑人女性，我知道自己穿得絢麗高貴會招致批評，穿得隨性自如也會引人非議。因此，我都走混搭路線，可能下身穿著麥可·寇斯（Michael Kors）的高級裙，上身搭配Gap買的T恤，或是前一天是塔吉特（Target）百貨的行頭，隔一天就換成黛安·馮芙絲汀寶（Diane von Furstenberg）的時裝。我希望大家多多關注、肯定美國設計師，尤其是剛嶄露頭角的新人，儘管有時這會惹到老牌設計師，像是奧斯卡·德拉倫塔（Oscar de la Renta），據說就因為我沒穿他設計的衣服而不太開心。對我來說，這些選擇只是運用大眾放在我身上的目光，增加不同新銳設計師的能見度。

在政治圈中，外界的觀感幾乎主導了一切，因此我所有打扮都會把觀感納入考量。這需要時間、心思和財力——遠超出我以前買衣服的錢。這也得麻煩梅瑞迪絲研究細節，海外出訪行程更需要費心。她經常花上數小時敲定我們挑選的設計師、顏色和風格，不致冒犯我們訪問的國家與人民。莎夏和瑪莉亞出席公開活動前，梅瑞迪絲也會替她們治裝，因而增加了整體開銷，但她們同樣會成為眾人焦點。有時，看到巴拉克從衣櫃中拿出同一套深黑西裝、連頭髮都不用梳就可以出門上班，我就忍不住深深嘆氣。他在公開場合的衣著考量，頂多是：穿不穿西裝外套？要不要打條領帶？

我和梅瑞迪絲都很小心，務必做好萬全準備。在更衣間中，每次穿上新禮服，我都會做深蹲和弓箭步、甩甩手臂，確定可以自由活動。凡是太綁手綁腳的衣服，我就擺回架上。在外出訪時，我會多帶幾套備用服裝，以免天氣和行程臨時有變，當然也要預防被紅酒濺到或拉鍊壞掉等噩夢發生。另外，我還學到一課：無論如何，務必要打包一套適合喪葬場合的服裝，因為巴拉克偶爾會臨時接到通知，需要出席軍人、參議員或國家元首的葬禮。

我除了愈來愈仰仗梅瑞迪絲，也愈來愈依賴講話如連珠炮、笑聲如雷的髮型師強尼・萊特（Johnny Wright），還有輕聲細語、一絲不苟的化妝師卡爾・雷伊（Carl Ray），這三位助理（我的團隊暱稱她們為「鐵三角」）給予我足夠信心每天出去拋頭露面。我們都很清楚，任何疏失都會引起一片訕笑和刻薄的評論。我以前從沒料到，自己居然會聘用助理維持個人形象，起初實在覺得很不自在。但我很快便發覺一條沒人提及的真理：現今，幾乎每位活在公領域的女性——政治人物也好，各界名流也罷——都需要自己的梅瑞迪絲、強尼和卡爾。這差不多是必備條件了，是因應我們社會雙重標準所內建的成本。

以往的第一夫人都如何克服妝髮和服裝難題呢？我不曉得。在白宮頭一年，我有好幾次拿起關於不同的前第一夫人的書或自傳，但每次卻又都把書給放下。我不太想知道我們之間究竟有何異同。

九月時，我與希拉蕊・柯林頓兩人在官邸飯廳吃了頓遲來的午餐。巴拉克當選總統後，任命希拉蕊為國務卿，我也有點驚訝。兩人放下初選選戰的傷痕，打造了正向的合作關係。她把話說得坦白，當初誤以為美國選民準備好接受做事積極的職業婦女當第一夫人。她在當阿肯色州第一夫人期間，不但繼續擔任律師事務所合夥人，更同時協助她先生改善當地的醫療與教育。她抱持著同樣的期盼與幹勁來到華盛頓貢獻一己之長，卻因為出任白宮醫療改革政策要角，而被毫不留情地嘲諷謾罵。這毋寧意味著一項清晰且殘酷的事實：選民選的是她先生，不是她。第一夫人在西廂沒有地位可言。如此看來，她太急著想做太多事了，硬生生地撞上一面牆。

我汲取了其他第一夫人的經驗，自己盡量處處留心，避免直接或過度干涉西廂政務，才不會撞到那面牆。我的團隊每日都要跟巴拉克的團隊溝通、交換意見、同步行程、檢視每項計畫。在我看來，總統幕僚有時會過度擔心外界觀感。數年後某次，我決定要剪個劉海，我的團隊成員便覺得需要先詢問巴拉克幕僚的意見，確定不會有任何問題。

由於經濟委靡不振，是故巴拉克的團隊老是在預防白宮給外界隨便或輕浮的印象，凡事都得考量到時局的嚴峻。有時，我實在難以認同。以往的經驗告訴我，即使生活過得再艱困，依然可以放聲大笑，遇到困頓時也許更應如此。特別是為了孩子，你得設法找到生活的樂趣。說到這點，我的團隊有一陣子跟巴拉克的媒體公關助理僵持不下，主因是我打算在白宮舉辦一場萬聖節的兒童派對。西廂辦公室——尤其是如今已是政府資深顧問的大衛．艾塞羅德與發言人羅伯特．吉布斯——認為此舉太招搖且太花錢，恐會讓巴拉克和民眾產生隔閡。他們表示「反正就是觀感不佳」。我無法同意這種說法，直言許多當地兒童與軍眷家屬都沒親眼看過白宮，替他們舉辦一場萬聖節派對，無疑是善用社交辦公室一小部分的娛樂活動預算。

艾塞羅德和吉伯斯始終沒完全答應，但後來也不再阻攔我們了。十月底，白宮草坪擺了顆重達一千磅的南瓜，我看了開心不已。一支骷髏組成的銅管樂隊演奏著爵士樂，還有一隻巨大的黑蜘蛛從北門廊垂吊而下。我站在白宮前面，打扮成一隻花豹，身穿黑長褲、斑點上衣，頭戴貓耳朵髮箍。巴拉克穿著沒啥特色的毛衣站在我旁邊，他在需要注意民眾觀感前，本來就對扮裝興趣缺缺（吉伯斯倒是很配合，打扮成黑武士達斯．維德〔Darth Vader〕，準備大玩特玩）。當晚，我們發出無數袋的餅乾和果乾，還有烙印著總統紋章的M&M's巧克力盒，草坪上有超過兩千名小公主、拿鐮刀的死神、海盜、超級英雄、鬼怪和足球選手東晃西晃地前來見我們。就我來說，如此觀感恰到好處。

✳

菜園一年四季都生產大量作物，教會我們各式各樣的知識。我們種出外觀蒼白又無味的甜瓜、撐過沖刷掉上層土壤的猛烈豪雨，還有許多鳥兒把我們的藍莓當點心、甲蟲則專挑黃瓜下手。每次只要種得有些不順遂，就得有勞吉姆．亞當斯（Jim Adams）這位國家公園管理局園藝師的指導，以及白宮庭院管理主任戴爾．漢尼（Dale Haney）的幫忙，我們才得以微幅調整，持續努力，享用菜園整體豐盛的作物。如今，我們在官邸的晚餐常常有南草坪種的綠花椰菜、胡蘿蔔和羽衣甘藍。我們開始把一部分的收成，捐給「米里安廚房」（Miriam's Kitchen）這家服務街友的當地非營利機構。我們也開始醃漬蔬菜，當成禮物送給來訪的友邦高層，還有剛蓋好的自家蜂巢採來的一罐罐蜂蜜。白宮員工上下都以菜園為榮，起初不看好的人很快也成為粉絲。對我來說，菜園單純、豐盛又健康，象徵了毅力與信念，既美好又蘊藏力量，更能帶給眾人歡樂。

過去幾個月來，我與東廂員工已跟兒童保健專家和倡議人士會談，希望他們幫忙研擬我們努力方向的主要架構。我們會提供更充分的資訊給父母，幫助他們替家人做出健康的選擇；我們會努力創辦更注重健康的學校；我們會讓營養的食物更容易取得；我們會想更多方法讓年輕人多多運動。由於深知推廣理念的方式至關重要，因此我找來史蒂芬妮．卡特（Stephanie Cutter）擔任顧問，協助山姆和喬瑟琳發展計畫內容，而我的媒體公關團隊負責替活動打造吸引目光的門面。同時，西廂辦公室擺明對我的盤算很不放心，怕我成為保母國度的化身，搖著手指管東管西，畢竟美國人才歷經極具爭議的銀行業與汽車業紓困案，對於任何政府干預都會格外警戒。

然而，我的目標是讓這件事延伸至政府之外。我想從希拉蕊分享的親身經驗汲取教訓，完全不插手巴拉克的政治事務，把心力著重於其他地方。每當跟汽水公司或學校午餐供應商的老闆打交道，我都認為不必從法規面出發，而是值得從人性面著手，設法相互合作，而非找碴對立。至於家庭真正的生活方式，我希望跟爸爸媽媽、尤其是孩子直接對談。

我沒興趣跟著政治圈的教條走，或出現在週日晨間新聞節目，而是選擇接受各家親子健康雜誌專訪；我也會在南草坪上搖呼拉圈，讓人看到運動可以很好玩；我還上《芝麻街》節目客串，跟大鳥和艾蒙一起討論蔬菜的話題。我只要在白宮菜園接受記者訪問，就會提到許多美國人在自家附近買不到新鮮農產品，再把話題帶到肥胖率攀升導致的醫療成本。我想獲得所有關鍵人士認同，以順利推展這項計畫，並預先因應可能的反對聲浪。有鑑於此，我們默默花了好幾週舉行會議，邀請相關企業、倡議團體和國會議員參與，同時進行焦點團體訪談，測試該計畫的品牌行銷手法，也借助公關專業人士無償指導，微調我們想傳達的核心思想。

二〇一〇年二月，我終於準備將個人願景公諸於世。在某個寒冷的週二下午，華盛頓特區仍在收拾史無前例的暴風雪造成的殘局，我站在白宮國宴廳的講台前，身邊圍繞著一群孩子、多位內閣部長、知名運動選手、市長，以及醫學、教育、食品產業大老，還有大批媒體記者，就是為了自信滿滿地宣布新計畫，名為「動起來！」（Let's Move!），唯一目標是：在一個世代內解決兒童肥胖問題。

對我來說，重點是我們並非在公告一堆不切實際的願望，而是真正努力推動相關工作。除了巴拉克已於當天稍早簽了備忘錄，針對兒童肥胖責成一支聯邦任務小組，三家學校營養午餐的主要供應商，也已宣布會減少餐點的鹽分、糖分和脂肪含量。美國飲料協會（The American Beverage Association）已承諾會更清楚標示成分。我們也請美國小兒科學會（American Academy of Pediatrics）呼籲醫生將身體質量指數（BMI）當作評估兒童健康的標準，我們更成功說服了迪士尼、NBC國家廣播公司和華納兄弟（Warner Bros.）播送公共服務廣告，同時投資製作特別節目，藉此鼓勵兒童採取健康的生活方式。另外，十二家不同職業運動聯盟主席也答應，會宣傳「每天玩六十分鐘」（60 Minutes of Play a Day）的活動，幫助兒童提升運動量。

而這一切只是開端。我們計畫把蔬果店引進那些稱作「食物沙漠」的都市和鄉村地區，力推食物包裝上標示更詳細的營養資訊，還有翻修老舊的食物金字塔指南，以符合最新營養研究結果。一路走來，凡是大幅影響兒童健康的議題，我們都會要求企業界為自己的決策負起責任。

我知道，想要達成上述種種目標，需要投入心力和組織動員，但這正是我喜歡的工作。我們挑戰的是一項巨大的議題，但現今的優勢是，我可以從巨大的平台展開行動。我逐漸明白，伴隨第一夫人而來的各種奇怪現象，包括突如其來的名氣、個人形象的關注、工作職責的模糊等，都可以好好集中整合，以實現真正的目標，讓我充滿動力。終於，我找到了充分展現自己的方式。

22

某個春日上午，我們夫妻和兩個女兒在官邸接到通知，說要全家人一起到樓下南草坪。一名素未謀面的男子站在車道上等著我們，臉上掛著友善的微笑、唇上蓄著花白鬍髭，讓他看起來莊重自持。他說自己名叫洛依德。

「總統先生、夫人，」他說，「我們在想，賢伉儷和兩位千金也許會想換個生活步調，所以安排了一個可愛動物區。」他露出大大的微笑，接著說：「以往第一家庭從來沒有參加過這類活動喔。」

男子朝他左方示意，我們的視線也跟著移過去：大約三十碼之外，一棵棵雪松的樹蔭下，有四隻很漂亮的大型貓科動物，分別是獅子、老虎、毛色發亮的黑豹，以及優雅修長、斑點滿滿的獵豹。從我站的位置，看不到任何圍欄或鐵鍊，似乎沒有任何東西隔離起來。我覺得這一切太詭異了，還真是截然不同的步調啊。

「謝謝你設想得這麼周到。」我說，努力讓語氣保持親切。「只是——洛依德對吧？——我好像沒看到圍欄之類的東西耶？這對小朋友來說不會有點危險嗎？」

「喔，當然當然，這點我們也考量過了，」洛依德說，「我們覺得，您一家子可能會喜歡自由不受拘束的動物，就像牠們在野外一樣。所以，我們把牠們全打了鎮靜劑，確保各位安全無虞，牠們不會傷害您的。」他擺了擺手，要我們放心。「去看看吧，靠近一點，很療癒喔！」

我和巴拉克牽起瑪莉亞和莎夏的手，慢慢穿越仍沾著露水的南草坪。這幾隻動物的體型比我想得還要巨大，模樣慵懶卻又結實，一面觀察我們接近，一面搖著尾巴。我從沒見過這幅景象：四頭大貓溫和排在一塊兒。我們靠近時，獅子稍稍動了一下。我看到黑豹的雙眼緊盯著我們，老虎的耳朵則略微下垂。忽然間，獵豹無預警地從樹蔭衝了出來，以驚人速度筆直奔向我們。

我瞬間驚慌起來，一把抓著莎夏的手臂，拔腿就往屋子的方向跑，不用想就知道巴拉克和瑪莉亞也有同樣反應。從身後的騷動聲判斷，我猜四頭大貓全都一躍起身，正追著我們跑。

洛依德站在門口，一副處變不驚的模樣。

「你不是說打了鎮靜劑嗎！」我喊著。

「別擔心，夫人，」他大聲回應，「我們準備了應變方案，專門處理這種情況！」他退到一旁，大批特勤人員從屋內湧出，手上似乎拿著麻醉槍。就在這時，我發覺莎夏從我緊握的手中掙脫了。

我立刻轉頭望向草坪，驚恐地看見家人正被野獸追趕，開著槍的特勤人員緊跟在後。

「這樣叫作應變方案？」我大叫，「**有沒有搞錯啊？**」

此刻，獵豹齜牙發出低吼，撲向莎夏，爪子全部張開，身體彷彿飛了起來。一位幹員馬上開了槍，雖沒打中獵豹，但嚇得牠歪了一邊，往小丘的方向跑。我瞬間鬆了一口氣，但接著就看到莎夏的右手臂上，插著一根白橘色的麻醉針。

我猛然從床上坐起來，心臟劇烈跳動，全身冒著冷汗，轉頭看身旁的先生，他正舒服地蜷著身子熟睡。原來，我剛做了超恐怖的噩夢。

✳

我一直覺得彷彿全家人在參與規模龐大的信任遊戲：時時都得閉上眼睛、往後倒下，相信後面的人會接住自己。我雖然對白宮內既有的支援機制很有信心，但依然缺乏安全感，從女兒們的安全到我大小行程的安排，幾乎全都掌握在他人手上——許多人至少比我年輕二十歲。自小於歐幾里得大道成長，我學會了自給自足才是王道，自己的事自己處理，但現在這似乎遙不可及，大小事都有人代勞。我出遠門前，員工會事先場勘路線、一分不差地計算交通時間、排進上廁所的休息時間；房務人員會來收換洗衣服；我不再需要自己開車、隨身攜帶現金或鑰匙；助理們幫我接電話、開會和草擬對外聲明。

這一切當然很棒又省事，讓我空出時間專注於心目中的要務。但身為重視細節的人，這偶爾會讓我覺得流於空泛，此時獅子和獵豹便開始於夢中潛伏。

另外，很多事也不可能事先準備，我們的日常充滿未知的變數。只要另一半是總統，很快就會明白世界處處充斥混亂、災難發生得猝不及防，可見與不可見的力量，隨時準備攪亂你內心的平靜。即時新聞總是難以忽略：海地發生大地震；路易斯安那外海鑽油平台下方五千英尺發生爆炸，相當於數百萬桶的原油外洩到墨西哥灣；埃及革命蠢蠢欲動；亞利桑那州超市停車場發生槍擊案，一名槍手射殺了六位民眾，還造成一位美國女性參議員重傷。

這些新聞都十分重大，與時事息息相關。每天早上，我固定閱讀助理寄來的新聞剪輯，巴拉克必須消化每則新聞事件，還要加以回應。他會因為自己掌控不了的事遭到指責、被要求解決遙遠國度的棘手難題，更得設法修補海底的油管漏洞。由此看來，他的工作是要從混亂的局勢理出頭緒，呈現處變不驚的領導能力──日復一日、年復一年。

我盡力不讓世界的紛亂不明衝擊第一夫人的日常工作，但有時卻躲也躲不掉。面臨動盪的時局，我和巴拉克如何自處就很重要。我們很清楚自己代表國家，無論發生任何悲劇、災難或恐慌，都有義務挺身而出。就我們兩人的理解，我們所扮演的角色部分是要成為理性、憐憫和穩定的模範。英國石油公司（BP）原油外漏事件堪稱美國史上最嚴重，而在終於成功圍堵漏油後，許多美國人仍舊十分恐慌，不敢回到墨西哥灣度假，重創當地經濟。因此，我們就前往佛羅里達州家庭旅行，巴拉克還帶莎夏下水游泳，發布給媒體一張兩人在浪中開心玩水的照片。這個舉動雖小，意義卻很大：「如果連他都相信水質的安全，你當然也可以相信。」

每當發生一件悲劇，我們夫妻專程前往某地，通常都是希望提醒美國人，不要太快略過他人的痛苦。我會盡量凸顯救援人員、教育工作者或社區志工的辛勞，這些人在艱難時期付出了更多心力。二〇一〇年海地大地震過後三個月，我和吉兒．拜登前往當地造訪。看到許多金字塔般的瓦礫堆，我整顆心揪在一起，因為那些曾是一座座的家園，數以萬計的人民，可能是母親、祖父或幼兒，就這樣被無情活埋。我們參觀一輛輛改裝過的巴士，當地畫家在這裡替無家可歸的兒童進行藝術治療。這些孩子雖然經歷過喪親之痛，但幸虧身旁有這些大人陪伴，才能懷抱著希望。

悲傷與韌性互依互存。身為第一夫人，我不只一次領悟此事，而是一而再、再而三地親眼見證。

我盡量撥空前往軍方醫院，探視療傷的士兵。還記得，我首次到距離華府不到十英里的沃特里德國家軍事醫學中心（Walter Reed National Military Medical Center）時，原本僅安排待在那裡約九十分鐘，但我前後總共待了約四小時。

對撤離伊拉克和阿富汗的負傷士兵來說，這家醫院通常是他們的第二站或第三站。許多軍人都在戰區做好檢傷分類，接著在德國蘭茲圖（Landstuhl）軍事醫療設施接受初步治療，再搭機返回美國。有些軍人只在沃特里德住院治療幾天，有些則一待就是好幾個月。這間醫院聘請了一流軍方外科醫師，也提供絕佳的復健服務，確保能照料在戰場上遭受嚴重創傷的士兵。好消息是，多虧當代裝甲技術的進步，如今美國軍人遇到炸彈爆炸，已不像過去那麼容易喪命。但壞消息則是，這兩場拖了近十年的海外戰爭，隨時都會發生突襲、隨處都有爆裂裝置，導致這類重大傷害不計其數。

儘管設法為生活中一切狀況做好準備，我在軍醫院和費雪之家（Fisher Houses）跟民眾的互動卻無從準備。費雪之家是同名慈善組織所創立，免費提供住宿給需照顧受傷士兵的軍眷子女。如前所述，我從小對於國軍所知甚少。雖然家父當過兩年兵，但早在我出生前就退伍了。巴拉克開始競選前，我都沒見過軍事基地內忙碌又有秩序的景象，以及士兵與家眷所住的簡樸制式住宅（tract homes）。對我來說，戰爭向來都是很可怕，但又顯得抽象，牽涉我無法想像的地貌，以及我不認識的人們。現在我明白，可以這樣其實是很幸福的事。

我抵達醫院時，通常會先跟護理長碰面、拿到一套隔離衣，且需按指示每次都要消毒雙手才能進病房。每次開門前，我會聽取關於該名受傷士兵的快速簡報；院方也會事先詢問每位患者，是否願意讓我進房探視。有些人會婉拒，也許是身體仍然虛弱或出於政治因素，但我都可以理解，畢竟最不希望自己成為負擔。

我探視每間病房的時間有長有短，端看該名士兵希望我待多久，而且每次都是私下談話，沒有媒體或員工在場觀看。病房內的氣氛有時嚴肅、有時輕鬆。有時因為看到牆上某幅布條或某張照片，我們就會討論起運動、各自的家鄉州或兒女，或他們在阿富汗的遭遇，有時也會聊到他們需要什麼、不需要什麼——他們經常跟我說，自己最不需要別人的同情。

有一次，我看到某間病房門口貼了一張紅色海報，上頭以黑色粗筆寫了一段話，似乎道盡了一切：

此致所有訪客：

如果你進來這間病房前，覺得心情沉重或可憐我受的傷，那就離開吧。我之所以有這些傷口，是因為從事我熱愛的工作，是為了我愛的家人朋友，是在保衛我深愛國家的自由。我這個人生命力強得很，絕對會完完全全康復。

這就是韌性，反映了國軍上上下下都看得到的自立自強與榮譽精神。某天，我陪著一位年紀輕輕就到海外服役的男士說話。他出發時好手好腳，留下懷有身孕的妻子，最後卻是四肢癱瘓地回來。我們聊天的當下，他們的寶寶——有著粉嫩臉蛋的小小新生兒——正裹在毯子裡，躺在他胸膛上。我還認識了一名單腿截肢的士兵，他問我一大堆關於特勤局的問題，興高采烈說自己曾希望退伍後能當特勤人員，但現在少了一條腿，他也只能另謀出路了。

另外，還有許許多多家屬。我向床邊的夫妻、父母、親友介紹自己，他們往往得把生活中的大小事擱下，才能抽空前來陪伴。有時，士兵們因施打高量鎮靜劑或睡得很沉，躺在床上動也不動，我只能跟旁邊的家屬聊天。他們都各自有著不同的辛苦：有些出身軍人世家，有些是年華正盛的少女，成為新娘不久先生就派駐海外——如今這些人的未來，瞬間就轉了個艱難的大彎。我早已數不清自己陪了多少位母親哭過，她們傷心欲絕，我們只能緊握彼此的手，默默流淚禱告。

軍旅生涯的殘酷令我深感渺小。活了大半輩子，在這些病房看到的堅韌與忠誠，真是前所未見。

某天，我在德州聖安東尼歐（San Antonio）探視一家軍醫院，發覺走廊上傳來一小陣騷動。護理師急忙地進出我正要走入的病房。「他就是要下床啊。」我聽到有人悄聲說。一走進去，我看到一位肩膀寬大、來自德州鄉下的年輕人，全身布滿傷口，而且多處嚴重灼傷。他看起來痛苦不堪，卻硬是拉開被子、拚命想把腳放在地板上。

我們過一下子才恍然明白他的動機：無論再怎麼疼痛，他都要站起來向三軍統帥的夫人敬禮。

✳

二〇一一年初，巴拉克提到了賓拉登。當時剛吃完晚餐，莎夏和瑪莉亞跑去寫功課，只剩我們夫妻待在官邸飯廳中。

「我們好像知道他的藏身處了，」巴拉克說，「可能會派人去除掉他，但一切都還不太確定。」

賓拉登是全球頭號通緝要犯，多年來的行蹤難以捉摸。巴拉克就職以來，首要任務之一就是逮捕或擊斃賓拉登。我知道這件事對於美國來說、對於多年來數千名抵抗蓋達組織（al-Qaeda）的官兵來說，尤其對九一一事件中痛失親友的家屬來說，都具有特別意義。

巴拉克語氣嚴肅，不難看出依然有很多問題尚待解決。各種變數帶給他沉重的壓力，但我不會傻到去追根究柢，或非要他交代清楚細節。工作上，我和他向來都會彼此交換意見。但我也知道，現在他身旁整天都有專業幕僚可供諮詢，時常得聽取極機密資訊。就我看來，他並不需要我的意見，國安事宜尤其如此。大致上，我只希望每當他陪著我和女兒，可以短暫得到喘息，儘管工作永遠近在咫尺；說穿了，我們的工作與生活真的只有一樓之隔。

巴拉克一直都把公私領域區分得很清楚，只要陪著家人，就能專注於當下、不被其他事情干擾，實在令人佩服。長期以來，隨著工作愈發忙碌繁雜，我們兩人培養出這樣的默契：需要畫清界線，需要保護隱私。晚餐話題不可以出現賓拉登，或利比亞的人道危機，或共和黨中的茶黨人士。我們有自己的孩子，孩子需要說話和成長的空間。凡是親子時光，天大的煩惱、緊急的要事全在瞬間被無視，才能把焦點放到生活瑣事上頭。我和巴拉克會在晚餐時分，坐著聆聽席德威校園內的趣聞，或瑪莉亞以瀕危動物為題的研究報告，彷彿這些是全世界最重要的事，因為確實至關重要，也值得受到重視。

儘管如此，就連我們用餐的同時，工作也在不斷堆積。通常都還沒吃完晚餐，我就可以看到巴拉克背後在飯廳門口走廊的小桌上，已擺了幕僚拿來的夜間簡報小冊。這是白宮的例行公事之一：每天晚上會送來兩本活頁夾，薄的那本給我，厚上許多又是皮封面的那本給巴拉克。活頁夾內是各自辦公室的文件，供我們當天晚上閱讀。

哄孩子上床睡覺後，巴拉克通常會拿著活頁夾前往條約廳，我則到更衣間內的小客廳，每晚或清晨花一兩個小時翻閱內容——通常是員工備忘錄、接下來的演說草稿、我推動的各項計畫待定項目。

在「動起來！」計畫執行一年後，我們逐漸看到成果。我們跟不同基金會和食品供應商合作，讓六千個沙拉吧進駐學校餐廳，也招募當地廚師協助學校供應健康又美味的餐點。全國零售業龍頭沃爾瑪（Walmart）也響應這項計畫，承諾減少食品內的糖分、鹽分和脂肪，同時降低農產品價格。我們也號召全國各地五百位市鎮首長，致力在當地對抗兒童肥胖問題。

最重要的是，我在二〇一〇年間，費盡心力敦促國會通過一項關於兒童營養的新法案，讓更多就讀公立學校的孩子吃到健康又高品質的食物，以及提升聯邦補助餐點的給付率。我平時樂於不愛插手政治事務和政策制定，但在這項議題上卻奮力一搏，十分願意親上火線努力。我花了好幾小時致電參眾議員，設法說服他們孩子應該要有更好的飲食。我也不厭其煩遊說巴拉克、他的幕僚和任何願意聆聽的人士。根據這項新法案規定，每天約莫四千三百萬份學校餐點中，需要提供更多新鮮蔬果、全穀類食品和低脂乳製品；另外，校園販賣機內的垃圾食物也得受到控管，同時編列經費給學校經營菜園，以及使用當地種植的農產品。對我來說，這是很容易理解的好事——從根本有效因應兒童肥胖問題。

巴拉克和幕僚團隊也很努力推動這項法案。共和黨在期中選舉贏得眾議院的多數席次後，這項法案成了他跟議員打交道的首要任務，因為他很快就不能大刀闊斧進行立法改革了。十二月初，就在新國會上任之前，該法案終於跨越了最後難關。十一天後，巴拉克正式簽署法案，我自豪地站在他身邊，周圍聚集著當地一間小學的學生。

「要是我沒讓這個法案過的話，」他對在場記者開起玩笑，「就要改去睡沙發了。」

如同經營菜園的精神，我這次也是想要埋下種子——培養一大群有志之士，共同為兒童的健康發聲。我認為自己主導的這項計畫，可以跟巴拉克制定的平價醫療法（旨在大幅增加所有美國人享有健保的機會）相輔相成。如今，我也開始投注心力推廣「力挺軍隊」（Joining Forces）運動，這次更與吉兒·拜登攜手推廣。她的兒子波伊最近才剛平安返國，結束在伊拉克的服役生涯。同樣地，這項運動也能輔助巴拉克身為三軍統帥的職責。

我和吉兒很清楚，對於美國軍人與眷屬所做的犧牲，我們不能表面上說句謝謝就算了，因此我們跟一群員工集思廣益，以期找出具體措施支持廣大軍眷、提升他們的能見度。那年稍早，巴拉克已率先展開行動，要求政府各機關另設辦法照顧軍眷。於此同時，我則主動聯絡國內最具影響力的大老闆，希望他們答應大幅增加退役軍人與眷屬的雇用比例。吉兒則設法取得大專院校承諾，提供講師與教授在職訓練，藉此更加理解軍眷子女需求。有些士兵返國後仍受心理創傷之苦，我們也希望消弭這類問題所伴隨的污名，打算遊說好萊塢的編劇與製作人，把軍旅故事納入電影和電視劇中。

處理這些問題一點都不簡單，但相較於我先生挑燈夜戰仍無解的難題，已算是沒那麼棘手了。自從我認識巴拉克以來，夜晚是他最能保持心無旁騖的時段。唯有在這安靜的幾小時內，他可以找到清晰的觀點，吸收新資訊，在內心巨大的地圖中加上資料節點。單單一個晚上，門房往往會來條約廳好幾次，遞送更多資料夾，裡頭有樓下辦公室加班員工整理好的文件。假如巴拉克覺得餓了，侍者就會送來一小盤無花果或堅果。他已戒掉抽菸的習慣了，這真是謝天謝地，只是常得嚼一片尼古丁口香糖。週間的晚上，他大都在辦公桌前待到凌晨一兩點，讀著備忘錄、修改講稿、回覆電子郵件，電視上則低音量播送著ESPN頻道。他會特地休息一下，給我和兩個女兒晚安吻。

我現在也已習慣了：他把自己奉獻給治國這件沒有終點的任務。多年來，巴拉克不只屬於我和兩個女兒，更屬於廣大的美國選民，現今數量超過三億人。每次讓他獨自待在條約廳工作到深夜，我有時會納悶，他們是否瞭解自己多麼幸運。

他晚上最後一件工作（通常已過了半夜），就是閱讀全國各地公民來信。自從上任以來，巴拉克便要求掌管通信的助理，每天從約一萬五千件湧入白宮的書信與電子郵件中，挑選十件夾在簡報手冊中。他細心讀著每封信，在信緣寫下回應，好讓幕僚可以據此回覆，或把特定的疑慮轉知相關的內閣官員。這些信件可能來自士兵、囚犯、付不出健保費的癌症病患、房子遭查封的民眾、希望合法結婚的同志、認為他在搞垮美國的共和黨成員，還有許許多多的母親、祖父和年紀尚小的孩子；寄件人可能感謝他所做的一切，也可能單純寫信來罵他愚蠢。

他把這些信全都認真讀完，視其為就職誓言的一部分。他的工作既辛苦又孤單——在我看來，大概是世界上最辛苦又最孤單的工作了——但他知道自己有義務保持開放、來者不拒。我們其他人正在熟睡時，他拆下所有藩籬，接納一切人事物。

＊

莎夏今年已滿十歲，每週一和週三傍晚，固定在白宮幾英里外的美國大學（American University）運動中心，參與泳隊練習。我偶爾會抽空去看她練泳，都神不知鬼不覺溜進泳池旁的小房間，這裡供父母可以坐著觀賞練習。

健身尖峰時段的運動中心人來人往，想在裡頭自由走動，毋寧是維安隨扈的一大難題，但他們的應變能力十分出色。我自己則練就了快走功夫，行經公共場所都會壓低目光，這也有助提升維安效率。我迅速經過忙著舉重的大學生、熱力四射的尊巴（Zumba）有氧課。有時似乎沒任何人注意到我，有時我會感到周圍出現騷動，但連頭都不需抬一下，就曉得自己引發的漣漪效應，民眾可能竊竊私語，偶爾才會有人大喊：「欸，那是蜜雪兒．歐巴馬耶！」但頂多就是暫時出現一陣騷動；我就好像一道鬼影，還沒等人看清楚就瞬間消失了。

泳隊團練的晚上，泳池邊的座位通常很空，只有零星幾位父母有一搭沒一搭的聊天，或是滑著手上的iPhone等候孩子。我會找個安靜的角落坐下來，專注看著女兒游泳的身手。

我很喜歡欣賞兩個女兒在各自的世界努力生活，不受到白宮或父母束縛，享受自己打造的空間與友誼。莎夏是游泳好手，熱愛蛙式，當前目標是精通蝶式。她戴著海軍藍泳帽，穿著連身泳衣，奮力游了好幾趟，偶爾停下來聽教練建議，休息時間愉快跟隊友聊著天。

對我來說，這些時刻能當旁觀者是莫大的欣慰。我可以靜靜坐著，不引起周圍人注意，見證一個奇蹟：這名女孩是我們的女兒，她蛻變成獨立又完整的人。我們硬把女兒們塞進陌生又緊湊的白宮生活，不知道究竟會有何衝擊，更不知道她們會有何收穫。我盡力讓女兒在外頭世界有正向的體驗，因為我知道自己和巴拉克擁有難得的機會，可以讓她們近距離觀看歷史。如果巴拉克到國外訪問期間，剛好碰上學校放長假，我們一家人就會同行，藉此帶來機會教育。二〇〇九年夏天，我們帶女兒一起出訪，行程包括參觀莫斯科克里姆林宮和羅馬梵蒂岡。在那七天內，她們見到俄羅斯總統、逛了萬神廟和羅馬競技場，還穿越了迦納的「不歸門」（Door of No Return），曾有數不清的非洲人被賣作奴隸，在此告別家鄉。

當然，她們一下子很難消化這麼多資訊，但我也漸漸瞭解，每個孩子會從各自觀點汲取不同的經驗。結束這趟盛夏之旅返國後，莎夏便升上三年級了。那年秋天，我參加了席德威的家長之夜，在教室裡看到一篇她寫的短文，標題為「我的暑假活動」，跟其他同學的作文掛在一面牆上。莎夏寫道：「我去羅馬玩，見到了教宗。他的拇指少了一截。」

我無法告訴你教宗本篤十六世拇指長什麼樣子，或是否真的少了一截。不過，我們帶著觀察敏銳、實事求是的八歲孩子遊歷羅馬、莫斯科和阿克拉（Acora），她卻帶回這項收穫。當時，她對於歷史的見解相當粗淺。

雖然我們盡量讓女兒們有些緩衝，避免接觸巴拉克工作上較為緊張的面向，但我知道莎夏和瑪莉亞仍要消化很多事。沒幾個孩子像她們一樣，得每天跟全球時事共處：家中發生的事三不五時就會變成新聞；她們的父親有時接獲通知，就得離開去處理國家大事；而且無論如何，總是會有民眾公開污辱他。對我來說，這就好比獅子和花豹在附近盯著你瞧。

二〇一一年整個冬天，我們不斷聽到許多消息指出：實境節目主持人暨紐約房地產大亨唐納・川普（Donald Trump）開始放話，表示有意在二〇一二年巴拉克出來爭取連任時，角逐共和黨總統候選人提名。當時看來，他多半只是流於放話，不時在有線電視節目上外行裝內行，滔滔不絕批評巴拉克的外交政策，還公開質疑他是否為美國公民。上次總統大選期間，這群所謂的「出生地質疑人士」（birther）試圖散播一項陰謀論，宣稱巴拉克的夏威夷出生證明實屬偽造，他真正的出生地應該是肯亞。如今，川普又積極想炒熱這項論點，變本加厲在電視上大放厥詞，主張巴拉克一九六一年於檀香山出生的證明文件造假，還說所有幼稚園同學都不記得他。於此同時，為了騙取點閱率和收視率，多家新聞媒體、尤其是偏保守的集團，樂於助長他這毫無根據的指控。

當然，整件事根本既離譜又惡劣，背後的偏狹和排外心態昭然若揭。但這也十分危險，刻意要挑起激進派瘋子的情緒。我害怕這反動會成真，因為三不五時，特勤局就會針對較嚴重的威脅向我進行簡報，我才明白真的有人會被煽動。雖然我盡量放寬心，但偶爾實在無法不煩惱。假如某個心智不穩的人拿了把槍、開車來華盛頓該怎麼辦？假如那個人的目標是我們的女兒呢？川普說話大聲又胡亂影射，危及我家人的安全。就這點而言，我絕對無法原諒他。

但我們別無選擇，只能強壓下恐懼，持續相信既有體制可保護我們，也持續好好生活。試圖把我們界定為「他者」的人，多年來一直如此。我們盡可能無視他們的謊言和曲解，相信我和巴拉克的生活方式，會讓別人看到我們的真實樣貌。自從巴拉克決定競選總統以來，我每天都打從心底擔憂我們的安全。以前在選舉造勢場合上，常有人這麼對我說：「我們都在祈求妳能平平安安。」不分族群、出身和年紀的民眾都說過類似的話，展現了美國人的善良和寬厚。「我們每天都幫妳和家人禱告喔。」

這些話我銘記在心，一直感受到數百萬人祈求我們平安的願力。我和巴拉克也會仰賴自己的信仰。我們現在不太上教堂了，主要因為這件事變得像看熱鬧，記者都會在我們進去禮拜時，大喊他們想問的問題。自從在巴拉克首次總統大選期間，傑瑞米．賴特牧師成了熱議的話題，自從對手企圖把信仰當成武器（暗指巴拉克是「祕密的穆斯林」）後，我們就決定要把信仰劃為私領域，只有在家才會實踐，包括每晚的飯前禱告，以及在白宮替女兒籌辦主日學校。我們沒有加入華盛頓的教會，不希望再有會眾遭到惡意中傷，落得跟我們在芝加哥的三一教會同樣的下場。但這依然是一種犧牲，像我就好想念教友們帶來的溫暖。每天晚上，我都會轉頭看看躺在床另一側的巴拉克，他往往都靜靜地閉眼禱告。

出生地謠言鬧得沸沸揚揚數月之後，在十一月某個週五晚上，一名男子把車停在憲法大道（Constitution Avenue）的封閉路段，手持半自動步槍，開窗朝外連續射擊，瞄準的是白宮頂樓，其中一發子彈擊中黃橢圓廳的一面窗戶，而我偶爾會坐在黃廳喝茶。另一發子彈卡在窗框裡，更多子彈是打到屋頂後彈開。我和巴拉克當晚剛好出門了，瑪莉亞也不在家，官邸只剩莎夏與我母親，但她們渾然不知也毫髮無傷。花了數週才換好該廳的防彈玻璃，在那段時間，我經常盯著子彈留下的深厚圓孔，深刻意識到我們其實有多麼脆弱。

大體來說，我瞭解最好不要太關注仇恨，或滿腦子都是危險，就算別人忍不住提及也一樣。瑪莉亞後來加入席德威的高中部網球隊，她們通常會在威斯康辛大道（Wisconsin Avenue）上的學校球場練習。某天她在球場時，另一名學生的母親走上前來，朝著球場邊繁忙的街道比畫兩下，開口問道：「妳在這裡不會害怕嗎？」

我的女兒逐漸長大，也逐漸懂得為自己發聲、以自己的方式畫清需要的界限。「如果阿姨問的是，我是不是每天都煩惱自己會死掉，」她盡可能保持禮貌地回答，「答案是沒有喔。」

兩年後，在學校辦給家長的活動上，那位母親特地前來找我，給我一封感人的道歉信，表示她當下就察覺自己的疏忽——把擔憂加諸於無能為力的孩子身上。她的心思如此細膩，對我來說意義非凡。從瑪莉亞的答案中，她感受到韌性與脆弱，這不僅反映我們生活的日常，也呼應我們努力避免的災厄。她也理解，瑪莉亞每天唯一能做的事，就是回到球場上再打一球。

✳

當然，任何難關都是相對的概念。我知道自己的孩子在成長過程中，享受了許多家庭難以想像的優勢與富足。兩個女兒擁有漂亮的家、不必為食物發愁、身邊是用心付出的大人，求學時不乏得到鼓勵和資源。我把自己的一切奉獻給瑪莉亞、莎夏和她們的成長；但身為第一夫人，我也意識到自己有更大的責任。我覺得自己得幫助社會上更多孩子，尤其是女孩。這樣的想法，部分是來自民眾聽完我分享的故事後，常常會出現的驚訝反應：一名來自市區的黑人女孩，居然能從常春藤名校畢業、陸續出任主管職、如今還進了白宮。我的生涯軌跡確實不太尋常，但沒道理非得如此。過去在好多的場合中，我都發覺自己是唯一一位非白人女性——或甚至是唯一一位女性——可能是坐在會議桌前、出席董事例會，或在高級聚會上跟貴賓交流。如果我率先打破了某些傳統，那我只想確保自己不是特例，讓許多女性能追隨我的腳步。正如我那講話毫不修飾的母親，凡是有人開始讚揚我和克雷格的種種成就，她就會說：「他們一點也不特別啊，南區多的是這種小孩。」我們只需從旁協助，讓他們擁有相等機會。

我慢慢明白，自己人生故事的重點不在於表面的成就，而是成就底下穩固的基礎——多年來我所得到點點滴滴的恩惠，還有一路上幫助我建立自信的眾人。這些人我全都記得；每次來到陌生的環境，都有人揮手找我過去談話，努力幫我做好心理建設，好抗衡未來少不了的輕蔑和羞辱，打造這些環境的人，以及環境的目標受眾，往往既不是黑人也不是女性。

我想起了羅碧姑婆，還有她那嚴格的彈琴標準；她教我抬起下巴、盡情地在小型平台式鋼琴上演奏，即便我只會彈琴鍵故障的直立式鋼琴。我想起了自己的父親，他教會我和克雷格如何打拳、踢足球。我想起了就讀布林莫爾時，馬丁尼茲老師和班奈特老師對我的看法從不嗤之以鼻。我想起了我母親，她是我最穩固的靠山，二年級時多虧了她的機警，我才沒繼續在原班級虛度時光。我想起了普林斯頓的恩師潔妮，她不斷鼓勵我，拓展了我的智識眼界。在年紀輕輕踏入社會後，我有蘇珊．謝爾和薇拉瑞．賈瑞特——多年後仍是好姊妹和好同事——當自己的榜樣，示範如何當個全職媽媽，不斷在工作上給我機會，肯定我可以帶來貢獻。

這些人彼此多半不認識，也絕不會有碰面的場合，有些人我也失去了聯絡。但對我來說，他們構成了別具意義的共同體。他們是替我打氣的啦啦隊，總是相信我的能力，也是我專屬的福音合唱團，從頭到尾都唱著：「加油，孩子，你行的！」

我從來就沒忘記這些恩情。即使當初只是菜鳥律師時，我也努力把愛傳出去，鼓勵後輩保持好奇心，讓年輕人參與重要談話。如果律師助理向我請教未來的方向，我都會敞開辦公室大門，分享心路歷程或提供一些建議。如果有人想要明確指引，或希望我幫忙牽線，我也會在能力範圍內協助。後來，我在公眾聯盟任職期間，親眼見到職場師徒制的好處。基於個人經驗，我知道只要有人關心你的學習與成長，即使是忙碌日子裡短短的十分鐘，都是重要的鼓勵，而對於女性、弱勢族群和社會容易忽略的邊緣人來說，更是如此。

有鑑於此，我在白宮創辦了一項領導暨師徒計畫，邀請華府特區一帶共二十名高二與高三的女學生，每個月跟我們聚會一次，可能是單純閒聊、校外教學，也有財經素養和職涯選擇的討論會。這項計畫主要是閉門進行，讓女孩不必面對鬧烘烘的媒體。

我們讓每位高中生搭配一位女性導師。導師會跟女孩私底下往來，分享自己的資源和人生故事。白宮首位女性主廚克莉絲．科姆福（Cris Comerford）就是導師之一，另外還有吉兒．拜登，以及東西廂辦公室內的資深職員。這些學生是由她們的校長或輔導老師推薦，會跟著我們一直到高中畢業為止。她們出身背景各異，有些來自軍人家庭，有些來自移民家庭，有位未婚生子的小媽媽，還有名女孩平時以遊民收容所為家。她們是一群聰明伶俐、富有好奇心的少女，毫無例外，本質上跟我沒有差異，跟我那兩個女兒也沒有不同。久而久之，我看著女孩建立起友誼、找到彼此的默契，跟身旁大人也融洽相處。我花好幾個小時跟她們談話，通常都會圍成一圈，一邊吃爆米花，一邊交換想法，聊著大學申請事宜、身體形象和男生，話題完全不設限，結果就是歡笑聲不斷。最重要的是，我希望她們在未來也能保有這些特質——態度落落大方，具備群體意識，勇於讓人聽見自己的聲音。

我對莎夏和瑪莉亞也有同樣期盼——希望她們學會如何在白宮感到自在後，以後在任何地方、坐在任何桌前、參與任何團體，都能如魚得水、自信滿滿表達自己。

✳

如今，我們已在總統任期的泡泡中生活兩年了。我一直在找尋各種方法，擴大這個泡泡的活動範圍。我和巴拉克持續開放白宮讓更多民眾參觀，尤其是小朋友，希望藉此讓其氣派之餘又不失包容，在規矩與傳統之中增添活力。凡是外交使節來進行國是訪問，我們就會邀請當地學童欣賞華麗的歡迎典禮、品嘗晚上國宴的一道道美食。只要有歌手參加晚上演出，我們都會麻煩他們提早抵達，幫忙出席青少年工作坊的活動。我們希望凸顯的是，孩子必須要接觸藝術，藝術不是奢侈品，而是教育過程中不可或缺的一環。我喜歡看到高中生跟當代藝人互動的情景，像是約翰・傳奇（John Legend）、賈斯汀・提姆布萊克（Justin Timberlake）和艾莉森・克勞斯（Alison Krauss），以及史摩基・羅賓森（Smokey Robinson）與帕蒂・拉貝爾（Patti LaBelle）等傳奇歌手。對我來說，這就像看到小時候自己的經歷——南區老家的爵士樂、羅碧姑婆籌畫的鋼琴獨奏會和輕歌劇工作坊、市中心博物館的家庭旅行。我知道藝術和文化對孩子成長會有良性影響。另外，這也能讓我放鬆心情。每項表演演出期間，我和巴拉克在前排隨著音樂節奏搖擺，甚至連我那平時避免公開亮相的母親，一聽到演奏音樂的聲音，就絕對會移動腳步到國事樓。

我們也加入舞蹈和其他藝術形式作為慶祝活動，讓初露鋒芒的藝術家秀出新作品。二〇〇九年，我們首度在白宮舉辦詩歌口述活動，聽著年輕詞曲創作者林-曼努爾・米蘭達（Lin-Manuel Miranda）起身用一首歌驚豔全場，這是他構思中專輯的一曲。他說：「這張概念專輯中，主角的人生恰好體現了嘻哈精神……他就是財政部長亞歷山大・漢彌爾頓（Alexander Hamilton）。」

我記得那時還握著他的手說：「嘿，祝漢彌爾頓的計畫一切順利啊。」

無論哪一天，我們都被迫接觸琳琅滿目的事物，有繁華、有卓越、有悲痛，也有希望。這一切同時並存，而我們還有兩個女兒，除了家中的大小事要煩惱，還有自己的生活要過。我盡可能讓自己和女兒融入日常社會。我的目標從未改變：設法找回常態，讓自己重拾平凡生活的點滴。在足球季和袋棍球季期間，我觀看了許多莎夏和瑪莉亞的主場比賽，跟其他家長一起坐在場邊，婉拒任何合照邀請，不過絕對很樂意閒話家常。瑪莉亞開始打網球後，我多半是坐在特勤局車上，低調停在球場附近，透過窗戶看她比賽，以免造成干擾。只有等到比賽結束，我才會現身給她一個擁抱。

只要我和巴拉克在一起，基本上不必指望常態，他的行動也不可能輕鬆。他依然盡量出席學校活動和女兒的運動比賽，但他跟人群互動的機會很少，而且維安隨扈永遠都高調出現。其實，維安的用意就是要高調，清清楚楚向世界宣告，休想動美國總統一根汗毛。對此我當然十分欣慰，但對照一般家庭的常態，難免會覺得太過頭了。

瑪莉亞也萌生過同樣的想法。某天，我、巴拉克和她三個人前往席德威小學部，去看莎夏參加的某項活動。我們穿越一座露天中庭，經過一群剛好下課的幼稚園孩子，有的在攀爬架上左右擺盪，有的在鋪木屑的遊戲區跑來跑去。我不確定那些小小孩有沒有看到，學校每棟大樓屋頂上都有身穿黑衣的特勤局狙擊手，手持突擊步槍戒備。但瑪莉亞注意到了。

她的目光從狙擊手移到幼稚園孩子，再移到她父親身上，使了個嘲弄的眼色，隨即說：

「爸，沒搞錯吧？有必要這樣嗎？」

巴拉克只能微笑聳聳肩，他的工作一點都馬虎不得，這實在躲也躲不了。

可以確定的是，我們全家人不曾有半刻離開泡泡之外，它如影隨形跟著每個人。我們起初跟特勤局開過幾次協調會後，莎夏和瑪莉亞無論是參加朋友的猶太成年禮、為了學校的募款活動洗車，或甚至是在賣場逛街，永遠都會有隨扈跟著，我母親也經常同行，但她們至少能跟同儕一樣行動。莎夏的維安隨扈，像貝絲・賽勒絲提尼（Beth Celestini）和勞倫斯・塔克（Lawrence Tucker，大家都叫他LT）都已成為備受席德威學生歡迎的常客。孩子下課時會吵著要LT幫他們推鞦韆，而每當班上舉辦生日派對時，常常有家長多送來幾個杯子蛋糕給特勤人員。

久而久之，我們跟自己的隨扈也愈來愈熟。當時，我的維安小隊隊長是普瑞斯頓・費爾蘭（Preston Fairlamb），後來由競選期間的隨扈艾倫・泰勒（Allen Taylor）接任。凡是在公開場合，他們便沉默不語、高度警戒，但只要到了後台或搭上飛機，他們就會放鬆下來、分享趣聞和開開玩笑。我以前常戲稱他們是「面惡心善」。隨著相處時間和旅行里程增加，我們也成為真正的朋友。他們失去親人時，我會陪著難過；他們的孩子達成人生里程碑時，我會一同慶祝。我始終明白，他們的工作需要嚴陣以待，而且為了保護我，更要做出種種犧牲。對此，我深懷感恩。

我跟女兒們一樣，除了公開行程，也有著私人的生活。我發現自己真有需要時，其實有方法可以保持低調，這也多虧了特勤局願意保持彈性。有時，我獲准不必跟車隊行動，可以坐普通廂型車，也無須大批隨扈同行。我偶爾也會來趟快閃購物行程，趕在有人注意到之前迅速進出商場。波波的玩具都是由平時負責購物的助理買回來，但每個都被牠咬得開腸破肚，所以某天早上，我親自帶波波到亞歷山卓的聰明寵物店（PetSmart）逛逛。在短短時間內，我盡情享受卸下名人光環的悠閒自在，幫波波挑選著更耐咬的玩具，牽繩另一端的波波則四處亂晃，跟我一樣因放風的新鮮感雀躍不已。

凡是我現身後沒引起半點騷動，感覺就像是小小的勝利、自由意志的實踐。畢竟，我是重視細節的人，忘不了購物清單一項項打勾的快感。那趟寵物店之行後過了約六個月，我戴著棒球帽和太陽眼鏡，興奮地跑到當地Target百貨逛街，沒有任何人認出我來。我的隨扈全都穿著短褲、運動鞋，而且沒人戴著無線耳機，盡可能避免招搖的舉止，默默尾隨著我和助理克莉斯汀．瓊斯（Kristin Jones）。每排貨架我們全都逛了一遍。我挑了些歐蕾面霜和新牙刷，幫克莉斯汀買烘衣紙和洗衣精，也添購了兩套遊戲給莎夏和瑪莉亞。另外，這也是近幾年來，我頭一次能好好挑張卡片，在結婚紀念日送給巴拉克。

我滿心歡喜回到家。有時，芝麻小事讓人特別有成就感。

時間一久，我也在每日行程添加新的冒險。我開始跟朋友偶爾聚會，可能是在餐廳或對方家裡吃晚餐；有時，我會到公園或沿著波托馬克河（Potomac River）散步許久，雖然前後都有特勤人員，但基本上並不醒目，而且保持一定距離。後來幾年，我更開始到白宮外參加健身團體課程，隨機前往散布在市區內的靈魂飛輪（SoulCycle）和精實核心（Solidcore）健身房，最後一分鐘才悄悄進教室、課程一結束就馬上離開，避免引起任何混亂場面。最令人身心暢快的活動莫過於高山滑雪了，我以前沒怎麼接觸這項運動，但很快就玩得樂此不疲。我們搬來華盛頓頭兩年，剛好遇上非比尋常的寒冬，我抓緊這個機會，時常跟女兒和幾個朋友到蓋茲堡（Gettysburg）附近的小滑雪場一日遊，那裡名字取得真好，就叫作「自由山」（Liberty Mountain）。我們戴上滑雪帽、圍巾和防風鏡，便能融入任何群體。從滑雪坡道咻地滑下，我不但人在戶外、又在移動當中，而且沒人認得出來——三個願望一次滿足。對我來說，整個人彷彿飛起來了。

這樣的融入至關重要，甚至可說代表了一切——即使身處歷史的洪流，我也可以再次做回自己、依然是出身南區的蜜雪兒・羅賓森。我把舊生活編織到新生活中，把個人關注帶入公共事務中。搬來華盛頓特區後，我結交了一些新朋友，有的是莎夏和瑪莉亞同學的母親，有的是在處理白宮事務過程中認識的人。相較於我的家庭出身或住在哪裡，這些好姊妹更在意我個人的特質。說也奇怪，你很快就能判斷哪些人真的關心你，哪些人只是想插旗炫耀而已。我和巴拉克有時會跟莎夏和瑪莉亞聊到，無論是大人或小孩，老是有些人想打進我們的朋友圈，但態度卻似乎有點太積極了——我們稱之為「飢渴」。

早在多年前，我就懂得跟真正的朋友保持密切聯繫。我跟那群在週六張羅小孩玩伴聚會的媽媽們依然很親近；想當年在芝加哥，我們去哪都帶著尿布包，孩子坐在兒童椅上吃東西，動不動就把食物丟下來，我們每個人都累到想哭。這些朋友就是我的定心丸：我忙到沒空買菜時，她們就送東西到家裡來；我需要加班或休息時，她們便幫我送女兒上芭蕾課。總統大選期間，其中幾位好姊妹二話不說就搭飛機陪我奔波，在我需要時提供情感上的依靠。任何女人都會告訴你，好姊妹之間的友誼，是奠基於這些無數的微小善意上，這次我幫妳，下回妳罩我，一再相互扶持。

二〇一一年，我開始更用心經營自己的朋友圈，讓老朋友和新朋友互相認識。每隔幾個月，我會邀請十二位左右最要好的姊妹，結伴到大衛營共度週末。大衛營位於馬里蘭北部山區，距離華盛頓約六十英里，林木茂密，歷來是總統的避暑休假勝地。我開始把這些聚會稱作「魔鬼訓練營」，部分是因為我都逼大家每天跟我運動數次（甚至一度打算禁止酒精和零食，但這項提議馬上就被否決了），但更重要的原因是，我對於友誼的態度近乎苛求。

我的好友們通常事業有成且蠟燭多頭燒，許多人要應付忙碌家庭生活和繁重工作任務。我知道要他們暫時放下一切不太容易，但這就是其中一項重點：我們都太習慣為了孩子、伴侶和工作犧牲了。多年來，我拚命想在不同生活面向取得平衡，因而領悟到，偶爾翻轉輕重緩急的順序，專心滿足自我需求，其實不會怎麼樣。我十分樂意替好姊妹揮舞這面旗幟、找到充分理由，同時奠定一項傳統，讓這群女性可以轉身向孩子、伴侶和同事說：「不好意思嘍，各位，我要慰勞自己一下。」

魔鬼訓練營的週末成了我們的避風港，彼此交流，好好充電。我們住在舒適的森林小木屋中，或搭高爾夫球車四處移動，或騎著腳踏車閒晃。我們也會玩玩躲避球，做些波比跳或下犬式瑜伽。我有時也會邀些年輕員工同行。這些年來，每次看到已六十好幾的蘇珊．謝爾在地板上學蜘蛛爬，旁邊是二十來歲、曾是大學足球隊員的排程助理麥肯西．史密斯（MacKenzie Smith），我都覺得這畫面實在太神奇了。我們吃著白宮廚師準備的健康餐點，也進行一系列健身計畫，旁邊監督的是我的教練柯內爾，以及幾名海軍出身、稱呼我們「夫人」的娃娃臉職員。我們每天的運動量龐大，還天南地北聊個沒完，提出各自的想法和經驗、給予建議或分享趣聞，有時單純只是讓彼此寬心：無論是誰開始掏心掏肺，都會曉得原來別人家中也有叛逆青少年，或工作上也需要應付難搞老闆。我們往往只要透過傾聽，就可以帶給彼此情感支持。每次在週末尾聲相互道別時，我們都信誓旦旦地說，不久後一定要再約相聚。

這些朋友讓我的生命完整，過去和現在如此，未來也會如此。每當我感到沮喪、氣餒或缺乏巴拉克陪伴，是她們讓我精神一振；每當外界對我指指點點，從指甲油的選擇到臀部的大小，全都被公開討論剖析，壓力排山倒海向我撲來，是她們穩定了我的情緒；有時，生活中的大浪忽然無情襲來，也是她們幫我乘風破浪。

二〇一一年五月的第一個週日，我跟兩位友人到市中心吃晚餐，留下巴拉克和我母親在家照顧兩個女兒。那週末感覺格外忙碌。當天下午，巴拉克就被拉進會議室聽了一連串的簡報，而週六晚上剛好是白宮記者協會晚宴，巴拉克在演說中開了幾個川普的玩笑，挖苦他主持的節目《誰是接班人》（*Celebrity Apprentice*）和出生地陰謀論。那晚川普也有出席，但我從自己的位子看不到他。巴拉克演說當下，新聞媒體還給了川普特寫鏡頭，只見他的臉色鐵青，明擺著不爽。

對我們家來說，週日晚上通常是安靜悠閒的時光。經過整個星期的運動和社交，兩個女兒通常累得只想休息。運氣好的話，巴拉克白天偶爾會偷個閒，前往安德魯斯空軍基地打一場高爾夫球，放鬆一下緊繃的身心。

當天晚上，我跟朋友餐敘結束，大約十點鐘才抵達家門，門房一如往常向我打了招呼。那一刻，我已察覺氣氛不大對勁，白宮一樓似乎比平時來得熱鬧。我便問門房是否看到總統。

「報告夫人，總統先生應該在樓上，準備向全國人民發表演說。」他回答。

我這才明白，那件事終於發生了。原本只知道時機近了，但不曉得事態如何發展。前兩天，我都努力佯裝一切如常，裝作不知道有件危險的大事即將來到。經過數月的高層情報蒐集，以及數週縝密籌畫，搭配無數安全會報、風險評估，直到最終壓力十足的決策，距離白宮七千英里之外，一場黑夜的暗殺行動就此展開。美國海軍海豹突襲隊一支菁英小組，偷襲位於巴基斯坦的阿伯塔巴德（Abbottabad）一處祕密住宅區，設法尋找賓拉登的蹤跡。

我走在官邸長廊上，巴拉克正好步出臥房。他身穿黑色西裝、打著紅色領帶，神情似乎異常興奮，想必是腎上腺素分泌旺盛。他背負這項決策的壓力好幾個月了，如今終於可以卸下。

「我們逮到他了，」他說：「沒有人受傷。」

我們隨即相擁。奧薩瑪．賓拉登遭到擊斃，突襲隊員得以全身而退。巴拉克下了很大的賭注——任何閃失都可能害他丟了總統一職——幸好最後一切順利。

這項消息立刻傳遍世界各地。白宮附近街道擠滿了民眾，許多人從餐廳、飯店和公寓大樓湧了出來，整個晚上歡呼聲不絕於耳，聲音大到穿越堅固無比的防彈玻璃，吵醒了房間中熟睡的瑪莉亞。

當天晚上，室內或戶外的界線變得模糊。全國各地城市的民眾紛紛走上街頭，明顯受到想親近他人的衝動所驅使，連結所有民眾的不只是愛國情操，更有九一一事件以來的集體悲傷，以及多年來可能再遭攻擊的擔心受怕。我想起自己造訪過的每座軍事基地，想起那些為了康復而努力的士兵，想起以保衛國家之名讓家人遠走他鄉的民眾，也想起恍如噩夢的那天，成千上萬名孩子就此失去了父母。我知道，這些傷痛不可能完全復原，任何人的死亡都換不回殞落的生命。我不確定死亡是否值得慶祝，但美國人的情緒在那天晚上暫時獲得釋放，藉此感受著自己的韌性。

23

時間的流動像兜著圈子又像大步跳躍，讓人難以測量或追蹤其軌跡。每天都是行程滿檔，白宮生活週復一週、月復一月、年復一年皆是如此。我常常到了週五，得絞盡腦汁才想起來週一和週二怎麼過的；有時甚至我坐下來吃晚餐時，就已忘了當天午餐的地點和情境。即使現在，我依然覺得這一切難以消化。生活的步調太快，反思的時間太少。光是一個下午，就可能塞了兩個官方活動、數個會議和拍攝定裝照。單單一天之內，我可能就要造訪數個州，或向一萬二千人發表演說，或跟四百個小朋友在南草坪開合跳，然後再穿上高檔的禮服出席晚宴。沒有安排官方活動的日子，我都用來照料莎夏和瑪莉亞的生活起居，接著就是再度「上場」——成天跟造型妝髮和套裝禮服為伍，回到公眾目光的漩渦之中。

隨著巴拉克競選連任的二〇一二年愈來愈近，我覺得自己不能也不該休息。我依然在爭取好感，經常想到自己虧欠的人事物。我身上背負的那段歷史，並非由總統和第一夫人所組成。約翰・昆西・亞當斯（John Quincy Adams）[27]生平故事帶給我的共鳴，遠不及索喬娜・楚斯

27 譯註：美國第六任總統，是美國唯一由眾議院選出的總統。

（Sojourner Truth）[28]；伍德羅・威爾遜（Woodrow Wilson）[29]激起我的感動，比不上哈莉特・塔布曼（Harriet Tubman）[30]；我對蘿莎・帕克斯（Rosa Parks）[31]和科麗塔・史考特・金恩（Coretta Scott King）[32]為人權奮鬥的熟悉度，也超越愛蓮娜・羅斯福或瑪米・艾森豪（Mamie Eisenhower）[33]。我背負著她們的歷史，也背負著母親與祖母們的歷史。這些女性還在世時，絕對無法想像我現在擁有的生活，但她們相信自己的堅持，終究會為後代子孫如我，打造更好的未來。我希望自己在世人面前的樣貌，足以紀念她們彰顯的價值。

我自己把此事當成壓力，更當成鞭策自己不要搞砸的動力。雖然外界認為我是頗受人民愛戴的第一夫人，但我老是被各種攻訐與批評所困擾，或是忘不了別人因為我的膚色而帶有的成見。為此，我在每場公開演說前，都會在辦公室角落架好讀稿機，一次又一次彩排。我也要求行程安排助理和場勘團隊，務必確保每項活動準時開始，順利進行；我更嚴格要求政策幕僚，鼓勵更多民眾參與「動起來！」和「力挺軍隊」兩項運動。我盡其可能不要浪費任何機會，但偶爾也得提醒自己要喘口氣。

我和巴拉克都明白，之後接連數月的競選活動會牽涉更多的差旅行程、更多的策略擬定和更多的煩惱。想不擔心連任是不可能的，不但成本高昂（巴拉克和前麻州州長暨共和黨提名總統候選人米特・羅姆尼〔Mitt Romney〕，各自要募款超過十億美元，才能保持自己競選活動的聲勢），更是責任重大。這場選舉是決定一切的關鍵，舉凡實施不久的健保法命運，或美國是否要參與各國對抗氣候變遷的努力，都會受到影響。白宮所有員工身處不確定狀態之中，對於是否有第二次任期毫無把握。我連想都不敢想巴拉克可能輸掉選舉，但這個可能性確實存在——我們夫妻內心深處埋著一絲恐懼，但都不敢真的說出口。

二〇一一年夏天，巴拉克遭遇特別多的挫敗。一群囿於成見的共和黨議員主張，除非巴拉克承諾大砍社會安全津貼（Social Security）、老年醫療保險（Medicare）與低收入醫療補助（Medicaid）等政府計畫，否則就拒絕批准政府發行新的國債——即所謂提高債務上限，相對屬於例行的程序。巴拉克反對這些刪減，因為這只會傷害生活最艱難的民眾。於此同時，勞工部公布的每月就業報告指出，就業人口持續成長但速度緩慢，反映了二〇〇八年金融危機以來，美國仍然未能復甦到應有的水準。許多人把此事怪到巴拉克頭上。賓拉登死後社會大眾鬆了口氣，巴拉克的支持率飆升至兩年來的新高；但不過才兩個月光景，國債問題鬧得沸沸揚揚，外界又憂心經濟再度蕭條，導致巴拉克的支持率跌到兩年來的谷底。

就在這混亂局勢開始之際，我飛往南非進行籌備了數個月的親善訪問。莎夏和瑪莉亞學年

28 譯註：十九世紀美國廢奴與女權運動領袖。
29 譯註：美國第二十八任總統，要求國會宣布美國參與第一次世界大戰。
30 譯註：十九世紀美國廢奴運動先驅，也是現今二十元美鈔上的肖像。
31 譯註：二十世紀美國民權運動之母，曾因在公車上拒絕讓座給白人而遭逮捕。
32 譯註：美國民權領袖馬丁．路德．金恩之妻，領導非裔美國人爭取權利。
33 譯註：美國第三十四任總統德懷特．艾森豪（Dwight Eisenhower）之妻。

剛好結束，可以跟我作伴，同行的還有家母，以及克雷格的兒女艾弗利和雷斯莉，兩人現在都是青少年了。我此行主要目的是在美國協辦的一場論壇上發表專題演講，對象是來自非洲各地的年輕女性領袖，但行程也涵蓋了健康與教育相關的社區活動，以及拜訪當地領導人和美國領事館員工。訪問到了尾聲，我們短暫造訪了波札那，會晤該國總統、參觀一間社區型HIV診所，然後快速體驗了一趟生態獵遊才返家。

南非的生命力瞬間感染了我們。在約翰尼斯堡，我們參觀了種族隔離博物館，也前往北郊一座黑人小鎮的社區活動中心，跟當地小朋友一同跳舞、讀書。在開普敦一座足球場上，我們跟社區組織者和醫療人員會面，他們利用辦給年輕人參加的運動課程，教導孩子關於HIV和愛滋病的知識。我們還認識了傳奇人物戴斯蒙．屠圖（Desmond Tutu）總主教，他既是神學家也是社運人士，協助廢除南非種族隔離制度。屠圖當時已七十九歲，胸膛寬闊、眼神澄澈且笑聲爽朗。聽到我在足球場提倡健身，他堅持要跟我一起做伏地挺身，那群小朋友見狀便開始加油打氣。

待在南非那幾天，我覺得整個人像飄浮在空中。這趟旅程跟一九九一年我首次的肯亞之行截然不同；當時，我和巴拉克搭著小巴士到處跑，還沿著泥土路推著奧瑪拋錨的福斯汽車。這種感受有三分之一是時差所導致，但另外三分之二更為深刻和振奮人心：我們彷彿踏進文化和歷史匯流之處，驚覺自己在時間長河中有多渺小。看著面前七十六位年輕女性，都因為在社區從事公益而獲選參加論壇，我得克制自己才沒讓眼淚掉下來。她們賦予我希望，也讓我甘心服老。非洲當時有六成人口的年齡在二十五歲以下。在場這些女性都不到三十歲，有些甚至只有十六歲，就已在籌辦非營利組織、訓練其他女性自己創業，更冒著坐牢的危險舉報政府貪污。如今，她們可以交流、受訓且從中獲得勇氣。我希望，這有助擴大她們的影響力。

不過，我們行程才到第二天，就迎來最不可思議的時刻。我和家人正在尼爾森・曼德拉基金會位於約翰尼斯堡的總部參觀，陪同的是知名人道主義者、同時也是曼德拉的妻子葛拉瑟・馬契爾（Graça Machel），此時得知曼德拉本人想邀我們到附近家中坐坐。

我們當然立刻赴約。曼德拉當時高齡九十二歲，年初因為肺部感染住院。我聽說他很少見客。六年前曼德拉訪問華盛頓時，時任參議員的巴拉克跟他見到一面，自此就把兩人的裱框合照掛在辦公室牆上。就連我們兩個女兒、當時十歲的莎夏和快滿十三歲的瑪莉亞都知道這是了不得的大事，甚至我那向來淡定的母親，看起來都有些吃驚。

至少就我個人的標準判斷，當時仍在世的重要人物之中，當屬曼德拉對世界的影響最為深遠。一九四〇年代，他年紀輕輕就加入了政黨「非洲民族議會」（African National Congress），開始大膽挑戰全由白人組成的南非政府、質疑其根深柢固的種族歧視政策。四十四歲時，他因為積極從事社運被戴上手銬腳鐐、送進監獄，直到一九九〇年才終於獲釋，那時他已七十一歲了。曼德拉在牢中熬過二十七年的匱乏與隔離，許多朋友更在種族隔離政權下遭刑求和殺害，但他選擇不去硬碰硬，反而跟政府高層協商成功，幫助南非和平過渡至真正的民主制度，最終成為該國首位總統。

曼德拉住在綠意盎然的市郊街道上，屋子外觀具有地中海風格，位於奶油色的混凝土牆後方。馬契爾帶我們穿越由樹蔭遮蔽的中庭，隨即進了屋子，來到一個陽光充足的寬敞房間，她的先生就坐在扶手椅中。他有著稀疏的雪白頭髮，身穿棕色蠟染花襯衫，大腿上讓人蓋了條白色毯子，周圍是跨了好幾代的親戚，全都熱情地歡迎我們。房間的明亮氛圍、家人彼此滔滔不絕，以及大家長的瞇眼微笑，在在讓我想起小時候常去的芝加哥南區阿公家。原本我還緊張不安，如今已放鬆下來。

其實，我不確定這位大家長是否認得我們，或曉得我們為何來此拜訪，畢竟他已年紀一大把了，注意力好像時不時就會飄走，還有點重聽的毛病。「這位是**蜜雪兒．歐巴馬**喔！」馬契爾靠近他耳邊說道，「她是美國總統的夫人喔！」

「噢，太好了，」曼德拉喃喃自語，「太好了。」

他饒富興味地瞧著我，但老實說，我是誰並不重要。無論遇到任何人，他都給予同等的溫暖。我跟曼德拉的互動既安靜又深刻——也許正因安靜而更顯深刻。他的人生雋語多半已說完了，他的演講與書信、書籍與抗議口號，不只早已烙印於他的故事中，更刻在全體人類的生命裡。儘管只有短暫相處，我卻感受得到這一切——平等從無到有，所需的尊嚴與情操。

五天後，我們搭機返回美國，先後飛過非洲北部與西部，再於漫漫長夜橫越大西洋。一路上，我依然在想著曼德拉。莎夏和瑪莉亞蓋著毯子，躺在表哥表姊旁邊；我母親在附近的位子上打盹。坐在後面幾排的助理和特勤人員，有的看著電影，有的趁機補眠。飛機引擎聲嗡嗡低嗚。我既感到孤獨，卻又不覺孤獨。我們在回家的路上——家，是既陌生又熟悉的華盛頓特區，有許多的白色大理石，以及衝突的意識形態，還有一場又一場仍需打贏的硬仗。我想起在非洲領袖論壇上遇到的那些年輕女性，如今紛紛回到自己的社區再度努力，憑著毅力克服面前一道道難關。

曼德拉因捍衛自身信念而坐了牢。他沒辦法看著兒女長大，也未能看著孫子女長大。他承受這一切，卻仍不怨天尤人，依然相信國家良善的本質，有朝一日會贏得勝利。他努力過後便耐心等候，絲毫不覺得氣餒，只為了見證此事發生。

我懷著感動回到家中。人生慢慢教會我一件事：進步和改變只會慢慢發生，可能花上兩年、四年或甚至一輩子都看不到。我們正在埋下改變的種子，也許自己沒機會看到結果，但我們得耐心等候。

✳

二〇一一年秋天，巴拉克三度提出能創造數千個就業機會的相關法案，部分是藉由提供州政府補助，聘請更多教師與第一線救護人員。但共和黨卻三度擋下法案，甚至連付諸表決都沒有。

「我們最重要的一項任務，」參議院少數黨領袖米奇．麥康奈（Mitch McConnell）前一年就向記者宣布該黨目標，「就是讓歐巴馬總統無法連任。」簡單明瞭。共和黨國會議員處心積慮要見到巴拉克失敗，似乎不太重視國家治理或高失業率，而是把自己的權力擺在第一位。

這實在令我灰心又憤怒，有時更是沉重的打擊。政治就是這麼回事，我懂，但這簡直好鬥執拗、自私自利到極點，彷彿背後缺乏任何更大的使命感。我內心的種種情緒，巴拉克大概無暇感受。他成天卡在工作崗位上，多數時候都無所畏懼，一面要克服挫折，一面得求同存異，始終懷抱樂觀的態度，維持一貫的冷靜沉著，認為總得有人擔起責任。他至今已在政壇打滾了十五年，我一直覺得他就像個老舊的銅壺——歷經長年烘烤，雖有凹凸卻仍散發光澤。

重新投入競選造勢活動——我和巴拉克在二〇一一年秋天起跑——反而成了某種精神上的慰藉。我們得以暫時離開華盛頓，再度回到全國各地的大小社區，譬如里奇蒙（Richmond）和雷諾（Reno）等地，跟支持民眾擁抱和握手，傾聽他們的想法和煩惱。這讓人有機會感受草根的力量（即巴拉克向來對民主願景的主軸），以及認清美國公民大都沒民意代表來得自私，我們只需要選民出來投票就好。二〇一〇年的期中選舉，數百萬民眾沒有參與投票，令我大失所望，這等於將分裂的國會還給歐巴馬，就連立法都成了問題。

儘管挑戰一個接著一個，仍有許多事值得抱持希望。二〇一一年底，美國撤離了最後一批駐伊拉克士兵，阿富汗的駐軍也逐步減少。平價醫療法的主要條文已生效，年輕人可以受惠於父母名下保單更久，保險公司不得設置病患終生理賠上限。我也提醒自己，這些都屬於進步措施，走出了一條寬廣道路。

即使整個共和黨都等著看巴拉克遭遇挫敗，但我們別無選擇，只能保持積極向上，繼續向前邁進。這就像當初席德威那位母親問瑪莉亞練球時是否會擔心自身安全；除了回到球場上再打一球，還有什麼辦法呢？

因此，我們只好拚了。兩個人都全力以赴。我把整副心力放在自己的計畫上：「動起來！」計畫的效應持續發酵。我和自己的團隊說服了達登餐飲集團（Darden Restaurants），即橄欖園（Olive Garden）和紅龍蝦等連鎖餐廳的母公司，改變其提供的餐點種類和料理方式。他們承諾會換新菜單、減少熱量、降低鈉含量、提供更健康的兒童餐選項。我們呼籲該集團的主管應該基於良心、考量利潤，並認清美國飲食文化正在轉變，理應率先帶起潮流，把握商機。達登集團每年供應美國人四億份餐點。如此龐大的營運規模，就算是小小改變，像是移除兒童菜單上誘人又清涼的汽水照片，也會產生巨幅影響。

第一夫人擁有的權力可謂微妙，跟該角色本身一樣柔軟又缺乏定義。但我正慢慢學會如何駕馭這項權力。我沒有行政權，無法指揮三軍部隊或參與正式外交。按照傳統，我需要帶來某種柔和的光芒，用心付出以照耀總統，不要干政以照耀國家。不過，我逐漸發覺，這道光芒只要掌握得宜，便能發揮更大力量。我的影響力在於自己屬於異數：既是黑皮膚的第一夫人，也是職業婦女，更是養育年幼孩子的母親。社會大眾似乎很關注我的衣服、鞋子和髮型，但他們也勢必會留意到我出現的場合和原因。我逐漸懂得把理念結合個人形象，藉此引導美國人的目光。我可以穿上別開生面的服裝，開開玩笑，再聊聊兒童餐的鈉含量，避免變成無趣說教。我可以公開讚賞某家積極聘用官兵同胞的企業，或以「動起來！」計畫之名，上節目跟主持人艾倫·狄珍妮（Ellen DeGeneres）來場伏地挺身比賽（最後是我贏了，可以說嘴一輩子）。

我是主流社會下成長的孩子，而這正是一項優勢。巴拉克曉得我樂於沉浸在流行文化中，所以有時會叫我「老百姓」，請教我對於競選口號與策略的意見。儘管我畢業於普林斯頓大學、待過盛德律師事務所等菁英環境，儘管我偶爾會戴上一串鑽石、穿上舞會禮服，但我始終都會翻閱《時人》（*People*）雜誌，也一直熱愛情境喜劇；我收看歐普拉和艾倫脫口秀的頻率，遠高於《會見新聞界》（*Meet the Press*）和《面對國家》（*Face the Nation*）；而至今看到住宅改造節目的小小成功案例，我仍然會覺得開心不已。

以上這些都是要表示：我所找到跟美國民眾產生連結的方式，巴拉克和他的西廂幕僚未能完全認可，至少起初抱持保留態度。我不太接受赫赫有名的報紙或有線新聞台專訪，反而開始跟有廣大死忠讀者群的「媽咪部落客」座談。看到辦公室年輕職員跟手機互動的樣子，以及瑪莉亞和莎夏把社群媒體當作新聞平台，或跟高中朋友聊天的管道，我明白了其中蘊藏的機會。二〇一一年秋天，我發了第一則推特來宣傳「力挺軍隊」計畫，看著它在不可思議又廣無邊際的網路中飛快轉傳，這正是一般人花上愈來愈多時間的地方。

這帶給我很大啟示。一切的一切都是種啟示：憑藉著軟實力，我漸漸發覺了自己的強項。

假如新聞媒體和攝影記者想跟著我，我就帶他們到不同的地方，譬如可以來看我和吉兒·拜登在華盛頓西北部平凡無奇的連棟住宅，重新粉刷一面牆。基本上，手拿滾筒油漆刷的兩位女士一點也不有趣，但足以引人注意。

所有人來到強尼・艾格比（Johnny Agbi）士官長的家門前。他二十五歲時，曾在阿富汗擔任醫護人員，某次搭乘的運輸直升機遭到攻擊，導致他的脊椎碎裂、腦部受傷，必須在沃特里德醫學中心接受長期復健。他家一樓正在進行改裝工程，以方便輪椅出入，像是拓寬門廊、放低廚房水槽等，這些都由非營利組織「攜手重建」（Rebuilding Together）跟西爾斯與凱馬特（Kmart）百貨的母公司共同贊助。這是他們幫退伍軍人翻修的第一千棟住宅。攝影機捕捉到了士官長、屋子，以及外界注入的善意與活力。記者不只訪問了我和吉兒，也採訪了艾格比士官長和裝修工人。對我來說，事情理應如此。這才值得社會關注。

✳

二〇一二年十一月六日，也就是總統大選當天，恐懼在我心頭揮之不去。我、巴拉克和兩個女兒回到芝加哥格林伍德大道（Greenwood Avenue）家中，倍感煎熬地等待全國民眾究竟會接受或拒絕我們。在我看來，這次投票堪稱最令人焦慮的一次，感覺不但是對巴拉克政績與國家現狀的公投，也是對他個人品格與我們在白宮表現的公投。兩個女兒已建立穩固的朋友圈與生活常態，我實在不想再度打亂一切。如今在花費許多心力、犧牲四年多家庭生活後，根本不可能要我不攙雜任何個人情感。

競選活動緊湊到我們全累壞了，甚至可說超乎我原先的想像。除了要推廣我的計畫、參與親師座談等學校事務、監督女兒們的功課，我平均每天還得在三座城市的造勢場合演說，一週往往有三天如此。巴拉克的日常步調更是嚴峻的考驗。民調一再顯示，他只微幅領先羅姆尼。更令人頭痛的是，他搞砸了十月的首場辯論，導致幕僚和捐款人在最後關頭焦慮萬分。我們底下認真工作的職員們，疲憊也全寫在臉上。雖然他們很努力不要表現出來，但想必也感到惶惶不安，畢竟再幾個月巴拉克可能得被迫下台。

即使歷經這一切，巴拉克依舊保持沉穩，但我看得出他內心的壓力。大選前最後那幾週，他看上去比平時略顯蒼白、甚至有些瘦削，而且更加起勁地嚼著尼古丁口香糖。身為妻子的我，只能憂心忡忡看著他把一切攬在身上：既要安撫擔心的群眾、完成競選最後衝刺，又要同時治理國家，包括因應美國外交官在利比亞班加西（Benghazi）遭受的恐怖攻擊，以及主導聯邦政府對珊迪颶風的應變措施——就在大選只剩一星期時，該颶風橫掃東海岸，造成重大災情。

大選當晚，東岸城市投票所開始陸續關閉，我隨後前往官邸三樓，那裡設置了妝髮沙龍，方便我們為當晚的公開行程做準備。梅瑞迪絲已先把我、母親和兩個女兒的衣服熨燙好，強尼和卡爾則分別打理我的頭髮和化妝。按照傳統，巴拉克當天稍早已打完籃球，回來後就一直窩在辦公室，把講稿順過最後一遍。

三樓裝有一台電視，但我刻意不去打開。無論消息是好是壞，我都希望直接從巴拉克、梅麗莎或其他熟人的口中聽到。每次看到新聞主播一邊口若懸河，一邊操作著互動式選舉地圖，我就感到神經緊張。這些細節我都沒興趣，只想知道如何調整心情。

如今已是東岸時間晚上八點鐘，代表著想必已有些初步結果出爐了。我拿起自己那台黑莓機，寄電子郵件給薇拉瑞、梅麗莎，以及二〇一一年成為幕僚長的蒂娜・陳（Tina Tchen）[34]，詢問她們最新的狀況。

我等了又等，十五分鐘過去了，接著三十分鐘過去了，卻沒半個人回覆。周圍開始變得異常安靜。我母親坐在樓下廚房讀雜誌，梅瑞迪絲在幫女兒們打理當晚穿著，強尼拿著直髮器順過我的頭髮。是我太疑神疑鬼了嗎？還是大家不敢直視我的眼睛？他們是不是知道些什麼？

隨著時間流逝，我的腦袋開始抽痛，平衡感也慢慢喪失。我不敢打開電視看新聞，頓時認定只有壞消息。當時，我已習慣對抗負面想法，一律保持正面思維，直到被迫面對壞事再說。我的心中有座山頂小堡壘，固守著自信。但此刻黑莓機靜靜躺在腿上，每過一分鐘，我便感到那座堡壘逐漸崩解，疑慮開始破牆而入。也許我們努力得不夠，也許我們沒資格連任。我的雙手顫抖起來。

我正焦慮到快昏倒時，巴拉克三步併兩步跑上樓，臉上露出招牌的自信笑容，原本的擔憂已拋諸腦後。「我們痛宰對手耶，」他說著，驚訝我居然還不曉得，「結果大致底定了。」

原來，樓下的氣氛一直都很高昂，電視持續放送一連串的好消息，問題在於我的黑莓機訊

34 譯註：中文姓名原為陳遠美，此處按作者習慣的稱呼譯之。

號莫名斷了，先前的郵件根本沒傳出去，也收不到別人的訊息。我任憑自己困在腦中的小劇場裡，沒人曉得我擔心得不得了，就連同處一室的人也不知道。

巴拉克那晚幾乎拿下了所有的關鍵州，也跟二〇〇八年一樣，贏得多數年輕人、弱勢族群和婦女的選票。儘管共和黨千方百計想扯他後腿、多次設法妨礙他執政，他的願景終究獲得選民認同。我們請求美國人讓我們繼續努力——堅持到最後一刻——如今真的獲得准許，心中那塊大石頓時落下。**我們夠好嗎？當然，我們很棒。**

稍晚，羅姆尼致電承認敗選。我們再次盛裝打扮，從看台向民眾揮手。歐巴馬一家四人，伴著飛舞的繽紛彩紙，很高興再獲得四年任期。

連任帶來的踏實感，讓我更加篤定。我們有更多時間追求長期目標，可以更有耐心追求進步。如今看得到未來了，這點令我開心不已。我們可以讓莎夏和瑪莉亞就讀原校；員工可以保住飯碗；理念依然重要。而我最開心的就是，接下來四年結束後，我們便真的功成身退了，不必再競選造勢，不必再忍受策略會議或民調或辯論或支持率的煎熬，全都不需要了。我們終於看得到政治生涯的終點了。

實際上，未來總是伴隨著意料之外的事——有時給人驚喜，有時帶來難以言喻的悲傷。再四年的白宮生活，意味著再當四年的榜樣，國家無論遇到任何事，都要坦然接受、設法因應。我和巴拉克競選主張的理念是，我們依然有力氣和紀律承擔此工作，也有心去好好面對它。如今未來朝我們而來，還可能意料之外地快。

✳

五週後，一名槍手走進康乃狄克州新鎮（Newtown）的桑迪胡克小學（Sandy Hook Elementary School），隨即開槍射殺兒童。我正好結束在白宮對街的一場簡短演說，準備去拜訪一家兒童醫院，此時蒂娜把我拉到一旁，告訴我剛剛才發生的事。我在演說的同時，她與幾位同事已看到手機上跳出這則頭條，但只能坐在那裡隱藏自己的情緒，等台上的我把話說完。

這則消息實在太令人震驚和難過，我幾乎聽不進去她後來說的話。

她提到自己剛才跟白宮西廂聯絡上，巴拉克正獨自在辦公室中。「總統要您回白宮一趟，」她說：「現在就回去。」

我的先生需要我。這也將成為能有八年內，唯一一次他在工作日當中，要我回去陪在他身邊。兩人都臨時變更後續行程，只希望能有片刻不受打擾，給予彼此微小的安慰。通常，工作是工作，家庭是家庭，兩者有所分野；但對我們和許多民眾來說，新鎮的槍擊慘案粉碎了每扇窗戶，吹垮了每道藩籬。我一走進橢圓辦公室，就跟巴拉克靜靜擁抱，沒有任何話好說，不需半句言語。

許多人不曉得，任何消息幾乎都逃不過總統的眼睛，或至少可以說，他與聞了一切跟國家福祉相關的資訊。巴拉克向來注重事實，為了獲得資訊絕不會少問。他設法從最宏觀與最微觀的角度來審視每件事，即使是壞事也一樣，好在充分知情的前提下做出回應。就他看來，這是自己應盡的責任，也是民眾選他當總統的期待——認真觀看而非視若無睹，即使其他人快撐不下去，他也要抬頭挺胸。

這也就是說，我回去看到他的當下，他已聽取過鉅細靡遺的簡報，包括桑迪胡克小學慘不忍睹的犯罪現場、教室地板上一攤攤血漬、遭半自動步槍擊斃的二十名一年級生與六位教職人員的遺體。的確，他再怎麼震驚與難過，都比不上第一線應變人員，他們得衝進學校確保校舍安全，撤離槍擊案下的生還者；比不上在校外寒風中，心急如焚等待著的父母，只祈求能再見到孩子一面；更比不上那些再也見不到孩子的家屬。

儘管如此，那些畫面已永遠烙印在他的心上。我從他的眼神中，已看得出這對他造成的傷痛，對他的信仰帶來的衝擊。他開始描述事件的經過，但說到一半就收了口，發覺這只會讓我更加難過。

巴拉克跟我一樣，都是打從心底愛孩子。除了平時寵愛女兒，他本身也是愛玩的人。他固定邀請小朋友前來橢圓辦公室，親自帶他們參觀白宮環境；他會主動詢問能否抱抱嬰兒；每次前往學校看科展，或參與兒少運動賽事，都讓他精神為之一振。前一年的冬天，他還自告奮勇，擔任莎夏學校初中部籃球隊「毒蛇隊」（Vipers）的助理教練，從而替生活添加了全新的樂趣。

對他來說，只要身邊圍繞著孩子，一切就變得輕鬆許多。他的體會不亞於任何人：隨著二十條幼小生命的逝去，他們蘊藏的希望也隨之消失。

新鎮槍擊案後仍要抬頭挺胸，大概是巴拉克做過最困難的事了。當天瑪莉亞和莎夏放學回家後，我和巴拉克在官邸見到她們，立刻把兩人緊緊抱在懷裡，試圖掩飾急著想觸碰她們的渴望。而跟女兒提起槍擊案時，哪些該說、哪些不該說，實在難以拿捏。我們知道，全國各地的父母此刻也煩惱著同一件事。

當天稍晚，巴拉克在樓下舉行一場記者會，努力擠出多少能聊以慰藉的發言。新聞攝影機猛烈地咔嚓咔嚓響，他邊說邊擦去眼角淚水，很清楚其實不可能帶來安慰，充其量只能表明自己的決心——以為全國公民與議員也會如此——訂定合情合理的法律來管制槍枝販售，避免發生更多濫殺事件。

我只能看著他挺身而出，知道自己尚未準備好。我擔任第一夫人已將屆滿四年，這段期間常常得提供安慰。我曾前往阿拉巴馬州杜斯卡洛薩市（Tuscaloosa），那裡大片區域瞬間被龍捲風吹成斷垣殘壁，我只能跟家園遭蹂躪的災民一起禱告；我曾擁抱著許多痛失親人的男女與孩子，可能是因為阿富汗戰爭、掃射德州陸軍基地的極端分子或自家附近的街頭暴力事件。過去四個月內，我就探望了兩件大規模槍擊案倖存者，一件發生於科羅拉多州的電影院，另一件則在威斯康辛州的錫克教寺廟。每一次都令人哀慟不已。我盡量拿出最平靜開明的樣貌跟民眾會面，藉由關心與陪伴來出借自己的力量，默默地貼近他人的痛苦。但桑迪胡克槍擊案發生兩天後，巴拉克前往新鎮替受難者舉辦的守夜禱告會發言，我卻怎麼也無法與他同行。我被這件慘案震撼到沒有力量可以出借了。我不過才當快四年的第一夫人，就發生了這麼多的殺戮事件——太多生命無端消失，明明都有機會避免，卻老是缺乏實質作為。面對孩子在學校被槍殺的親屬，我真的不曉得自己能給予什麼安慰。

我跟許多父母一樣，只能抱緊自己的孩子，內心恐懼與母愛交雜。那時正好接近耶誕節，莎夏與當地一群孩子獲選加入莫斯科芭蕾舞團，參與該團兩場《胡桃鉗》（*The Nutcracker*）演出，但剛好都跟新鎮的守夜活動撞期。不過，巴拉克仍抓到空檔溜到後排觀賞總彩排，才又前往康乃狄克州。我則觀賞了晚上的表演。

那場芭蕾舞既美麗又夢幻，《胡桃鉗》的故事向來如此，有著身處月光森林的王子，以及琳琅滿目的糖果盛宴。莎夏的角色是一隻小老鼠，身穿黑色連身舞衣，戴上毛茸茸的耳朵和尾巴，表演時有華麗的雪橇飛越舞台，背景是愈來愈宏亮的交響樂曲，空中落下陣陣閃亮的仿真雪花。我的視線從未離開莎夏，深深覺得有她真好。莎夏張著水汪汪的眼睛站在舞台上，起初看似不敢相信自己身處劇中，彷彿覺得這幅場景太過炫目又不太真實。這當然不太真實。但年紀還小的她可以沉浸其中，至少此刻可以盡情享受，讓自己在這個天堂自由穿梭，沒有話語，只有舞蹈，而且永遠適逢佳節。

✳

在此還望讀者耐住性子，因為這一切並非輕鬆寫意。假如美國是個單純的國家，有著單純的故事；假如我能透過整齊又美好的鏡頭，描述屬於自己的角色；假如一切都不會走回頭路；假如每次遭遇傷痛後，最終至少能獲得救贖，那也許事情會不一樣。

但美國並非如此，我也不是這樣的人。我不打算刻意塑造完美的樣貌。

巴拉克第二任期在許多方面都比前一次容易。我們過去四年內收穫很多，懂得替身旁職位安排適合人選、建立運作順暢的各項制度。我們如今也懂得避免前一次的沒效率與小缺失，而且首先便從二〇一三年一月就職當天開始：我要求遊行觀禮台要安裝暖氣設備，免得所有人的雙腳最後都凍僵。為了避免自己累癱，我們那晚只舉辦兩場就職舞會，不像二〇〇九年得參加十場。我們前方還有四年要過，而依經驗我至少學會一件事：懂得放鬆、調整步調。

巴拉克公開宣誓後，我坐在他旁邊觀看遊行，欣賞著一排排花車和行進樂隊，整齊劃一地進出場，已比頭一回更能樂在其中。從我在看台上的位置，無法看清楚每位表演者的臉孔，在場數千位表演者各自有著自己的故事。而早在就職儀式前幾天，已有數千人來到華盛頓特區參與許多慶祝活動，觀禮民眾更是達到數萬人。

事後回想，我發狂似地希望自己當時有瞄到這麼一名孩子：一名身材苗條的黑皮膚女孩，戴著閃耀金色頭巾、身穿藍色儀隊制服，隨國王學院預備中學（King College Prep）行進樂隊，從芝加哥南區來參與周邊活動的演出。我寧願相信在那幾天內，自己有機會在華府滿滿的人潮中看到她。她是哈蒂亞・潘多頓（Hadiya Pendleton），一名前程似錦的十五歲女孩，跟著樂隊一路搭巴士到華盛頓迎接重要的一刻。在芝加哥的家中，哈蒂亞跟父母與弟弟同住，兩英里外就是我們在格林伍德大道的住宅。她是學校的優等生，常跟人說自己以後要進入哈佛大學就讀。她才剛開始籌畫自己十六歲的生日派對，平時愛吃中國菜和起司漢堡，也喜歡找朋友一起吃冰淇淋。

這些事我是數週後出席她的喪禮才曉得。就職典禮後的第八天，哈蒂亞・潘多頓在芝加哥離學校不遠的一座公園遭人射殺。事發當時，她與一群朋友站在遊樂場旁的金屬篷子下等暴雨停，一名十八歲槍手誤認他們是敵對幫派成員，二話不說朝他們開了數槍。哈蒂亞試圖尋找掩護，卻不幸背部中槍，還有兩名友人受傷。這一切發生在週二下午兩點二十分。

我好希望自己看過她活著的樣子，這樣就能跟她母親分享那段記憶；如今，關於女兒的回憶忽然變得有限，有待逐一收集，好好珍藏。

我之所以出席哈蒂亞的喪禮，因為覺得這是在做對的事。我沒有陪巴拉克前往新鎮追悼會，但如今是站出來的時候了。我希望自己的現身，有助於把焦點移到那些每天在街頭被射殺的無辜孩子，同時希望這件悲劇與新鎮的慘案，可以促使美國人要求政府通過更合理的槍枝管制法。哈蒂亞出身於南區勞工家庭，家人感情融洽，跟我家很像。簡單來說，我就算認識這孩子也不奇怪，說不定還有相同的經歷。假如她那天放學後走另一條路，甚至在槍響時往左邊或右邊移個六英寸，她就可能成為現在的我。

「該付出的一切，我都付出了。」她母親在喪禮開始前對我說，棕色眼眸泛著淚水。克莉歐佩特拉・考利-潘多頓（Cleopatra Cowley-Pendleton）待人溫暖，聲音柔和，頂著俐落短髮，擔任信評公司的客服人員。在女兒喪禮那天，她在領口別了一大朵粉色鮮花。她與先生納森尼爾一直細心照顧哈蒂亞，鼓勵她申請國王學院這間篩選嚴格的公立高中，確保她沒時間到街頭閒混，還讓她參加排球隊、啦啦隊和教會舞團。正如我父母的付出，他們也做出許多犧牲，好讓哈蒂亞接觸外界事物。她本來已計畫在那年春天隨樂儀隊前往歐洲，而且也熱愛自己的華盛頓之旅。

「那裡街道好乾淨喔，媽媽，」她從華府回家後這麼說：「我以後應該會從政喔。」

但在那個一月天，哈蒂亞成了芝加哥死於槍枝暴力的三名受害者之一，也是芝加哥當年第三十六條死於槍枝暴力的無辜生命。可是，那年才過了二十九天而已。無庸置疑的是，幾乎所有受害者都是黑人。儘管哈蒂亞滿懷希望又努力不懈，最後卻成了惡行底下的犧牲者。

她的喪禮出席賓客塞滿整座教堂，又是一群心碎的街坊鄰居，還在想辦法接受眼前畫面：一位少女躺在鋪滿紫色絲綢的棺木中。克莉歐佩特拉起身說著有關女兒的點滴，哈蒂亞的朋友也陸續站起來分享她的故事，其中穿插著愕然與無奈的情緒。這些孩子們要問的不是「為什麼發生這種事？」而是「為什麼這種事一再發生？」當天在場也有位高權重的大人，不只有我，包括市長、州長、傑西．傑克森和薇拉瑞．賈瑞特等人也出席了，全都擠在長木椅上，被迫各自面對內心的悲傷與歉疚；此刻，教堂揚起唱詩班渾厚宏亮的歌聲，就連地板也為之震動。

✳

我覺得很重要的一點是，自己不能光會給予安慰。在我生活中，已聽過太多大人物開的空頭支票，還有危難時期的口惠而實不至。我堅決要當說實話的人，盡量運用自己的聲音替弱勢發聲，絕不背棄陷入困境的人。我知道每當自己出現在某個地方，外人看來勢必覺得很戲劇化——由車隊、隨扈、幕僚和媒體刮起的風暴瞬間從天而降，而我身處於風暴正中央。我們來去如風。我並不喜歡這樣，因為不利於跟民眾互動，有時我一現身就讓人結巴、沉默或不確定如何自處。因此，我常常會用擁抱來介紹自己，放慢當下節奏、去除部分官腔，讓我們更加有血有肉。

我會設法跟認識的人們建立關係，尤其是沒管道接觸我現今所處世界的那群人。我想要盡可能分享正面的力量。那場喪禮後過了幾天，正逢巴拉克發表國情咨文，我邀請哈蒂亞・潘多頓的父母坐我旁邊，後來也請他們來白宮參與復活節滾彩蛋的活動。克莉歐佩特拉在女兒過世後，大力提倡預防槍枝暴力的措施，也數度出席該議題的不同會議。另外，我特意持續寫信給倫敦伊莉莎白蓋瑞特安德森學校的女孩，不忘她們當初令我深受感動，不斷鼓勵她們即使缺乏特權，仍要懷抱希望，努力向上。二〇一一年，我帶著該校三十七名女孩一同參訪牛津大學，她們並非名列前茅的優等生，而是老師認為潛力尚未發揮的孩子。參訪目的是讓她們一窺未來的願景，看到奮力向前的可能成果。二〇一二年，在英國首相國是訪問時，我在白宮招待該校另一群學生。重點在於，必須常以各種方式伸手拉拔孩子，好讓他們感到一切都是真的。

我知道，自己人生早期的種種成就，來自兒時家中和學校給予的關愛與高度期待。這個想法促使我發起白宮師徒計畫，而從這項計畫衍生而出的全新教育運動，就是我和幕僚準備推動的「步步高陞」（Reach Higher）。我希望鼓勵孩子努力朝大學之路前進，成功進入大學後就要堅持到底。我知道在不久的將來，對於投身全球職場的年輕人來說，大學教育更是不可或缺的敲門磚。「步步高陞」企圖提供年輕人一路上的協助，給予學校輔導教師更多資源，並降低聯邦助學補助的申請門檻。

過去我有幸得到父母、師長和人生導師的指點，一再告訴我一句簡單的話：「妳很重要」。身為大人，我希望把這句話傳給下一代。這也是我告訴兩個女兒的話，而她們的運氣很好，每天在學校或優渥的環境中，可以一再強化這項信念。我希望以自己高中那位輔導老師為戒，還記得她那時輕率地說，我不是讀普林斯頓的料。

「我們每個人都相信，妳們屬於這裡。」我這麼告訴伊莉莎白蓋瑞特安德森的女學生。許多女孩坐在牛津大學古色古香的哥德式餐廳內，神情看上去有些驚恐，四周是大學教授和擔任輔導員的大學生。我在類似場合的發言每次都大同小異——可能是對來白宮參觀的孩子、立岩蘇族部落（Standing Rock Sioux Reservation）的孩子、幫忙菜園的當地學童，或參加白宮職涯日與時尚、音樂或詩歌工作坊的高中生，甚至包括跟圍繩外支持民眾互動時，那些我僅能匆匆大力擁抱的孩子。我要傳達的觀念永遠都一樣：**你屬於這裡，你很重要，我很看好你**。

後來，英國一所大學的經濟學家發表一項研究，在觀察伊莉莎白蓋瑞特安德森學生考試的表現後發現，在我開始與她們通信後，學生整體分數大幅成長，平均從C進步到A。這份功勞當然屬於女孩、老師與師生們每天共同的努力，但這也確定了一件事：孩子感受到大人用心對待，自然會願意付出更多心力。我明白，只要對孩子展現自己的關懷，終究會產生很大的力量。

✳

哈蒂亞．潘多頓喪禮過了兩個月，我回到了芝加哥，指示幕僚長蒂娜投注心力爭取民眾支持槍枝暴力防制。蒂娜是長年居住於芝加哥的律師與政策專家，待人以寬，笑聲具感染力，也是我見過最勤奮工作的人。她曉得要打通政府內外哪些機關，才能達到我心目中的影響範圍。此外，她憑著自身的個性和經歷，絕不默默隱忍，尤其是男性主導的會議上，她經常是其中屈指可數的女性。巴拉克第二任期，她多次跟國防部與不同州長來回角力，清除了許多繁文縟節，好讓退伍軍人和軍眷能有效率進行生涯規畫；她也協助擬定一項全新的政府跨部門大型專案，關注全球各地女孩的教育問題。

哈蒂亞死後，蒂娜動用自己當地的人脈，鼓勵芝加哥企業主、慈善家跟市長拉姆．伊曼紐爾（Rahm Emanuel）合作，擴大開設社區課程給全市的高風險青年。在她的奔走之下，不過數週，就獲得三千三百萬美元的援助承諾。在某個涼爽的四月天，我和蒂娜搭機前往參與一場社區領袖會議，討論青年賦權的議題，也會見了另一群孩子。

那年冬天稍早，公共廣播節目《美國眾生相》（*This American Life*）製作兩小時的專題，描述南區恩格伍德（Englewood）威廉哈波高中（William R. Harper Senior High School）的師生故事。前一年，該校共有二十九名學生或畢業生遭到槍擊，其中八人傷重不治。這些數字在我和助理們看來實在不可思議，但令人難過的是，全國各地都市學校皆疲於因應過度氾濫的槍枝暴力。在大談特談青年賦權的同時，似乎真的必須坐下來聽聽青年的心聲。

在我小時候，恩格伍德地區向來就治安不好，但並沒像現在這樣動輒令人喪命。國中時，我每週都會前往恩格伍德，修當地社區大學的生物實驗課。多年後的今天，我的車隊行經一棟棟年久失修的平房、空蕩蕩的土地和燒得焦黑的大樓，唯一生意興隆的似乎只剩賣酒的店家。

我回想起孩提時期的街坊鄰里，常有人把「貧民窟」掛在嘴邊當作某種威脅。我現在才明白，光是在話中暗示這個詞，就足以讓安穩的中產階級家庭擔心自家房價會下跌，基於預期心理而逃到郊區定居。「貧民窟」代表那個地方住著黑人且翻身無望，既是預言失敗的標籤，又加速失敗的到來；「貧民窟」會導致街角雜貨店和加油站倒閉，也打擊著努力替孩子建立自我價值的學校和教育工作者。「貧民窟」是所有人避之唯恐不及的名詞，很快就能讓一個社區籠罩在陰影下。

哈波高中位於西恩格伍德的中心地帶，外觀是砂磚大樓，校舍由多翼組成。我會見了校長莉歐尼塔・桑德斯（Leonetta Sanders），她是一位動作俐落的非裔美國女性已任職六年，陪同的還有兩位駐校社工，都全心全意照顧五百一十名在校生，其中多數是來自低收入家庭。其中一位社工名叫克莉斯托・史密斯（Crystal Smith），經常可看到她趁下課時間在校內穿堂來回巡視，逢學生便說許多鼓勵的話，表達自己的高度肯定，像是「我非常以你為榮喔！」和「我覺得你很用功耶！」她也深信學生會做出正確的選擇，不時會朝學生精神喊話：「我很看好你喔！」

那天在學校圖書館，我和二十二名哈波高中學生圍成一圈（全都是非裔美國人，以中高年級為主），有的坐在椅子上、有的坐在沙發上，穿著卡其服和有領襯衫。這些學生多半搶著發言，訴說著每天、甚至每小時都害怕遭幫派暴力威脅。有些學生的父母從他們生活中缺席，有些學生的父母則有成癮問題；另外有兩名學生待過青少年拘留中心。一名叫作湯瑪斯的學生在夏天時親眼目睹十六歲的女生朋友遭人射殺。當時他與哥哥都在現場，哥哥曾因槍傷而部分癱瘓，這次只是在外頭坐輪椅，卻也遭子彈波及受傷。幾乎每個孩子都有朋友、親戚或鄰居死於槍下，卻幾乎沒人曾到市中心看過湖，或參觀過海軍碼頭。

分享到一半，其中一位社工忽然插話，對所有學生說：「攝氏二十七度天氣晴！」圓圈內每名學生都點著頭，滿臉哀怨。「跟歐巴馬夫人說明一下，」她說，「早上起床聽到氣象預報是攝氏二十七度天氣晴，你們最先想到什麼事？」

她顯然知道答案，但想要我親耳聽到。

所有學生一致同意，這不是什麼好日子。只要外頭是晴朗的好天氣，幫派分子就更加活躍，也更容易發生槍擊案。

這些孩子由於身處當地的緣故，早已適應了違反直覺的邏輯，天氣好盡量待在家中，視幫派地盤與勢力的改變，每天更換上下學的路線。他們還說，有時回家最安全的路線是走在馬路正中央，任憑車子從兩旁呼嘯而過，好看清楚任何升溫的衝突或可能的槍手，同時幫他們爭取逃跑的時間。

美國不是單純的國家，各種矛盾令我暈頭轉向。我曾去過不少民主黨募款餐會，舉辦地點在曼哈頓頂樓豪宅，陪著許多貴婦啜飲葡萄酒。她們都宣稱自己熱中教育和兒童議題，卻又會偷偷靠近我說，只要是有半點增稅念頭的候選人，絕對得不到她們在華爾街上班的先生那一票。

如今我人在哈波高中，聆聽孩子聊著怎樣才能活下來。我敬佩他們展現的堅韌，卻又心疼他們如此需要這項特質。

其中一名學生直率地看著我說：「妳特地來看我們固然很好，」他聳了聳肩，「但是，妳打算怎麼處理這些事呢？」

對他們來說，我不只是芝加哥南區長大的居民，更代表了位於華盛頓特區的政府。而有關華盛頓的政治現實，我覺得有必要跟他們說實話。

「老實說，」我開口說，「我知道你們在這裡過得很辛苦，但是短時間內不會有人來救你們。絕大多數在華盛頓的人根本沒有作為，很多人甚至不曉得你們的存在。」我接著向學生說，進步都來得很緩慢，他們沒本錢坐等改變成真。許多美國人不希望多付點稅，國會就連預算案都無法通過，更別提放下政黨口水戰了。因此，政府不可能一下砸十億美元投資教育，他們的社區也不可能神奇脫離現狀。即使新鎮發生慘絕人寰的槍擊案，國會仍執意阻擋防止槍枝落入壞人手中的任何措施，因為相較於保障孩子的性命安全，議員更在意來自全國步槍協會（National Rifle Association）的政治獻金。政治就是一團糟，我如此表示。對此，我說不出太振奮或鼓勵的話。

不過，基於自己在南區長大的經驗，我繼續提供了一項不同的建議。我說：**運用教育吧**。

這些孩子才剛花了一小時，分享許多令人心痛又震撼的親身經歷，但我特別提醒他們，這些經歷也反映出他們的毅力、獨立和克服困難的特質。我語帶肯定的說，他們已具備了成功的條件。我說，他們在這所學校免費接受教育，而校內許多用心又關愛的大人，都認為他們十分重要。大約六週後，多虧了當地企業人士的捐款，一群哈波高中的學生來到白宮，由我和巴拉克親自接待；他們也參觀了霍華德大學，瞭解大學的二三事。我希望，他們在那裡可以看到未來的自己。

我從來不認為，光靠第一夫人的發言或擁抱，就可以扭轉一個人的生命；我也絕不相信，哈波高中那些孩子能輕鬆因應生活的現實。任何故事都不可能如此單純。當然，那天坐在圖書館裡每個人都曉得這點。然而我之所以現身，是想駁斥貶低美國都市黑人小孩的老掉牙論述，即預言失敗又加速失敗的說法。假如我可以指出這些學生的優點，讓他們瞥見前方一條路，我絕對義不容辭。這是我能促成的微小改變。

24

二〇一五年春天，瑪莉亞煞有其事的說，某個她有點喜歡的男孩邀她參加舞會。她當時十六歲，剛結束席德威高二課程。對我們來說，她還是那個熱情活潑的長腿女兒，只是每天愈來愈像大人。她現在跟我差不多高了，也開始思考大學申請事宜。她是個具好奇心又沉穩的好學生，跟她爸一樣很會記得生活細節。她還對電影和製片產生了濃厚的興趣：前一年暑假，導演史蒂芬·史匹柏（Steven Spielberg）來白宮參加晚宴時，她主動上前詢問一大堆問題，導演後來便請她去自己製作的電視影集拍攝現場實習。我們的女兒在走出自己的路了。

一般基於維安理由，瑪莉亞和莎夏不准搭乘別人的車。瑪莉亞當時已有臨時駕照，可以自己在市內到處跑，只是後頭都會有特勤人員開車尾隨。儘管如此，自從十歲搬來華盛頓，她就不曾搭過巴士或地鐵，也沒被特勤局以外的人載過。但為了舞會之夜，我們決定開個特例。

舞會那天傍晚，她的舞伴開車來到白宮，先通過東南大門的安全哨，再沿著車道往前繞過南草坪後停車，各國元首和來訪政要一般也抵達於此。接著，這名身穿黑色西裝的男孩，精神奕奕，或該說勇氣十足走進了外廳。

「拜託自然就好，可以嗎？」瑪莉亞跟我和巴拉克說，我們搭電梯下樓時，她的尷尬已開始溢於言表。我打著赤腳，巴拉克穿著夾腳拖，瑪莉亞身穿一襲黑色長裙與優雅的露肩上衣，看起來美麗動人，有著二十三歲女子的成熟感。

就我的標準來看，我們夫妻表現得滿自然的，不過至今瑪莉亞提起此事依然大笑，說她記得整個過程有點煎熬。我和巴拉克握了握那個大男孩的手，拍了幾張合照，再給女兒一個擁抱，才送他們兩人出門。說起來不太公平，但我們想到瑪莉亞有維安小隊隨行就感到安心，他們想必會緊跟著男孩的車子到兩人吃晚餐的餐廳，而且整晚都會默默在周圍執勤。

從家長的觀點看來，這樣撫養青少年其實還不錯——知道有群時時警戒的大人跟著孩子，一旦發生緊急狀況就把人撤離現場。但可以理解的是，在青少年看來這完全就是掃興的事。正如白宮生活的許多層面，我們得設法替家人理出頭緒——不同界線要畫在哪？又該怎麼畫？如何在總統一職伴隨的各項規定，與孩子自我學習成長的需求之間，拿捏適當的平衡？

女兒們上高中後，我們便訂下了門禁：起初是晚上十一點，後來延長到半夜。而且根據瑪莉亞和莎夏所說，比她們許多朋友的父母執行得更為嚴格。如果我擔心兩人的安全或下落，大可以詢問特勤人員，但我都盡量克制自己，因為我認為她們必須信任自己的維安小隊。我採取的方式想必跟大部分家長一樣，仰賴其他父母的聯絡網獲得消息，所有人彼此互通有無，藉此掌握兒女行蹤與是否有大人陪伴。當然，我們女兒因為父親身分的關係，必須擔負起更多責任，深知只要搞砸任何事，都可能登上頭條新聞。我和巴拉克都曉得這實在很不公平，畢竟我們自己在青少年時期，都挑戰過許多底限，也做過不少蠢事，所幸沒有全國人民盯著看。

當初在芝加哥的家中，巴拉克坐在瑪莉亞床邊問能否讓他參選總統時，瑪莉亞不過八歲而已。如今，我想著當時她想必搞不清楚狀況，甚至我們全家人都所知甚少。在白宮當個孩子是一回事，在白宮當個大人就是另一回事了。瑪莉亞怎麼可能料想到，某天會有荷槍實彈的隨扈跟自己前往舞會？或料想到會有人拍她偷偷抽菸的照片，轉賣給八卦網站？

我們的孩子逐漸成年之際，適逢史上獨一無二的時期。蘋果公司在二〇〇七年六月，也就是巴拉克正式宣布參選總統後四個月左右，開始銷售智慧型手機iPhone。短短三個月內，蘋果就賣出一百萬支iPhone；而在他第二個任期結束前，銷售量更達到十億支。他走馬上任的同時，全新的時代也於焉展開：自拍風潮、個資遭駭、Snapchat和卡戴珊姊妹（Kardashians）。我們女兒的生活更是沉浸其中，部分是因為社群媒體主導了青少年的生活，部分則因為她們的日常更貼近社會大眾。每當莎夏和瑪莉亞放學或週末跟朋友走在華盛頓街頭，都會看到陌生人拿手機朝著她們猛拍，或得應付許多大人希望——甚至強硬要求——跟她們自拍。「你應該知道我還只是小孩子吧？」瑪莉亞有時會這麼拒絕。

我和巴拉克盡可能保護兩個女兒，不讓她們有太高的曝光率，拒絕一切媒體邀約，努力保有她們日常生活的隱私。她們的特勤隨扈也展現支持，盡量在公共場所保持低調，捨棄西裝改穿寬鬆短褲和T恤，也把顯眼的耳機與腕式麥克風，換成入耳式耳機麥克風，以更加融入她們跟朋友常約的場合。除了女兒出席官方活動以外，我們強烈禁止媒體發布任何她們的照片，白宮新聞辦公室也把這立場交代得清清楚楚。梅麗莎和其他團隊成員會替我貫徹這項原則，凡是有八卦網站貼出女兒的照片，就會打電話訓斥對方一頓，並且要求立即撤下照片。

想要捍衛女兒的隱私，意味著也得設法滿足大眾對我們家的好奇心。巴拉克連任之初，我們家多養了一隻狗狗桑尼（Sunny），牠個性不受拘束、喜歡東奔西跑，由於新家對牠來說太大了，似乎不覺得有必要在固定地方大小便。兩隻狗兒讓周遭一切顯得輕鬆不少，牠們每天閒晃自如，證明白宮確實也是個家。有鑑於瑪莉亞和莎夏基本上碰不得，白宮媒體公關團隊開始要兩隻狗在官方活動上亮相。我晚上翻閱簡報手冊時，不時會看到便條寫著要我批准「與波波和桑尼有約」的活動，讓兩隻狗跟參訪的媒體記者或小朋友互動。無論記者是前來瞭解美國貿易與出口的重要，或聽巴拉克語帶肯定提名梅瑞克．加蘭德（Merrick Garland）當最高法院大法官，兩隻狗都會乖乖就定位。波波還在復活節滾彩蛋的宣傳影片中演出一角。牠和桑尼曾陪我拍攝一組網路活動照，鼓勵民眾登記醫療保險。牠們是最優秀的大使，既對外界批評無感，也不曉得自己的名氣。

✳

莎夏和瑪莉亞跟所有孩子一樣，成長過程中也會對事物失去興趣。自從巴拉克當上總統以來，她們每年秋天都會陪他在記者面前，進行總統一職最為荒謬的儀式：在感恩節前赦免一隻活生生的火雞。頭五年，她們一邊聽老爸說著冷笑話，一邊咯咯咯笑個沒完。但到了第六年，兩人分別十三歲和十六歲，就連假裝覺得好玩都懶了。赦免儀式過後數小時內，兩人的臭臉就已傳遍網路：莎夏面無表情、瑪莉亞雙手抱胸，照片中的她們站著，旁邊就是總統老爸、講台和狀況外的火雞。《今日美國》（*USA Today*）報紙頭條摘要得頗為公允：「瑪莉亞和莎夏‧歐巴馬受夠陪老爸赦免火雞了。」

於是，兩個女兒從此可選擇是否要參與赦免儀式，以及幾乎任何白宮活動。她們是快快樂樂、適應良好的少女，生活理應有許多活動和社交安排，跟自己父母一點關係都沒有。反正身為父母，對孩子的掌控很有限。我們女兒有自己的行程，即使是我們行程中較好玩的部分，她們也不太會有興趣。

「今天晚上妳們想不想下樓聽保羅‧麥卡尼（Paul McCartney）的表演？」

「媽，拜託不要。」

瑪莉亞的房間經常傳來震天價響的音樂；莎夏和她朋友迷上有線電視烹飪節目，有時會霸占官邸的廚房來裝飾餅乾，或變出精美的多道餐點給自己享用。兩個女兒都很享受在校外教學或朋友家度假時，比較可以混入人群的感覺（維安特勤當然會出動）。莎夏最喜歡在杜勒斯國際機場（Dulles International Airport）挑自己愛吃的零食，再搭乘滿載旅客的民航客機，原因很簡單，這迥異於安德魯斯空軍基地總統級的繁雜流程，只是這樣的陣仗已成為我們家的常態了。

與我們同行當然也有優點。在巴拉克的任期結束前，女兒們不但到哈瓦那看了場棒球賽，也走了一段中國的萬里長城，還在霧濛濛又奇幻的夜色中，參觀了里約熱內盧的救世基督像。

但也可能帶來許多不必要的麻煩，尤其當我們處理無關總統的事，更有此體悟。瑪莉亞剛升高二時，我們母女兩人騰出一天參觀紐約市內的各所大學，譬如在紐約大學和哥倫比亞大學安排導覽。起初，一切還滿順利的。我們快速穿越紐約大學校園，如此高效率，部分是因為時間還早，許多學生尚未起床出門。我們參觀了教室、到某間宿舍探頭張望，還跟一位院長會面聊天，才到上城提早吃頓午餐，再前往下一個導覽。

問題是，第一夫人規格的車隊根本藏都藏不住，而在週間中午的曼哈頓島上，更顯得無所遁形。我們吃完午餐後，已有百餘人聚集在餐廳外的人行道上，騷動的場面只會引起更多混亂。我們踏出餐廳時，已有幾十支手機朝我們舉起，現場隨即響起了歡呼聲。如此高度關注固然出於善意——「來哥倫比亞嘛，瑪莉亞！」群眾大喊著——但是，這對想安靜思考自己未來的女孩卻幫助不大。

我當下就知道該怎麼辦，那就是給自己坐冷板凳。我決定不陪瑪莉亞參觀下一間學校，改派我的貼身助理克莉斯汀·瓊斯同行。少了我在旁邊，瑪莉亞被人認出的機率就會下降，不但可以移動得更快，隨扈人數也會大減。少了我在旁邊，說不定，她可能看起來就像一般走在校園的孩子。我起碼得給她個機會試試看。

況且，近三十歲的克莉斯汀從小在加州長大，就像兩個女兒的大姊姊一樣。她起初是我辦公室的年輕實習生，以及我之前的行程主任克莉絲汀·賈維斯，都幫了我們家很多忙，適時填補我們因行程緊湊與名聲包袱所造成的莫名空缺。我們口中的「克莉絲／斯汀雙人組」，常常代替我們出面，當作我們家與席德威的聯絡窗口。只要我和巴拉克無法抽空，她們就會負責跟老師、教練和其他家長互動，適時安排會面。她們對莎夏和瑪莉亞則愛護有加，在女兒眼中，這兩位大姊姊勢必遠比我這個老媽新潮。瑪莉亞和莎夏打從心底信任她們，從衣服搭配、社群媒體到相處頻繁的男孩，都會請教她們的意見。

那天下午瑪莉亞參觀哥倫比亞大學時，我被迫待在特勤局指定的安全場所等候，後來才知道是校園內某棟教學大樓的地下室。我獨自坐在裡頭，沒有任何人發現，直到可以離開為止，只可惜沒帶本書去讀。我得承認，待在地下室時，其實有點難過，某種孤單的感覺襲上心頭，與其說是因為獨自在無窗房間虛耗光陰，不如說是想到不管願不願意，未來正不斷地靠近，我們的大女兒即將要長大離家了。

✳

我們還沒抵達終點，但我已開始盤點一切，衡量著種種得與失，哪些被犧牲掉了、哪些算得上進步——包括國家與家庭的得失。我們是不是盡力了？有沒有辦法全身而退呢？

我努力回想，當初人生何以轉了個彎，偏離我幻想中屬於控制狂的規律生活——有著穩定的薪水、可以住一輩子的房子、充滿例行公事的日常。我在哪個時間點選擇了不一樣的路呢？我何時允許內心出現混亂的呢？難道說，從那年夏夜我放下冰淇淋甜筒、探過身子跟巴拉克首次接吻，一切就開始了嗎？還是說，那天我離開一疊疊整齊的文件、放棄可望成為事務所合夥人的生涯，深信自己會找到更充實的工作，才導致後來的一切呢？

我的心有時會回到二十五年前，自己到芝加哥遠南區羅斯蘭德的教會地下室，陪巴拉克對社區民眾發表演說，這些街坊鄰居得拚命對抗每天的絕望與漠然。聽著當晚的對談，我發覺熟悉的話語被賦予了新意。我很清楚，生活確實可能包括兩個層面——腳踏實地的同時，邁往進步的方向。我小時候住在歐幾里得大道便貫徹這項原則，我的家人——活在社會邊緣的人——向來也是如此。你實現目標的方法，就是打造更美好的現實，即使起初只能構築願景也沒關係。或如同巴拉克那天晚上所說：你現在生存的世界再怎麼糟糕，仍然可以努力打造理想中的世界。

當時我才認識他兩個月，但現在回想起來，我就是在那時轉了彎。那一刻，毋需任何言語，我便打定主意要跟他走一輩子，一輩子都要有此信念。

這些年下來，我見證了許多進步，也對此深懷感激。二〇一五年，我仍舊常前往沃特里德中心探視，不過每次去都覺得受傷士兵變少了。美國派駐海外高風險地區服役的軍人減少了，需要照護的傷患減少了，心碎的母親也減少了。對我來說，這就是進步。

進步，就是疾病管制中心公布兒童肥胖率上升趨勢變緩，尤其是二至五歲的兒童；進步，就是兩千名底特律高中生現身幫我慶祝大學簽約日（College Signing Day），此假日是「步步高陞」計畫的一環，我們加以擴大辦理，以表彰年輕人找到理想大學這個特別日子；進步，就是最高法院裁定駁回對於全新醫療法關鍵條文的異議，幾乎可以確定巴拉克在國內的代表作——保障每位美國人享有健保的權利——在他卸任後仍可發揮效用，不致被東折西扣。進步，就是全國經濟復甦：當初巴拉克剛入主白宮時，單月就有八十萬人丟掉工作，但如今就業率近五年來都持續穩定地成長。

我認為，這些例子都能佐證美國有能力打造更好的社會。只不過，我們依然活在現實世界之中。

新鎮槍擊案發生一年半後，國會連一項槍枝管制措施都沒通過；賓拉登死了，但伊斯蘭國（ISIS）來了；芝加哥的凶殺案發生率不減反增；密蘇里州佛格森（Ferguson）一名黑人青少年麥可．布朗（Michael Brown）遭一名警察射殺，遺體被棄置在路中央好幾個小時；芝加哥一名黑人青少年拉匡．麥唐納（Laquan McDonald）遭警方擊中十六槍，其中九發子彈全在背部；克里夫蘭一名黑人男孩塔米爾．萊斯（Tamir Rice）在玩一把BB槍時遭警方擊斃；巴爾的摩一名黑人男子佛雷迪．格雷（Freddie Gray）遭警方拘留期間傷重不治；史塔登島（Staten Island）黑人男子艾瑞克．嘉納（Eric Garner）在遭拘捕過程中被警方勒斃。這一切都直指美國社會中從未改變的惡意。巴拉克首次當選總統時，許多專家名嘴天真地宣稱，美國正步入「後種族」時代，膚色再也不重要了。上述案例證明他們大錯特錯。當美國人過度關注恐怖主義的威脅，便容易忽略正在撕裂國家的種族歧視和部落主義。

二〇一五年六月底，我和巴拉克飛到南卡羅萊納州查爾斯頓（Charleston）陪伴另一個悼念亡者的社區——這次是牧師克萊門塔・平克尼（Clementa Pinckney）的喪禮。他與另外八名教友都死於月初一場肇因於種族仇恨的槍擊案，事發現場是一座非裔衛理公會教堂（African Methodist Episcopal），當地人暱稱為以馬內利聖母教堂（Mother Emanuel）。受害者都是非裔美國人，他們歡迎一位二十一歲失業白人（沒有任何教友認識他）加入當時的讀經班。這名白人坐了一會兒，在所有人低頭禱告後，便站起來開始對全場掃射，據說犯案當下他還說：「我一定要這麼做，都怪你們強暴我們的女人，還要占領我們的國家。」

巴拉克發表了緬懷平克尼牧師的感人悼詞，坦言此刻予人深深的悲痛，接著讓在場所有人驚訝的是，他忽然帶唱起〈奇異恩典〉（*Amazing Grace*），徐緩又深情。這首歌單純是要喚起希望，呼籲世人堅持下去。在場致哀民眾似乎都隨之跟唱。六年多來，我和巴拉克都察覺到，自己的存在會煽動起情緒。隨著全國各地弱勢族群漸漸在政治圈、企業界和演藝圈擔任更重要的角色，我們家也成為最顯著的榜樣。我們入主白宮後，數百萬美國人歡天喜地，但也掀起其他民眾的恐懼與憤恨等反動情緒。這個仇恨心態由來已久又根深柢固，始終都很危險。

我們全家人概括承受，全國人民也概括承受。而我們仍繼續前行，盡力保持尊嚴。

✳

跟查爾斯頓那場追悼會同一天，也就是二〇一五年六月二十六日，美國最高法院做出劃時代的裁定，確認全美五十州的同性伴侶皆有結婚的權利，象徵數十年來各州法庭攻防戰的最高潮，而正如其他民權抗爭一樣，這也有賴於許多人努力不懈，展現勇氣。那一整天，我斷斷續續看到美國人欣喜若狂的報導，最高法院前面階梯上的群眾興奮地吶喊：「這是愛的勝利！」許多伴侶湧入市政廳和郡法院，實踐如今受憲法保護的權利；一間間同志酒吧提早營業；全國街頭都有彩虹旗飄揚。

這一切都有助我們度過南卡羅萊納州悲慟的一天。回到白宮，我們換下了喪服，快快跟女兒們吃完晚餐，巴拉克就前往條約廳，打開ESPN頻道，趕一下工作進度。我前往更衣間的途中，瞥見官邸一面朝北的窗戶外頭映著紫色光芒，這時才想起員工打算用彩虹旗的六種顏色照亮白宮。

我朝窗外望去，只見門外賓州大道上，擁擠的人潮被夏天暮色所籠罩，全都來看這場燈光秀。北面車道上擠滿政府職員，特地留到傍晚見證白宮變身慶祝婚姻平權。為這項裁定所感動的人不勝枚舉。從我站的地方，可以看見熱情洋溢的場面，但什麼都聽不到。這正是我們身處世界的詭異之處。白宮是沉默又封閉的堡壘，幾乎所有聲音都被厚實的窗戶與牆壁擋住。即使陸戰隊一號直升機在白宮一側降落，高速螺旋槳揚起強風、震動樹枝，官邸裡頭依然不聞任何聲響。巴拉克結束公務之旅返抵家門時，我通常不是因為聽到直升機的聲音，而是聞到一股燃油味才曉得，不知為何這味道竟能滲透進來。

通常在累了一天後，我很樂於回到備受保護又悄然無聲的官邸。但今晚感覺不一樣，心情就跟國家本身一樣弔詭。整天沉浸於查爾斯頓哀戚的氛圍後，我現在卻正看著窗外舉行著巨大的派對。數百人抬頭望著我們家，我好想跟他們有相同的視角，忽然間急欲參與這場盛會。

我探頭進條約廳，問巴拉克：「你想出去看燈光秀嗎？外面很多人喔。」

他笑著說：「妳明知道我沒辦法應付很多人啊。」

莎夏待在房間，全神貫注於她的iPad上。「妳想跟我出去看彩虹燈嗎？」我問。

「不想。」

這下子只剩瑪莉亞了，沒想到她二話不說就答應了。我終於找到了伴，母女兩人要去探險，還是人潮洶湧的戶外，甚至不打算得到任何人的許可。

按照平常規定，我們凡是想離開官邸，無論是下樓看電影或出去遛狗，就要知會電梯旁的特勤人員，但今晚偏不想如此。我和瑪莉亞直接經過值班的特勤人員身邊，連眼神交會都沒有。我們繞過電梯，快速走下狹窄的樓梯間。我聽見後方樓梯傳來皮鞋下樓的嗒嗒聲，特勤正設法跟上我們。瑪莉亞露出調皮的笑容，她不習慣看我違反規定。

抵達國事樓後，我們走向通往北門廊的大門，此刻身後傳來一個聲音。

「夫人好！需要我為您服務嗎？」說話的是值夜班的門房克萊兒・福克納（Claire Faulkner）。她頂著一頭棕髮，為人親切又輕聲細語，想必是後頭的特勤用腕式麥克風向她通風報信。

我轉頭看了她一眼，絲毫不打算放慢腳步。「噢，我們只是要出去看燈光秀而已。」我說。

克萊兒頓時抬起眉毛。我們沒多加理會，一到門前我就抓著粗重的金色門把往後拉，但大門卻文風不動。九個月前，一名持刀的入侵者不知為何竟躍過白宮圍籬，直接闖入這扇大門，還在國事樓奔跑了一下子，才被一位特勤官制伏。從此，保全便開始把門鎖起來。

我轉頭面對身後那群人，如今多了一位身穿白襯衫與黑領帶的特勤官。「這個門要怎麼打開啊？」我自顧自地說著，「應該有鑰匙才對吧。」

「夫人，」克萊兒說：「我覺得您可能不會想開這個門，每家電視台的新聞攝影機，現在都正對著白宮北面喔。」

她說得有道理。我的頭髮亂七八糟，又穿著拖鞋、短褲和T恤，不太適合公開亮相。

「好吧，」我說：「但有辦法可以出去不被人發現嗎？」

我和瑪莉亞正在進行大冒險，可不打算放棄目標。我們就是想到外頭看看。

後來有人建議試試一樓偏遠的卸貨門，平時給卡車送食物和辦公用品使用。我們一群人便往那裡移動，瑪莉亞勾著我的手臂，母女兩人興奮不已。

「我們要出去了！」我說。

「對啊！」她說。

我們走下大理石階梯，穿越一條條紅地毯，繞過喬治·華盛頓和班傑明·富蘭克林的頭像，最後經過廚房。忽然間，我們就到戶外了，潮濕暑氣迎面而來。我看到螢火蟲在草坪上微微閃爍。然後，人群的嘈雜聲慢慢出現，民眾在鐵門外歡呼慶賀。我們花了十分鐘才離開家，但我們終於做到了，如今來到白宮外，站在靠邊的草坪上頭，看不到其他民眾，但可以近看美麗的白宮，點亮成六色彩虹。

我和瑪莉亞倚靠著彼此，很高興找到了出來的路。

✳

此時，政壇新的局勢已開始風起雲湧。到了二〇一五年秋天，下屆總統大選造勢已如火如荼展開。共和黨那邊的角逐人選眾多，包括州長約翰·凱西克（John Kasich）與克里斯·克里斯蒂（Chris Christie）、參議員泰德·克魯茲（Ted Cruz）與馬可·魯比歐（Marco Rubio），另外還有十來位參選人。相較之下，民主黨很快就把範圍縮小至希拉蕊·柯林頓和伯尼·桑德斯（Bernie Sanders）二選一。自由派人士桑德斯長期擔任佛蒙特州參議員，向來不隸屬任何政黨。

唐納·川普於該年夏初也宣布參選。他站在曼哈頓的川普大廈中，大肆抨擊墨西哥移民是「強暴犯」，還說治理國家的是群「窩囊廢」。我以為他不過是在譁眾取寵，吸引媒體注意力，因為他就有此本事。他一切的行為舉止，都看不出來想認真領導統御。

雖然我有追蹤大選消息，但已不像前幾年那麼關注，而是忙著推廣我任內的第四項計畫：「讓女孩上學」（Let Girls Learn）。這項跨政府部門的計畫是我和巴拉克在春天共同發起，宏願是要幫助全球青少女取得更多教育資源。至今我已擔任將近七年的第一夫人，每每看到世界各地年輕女性身上的潛力與脆弱，都感到十分震撼——像是伊莉莎白蓋瑞特安德森學校那些出身移民家庭的女孩，還有遭塔利班（Taliban）殘忍攻擊的巴基斯坦少女馬拉拉（Malala Yousafzai），她後來到白宮跟我、巴拉克與瑪莉亞分享她對女孩教育的倡議。馬拉拉來訪的六個月後，我驚聞二百七十六位奈及利亞女孩遭極端組織博科聖地（Boko Haram）所綁架，該組織的目的似乎在散播恐懼，讓其他奈及利亞家庭不敢送女兒上學。這件事是第一次也是唯一一次，促使我代替巴拉克發表每週例行的全國演說，語氣激動地訴說我們需要更努力保護、鼓勵全世界的女孩。

我對此有切身的體會。教育向來是促成我人生改變的工具，也是我在社會中往上爬的槓桿。我卻驚愕地發現，根據聯合國教科文組織（UNESCO）的統計，全球有超過九千八百萬名女孩沒有任何機會接受教育，有時是因為最近的學校太過遙遠或昂貴，或是因為上學途中遭到攻擊的風險太大。在許多情況中，壓迫的性別規範與經濟因素交疊導致女孩無法受教育，形同把她們阻絕於未來機會之外。有些人甚至抱持一項觀念：送女孩上學並不划算。在世界上部分地區，這種心態更是普遍到令人咋舌。但許多研究一再顯示，讓女性受教育並進入職場，其實有助提升國家的國內生產毛額（GDP）。

我和巴拉克致力於翻轉外界如何看待年輕女性對社會的貢獻。他成功從美國國際開發署（USAID）與和平工作團（Peace Corps），以及國務院、勞工部和農業部，調度了相當於數百萬美元的資源。我們也共同遊說他國政府出資擬定女孩教育的計畫，同時鼓勵私人企業和智庫挹注財力與資源以表支持。

此時，我也懂得如何提升理念的聲量。我很清楚，對於遙遠國家人民的困苦，美國人很難產生共鳴。因此，我設法把議題帶回美國本土，找來史蒂芬・柯貝爾（Stephen Colbert）等名人在活動和社群媒體上出借明星魅力，也邀請賈奈兒・夢內（Janelle Monae）、辛蒂亞（Zendaya）和凱莉・克萊森（Kelly Clarkson）等藝人助陣，發表一首由黛安・華倫（Diane Warren）所寫的流行歌，叫作〈獻給我的女孩〉（*This Is for My Girls*），收益全數用來資助全球女孩教育。

最後，我得做一件自己有點怕的事：唱歌，而且是參加知名脫口秀《詹姆斯科登深夜秀》（*The Late Late Show with James Corden*）的爆笑單元「兜風卡拉ＯＫ」（*Carpool Karaoke*）。我和主持人詹姆斯・科登坐在黑色休旅車上，一邊繞著南草坪，一邊引吭高唱〈限時專送我愛你〉（*Signed, Sealed, Delivered I'm Yours*）、〈單身女郎〉（*Single Ladies*），最後是〈獻給我的女孩〉——這也是我最初答應上通告的原因。蜜西・艾莉特（Missy Elliott）也客串演出，溜到後座跟我們一起饒舌。我為此認真練習了好幾週，記下每首歌的每個拍子，目標是要看起來好玩又輕鬆，但幕後永遠都有許多心血和更大的使命：持續讓民眾貼近議題。三個月內，我參與的片段就累積了四千五百萬瀏覽人次，一切付出都值得了。

二〇一五年底，我、巴拉克和兩個女兒跟以往一樣，飛到夏威夷共度耶誕假期。我們租下一間有著面海大窗戶的大房子，還有平時的親友團同行。過去六年來，我們都會在耶誕節當天，到附近的陸戰隊基地探視國軍與其家眷。一直以來，對巴拉克來說，耶誕節其實不完全算是度假——其實幾乎沒什麼假可言。他得接電話討論時政、聽取每日簡報，還要諮詢少數同行的顧問、幕僚和講稿撰寫人，他們都住在附近的旅館。這讓我不禁納悶，等到真的卸任了，他是否還記得如何真正放鬆，當這一切都結束後，我們是否找得到方法放慢節奏。我在想，我們何時出去才不會有提著核足球的武官跟隨？

雖然我讓自己稍微做個白日夢，但仍想像不到這一切會怎麼結束。

回到華盛頓展開在白宮的最後一年，我們更能感受到時鐘滴答滴答走個不停。我開始迎接許許多多的「最後一次」，像是最後一次的州長舞會、最後一次的復活節滾彩蛋、最後一次的白宮記者協會晚宴等。我和巴拉克也到英國進行最後一次的國是訪問，還短暫見了已成為我們朋友的英國女王。

巴拉克向來對伊莉莎白女王格外有好感，說女王讓他想起自己嚴肅的Toot（夏威夷語的外婆）。我個人格外佩服女王講求效率的精神，這是一輩子活在大眾目光下所必備的能力。前幾年，我和巴拉克跟女王與菲立普親王一起站著歡迎賓客。我滿臉不可思議地看著女王用簡潔又親切的招呼，咻咻咻地讓客人快速通過，而巴拉克展現放鬆又友善的態度，幾乎跟賓客閒聊起來，還冗長地回答他們的問題，導致隊伍難以順暢移動。經過這麼多年，我依然要催他加快步調。

二〇一六年四月某個午後，我們夫妻兩人搭著直升機，從倫敦的美國大使官邸，飛到位於西邊郊區的溫莎城堡。按照我們場勘團隊的指示，女王和菲立普親王打算在我們降落時會合，再親自開車載我們回城堡用午餐。一如往常，我們事先聽取了既定流程的簡報：我們先會晤兩位王室成員，再搭他們的車一程。我與開車的九十四歲菲立普親王坐前座，巴拉克與女王則坐在後座。

這是八年多來，我們夫妻首次不是由特勤人員開車載送，也是首次沒有隨扈在車內陪同。這點對維安團隊來說非同小可，而既定流程對場勘團隊也至關重要，他們永遠都會煩惱我們的一舉一動，以確保每項細節妥妥當當又順利進行。

然而，我們在王宮廣場落地且打了招呼後，女王忽然示意要我跟她坐在那輛荒原路華（Range Rover）後座，打亂了所有的安排。我當場愣住，努力回想是否準備過這個情況，究竟是要順著女王的意思比較不失禮，或堅持讓巴拉克坐她旁邊比較恰當。

女王立即察覺了我的猶豫，但她可不允許這種事發生。

「他們是不是跟妳說了什麼規矩啊？」她邊說邊擺了擺手，表示不必這麼講究。「胡說八道，想坐哪裡就坐哪裡。」

✳

對我來說，畢業典禮致詞是每年很重要、幾近神聖的春季儀式。每年，我都會發表幾場畢業演說，高中和大學畢業典禮都有，但主要會挑選平時難以請到知名講者的學校（普林斯頓和哈佛，抱歉囉，即使沒有我，你們也會過得很好）。二〇一五年，我回到芝加哥南區，在國王學院預備中學畢業典禮上致詞。哈蒂亞．潘多頓要是活得夠久，原本也可以從那裡畢業。為了紀念她，畢業典禮上留了一張空椅子，同學們還用向日葵與紫色布條加以裝飾。

而我以第一夫人身分發表的最後一輪畢業演說，帶我到了密西西比州傑克森州立大學（Jackson State University），這所大學歷史上以黑人學生為主，我藉此機會談談如何追求卓越；還有紐約城市大學，我在此強調多元和移民的價值；然後在五月二十六日，剛好也是唐納．川普奪得共和黨提名總統候選人那天，我在新墨西哥一所小型社區高中，對一群美國原住民畢業生演說，他們接下來幾乎都要就讀大學。我愈投入第一夫人的角色，就愈敢誠實直接地討論遭種族和性別邊緣化的問題。我的目的是要讓年輕人在新聞或政治論述中看到仇恨時，可以有更大的脈絡依循，同時給他們懷抱希望的理由。

對於我個人與我在世上的地位，我想表達一件自認重要的事，就是我懂何謂缺乏存在感。我親身體驗過沒存在感的日子。我的歷代祖先同樣缺乏存在感。我常常提到，自己的曾曾祖父是一位名叫吉姆．羅賓森（Jim Robinson）的黑奴，很可能長埋於南卡羅萊納一座莊園的無名塚。我站在講桌前面對一群思考未來的畢業生，以自己為例子來證明至少在某些方面，確實可能戰勝低存在感。

那年春天，我出席的最後一場畢業典禮與自己切身相關——瑪莉亞要從席德威友誼學校畢業了。還記得那是溫暖的六月天，我們的好友伊莉莎白．亞歷山大（Elizabeth Alexander），也就是替巴拉克首次就職典禮寫詩的詩人，上台向畢業班致詞，代表我和巴拉克可以輕鬆坐著，單純感受當下。我以瑪莉亞為榮，她很快就要前往歐洲，跟朋友自助旅行幾週；在休息一年後，她就會進哈佛就讀。我以莎夏為榮，她那天剛好滿十五歲，幾小時後要參加碧昂絲演唱會作為慶祝；那年暑假，她大多數時間都會待在瑪莎葡萄園島，在我和巴拉克前往度假前，先跟家族朋友同住。她不但會結交許多新朋友，更會在一間餐館打工，這是她生平第一份工作。我也以我母親為榮，她就坐在附近，沐浴在陽光中，身穿黑色禮服、腳踩高跟鞋。她不但陪著我們住在白宮、環遊世界，又能完完全全地做自己。

眼見任務即將完成，我真的以我們全家人為榮。

巴拉克坐在我身旁的摺疊椅上。他看著瑪莉亞上台領取自己的畢業證書時，我可看見他的墨鏡後方，淚水正在眼眶中打轉。我曉得，他真的很累。三天前，他才在一位法學院朋友喪禮上發言悼念，這位朋友還曾進白宮替他工作；兩天後，一名極端分子在佛州奧蘭多一家同志夜店開槍掃射，造成四十九人死亡、五十三人受傷。他的工作永遠都如此沉重。

巴拉克是稱職的父親，用心投入又始終如一，這正是他父親缺乏的特質。但一路上，他也犧牲了不少東西。女兒出生時，他才剛踏入政壇，因此一直以來，我們的生活就伴隨著他的選民及其需求。

想起來難免會有一點難過：他即將享有更多自由與時間，兩個女兒卻漸漸要開始離家了。但我們不得不放手，她們有自己的未來，理應如此。

✳

七月底，我飛往費城在民主黨代表大會上進行最後一場演說，快到目的地時正好遇上一陣大雷雨，機身上下搖晃劇烈，大概是我碰過最嚴重的亂流。媒體公關主任卡若琳．亞德勒．莫拉勒絲（Caroline Adler Morales）有孕在身，很擔心亂流導致的壓力會害她臨盆，而梅麗莎平時坐飛機就很緊張了，這會兒在位子上更是尖叫個沒完，但我腦袋裡只有一個念頭：「拜託快點降落，我上台前還得練一練講稿。」雖然再大的舞台都習慣了，我還是得做好準備才能真正安心。

回想二〇〇八年巴拉克首次參選總統時，我都一再彩排黨代表大會上的演說，彩排到睡夢中都記得標點的位置，部分是因為以前我演說從未有電視轉播，部分則是因為這與我個人利害攸關。我在上台演說前，已被妖魔化成不愛國但愛生氣的黑人女性。那晚的演說給我機會呈現真實的自己，用自己的聲音說明我是誰，用自己的話語粉碎諷刺漫畫和刻板印象。四年後，我在北卡羅萊納州夏洛特（Charlotte）的黨代表大會上，真心訴說著巴拉克首次擔任總統期間，我在他身上看到的性格——他依然是當初結婚時那位堅守原則的男子，以及「當總統改變不了你的本質，只會揭露你的本質」這份體悟。

而這一次，我是幫希拉蕊・柯林頓站台。二〇〇八年黨內初選期間，她與巴拉克是競爭激烈的對手，後來成為忠心又幹練的國務卿。我對其他候選人向來無法展現對我先生那般的熱烈支持，所以要替別人造勢有時並不容易。不過，我秉持著一條原則：凡是公開替政治圈任何人事物發言，我只說自己真心相信且真心感受到的話。

我們的飛機在費城降落後，我馬上趕到大會會場，最後只有時間換好衣服、匆匆把講稿複習兩遍。然後我便站上台，說出自己的內心話。我提到起初對於要在白宮養育女兒深感恐懼，如今看到她們長成聰慧的少女，自己有多麼引以為傲。我說我信任希拉蕊，因為她既瞭解總統一職的重擔又擁有領導人的氣質，因為她跟史上任何獲提名人士一樣有此資格。我也坦承，全國人民如今面臨的選擇十分艱難。

從小到大，我都認為面對惡霸必須挺身反對，但不必墮落到跟他們相同的水準。不可諱言的是，我們確實在對抗一個惡霸：他羞辱少數族群，對於戰俘語帶鄙視，字字句句都在侮蔑美國的尊嚴。我希望美國人明白，用字遣詞至關重要——電視上的仇恨言論無法反映美國的真正精神，我們可以投票表示反對。我想呼籲大家重視尊嚴這件事——這是全國上下都應堅守的核心價值，而正是此一價值支撐著我們家，與世世代代的祖先。尊嚴總是讓我們度過難關。這是一項選擇，而且有時倍感艱辛，但我這輩子最敬重的人們，每天都一而再、再而三做出選擇。我和巴拉克都努力實踐著一條座右銘，當晚我也在台上跟民眾分享：**當別人低劣攻擊，我們要高尚回應**。（When they go low, we go high.）

兩個月後，距離選舉只剩幾週，一段過去的錄音檔曝光了：唐納・川普在二〇〇五年不經意地跟一位電視主持人吹噓自己性侵女性的事，用語極其猥褻低俗，令各家媒體陷入兩難，既想引用又怕有違社會善良風俗，最後也只能放寬標準，才能播出這段錄音。

我聽到的當下，完全難以置信。話說回來，這段錄音所反映的惡意與男性的訕笑，卻是令人既熟悉又難過，像是在說：「就算傷害妳，我也不會有事。」這種仇恨言論平時不會在正式場合出現，但依然存在於所謂進步社會的肌理之中——仍有許多人認同，所以唐納・川普這種人才可以隨口說出。我認識的每位女性都有此體會，被迫自認是「他者」的每個人也能體會。這正是許多父母不希望自己孩子經歷的事，卻又似乎難以避免。仗勢欺人就是不把人當人看，即使只有語帶威脅也一樣。這是最醜惡的一種力量。

聽了那段錄音後，我整個人感到憤怒難平。隔週，我預定要在希拉蕊的造勢活動上發言，但我這次不想單純替她的能力背書，而是想直接談談川普的那番話——用自己的聲音抗衡他的聲音。

我坐在沃特里德醫學中心的病房中修改講稿，當時我母親正在動背部的手術。我腦中思緒動得飛快。至今我被人嘲笑、威脅過許多次了，也曾遭人瞧不起，只因為自己是黑人女性又仗義執言。我領教過外界譏諷我的身體、我在這世界上占有的位置。我曾目睹唐納・川普在一場辯論中，如影隨形跟著希拉蕊。希拉蕊發言過程中走到哪裡、他就移動到哪裡，貼近地站在她身後，試圖想用自己的氣勢壓下她，也像在說：「就算傷害妳，我也不會有事。」女性一輩子都在忍受這些屈辱——對方可能是吹口哨、偷摸、侵犯或壓迫。這些只會讓我們受傷、削弱我們的力量。有些傷口小到幾乎看不見，有些大到會留下癒合不了的傷痕。但傷口無論大小，都會慢慢累積。我們上下學、上下班、在家帶小孩、前往自己信仰的場所或奮發向上時，都背負著這些傷口。

對我來說，川普的言論是另一次打擊。我絕不容許他的話成為常態。於是，我跟二〇〇八年合作至今的優秀講稿撰寫人莎拉・赫維茨（Sarah Hurwitz）一起努力，將憤怒化為語言，接著——待我母親術後恢復——我在某個十月天，前往新罕布夏州曼徹斯特發表演說。面對在場情緒激昂的群眾，我表明了自己的感想。「這不是常態，」我說，「政治平時不該是這樣。這真的太可恥、太過分了。」我清楚表達自己的憤慨與恐懼，同時也說出個人信念：藉由這場選舉，美國人會瞭解自己究竟在選擇什麼。那場演說，我字字句句都是真心。然後我便飛回了華盛頓，祈禱真有人把話聽進去。

✳

秋天腳步持續向前邁進，我和巴拉克也開始計畫隔年一月的搬家事宜。我們決定繼續住在華盛頓，好讓莎夏完成席德威高中部學業。瑪莉亞則在南美洲展開她一年的壯遊，享受自由自在的生活，盡量遠離華盛頓的政治紛擾。我懇求東廂的員工務必堅持到底，儘管他們得思考是否要找新工作，加上希拉蕊・柯林頓和唐納・川普的競爭日益激烈又令人分神。

二〇一六年十一月七日晚上，即總統大選前最後一夜，我和巴拉克前往費城獨立紀念館（Independence Mall），陪伴希拉蕊與她家人出席最後的造勢晚會。全場充滿了歡樂與期待的氛圍。希拉蕊展現的樂觀態度、多項顯示她穩穩領先的民調，加上我自認瞭解美國人心目中的領袖特質，在在鞏固了我的信心。我不會妄加揣測結果，但對勝選有不錯的預感。

這麼多年來，我和巴拉克首次在選舉當晚不必扮演任何角色：不必預訂飯店套房等待選舉結果，沒有一盤盤開胃小點、沒有隨處大聲播送實況的電視，不必打理妝髮、挑選衣服，不必把兩個女兒抓來待命，不必準備發表深夜演說。我們無事一身輕，想到就興奮不已。這正是我們退場的開端，得以初嘗未來生活的滋味。當然，我們也投入了心力，但眼前時刻不屬於我們，我們只需見證即可。想到票數還要一陣子才會出爐，我們便邀請薇拉瑞來白宮劇院看電影。

我現在卻想不起來那晚看了什麼電影，不只是片名而已，就連類型都不記得。我們其實只是在黑暗中打發時間。我腦袋不停想著，巴拉克總統任期即將結束，緊接而來的會是一連串的道別——我們有數不清的再見要說，一次次都會很感傷，畢竟我們喜愛又感激的眾多員工，得開始輪調離開白宮了。我們的目標是效法布希伉儷，盡可能讓政權交接得順利。我們的團隊也已著手準備簡報手冊和聯絡名單，方便下一批團隊上手。離開前，許多東廂員工也會在桌上留下手寫便條，除了表示熱忱的歡迎，也願意持續提供協助給接任者。

我們依然忙著每天例行事務，但也開始認真規畫未來。我和巴拉克很期待繼續住在華盛頓，但打算在芝加哥南區打造一棟建築留給後世，並作為歐巴馬總統中心（Obama Presidential Center）所在地。我們也計畫成立基金會，宗旨是鼓勵新世代的領袖，培養他們的自信心。我們夫妻對未來有許多願景，但最重要的是為年輕一輩與他們的創意打造更多空間、提供更多支持。我也曉得我們需要休息一下，所以我已開始物色適合的私人地點，等到新總統於一月宣誓就職後，我們就會立刻過去放鬆幾天。

一切就等新任總統誕生。

當電影結束、劇院燈光亮起，巴拉克的手機嗡嗡嗡振動起來。他先是瞥了一眼，隨後定睛再看，眉頭微微皺起。

「嗯，」他說：「佛州的投票結果有點奇怪。」

他的語氣不帶驚慌，僅有一絲警覺，宛如草中忽然發光的餘燼。他手機再度振動起來，我的心跳也開始略微加速。我知道開票消息來自巴拉克政治顧問大衛・席馬斯（David Simas），他在西廂辦公室緊盯開票結果，瞭解選舉地圖上每郡票數的確切計算方式。假如即將出現災難般的結果，席馬斯勢必會及早發現。

我仔細觀察著巴拉克的表情，不確定自己是否已做好心理準備；無論他要說什麼，看起來都不像是好消息。我當下感到胃部一沉，焦慮轉變成恐慌。趁著巴拉克和薇拉瑞討論著初步結果，我表示自己想先上樓休息。我朝著電梯走去，只想做一件事：什麼都不想，立刻上床睡覺。我大概知道發生什麼事了，但還沒準備好面對一切。

就在我睡覺時，大勢隨之底定：美國公民最後選了唐納・川普接替巴拉克，成為下一任美國總統。

我實在不想得知這項事實，所以能逃避多久算多久。

隔天早上醒來，外頭顯得潮濕又陰鬱。華盛頓的天空一片灰濛濛，我不禁覺得看來格外哀戚。時間似乎過得好慢。莎夏出門上學，內心仍感到不可置信。瑪莉亞從玻利維亞打電話回來，語氣顯得驚惶失措。我對兩個女兒說自己很愛她們，希望她們能放寬心。我也不斷對自己說同樣的話。

最後，希拉蕊多贏了將近三百萬張票，但川普拿下較多選舉人票，主要關鍵在賓州、威斯康辛州和密西根州共不到八萬張的選票。我不是政治專家，所以不打算就票數結果加以分析。我也不會去瞎猜誰該為結果負責，或選舉哪裡不公平。我只希望當初有更多人出門投票。而我大概永遠都想不透，為何有這麼多的女性選民，不惜拒絕一位資格出眾的女性候選人，也要選擇一位具厭女情結的男性當總統。但如今這項結果全民都得概括承受。

巴拉克幾乎整晚熬夜關注票數統計，而且正如過去無數次的經驗，他有責任站出來穩定民心，幫助國家因應眼前的衝擊。我很慶幸自己不必承擔這項任務。當天早上，他對橢圓辦公室員工信心喊話；中午時分，他在玫瑰花園對國人發表談話，語帶嚴肅但安慰人心，一如既往地強調團結與尊嚴的重要，呼籲美國人尊重彼此與民主所建立的體制。

當天下午，我跟全體職員坐在東廂辦公室，有的人擠在沙發上，有的人從其他房間搬來辦公椅。我的團隊主要由少數族群和女性所組成，其中有幾位員工還是來自移民家庭。許多人都掉著眼淚，覺得自己現在無比脆弱。他們把自己完全奉獻給工作，只因為打從心底相信自己推動的理念。我努力跟每個人說要以自己為榮，他們的工作意義重大，單憑一次選舉不足以磨滅八年的改革。

一切並沒有白費。我們得秉持此一信念才能前進，我真的如此相信著。現實並不理想，但現實就是如此——世界就是如此。如今我們得堅定意志，繼續邁往進步的方向。

✳

我們真的抵達終點了。我發覺自己同時在回首與前瞻，反覆咀嚼一個問題：什麼才會留存下來？

我們是第四十四個第一家庭，而如果以在白宮待滿兩個任期來看，我們僅是第十一個家庭。我們也永遠會是第一個非裔第一家庭。我希望，以後每當有父母帶著孩子參觀白宮（猶記得我也曾帶莎夏和瑪莉亞前來，她們父親那時還是參議員），都能在這裡發現我們家住過的蛛絲馬跡。我覺得，我們的存在必須在白宮歷史中留下些許軌跡。

舉例來說，並非每位總統都會訂製一套官方瓷器，但我堅持我們應該要有自己的瓷器。巴拉克連任後，我們也決定重新裝潢位於國宴廳外的老家宴廳（Old Family Dining Room），並在翻新成現代風格後，首次開放民眾參觀。我們在餐廳北面牆壁上，掛了一幅黃紅藍配色的搶眼抽象畫、即艾爾瑪・湯瑪斯（Alma Thomas）的作品《重生》（*Resurrection*）。這也是首件納入白宮收藏的黑人女性藝術作品。

然而，真正能永續留存的象徵，其實位於白宮牆壁外頭。白宮菜園經營至今已有七年半了，每年生產約二千磅的作物。這座菜園撐過了大雪、暴雨和破壞力驚人的冰雹。幾年前，強風吹倒了四十二英尺高的國家耶誕樹，菜園卻能安然度過。我在離開白宮前，打算讓菜園更加穩固：把菜園規模擴增為二千八百平方英尺，等於原本面積的兩倍以上；我們也鋪設數條石頭小徑、擺上幾張木製長椅，並於入口搭建歡迎的棚架，木材取自前總統哲斐遜、麥迪遜和門羅的莊園，以及馬丁・路德・金恩博士的兒時故居。然後在秋天的某個下午，我在南草坪正式宣布將此菜園獻給後代子孫。

當天有不少支持者與倡議者陪我出席，他們都是多年來協助兒童營養與健康計畫的推手，其中兩名學生還是當初班克洛夫雙語小學的五年級生，如今看起來就跟大人沒兩樣。我們的員工大多到場，包括山姆・凱斯，他已在二〇一四年離開白宮，這次是特地回來共襄盛舉。

我望著當天聚集在菜園裡的人群，心情十分激動。我很感謝團隊的犧牲奉獻：整理一封封手寫信件、核實我的講稿內容、飛往全國各地做好行前準備。我看著許多員工擔下本分之外的責任，在職涯發展與個人生活都大放異采，即使受到外界目光最嚴厲的檢視也不退縮。「第一」的各種包袱不只落在我們家人的肩上；八年來，這些樂觀進取的年輕人（加上部分資深專業人士）都在幫我們撐腰。梅麗莎這位近十年前我首位聘請的競選助理，也是我仰仗一輩子的好姊妹，一路陪著我在東廂辦公室到任期結束，另外還有蒂娜這位不可多得的幕僚長。克莉絲汀・賈維斯的職位後來由奇娜・克雷頓（Chynna Clayton）接手。來自邁阿密的奇娜工作相當認真，很快就成了我們兩個女兒的大姊姊，也確保我的生活大小事能順利進行。

無論是現任或前任，這些員工在我眼中都是家人。對於我們成就的一切，我非常引以為傲。

至於每一支在網路瘋傳的影片——我跟吉米・法隆（Jimmy Fallon）大跳媽媽舞、在勒布朗・詹姆斯（LeBron James）後頭灌籃、與杰・法洛（Jay Pharoah）唱著鼓勵讀大學的饒舌歌——除了在推特上爆紅幾小時，我們還投注更多的努力，並且獲得豐富的成果。如今，四千五百萬名兒童吃得到更健康的早餐和午餐；透過「動起來！」學校參與計畫，一千一百萬名學生每天會運動六十分鐘；整體來看，兒童正攝取更多的全穀類與農產品。超大號速食餐的年代即將結束了。

藉由我與吉兒・拜登合作的「力挺軍隊」運動，我們說服了企業雇用或培訓超過一百五十萬名退伍軍人和軍眷。而針對我在競選初期聽到的軍眷心聲，我們已成功讓全美五十州共同擬定專業授證協議，有助避免軍眷搬家害職涯停擺的困境。

在教育方面，我和巴拉克籌得了數十億美元，設法保障全球女孩的受教權。超過二千八百名和平工作團的志工也正接受培訓，以期開設課程供世界各地的女孩參與。而在美國，我和我的團隊幫助更多年輕人申請聯邦助學金，提供學校輔導人員相關奧援，更把大學簽約日拓展至全美各州。

於此同時，巴拉克成功翻轉了大蕭條以來最嚴重的經濟危機。另外，他也居中協調巴黎氣候變遷協定、讓數萬名士兵從伊拉克和阿富汗回家、率領各國施壓伊朗中止核計畫，並且讓美國多了兩千萬人享有健保的保障。我們也取得兩個總統任期內零醜聞的成績。我們始終以最高的道德標準要求自己與員工，也確實把這項標準貫徹到底。

對我們來說，有些改變難以量化卻同等重要。在全新菜園亮相的六個月前，林-曼努爾．米蘭達回到了白宮。我們在上任之初舉辦的文藝活動上認識了這位年輕詞曲創作人，他那首關於亞歷山大．漢彌爾頓的嘻哈重複樂句，燒進百老匯成為爆紅音樂劇，他也搖身一變成了全球巨星。《漢彌爾頓》（*Hamilton*）是以音樂劇的方式，呈現美國的歷史與多元性，讓我們重新認識少數族群在國家歷史中扮演的角色，同時凸顯長期被權力在握的男性所掩蓋的女性地位。我先前曾在外百老匯欣賞過這齣作品，喜愛到它搬上大型舞台後又去看了一次。台詞朗朗上口又趣味橫生，時而振奮人心，時而令人心碎——我從未見過這麼棒的藝術創作。

林-曼努爾把大部分演員都帶來華盛頓。這群演員才華出眾、種族組成多元，整個下午都陪伴著來自當地高中的年輕學子——個個是初露鋒芒的劇作家、舞蹈家或饒舌小歌手，悠哉地在白宮裡跟心目中的英雄寫寫歌詞、互下拍子。傍晚時分，所有人聚集在東廳欣賞一場演出。我和巴拉克坐在前排，身邊圍著來自不同族群背景的年輕朋友，看著克里斯多福・傑克森（Christopher Jackson）和林-曼努爾合唱抒情歌曲〈最後一次〉（*One Last Time*）來畫下句點，內心滿溢著感動。眼前這兩位歌手分別是黑人與波多黎各人，頭上是有一百一十五年歷史的水晶吊燈，兩旁是喬治・華盛頓與瑪莎・華盛頓的巨大骨董肖像畫，他們唱著「在我們打造的國家找到歸屬感」。那一刻的力量與真實至今仍記憶猶新。

《漢彌爾頓》之所以打動我，是因為它反映的那種歷史，我也親身經歷過。故事描述著兼容並蓄的美國。後來，我常常思考著：我們許多人活了一輩子，自己的故事都隱藏起來，自慚形穢，生怕自己真實的一面不符合既定理想。從小到大，周圍各種訊息一再告訴我們：美國人只有單一樣貌，假如我們的皮膚太黑、臀部太大，假如我們對愛缺乏特定感受，假如我們說著其他語言、來自其他國家，我們就會格格不入。當有人敢開口訴說不一樣的故事，就會出現轉變的契機。

我在狹小的房子中長大，父親不良於行，家中經濟拮据，周圍社區也逐漸破敗；但我也在充滿愛與音樂的環境中長大，住在一座多元的城市中，而教育可以讓你在社會上出人頭地。我一無所有卻又擁有一切，端賴你敘述的角度為何。

隨著巴拉克的總統任期進入尾聲，我對美國也抱持與上述相同的看法。我深愛著自己的國家，因為它的故事能以多元樣貌呈現。前後將近十年，我有幸親身參與其中，體驗刺激的矛盾與尖銳的衝突、錐心的痛苦與堅持的理想，還有最重要的一點：美國的韌性。我的觀點也許與眾不同，但我認為那些年的經驗，足以引發許多人的共鳴——國家持續進步的感覺，悲天憫人帶來的寬慰，看到無名英雄得以見光的喜悅。理想世界的雛形略微浮現。這就是我們企圖實現的永業：培育一個新興世代，瞭解何謂真正的可能——同時意識到自己擁有更多可能。無論將來出現何種變局，這是我們能主導的故事。

結語 Epilogue

二〇一七年一月二十日，我和巴拉克最後一次走出白宮，陪伴唐納・川普與其妻梅蘭妮亞・川普前往就職典禮。那天，我的內心五味雜陳——疲倦、光榮、憂愁又迫不及待。但我多數時候都努力保持鎮靜，深知媒體攝影機正在捕捉我們的一舉一動。我和巴拉克決心在交接時展現風度與莊重，並懷著同樣的理想與沉著，為過去八年畫上句點。我們終於迎來最後時刻了。

當天早上，巴拉克最後一次走進橢圓辦公室，留下一張手寫便條給下任總統。我們也在國事樓會合，逐一向白宮的管家、門房、廚師、房務人員、花藝師等全職員工道別。這些員工一直都親切又專業地照顧我們一家子，現在要以相同禮數服務稍晚將入住的家庭。對莎夏和瑪莉亞來說，說起再見格外難受，畢竟她們人生有一半的時間，幾乎每天都會見到其中許多人。我給每位員工大大的擁抱，看到他們送的臨別贈禮，我的眼淚差點掉下來：禮物是兩面美國國旗，一面是巴拉克上任第一天所升起，一面是他在職最後一天所升起，象徵我們家人在白宮的起點與終點。

第三度坐在美國國會山莊前的就職典禮看台上，我努力壓抑著自己的情緒。前兩次就職典禮的多元活力消失了，取而代之的是了無生氣的整齊畫一，即過去我常常遇到的景象：放眼望去清一色白人男性，權位愈大愈為明顯。我自從離開兒時故居後，就莫名進入這一條條權力走廊[35]。無論是幫盛德律師事務所聘用新律師，或雇用白宮職員，我在職場上的收穫是：一元不會導向多元，除非你用心挺身抗衡。

環顧看台上三百多位新任總統的貴賓，我覺得未來的白宮內，八成很難見到朝多元的方向努力。倘若是巴拉克的團隊，很可能會說這樣觀感不好——社會大眾所見無法反映總統的真實或理想。但這一次，說不定正好相反。領悟到這點後，我隨即按照當下的觀感調整，連擠個笑容都省了。

✳

政權交接就是如此，一切汰舊換新。聖經上擺著手，誓詞再度出口；前任總統的家具移出，新任總統的家具搬入，衣櫃清空後又填滿。就這樣，枕頭換了，腦袋換了——新的氣質、新的夢想。而隨著你的任期結束，最後一天離開白宮，生活各方面得重新找回自己。

35 譯註：權力走廊意指可以左右重大決策的政府高層。

我現在身處全新的開端，來到人生的全新階段。多年來，我首次與政治人物配偶的義務脫鉤，也首次不需要背負著他人的期待。我的兩個女兒差不多已長大成人，不再像以前那麼需要我。我的先生不再需要把整個國家扛在肩上。我一直以來感受到的種種責任——對於莎夏和瑪莉亞的責任、對於巴拉克的責任、對於個人職涯和國家的責任——已有所改變，讓我對下一步有不同的思考。我有更多時間可以反思，可以單純做好自己。我現在五十四歲，依然在進步當中，也期許自己永遠都能進步。

對我來說，成為自己並不是抵達特定地點，也不是達成特定目標。我視其為向前的運動、進化的手段、精益求精的方式。這趟旅程不會結束。我成為一名母親，但依然從孩子身上獲益良多，也依然對她們付出很多；我成為一名妻子，但對於何謂真正愛一個人、攜手共度一生，我仍持續調整腳步、感到謙卑。由特定標準衡量，我成為了擁有權力的人，但我依然會感到不安或無助。

這些全都是過程，是沿途的足跡。成為自己需要同等的耐心與嚴謹；成為自己是永不放棄成長的可能。

因為經常有人表示好奇，所以我就直接在此說明：我無意競選公職，絕對不會。我向來對政治缺乏熱情，過去十年的經歷並未改變這點。我依然受不了政治的醜陋面：凡事都扯上紅藍陣營的分野，好像我們得選邊站好、從一而終，無法傾聽或妥協，或甚至缺乏基本禮節。我依然相信，最好的政治是促成良性改變的方法，但我並不適合這個舞台。

這並不是說，我對美國未來的關心就有所減損。自從巴拉克卸任後，我讀過令我胃部翻攪的新聞報導；我曾半夜躺在床上睡不著，對即將發生的事氣憤難平。令人焦慮的是，現任總統的行事作風與政治意圖，害許多美國人產生自我懷疑，也去懷疑、懼怕自己的同胞。許多細心打造、苦民所苦的政策走了回頭路，看了就教人難受；我們不但孤立了最親近的盟友，更讓社會弱勢族群無所依靠、不被當成人看。我有時不禁會想，究竟還能持續探多久的下限。

但是，我不會因此讓自己變得對人性存疑。每當我憂心難耐時，我就會深吸一口氣，提醒自己這輩子見過許多人的正直與善良，以及許多已然克服的障礙。我希望大家也會如此提醒自己。在這個民主國家中，我們都扮演著一個角色。我們得記住每張選票的力量。我也持續讓自己連結到一個力量，這比任何單一選舉、領袖或新聞報導都來得強大——那就是樂觀。對我來說，這是一種足以戰勝恐懼的信念。我們位於歐幾里得大道的那間小公寓，處處洋溢著樂觀的態度。我在父親身上看過樂觀，他活得彷彿身體沒有殘缺，彷彿有天會奪走他性命的疾病毫不存在；我在母親身上看過樂觀，她對我們的社區堅信不移，即使對環境的恐懼讓許多鄰居打包搬家，她依然決定住在原地；當初巴拉克來到我在盛德的辦公室，臉上掛著充滿希望的笑容，我也是先受到他的樂觀所吸引。日後，樂觀也幫助我克服了懷疑與脆弱，相信即使全家生活於大眾目光之下，我們依然會過得既安全又快樂。

現在，樂觀也幫了我大忙。擔任第一夫人時，我常常在意想不到的地方看到樂觀：樂觀存在於沃特里德中心那位受傷士兵的心中，他拒絕別人可憐自己，在門上貼了字條，提醒訪客他頑強的生命力與希望；樂觀存在克莉歐佩特拉・考利-潘多頓的心中，她將部分的喪女之痛，轉化為推動槍枝管制法的力量；樂觀存在於哈波高中的社工身上，她每次在走廊上遇到學生，必定大聲喊出對他們的關愛與欣賞；樂觀也永存於孩子的心中。孩子每天醒來都相信著事物的良善，相信著無限可能的魔法。孩子不會憤世嫉俗，打從心底願意付出信任。為了孩子，我們要保持堅強，繼續努力打造更公平又人道的世界。為了孩子，我們要有頑強的生命力並且懷抱希望，認知還有許多成長的空間。

華盛頓的國家肖像博物館（National Portraits Gallery）現在掛了兩幅我和巴拉克的肖像畫，這讓我們都受寵若驚。我猜凡是看了我們夫妻成長背景的人，絕對都料想不到我們會出現在這裡。兩幅畫十分精美，但最重要的是，它們是給年輕人看的——我們的臉孔有助推翻一項觀念：要在歷史上留有一席之地，你必須具備特定的容貌。如果我們辦得到，其他人當然也辦得到。

我只是一個平凡人，參與了一趟不凡的旅程。藉由分享自己的故事，希望引領其他故事與聲音出現，同時拓展找到歸屬感的管道。我一路上有幸能走進石頭城堡、市區教室和愛荷華的小農廚房，單純做我自己、單純跟民眾互動。別人每幫我打開一扇門，我便也努力打開自己那扇門。最後，我必須要說的是：我們不妨邀請彼此走進來吧。也許，屆時我們就會開始少些恐懼、少點錯誤的成見，放下區隔我們的偏見與刻板印象。也許，我們會更懂得擁抱彼此的相似之處。重點不在於追求完美，而是最後你把自己帶向哪裡。讓別人認識自己、聽到自己，創造屬於自己的獨特故事，發出自己真正的聲音，力量就會出現；願意認識、傾聽他人，善意就會出現。這對我來說，便是我們成為自己的過程。

致謝
Acknowledgments

這本回憶錄正如我至今所做的一切，得仰賴許多人的愛與支持才有辦法完成。

我之所以能有今天，要感謝我母親瑪麗安・羅賓森長期的支持與無條件的愛。她一直都是我的靠山，任憑我自由自在地做自己，卻又堅決培養我務實的態度。她對兩個外孫女付出無盡的愛，也願意把我們的需求擺在第一位，讓我可以既安心又自信地在外頭世界闖蕩，知道女兒們平安在家有人照顧。

我要感謝我深愛的丈夫巴拉克，既是陪伴我逾二十五個年頭的伴侶，也是細心呵護兩個女兒的父親，我何其有幸可以跟他共度大半輩子。我們的故事依然在開展中，而我也盼望著前方尚未來臨的許多冒險。感謝你對本書的協助與指導，每章都細心與耐心地閱讀，總是曉得何時需要稍微提點我一下。

感謝老哥克雷格。我該從何說起呢？打從我出生以來，你就一直保護著我，帶給我的歡笑超越世界上任何人。你是最挺妹妹的哥哥，同時也是溫柔又貼心的兒子、丈夫和父親。感謝你付出無數小時，跟我的團隊爬梳一層又一層的兒時往事。我永遠會記得在撰寫本書的過程中，我們共度的那些美好時光，還有老媽坐在廚房裡，重溫許許多多的回憶。

感謝我那優秀無比的團隊，人才濟濟且合作無間，令我敬佩，沒有他們我絕對不可能完成本書。一年多前初識莎拉・柯貝特（Sara Corbett）時，只知道她非常受我編輯的敬重，對於政治圈瞭解甚少。如今，我就連生命都願意託付給她，不只因為她聰明過人、隨時充滿好奇心，也因為她生性善良又慷慨。我希望，我們的友情能長長久久下去。

感謝泰勒・萊騰堡（Tyler Lechtenberg）。十多年來，他一直是歐巴馬團隊不可或缺的成員。想當初他跟數百位滿懷希望的年輕人，擔任愛荷華州的選區活動統籌員，至今依然是備受我們信任的顧問。我看著他成為擲地有聲的作家，未來前途一片光明。

再來要感謝我的編輯莫莉・史登恩（Molly Stern），我起初便受到她的積極、活力與熱情所吸引。莫莉堅信著我對本書的期許，一直給予我很大的鼓舞。我對她有著無盡的感謝，當然還有整個皇冠（Crown）出版團隊，包括瑪雅・麥維吉（Maya Mavjee）、蒂娜・康斯特伯（Tina Constable）、大衛・卓克（David Drake）、艾瑪・貝瑞（Emma Berry）和克里斯・布蘭德（Chris Brand），自始至終都支持這項計畫。還要感謝亞曼達・戴西諾（Amanda D’Acierno）、蘭斯・費茲傑羅（Lance Fitzgerald）、莎莉・富蘭克林（Sally Franklin）、克麗莎・海伊斯（Carisa Hays）、琳尼亞・諾穆勒（Linnea Knollmueller）、馬修・馬汀（Matthew Martin）、唐娜・帕薩南德（Donna Passanante）、伊莉莎白・蘭福萊許（Elizabeth Rendfleisch）、安珂・史坦尼科（Anke Steinecke）、克莉絲汀・塔尼加娃（Christine Tanigawa）、丹恩・齊特（Dan Zitt）的大力協助，本書才得以問世。

我也要感謝馬可斯‧多爾（Markus Dohle），把企鵝藍燈書屋（Penguin Random House）所有資源挹注於這項甜蜜的負荷上。

我要是沒有團隊當後盾，絕對沒辦法扮演好母親、妻子、朋友和職業婦女等角色。而認識我的人都曉得，梅麗莎‧溫特儼然是我腦袋的另一半。小瑪，感謝妳一路陪伴著我，更要感謝妳對我與兩個女兒付出的極大關愛，沒有妳就沒有我。

梅麗莎目前擔任我個人團隊的幕僚長。這支小而強大的團隊由聰明又認真的女性所組成，感謝她們永遠讓我呈現最好的一面：卡若琳‧亞德勒‧莫拉勒絲、奇娜‧克雷頓、麥肯西‧史密斯、莎曼珊‧塔曼（Samantha Tubman）和艾力克斯‧梅伊‧席莉（Alex May Sealey）。

感謝威廉斯康諾利律師事務所（Williams and Connolly）的鮑伯‧巴內特（Bob Barnett）與丹寧‧浩威爾（Deneen Howell）在出版過程中提供寶貴的建議與支援。

還要特別感謝所有協助催生本書的人士：彼特‧蘇沙（Pete Souza）、查克‧甘迺迪（Chuck Kennedy）、勞倫斯‧傑克森（Lawrence Jackson）、亞曼達‧魯西頓（Amanda Lucidon）、莎曼珊‧艾波頓（Samantha Appleton）、克莉斯汀‧瓊斯、克里斯‧哈夫（Chris Haugh）、艾瑞兒‧維瓦瑟（Arielle Vavasseur）、米雪兒‧諾里斯（Michele Norris）與伊莉莎白‧亞歷山大。

此外，我也要感謝辦事手腕高超的艾敘莉‧伍爾希特（Ashley Woolheater）進行扎實的研究，也感謝吉莉安‧布拉席爾（Gillian Brassil）滴水不漏的事實查核。許多前任職員在寫作過程中也鼎力相助，包括確認重要細節與時間軸，雖然人數眾多無法逐一點名，但我對每個人的謝忱不變。

感謝在我生命出現的所有傑出女性，多虧有妳們，我才能保持樂觀向上。妳們都知道我說的是誰，還有妳們對我的意義——包括所有的姊妹淘、恩師還有「乾女兒們」——特別感謝凱伊媽媽。在本書寫作過程中，妳們給予的支持讓我成為更好的人。

我當第一夫人期間的生活步調忙亂，幾乎沒時間好好寫日記。因此，我非常感謝好友薇娜・威廉斯，她目前是辛辛那提大學法學院尼伯特法學教授暨代理院長。在白宮那些日子，我們每兩年就會碰頭大聊特聊，留下約一千一百頁的錄音稿，著實裨益良多。

我也深深以我們在東廂拿出的成績為榮。我要感謝第一夫人辦公室中，每一位曾為國家犧牲奉獻的男男女女，無論負責的是政策、排程、行政、公關、撰稿、社交活動或書信往來。感謝所有員工、白宮學者和各部門專案人員，幫我打造各項計畫——「動起來！」、「步步高陞」、「讓女孩上學」，當然還有「力挺軍隊」。

「力挺軍隊」永遠都會在我心中占一席之地，因為這項倡議提供難得的機會，讓我見識到我們優秀國軍的強大與韌性。感謝所有服役中或已退役的軍人，以及所有軍眷的犧牲奉獻，保衛我們所愛的國家。感謝吉兒・拜登與她整個團隊，能夠跟你們所有人並肩推動這項重大計畫，真的是莫大的福氣與樂事。

感謝所有營養界與教育界的領袖和倡議人士，每天辛苦地從事吃力不討好的工作，只為了確保所有孩子都得到所需的關愛、支持和資源，有朝一日達成自己的夢想。

感謝美國特勤局內部所有人員，同時感謝他們家人的犧牲，他們的工作才能表現得如此傑出。還要特別感謝至今仍服務我們家的特勤人員，他們的付出與專業我必定永遠銘記在心。

感謝白宮內數百位員工每天努力打理官邸內外，讓有幸在此珍貴古蹟內居住的家庭能有家的感覺：門房、廚師、管家、園藝師、庭院管理團隊、房務人員、工程團隊，他們永遠都會是我們家重要的一分子。

最後，我想感謝自己擔任第一夫人期間，所遇到的每一位年輕人。感謝多年來所有打動我的年輕男女，大好前途等著你們：感謝幫助菜園成長茁壯的你們；感謝跟我一起跳舞、歌唱、煮菜和用餐的你們；感謝願意接受我關愛與指導的你們；感謝給予我無數溫暖擁抱的你們，這些擁抱總是能讓我的精神為之一振，即使遭逢再大難關也能繼續前行。感謝你們帶給我永不放棄希望的理由。

圖片來源
Photograph Credits

前扉頁：所有照片屬 the Obama-Robinson Family Archive 所有

後扉頁：（由左至右）Courtesy of the Obama-Robinson Family Archive（前三張）; © Callie Shell/Aurora Photos; © Susan Watts/New York Daily News/Getty Images; © Brooks Kraft LLC/Corbis/Getty Images; Photo by Ida Mae Astute © ABC/Getty Images

圖片頁I、II、III、IV：所有照片屬 the Obama-Robinson Family Archive 所有

圖片頁V（由上而下）：© Public Allies, courtesy of Phil Schmitz; Courtesy of the University of Chicago Medicine; Courtesy of the Obama-Robinson Family Archive

圖片頁VI：（由上而下）© David Katz 2004; © David Katz 2004; © Anne Ryan 2007

圖片頁VII：（由上而下）© Callie Shell/Aurora Photos; © Callie Shell/Aurora Photos; Courtesy of the Obama-Robinson Family Archive

圖片頁VIII：（由上而下）© David Katz 2008; © Spencer Platt/Getty Images; © David Katz 2008

圖片頁IX：（由上而下）Photo by Chuck Kennedy, McClatchy/Tribune; © Mark Wilson/Getty Images

圖片頁X：（左上）Official White House Photo by Joyce N. Boghosian;（右上）© Karen Bleier/AFP/Getty Images;（左下）Official White House Photo by Lawrence Jackson;（右下）Official White House Photo by Samantha Appleton

圖片頁XI：（由上而下）Official White House Photo by Samantha Appleton; Official White House Photo by Chuck Kennedy; Official White House Photo by Pete Souza; Official White House Photo by Samantha Appleton

圖片頁XII：（由上而下）Official White House Photo by Lawrence Jackson; Official White House Photo by Samantha Appleton; Official White House Photo by Chuck Kennedy

圖片頁XIII：（由上而下）Official White House Photo by Pete Souza; Official White House Photo by Pete Souza; Official White House Photo by Chuck Kennedy

圖片頁XIV：（由上而下）Official White House Photo by Lawrence Jackson; Official White House Photo by Amanda Lucidon; Official White House Photo by Pete Souza

圖片頁XV：（左上）Official White House Photo by Pete Souza;（右上）Official White House Photo by Samantha Appleton;（正中間）Official White House Photo by Pete Souza;（最下方）Courtesy of the Obama- Robinson Family Archive

圖片頁XVI：（由上而下）Official White House Photo by Amanda Lucidon; Official White House Photo by Lawrence Jackson

成為這樣的我：蜜雪兒・歐巴馬

Becoming

作者	蜜雪兒・歐巴馬 Michelle Obama
譯者	黃佳瑜、陳琇玲、林步昇
商周集團榮譽發行人	金惟純
商周集團執行長	郭奕伶
視覺顧問	陳栩椿
商業周刊出版部	
總編輯	余幸娟
責任編輯	林昀彤
中文版封面完稿	黃聖文
內文排版	菩薩蠻數位文化有限公司
出版發行	城邦文化事業股份有限公司 - 商業周刊
地址	104 台北市中山區民生東路二段 141 號 4 樓
傳真服務	（02）2503-6989
劃撥帳號	50003033
戶名	英屬蓋曼群島商家庭傳媒股份有限公司城邦分公司
網站	www.businessweekly.com.tw
香港發行所	城邦（香港）出版集團有限公司 香港灣仔駱克道 193 號東超商業中心 1 樓 電話：(852) 2508-6231　傳真：(852) 2578-9337 E-mail：hkcite@biznetvigator.com
製版印刷	中原造像股份有限公司
總經銷	聯合發行股份有限公司 電話：(02) 2917-8022
初版 1 刷	2018 年 11 月
初版 46.5 刷	2020 年 10 月
定價	560 元
ISBN	978-986-7778-44-4（平裝）

國家圖書館出版品預行編目資料

成為這樣的我：蜜雪兒．歐巴馬 / 蜜雪兒．歐巴馬 (Michelle Obama) 著；黃佳瑜，
陳琇玲，林步昇譯．-- 初版．-- 臺北市：城邦商業周刊，2018.11
面；　公分．--（紅沙龍；48）
譯自：Becoming
ISBN 978-986-7778-44-4（平裝）

1. 歐巴馬 (Obama, Michelle, 1964-)　2. 傳記

785.28　　107018331

2016